TENUE DES LIVRES

EN

PARTIES DOUBLES.

COURS

ÉLÉMENTAIRE ET PRATIQUE

DE LA

TENUE DES LIVRES

EN

PARTIES DOUBLES,

PAR

JOSEPH GÉRARD,

TENEUR DE LIVRES A MARSEILLE.

DÉDIÉ

AUX JEUNES GENS QUI SE DESTINENT AU COMMERCE.

MARSEILLE,

DE L'IMPRIMERIE DE MARIUS OLIVE,

RUE PARADIS, 47.

Aux Jeunes Gens

AU COMMERCE.

Un ouvrage sur la connaissance la plus utile à un négociant n'a dû être fait que pour les jeunes gens qui se destinent à cette honorable profession.

Permettez donc, Messieurs, que je vous fasse hommage de cette seule et unique édition de mon ouvrage sur la tenue des livres en parties doubles, que j'ai traitée de manière à être comprise facilement par ceux mêmes qui n'auraient aucune idée du commerce.

Si j'ai atteint le but que je me suis proposé en le composant, je serai satisfait de mes travaux ; et si vous ne

voyez dans cet hommage que la haute estime que je pro-
fesse pour le commerce, je recevrai de ces mêmes travaux
la récompense la plus flatteuse que puisse recevoir celui
qui a consacré ses veilles à l'instruction de ses semblables.

J'ai l'honneur d'être avec la plus parfaite considération,

MESSIEURS,

Joseph GÉRARD.

LIVRES OU CAHIERS

QUI DOIVENT ÊTRE EMPLOYÉS DANS CE COURS.

UN GRAND-LIVRE .... Pour qu'il ne soit pas trop embar-
rassant, il suffit qu'il soit com-
posé de 12 feuilles de papier dit
grand-raisin, coupé en travers,
ce qui formera un livre de 24
feuilles format dit *à l'italienne*.

UN JOURNAL........................ de 24 feuilles papier cloche.

UN CAHIER DE NOTES............... de 12 feuilles   *idem.*

UN CAHIER DE CAISSE.............. de 6 feuilles   *idem.*

UN CAHIER D'ACHATS ET VENTES.... de 6 feuilles   *idem.*

UN CAHIER DE FACTURES .... de 5 feuilles   *idem.*

UN CAHIER DE MAGASIN............ de 6 feuilles   *idem.*

UN CAHIER D'ÉCHÉANCES........... de 6 feuilles   *idem.*

UN CAHIER DE NÉGOCIATIONS....... de 5 feuilles   *idem.*

UN CAHIER DE FRAIS DE COMMERCE. de 5 feuilles   *idem.*

UN CAHIER DE COMPTES COURANS.. de 6 feuilles   *idem.*

Tous les livres ou cahiers ci-dessus, excepté le journal et le grand-livre, en y comprenant un copie de lettres, s'appellent *livres auxiliaires*. Ils sont à l'usage d'un négociant, et c'est d'après eux que l'on passe les articles au journal.

COURS

ÉLÉMENTAIRE ET PRATIQUE

DE LA

TENUE DES LIVRES

EN PARTIES DOUBLES.

Je ne chercherai point à persuader à toute personne qui se destine au commerce la nécessité de savoir tenir les écritures en parties doubles, soit qu'elle les tienne elle-même, soit qu'elle ait besoin d'un teneur de livres. Dans ce dernier cas, elle sera à même de suivre le travail de son teneur de livres et de redresser les erreurs qu'il pourrait faire par mégarde.

Je n'ai pas voulu faire dans cet ouvrage de longs raisonnemens pour enseigner la théorie, qui ne consiste que dans une seule phrase qui n'est autre que celle-ci :

L'OBJET QUE L'ON REÇOIT OU CELUI QUI REÇOIT DOIT A L'OBJET QUE L'ON DONNE OU A CELUI QUI DONNE.

Des raisonnemens sur cette théorie m'ont paru inutiles et n'auraient servi qu'à fatiguer la mémoire d'un élève; j'ai cherché seulement à mettre cette théorie en pratique, ce qui sera cause que dans ce Cours je serai forcé de me répéter quelquefois dans mes explications, pour que l'élève n'ait pas la peine de feuilleter le livre pour trouver cette explication.

D'après ce principe, j'ai jugé à propos qu'une personne qui voudrait apprendre à tenir les écritures en parties doubles devait se familiariser avec tous les livres qui sont à l'usage d'un négociant, et qu'on appelle *auxiliaires*, et opérer d'après eux ; sans quoi il serait embarrassé quand il prendrait un de ces livres pour passer ses écritures sur le journal.

C'est sur cette base que j'ai établi mon Cours de tenue des livres en parties doubles. Le raisonnement que j'ai fait en passant un article sur le journal est conçu d'après le livre auxiliaire.

Je recommande beaucoup à celui qui fera usage de cet ouvrage :

1° De se bien fixer sur l'acception donnée aux mots de *débiteur* et *créditeur*, *débit* et *crédit*, *débiter* et *créditer*, désignés ci-après page xv;

2° De prendre opération par opération, et de ne passer à une nouvelle qu'après avoir bien compris l'antécédente. Une opération dans ce Cours mène à une autre, et celle qui suit donne alors moins de peine à concevoir.

Je ne désignerai pas non plus ici tous les comptes à ouvrir, ils sont subordonnés au genre de commerce que l'on fait; on peut en ouvrir à tout, mais ceux qui sont invariables et qui représentent le négociant sont :

CAISSE OU ARGENT;

MARCHANDISES GÉNÉRALES;

EFFETS EN PORTEUILLE ;

EFFETS A PAYER ;

PROFITS ET PERTES.

SUBDIVISION DE CES COMPTES.

—

CAISSE.

Il ne doit entrer dans ce compte, au débit, que l'argent que l'on reçoit, et au crédit, que celui que l'on donne.

MARCHANDISES GÉNÉRALES.

Ce compte est établi pour être débité de toutes les marchandises que l'on achète et que l'on reçoit, et pour être crédité de toutes les marchandises que l'on vend et que l'on expédie. Il se subdivise par les deux comptes ci-après et se solde par *profits et pertes,* si le cas l'exige.

1° *Marchandises de notre compte chez divers.* — Ce compte comprend toutes les marchandises que l'on expédie à un ami pour vendre pour notre compte, n'importe qu'on en soit le seul propriétaire ou que l'on n'ait qu'un intérêt de la demie, du tiers ou du quart. Ce compte se solde par *profits et pertes.*

2° *Intérêt à diverses marchandises.* — Ce compte comprend toutes les marchandises de la vente desquelles on est chargé, et sur lesquelles on a un intérêt de la demie, du tiers ou du quart. Ce compte se solde par *profits et pertes.*

EFFETS EN PORTEFEUILLE.

Ce compte doit être débité de tous les effets à exiger sur diverses places, et crédité des mêmes effets lorsqu'on les encaissera et qu'on les remettra. Il peut se subdiviser par les trois comptes ci-après :

1° *Effets à recevoir,* ou *effets sur place.* — Ces deux titres ne sont qu'un seul compte qui doit comprendre au débit les effets sur

la place où l'on a établi son commerce et que l'on peut recevoir
soi-même, et au crédit les mêmes effets que l'on encaisse et que
l'on remet; il se solde par lui-même.

2° *Effets sur France.* — Ce compte est ouvert pour tous les effets
payables dans l'intérieur du royaume, excepté pour ceux sur la
place où l'on a établi son commerce, qui n'est que pour les effets
à recevoir; il se solde par *profits et pertes.*

3° *Effets sur l'étranger.* — Ce compte ne doit comprendre que
les effets qui sont en une monnaie différente de celle qui a cours
dans le royaume où l'on est établi; il se solde par *profits et pertes.*

EFFETS A PAYER.

Ce compte est établi pour tous les billets que l'on souscrit et les
traites des amis sur nous que l'on doit payer; il se solde par lui-
même.

PROFITS ET PERTES (*).

Ce compte doit être débité de toutes les pertes que l'on éprouve,
et crédité de tous les bénéfices que l'on fait.

Ce compte peut se subdiviser par les comptes ci-après :

1° *Frais de commerce, frais généraux, dépenses générales,
dépenses de commerce.* — Ces quatre titres ne font qu'un seul
compte qui renferme tous les frais occasionnés par le commerce
que l'on fait; il se solde par *profits et pertes.*

2° *Provisions, commissions.* — Ces deux titres ne font qu'un seul
compte qui doit renfermer toutes les commissions et les dû-croire

---

(*) L'intitulé de ce compte, *profits et pertes,* est, selon moi, mal appliqué,
et il devrait être intitulé *pertes et profits,* par une raison bien simple : dans les
comptes généraux, quand le débit d'un compte est plus fort que le crédit, c'est
une perte, et quand le crédit est plus fort, c'est un bénéfice. Partant de ce principe, et ce compte étant un de ceux qui regardent le négociant, le débit étant une
perte et le crédit étant un bénéfice, l'intitulé devrait être *pertes et profits.* J'ai
cru cependant devoir encore conserver l'ancien titre dans ce Cours.

dont on le crédite; il se solde par *profits et pertes*, et ne devrait point avoir de débit.

3° *Intérêts généraux, changes, agios.* — Ces trois titres ne font qu'un seul compte qui est ouvert pour recevoir tous les soldes des intérêts d'un compte courant et les agios que l'on retire de son argent si on le place; il se solde par *profits et pertes*.

4° *Assurances générales, primes d'assurance.* — Ces deux titres ne font qu'un seul compte dans lequel on doit porter les primes d'assurance que l'on doit recevoir et payer; il se solde par *profits et pertes*.

Ce serait à n'en pas finir s'il fallait détailler tous les comptes que l'on peut ouvrir et qui ne figurent pas dans ce Cours; mais, je le répète, on peut ouvrir un compte à tout. Il suffit de se rappeler de faire sortir de ce compte les objets que l'on y aura fait entrer. D'ailleurs, ces comptes dépendent de la nature des affaires et du genre de commerce que l'on fait.

EXPLICATION

DES MOTS QU'IL FAUT BIEN COMPRENDRE POUR N'AVOIR PAS DE PEINE
A APPRENDRE LA TENUE DES LIVRES.

DÉBITEUR ...   C'est celui qui doit.

CRÉDITEUR
ou
CRÉANCIER.   C'est celui à qui il est dû.

DÉBIT ....   Celui du compte d'une personne est composé de tous les articles qu'elle doit, et doit être mis à la gauche du compte qu'on lui ouvrira sur le grand-livre en se servant du mot DOIT.

CRÉDIT ......   Celui du compte d'une personne est composé de tous les articles qui lui sont dus, et doit être mis à la droite du compte qu'on lui ouvrira sur le grand-livre en se servant du mot AVOIR.

DÉBITER .....   quelqu'un de tel ou tel objet, c'est écrire à gauche ceux qu'il doit.

CRÉDITER ...   quelqu'un de tel ou tel objet, c'est écrire à droite ceux qu'on lui doit.

SOLDER .....   un compte, c'est rendre le débit égal au crédit en passant la somme qui manque à l'un ou à l'autre.

CAHIER DE NOTES.

Ce cahier de notes ne fait pas partie des livres auxiliaires; il n'est employé dans ce Cours que pour mettre de l'ordre dans les articles à prendre sur les livres auxiliaires pour les passer au journal.

Il n'est pas en usage chez un négociant; mais quelques-uns le tiennent en partie simple, et en forment un brouillon de journal, en y écrivant jour par jour les articles pris de la correspondance : ce qui sert de guide au teneur de livres, qui est obligé de la lire.

Une personne qui resterait quelques jours à passer les écritures sur le journal, ou qui ne serait pas bien au fait de classer ses articles à leur date, pourrait en former un en opérant de la manière suivante :

On commencerait par prendre le premier livre qui se présenterait (supposons que ce soit le livre d'achats et ventes); on mettrait la date du premier article à passer de ce livre, en désignant ce que c'est; ainsi de suite pour tous les autres articles jusqu'au dernier, en mettant leur date. Cela fait, on prendrait un autre livre et on ferait la même opération, ayant soin de mettre les dates de l'article que le livre qu'on aurait sous les yeux donnerait, n'importe qu'elles ne suivissent pas celles de celui qu'on aurait déjà passé. On ferait la même chose pour le copie de lettres et tous les autres livres, les lettres reçues, ainsi que les notes de négociation, et autres comptes acquittés qui présenteraient des articles à passer. Quand on aurait désigné tous les articles à passer sur ce cahier de notes, on mettrait, pour les classer suivant leur date, des numéros, en commençant par la date la plus rapprochée du dernier

1

article passé au journal et les faisant suivre, en les prenant soit sur un article, soit sur un autre, ou plus près, ou plus loin, jusqu'au dernier. Tous les articles ainsi numérotés, on prendrait le livre indiqué par l'article N° 1, et l'on passerait cet article sur le journal, et ainsi des autres. De cette manière toutes les dates se suivraient sur le journal, et seraient conformes à celles du livre dans lequel il y aurait un article à passer.

Comme dans ce Cours toutes les opérations pourraient être mêlées de manière qu'on perdrait la trace de son commerce et des comptes ouverts qui exigeraient une suite, on est forcé d'avoir un guide, et ce guide n'est autre que ce cahier de notes; de sorte qu'avant de passer le détail aux livres auxiliaires., on aura soin d'indiquer sur ce cahier de notes les opérations que l'on voudra faire, soit en achats, soit en ventes, soit en négociations, soit en expéditions, emploi de fonds, etc. On fera attention, avant de payer, de voir si les fonds qu'on aurait en caisse seraient suffisans pour payer comptant; on consultera son livre d'échéances, pour ne pas laisser passer les époques où l'on doit recevoir ou payer. Si on a trop de fonds en caisse, on pourra prendre du papier sur la place ou toute autre ville de France ou de l'étranger, acheter quelque marchandise. Enfin, c'est à celui qui voudra apprendre seul d'après ce Cours, de tâcher de mettre une suite à son commerce, pour ne pas faire de doubles emplois, omissions ou fausses opérations ; ce qu'on pourra éviter, en consultant souvent son grand-livre, où se trouvent réunis les comptes-courans, la caisse, les échéances des effets en porte-feuille, les marchandises, etc.

Comme l'élève ne travaille pas dans ce Cours d'après la réalité, je lui recommande de faire attention de ne donner en paiement, soit en argent, soit en effets en porte-feuille, que ce qu'il a de disponible ; mais il peut tout recevoir en paiement.

Pour faciliter encore plus l'élève, j'ai jugé à propos de désigner à chaque article de ce cahier de notes le livre auxiliaire dans lequel il doit l'écrire, qu'il doit prendre pour passer son article au journal, et qu'il aura attention d'avoir sous les yeux en en couvrant son cahier de notes. De cette manière il se familiarisera avec les livres auxiliaires, quand il sera dans le cas de tenir les écritures.

MANIÈRE DE SE SERVIR DU CAHIER DE NOTES.

Quand on aura écrit sur son cahier de notes toutes les opérations que l'on voudra faire, on formera, d'après ce cahier de notes, tous ses livres auxiliaires, c'est-à-dire que l'on passera au livre d'*achats et ventes* tous les achats et les ventes, au livre de *caisse* ce que l'on aura reçu et payé, au livre de *factures* celles que l'on fera, au livre d'*échéances* les effets reçus ou pris, les traites et billets à payer; au livre de *négociations* celles que nécessiteront les effets pris ou donnés, etc.; et quand tous les livres auxiliaires auront été faits, on reprendra son cahier de notes, et article par article on passera au journal suivant la manière ci-après. La première opération de la marchandise achetée pour compte d'amis (N° 4) servira de modèle.

1° N° 4. L'on a acheté de Bonnet 25 *caisses savon*. Cette marchandise a dû être par conséquent passée au livre d'*achats et ventes* : donc, on doit prendre ce livre, en couvrir son cahier de notes et passer d'après lui son article au journal.

2° N° 5. L'on a remis *facture à* Jacob *de ces* 25 *caisses savon*. Cette facture a dû être dressée au livre de *factures* : on doit donc prendre ce livre, en couvrir son cahier de notes et passer d'après ladite facture l'article au journal.

3° N° 6. On a payé à Bonnet *le montant de ces* 25 *caisses savon*. Ce paiement doit avoir été passé au livre de *caisse* : on doit donc prendre ce livre et le compte acquitté de Bonnet, en couvrir son cahier de notes et passer d'après ledit livre de caisse l'article au journal.

4° N° 7. On fait *traite sur* Jacob *du montant de la facture de ces* 25 *caisses savon*. Cet article est relaté dans le copie de lettres, et c'est dans ce livre, représenté par l'article passé au cahier de notes, que l'on doit le prendre pour le passer sur le journal.

Comme dans ce Cours il n'y a pas de copie de lettres, le précis de l'article à passer, et qui doit se trouver dans les lettres reçues ou répondues, sera pris à droiture sur ce cahier de notes.

Cette seule opération indiquée doit être une règle pour toutes les autres représentées dans ce Cours. On doit toujours avoir sous les yeux son cahier de notes, sans lequel on risquerait de ne pas se retrouver pour donner une suite à ses écritures.

Comme c'est d'après ce cahier de notes, ainsi que je l'ai dit plus haut, que l'on doit former dans ce Cours ses livres auxiliaires, on doit se mettre à la place du commis qui est chargé de passer les achats et ventes, factures, et autres livres de l'intérieur d'un comptoir de négociant. *(Voir ce que j'en dis à la préface du livre d'achats et ventes.)*

Quand on aura passé son article au journal d'après le livre indiqué par le cahier de notes, on se rappellera bien de ne pas oublier de mettre le folio de la page du journal où cet article aura été passé devant ledit article, au cahier de notes et au livre où on l'aura pris, afin de ne pas être dans le cas de le passer une seconde fois; ce qui pourrait arriver si l'on avait négligé de mettre ce folio.

On s'apercevra que je n'ai pas mis ce folio du journal devant l'article du cahier de notes. La raison qui en a été cause, c'est qu'ayant placé au journal un numéro indiquant celui de l'article du cahier de notes, pour faire trouver de suite à l'élève la manière de passer ledit article sur le journal, ces deux numéros l'un sous l'autre auraient pu l'embarrasser. Ainsi, en travaillant seul d'après ce Cours, l'élève se rappellera qu'on doit supprimer le numéro mis à côté dudit article, qui est celui qui correspond à celui passé au journal, et mettre seulement le folio de la page du journal, qui n'y a pas été mis.

Quand l'élève voudra former son livre auxiliaire, et avant de le faire, il prendra connaissance de ce que j'en dis à la préface de ce livre auxiliaire, afin de l'établir conforme et se familiariser avec cette manière, qui est la plus claire, et par laquelle on se rend compte de ce que l'on a fait.

CAHIER DE NOTES.

PREMIÈRE PARTIE.

FONDS CAPITAL.

———————————————— 1ᵉʳ *Janvier* 18.. ————————————————

1   Vɪɴᴀʟ et Cᴇᴛᴏɴ ont formé une société de commerce sous la raison de *Vinal et comp*. Ils sont convenus de mettre chacun une somme de F. 15,000 pour servir de mise de fonds, et d'être de moitié dans les pertes et dans les bénéfices.

   Prendre le contrat de société. *

    * A tous les articles on avancera toujours une date.

——————————————————— 2 ———————————————————

2   ɴ/s. Vɪɴᴀʟ a payé comptant le montant de sa mise de fonds..... F. 15,000

   Passer au livre de caisse.

——————————————————— 3 ———————————————————

3   ɴ/s. Cᴇᴛᴏɴ a payé le montant de sa mise de fonds, comme ci-après :

Billet de Jean au 31 janvier............................. F.	7,000
Traite sur Gênes de P. 1,000, du 1ᵉʳ janvier, à 50 jours de date,	
à 95 s. (soit 475 c.) la piastre, suivant note de négociation..	4,750
Solde comptant...	3,250
	F. 15,000

   Passer le billet de Jean aux échéances.

   Faire la note de négociation pour l'effet sur Gênes.

   Passer le solde comptant au livre de caisse.

   Pour passer ces articles au journal, on aura attention d'avoir sous les yeux et sur son cahier de notes le livre qu'il indique. (*Voir ce que j'en dis dans la manière de s'en servir*, pag. 3.)

PREMIÈRE OPÉRATION.

Marchandise achetée pour compte d'amis.

——————————————————— 4 ———————————————————

4   Acheté de Bᴏɴɴᴇᴛ 25 caisses savon bleu-pâle, pesant net K. 3,125, à F. 100 le cent, payable comptant................................. F. 3,125

   Passer au livre d'achats et ventes.

——————————————————— 5 ———————————————————

5   Dresser la facture des 25 caisses savon bleu-pâle ci-dessus, que nous avons expédiées à Jᴀᴄᴏʙ, de Paris, pour s/c.

   Passer au livre de factures.

——————————————————— 6 ———————————————————

6   Payé comptant à Bᴏɴɴᴇᴛ le montant des 25 caisses savon bleu-pâle F. 3,125

   Passer au livre de caisse, et au livre d'achats et ventes en regard de l'achat.

——————————————————— 7 ———————————————————

7   Par notre lettre de ce jour, nous donnons avis à Jᴀᴄᴏʙ, de Paris, que nous avons fait traite sur lui, pour s/c., de F. 3,320 87, du 6 janvier, à 60

jours de date, à notre ordre, dont nous le créditons, et par contre le débitons de F. 38 61, pour perte à la négociation à 1 p. cent, courtage et timbre.

Cet article se trouve dans la correspondance, et on ne doit en faire aucune écriture dans les livres auxiliaires, puisque le présent article représente le copie de lettres, de sorte que tous les articles dans ce cahier de notes qui seront correspondance seront passés d'après l'article de ce cahier de notes.

Même opération répétée, avec des changemens.

———————————— 8 *Janvier* 18.. ————————————

8   Acheté de MARTIN 10 barriques sucre brut, pesant net K. 4,080, à F. 73 53 les 50 kil., payable fin février prochain...................... F. 6,000

Passer au livre d'achats et ventes.

———————————— 9 ————————————

9   Dresser la facture des 10 bques. sucre brut ci-dessus, expédiées à LORENZO, de Livourne, par la tartane *l'Annette*, capitaine Chéri, et avec assurance.

Passer au livre de factures.

———————————— 10 ————————————

10   Remis à MARTIN notre billet fin février prochain, à son ordre, en paiement de 10 barriques sucre brut............................ F. 6,000

Passer au livre d'échéances du côté d'effets à payer, et au livre d'achats et ventes en regard de l'achat.

———————————— 11 ————————————

11   LORENZO, de Livourne, par sa lettre du......, nous remet, pour s/c., une traite sur PAULIN, de cette ville, payable au 15 février......... F. 5,950

Passer au livre d'échéances du côté à recevoir.

SECONDE OPÉRATION.

Marchandise reçue pour compte d'amis.

———————————— 12 ————————————

CARRI, de Gênes, par sa lettre du........, nous remet connaissement de 5 futailles huile surfine d'olive qu'il a chargées à notre adresse et consignation sur la tartane *Sainte-Anne*, capitaine Bardino, pour vendre pour s/c.

Cet article se passe seulement sur le livre de magasin, et on n'en fait pas écriture sur le journal.

———————————— 12 ————————————

12   Vendu à ROMAN 5 fut. huile surfine d'olive, du compte de CARRI, de Gênes, jaugeant M. 50, à F. 110 la mill., payable en son billet fin février. F. 5,500

Passer la vente au livre d'achats et ventes, et la faire sortir du livre de magasin, c'est-à-dire en passer la vente à la page à droite dudit livre.

———————————— 13 ————————————

13   Dresser le compte de vente des 5 futailles huile surfine d'olive, du compte de CARRI.

Passer au livre de factures.

———————————— 14 ————————————

14   Reçu de ROMAN son billet fin février, en paiement de 5 futailles huile à lui vendues................................ F. 5,500

Passer ce billet au livre d'échéances, et au livre d'achats et ventes en regard de la vente.

———————————— 15 ————————————

15   Prendre de VERGNY un effet sur Gênes, de P. 900, du 15 janvier, à 30 jours, à F. 4 75 la piastre, et courtage.................... F. 4,279 27

Faire la note de négociation.

———————————— 16 ————————————

16   Par notre lettre de ce jour, nous remettons à CARRI, de Gênes, un effet sur

Gênes de P. 900, du 15 janvier, à 30 jours de date, à F. 4 75 la piastre, et
courtage . . . . F. 4,279 27

Cet article doit être passé d'après le copie de lettres représenté par le cahier de notes.

──────────────── 17 *Janvier* 18.. ────────────────

17 Payé comptant à VERGNY le montant de la note sur Gênes du 15 jan-
vier. . . . . F. 4,279 27

Passer au livre de caisse.

TROISIÈME OPÉRATION.

Marchandise de notre compte chez divers.

A partir de cet article, le compte de divers particuliers sera supprimé. Ce sera l'objet que l'on recevra qui
devra à l'objet que l'on donnera.

──────────────── 18 ────────────────

18 Acheté de VIGUIER 50 caisses savon pâle, pesant net K. 5,208 3, payable
en papiers sur Paris et comptant, à F. 120 les 100 kil. . . . . F. 6,250

Passer au livre d'achats et ventes.

Paiement.

F. 3,320 97, du 6 janvier, à 60 jours sur Paris, à 3/4 pour cent de perte,
ci. . . . . F. 3,295 93
Solde remis comptant. 2,954 07
                                                               ──────────
                                                               F. 6,250 »

Passer le comptant au livre de caisse, et le paiement au livre d'achats et ventes en regard de l'achat.

──────────────── 19 ────────────────

19 Dresser la facture de 50 caisses savon pâle expédiées à CARREL, de Paris,
pour vendre pour N/C.

Passer au livre de factures.

──────────────── 20 ────────────────

20 CARREL, de Paris, par sa lettre du . . . . . ., nous remet compte de vente et
net produit à Paris de 50 caisses savon pâle à lui expédiées pour vendre pour
N/C., et nous crédite de 6,500 fr. pour le net produit.

Cet article se passe sur le journal d'après le compte de vente de Carrel que le copie de lettres indique,
ainsi que la lettre de Carrel qui les remet.

──────────────── 21 ────────────────

21 CARREL, par sa lettre du . . . . . ., nous remet pour N/C. une traite sur Michel,
de cette ville, de F. 6,000 au 28 février prochain, et nous débite de F. 5,970.

Passer au livre d'échéances cet effet de F. 6,000, et sur le journal d'après la lettre de Carrel.

Même opération, en participation.

──────────────── 22 ────────────────

22 Acheté de MARCADIER 10 barriques sucre brut, pesant net K. 4,965 5,
à F. 145 les 100 kil., payable comptant. F. 7,200

Passer au livre d'achats et ventes.

Paiement.

F. 7,000 »   Billet de Jean au 31 janvier.
     23 33   Agio bonifié.
──────────
F. 6,976 67
    223 33   Solde remis comptant.
──────────
F. 7,200 »

Passer le comptant au livre de caisse, le paiement au livre d'achats et ventes en regard de l'achat, et au
livre d'échéances bâtonner ou croiser le billet de Jean que l'on donne en paiement.

———————— 23 *Janvier* 18.. ————————

23　Dresser la facture de 10 barriques sucre brut expédiées à Mariani, de Naples, par la bombarde *la Joséphine,* cap. Mayon, pour vendre en compte à
demi avec lui, et faire l'assurance sur notre demie seulement.

　　　Passer au livre de factures.

———————————— 24 ————————————

24　Par notre lettre de ce jour, nous donnons avis à Mariani, de Naples, que
nous avons fait traite sur lui, pour s/c., de D. 800, à 50 jours de date, à F. 4 25
le ducat, courtage et timbre.......................... F. 3,406 90

　　　Cet article se prend dans le copie de lettres.

———————————— 25 ————————————

25　Mariani, de Naples, par sa lettre du......, nous remet compte de vente
et net produit de 10 barriques sucre brut de notre envoi en compte à demi, et
nous crédite pour notre demie du net produit de D. 950..... F. 3,990

　　　Cet article doit se passer d'après le compte de vente de Mariani.

———————————— 26 ————————————

26　Mariani, de Naples, par sa lettre du......, nous remet, pour n/c., une
traite sur Héraud, de cette ville, de F. 4,000, au 10 mars prochain, et nous
débite de D. 940.

　　　Cette remise de F. 4,000 se passe au livre d'échéances et sur le journal, d'après la lettre de Mariani.

QUATRIÈME OPÉRATION.

Intérêt à diverses marchandises.

———————————— 27 ————————————

27　Girondi, de Gênes, par sa lettre du......, nous remet connaissement et
facture à 10 futailles huile d'olive surfine, qu'il a chargées sur la tartane
l'Assomption, capitaine Regi, pour vendre en compte à demi avec lui, et nous
débite pour notre demie de P. 739 90, à F. 4 77 la piastre... F. 3,529 34

　　　Passer dans le livre de magasin et au journal, d'après la facture de Girondi.

———————————— 28 ————————————

28　Girondi, de Gênes, par sa lettre du......, nous avise qu'il a fait traite sur
nous, pour n/c., de F. 3,547 87, à son ordre, payable fin février, et nous crédite de P. 739 90.

　　　Passer la traite sur nous au livre d'échéances et au journal, d'après la lettre de Girondi.

———————————— 29 ————————————

29　Vendu à Traner 10 futailles huile d'olive surfine, de compte à demi avec
Girondi, jaugeant M. 100, à F. 100 la millerolle, payable comptant.. F. 10,000

　　　Passer au livre d'achats et ventes, et faire sortir au livre de magasin.

Paiement.

F. 6,000 »	)	Billets de Josse au 15 février.
5,000 »	)	
F. 11,000 »		
27 50		Agio bonifié.
F. 10,972 50		
972 50		Rendu comptant pour excédant.
F. 10,000 »		

　　　Passer au livre d'échéances les billets de Josse qu'on reçoit, et le comptant au crédit de la caisse, puisqu'on paie.

———————————— 30 *Janvier* 18.. ————————————

30 Dresser le compte de vente de 10 futailles huile d'olive surfine, de compte
à demi avec Girondi.

> Passer au livre de factures.

———————————————— 31 ————————————————

31 Prendre de Lantara un effet sur Gênes de P. 696 35, du 31 janvier, à 30
jours de date, à F. 4 75 et courtage, payable fin février..... F. 3,307 64

> Faire la note de négociation.

Paiement.

F. 5,500 » Billet de Roman fin février.
  2,192 36 Reçu son billet fin février, pour excédant du paiement.
____
F. 3,307 64

> Passer au livre d'échéances le billet de Lantara, et faire sortir le billet de Roman sur ledit livre.

———————————— 1er *Février* 18.. ————————————

32 Par notre lettre de ce jour, nous remettons à Girondi, de Gênes, pour s/c.,
l'effet sur Gênes de P. 696 35, du 31 janvier, à 30 jours de date, à F. 4 75
et courtage... F. 3,307 64

> Cet article est pris dans le copie de lettres.

*Même opération, dont portion de la marchandise reçue a été
envoyée pour vendre pour N/C.*

———————————————— 2 ————————————————

33 Wilson, de Londres, par sa lettre du......, nous remet connaissement et
facture à 50 sacs poivre qu'il nous a expédiés par le navire *l'Edmond*, capitaine Jones, pour vendre en compte à demi avec lui, et nous débite pour notre
demie de St. 200, à F. 25 la livre sterling.................... F. 5,000

> Passer au livre de magasin et au journal, d'après la facture de Wilson.

———————————————— 3 ————————————————

34 Wilson, de Londres, par sa lettre du......., nous prévient de sa traite
sur nous, pour N/C., de F. 6,000, au 10 mars prochain, et nous crédite de
St. 237 62.

> Passer au livre d'échéances et au journal, d'après la lettre de Wilson.

———————————————— 4 ————————————————

35 Avoir fait assurer, de sortie de Londres à Marseille, sur le navire *l'Edmond*,
capitaine Jones, une somme de F. 5,000, à 1 p. cent et frais pour notre demie,
à 50 sacs poivre d'envoi de Wilson.

> Dresser cette assurance sur le livre de factures.

———————————————— 5 ————————————————

36 Expédié 25 sacs poivre de la partie en compte à demi avec Wilson, à Carrel,
de Paris, pour vendre pour N/C.

> Passer au livre d'achats et ventes l'expédition, comme si c'était une vente ; faire sortir au livre de ma-
> gasin cette expédition en blanc pour le prix et la somme, que l'on remplira lorsque Carrel en donnera compte
> de vente.

———————————————— 6 ————————————————

37 Vendu à Poiret 25 sacs poivre de la partie de compte à demi avec Wilson,
pesant net K. 2,083 5, à F. 3 le kil., payable comptant, ci...... F. 6,250

> Passer l'achat au livre d'achats et ventes, au débit du livre de caisse pour le paiement comptant, ainsi
> que sur le livre d'achats et ventes en regard.

———————————————— 7 ————————————————

38 Carrel, de Paris, par sa lettre du......., nous remet compte de vente et

net produit à Paris de 25 sacs poivre, de notre envoi et du compte à demi avec Wilson, et nous crédite de F. 6,300 pour le net produit.

Le copier sur le livre d'achats et ventes en regard de l'expédition à Carrel, et au journal d'après le compte de vente.

———————————————— 8 *Février* 18.. ————————————————

39 Dresser le compte de vente de 50 barriques poivre, du compte à demi avec Wilson, de Londres.

Passer au livre de factures.

———————————————— 9 ————————————————

40 Par notre lettre de ce jour, nous donnons avis à Carrel, de Paris, que nous avons fait traite sur lui, pour n/c., de F. 6,300, du 9 février, à 60 j. de date.

Cet article est pris du copie de lettres.

———————————————— 10 ————————————————

41 Par notre lettre de ce jour, nous donnons avis à Wilson, de Londres, que nous l'avons débité de F. 33 21 pour la demie de F. 66 43, perte à 1 pour cent et courtage sur la traite de F. 6,300 faite sur Carrel, de Paris, pour nous rembourser des 25 sacs poivre qu'il a vendus, de la partie des 50 sacs en participation avec lui.

Cet article est pris du copie de lettres.

———————————————— 11 ————————————————

42 Pris de Calmet une traite sur Londres de St. 200, du 11 février, à 30 jours de vue, à F. 25 30, payable en un effet sur Gênes............. F. 5,060

Passer au livre de négociations.

Paiement.

P. 1,000 du 1er janvier, à 50 jours sur Gênes, à F. 4 77 1/2.. F. 4,775
Solde comptant. 285
                                           F. 5,060

Passer seulement au crédit de la caisse le solde comptant.

———————————————— 12 ————————————————

43 Par notre lettre de ce jour, nous remettons à Wilson, de Londres, p. s/c., un effet sur Londres de St. 200, du 11 février, à 30 j. de vue, à 25 30... F. 5,060

Cet article est pris du copie de lettres.

MARCHANDISES PAR SPÉCULATION.

———————————————— 13 ————————————————

44 Acheté de Romain 100 balles coton, pesant net K. 16,650, à F. 290 les 100 kil., escompte convenu F. 285, pour payer moitié fin février et moitié fin avril... F. 48,285
Escompte convenu................................... 285
                                         F. 48,000

Passer au livre d'achats et ventes, et au livre de magasin comme marchandise reçue.

Paiement.

F. 6,000 } Billets de Josse
    5,000 }   } au 15 février.
    5,950 Traite sur Paulin }
    4,000 Traite sur Héraut au 10 mars.
____
F.20,950
     45 Agio sur F. 16,950 de prompt paiement.
____
F.20,995

F. 20,995   *Suite et montant de l'article ci-contre.*
  3,005   Remis comptant.

24,000 $\left\{\begin{matrix} 8,000 \\ 9,000 \\ 7,000 \end{matrix}\right\}$ Nos billets fin avril, pour solde.

F. 48,000

Passer à la caisse le solde comptant, au livre d'échéances nos billets fin avril, et croiser sur ledit livre les effets sur place remis en paiement.

———————————— 14 *Février* 18.. ————————————

45 Vendu à MEZAN 30 balles coton de N/c., pesant net K. 5,200, à F. 300 les 100 kil., payable en ses billets fin mars prochain.............. F. 15,600

Paiement.

F. 4,000
  8,000 $\Big\}$ Ses billets fin mars.
  3,500

F. 15,600

Passer l'achat au livre d'achats et ventes et sur le livre de magasin en sortie, et au livre d'échéances le paiement des billets, qui doit se trouver en regard au livre d'achats et ventes.

———————————— 15 ————————————

46 Faire la facture de 50 balles coton de N/c., expédiées à CARREL, de Paris, pour vendre en compte à tiers, dont deux tiers pour nous et un pour lui.

Passer l'expédition au livre d'achats et ventes, la facture au livre de factures, et faire sortir au livre de magasin les 50 balles coton.

———————————— 16 ————————————

47 Vendu à HILAIRE 20 balles coton de N/c., pesant net K. 3,462 3, à F. 305 les 100 kil., payable comptant......................... F. 10,560

Passer la vente au livre d'achats et ventes, et la sortie au livre de magasin.

Paiement.

F. 5,000 » $\Big\}$ Traites sur Gas au 15 mars.
  7,000 »

F. 12,000 »
    60 »   Agio bonifié.

F. 11,940 »
  2,192 36   Rendu pour excédant un billet de Lantara fin février.

F. 9,747 64
    5 48   Agio bonifié sur F. 2,192 36 fin février.

F. 9,753 12
  806 88   Solde reçu comptant.

F. 10,560 »

Passer au livre d'échéances les billets reçus ; croiser dans ce livre celui de Lantara donné, et au débit de la caisse le solde reçu comptant.

———————————— 17 ————————————

48 CARREL, de Paris, par sa lettre du......, nous remet compte de vente et net produit de 50 balles coton de notre envoi, et nous crédite, pour nos deux tiers du net produit, de......................... F. 18,554

Passer au journal d'après le compte de vente de Carrel, et le copier au livre d'achats et ventes en regard de l'expédition.

———————————— 18 ————————————

49 Par notre lettre de ce jour, nous donnons avis à CARREL, de Paris, que nous

avons fait traite sur lui de F. 26,000, du 17 février, à 90 jours de date, dont nous le créditons, savoir :

F.   8,600 pour s/c., à 1 1/4 p. cent de perte............ F.   8,492 50
17,400 pour n/c. .... 17,400 »
                                          F. 25,892 50

Cet article se passe au journal d'après la correspondance.

—————————————— 19 *Février* 18.. ——————————————

50 Par notre lettre de ce jour, nous prévenons Carrel, de Paris, que nous l'avons débité de F. 15 40 pour timbre et courtage sur F. 8,600, portion de notre traite sur lui pour s/c.

Cet article se passe au journal d'après la correspondance.

—————————————— 20 ——————————————

51 Débiter les cotons de n/c. de F. 400, pour les frais à l'achat et vente de 100 balles que nous avons achetées par spéculation.

Cet article est pris dans le livre de magasin, où l'on a passé l'achat et les frais occasionés par cet achat et vente.

—————————————— 21 ——————————————

52 Solder par profits et pertes le compte de cotons de n/c.

Cet article se prend du grand-livre, lorsqu'on y a rapporté ce qui était passé sur le journal, et lorsque la quantité de cotons achetés a été vendue.

MARCHANDISE EN PARTICIPATION SUR PLACE.

—————————————— 22 ——————————————

53 Acheté de Favre 20 barriques huile d'olive surfine, en compte en participation avec Taurel, jaugeant net M. 200, à F. 120 la millerolle, payable un tiers comptant, un tiers fin mars, un tiers fin avril......... F. 24,000

Passer au livre d'achats et ventes et au livre de magasin.

Paiement.

F.   8,000 Remis comptant.
8,000 Billet de Mezan au 31 mars.
8,000 Notre billet fin avril.

F. 24,000

Passer le comptant au crédit de la caisse, notre billet aux échéances, et croiser dans le livre des échéances le billet de Mezan.

—————————————— 23 ——————————————

54 Les 20 barriques huile d'olive ayant fait F. 150 de frais de courtage, jauge, tonnelier, etc, on doit en faire un article au journal.

On trouve cet article dans le livre de magasin, où l'on doit avoir passé les frais.

—————————————— 24 ——————————————

55 Vendu à Niel 12 barriques huile d'olive surfine, en participation avec Taurel, M. 120, à F. 125 la millerolle, payable comptant.

Passer l'achat au livre d'achats et ventes, à la caisse le comptant, et en faire la sortie au livre de magasin.

—————————————— 25 ——————————————

56 Reçu de Taurel F. 10,000 comptant, à valoir sur sa demie à l'achat de 20 barriques huile surfine en participation avec lui.

Passer au livre de caisse.

—————————————— 26 ——————————————

57 Vendu à Taurel 6 barriques huile surfine d'olive, de la partie de 20 barriques en participation avec lui, jaugeant M. 60, à F. 125 la millerolle, et le débiter en compte-courant.

Passer au livre d'achats et ventes, et les faire sortir au livre de magasin.

———— 27 *Février* 18.. ————

58   Vendu à Giniés 2 barriques huile d'olive surfine, du compte en participation avec Taurel, jaugeant M. 20, à F. 125, payable en son billet au 15 mars. F. 2,500
Passer au livre d'achats et ventes, au livre d'échéances pour le billet, et faire sortir au livre de magasin.

———— 28 ————

59   Passer au compte des huiles en participation avec Taurel F. 80 pour divers frais faits à la vente de ces huiles.
Cet article est pris dans le livre de magasin, où l'on doit avoir passé les frais.

———— 29 ————

60   Solder le compte des huiles en participation avec Taurel en F. 770 par le compte des intéressés.
Cet article se passe d'après le grand-livre quand tout y aura été rapporté.

———— 29 ————

61   Encaissé une traite sur Michel de F. 6,000 fin février.
Passer au livre de caisse, et croiser l'effet au livre d'échéances.

———— 29 ————

62   Payé à divers : Notre billet ordre Martin fin février. . . . . F. 6,000 »
             Traite sur nous de Girondi fin février. 3,547 87
Passer au crédit de la caisse ces deux effets séparément, et les croiser au livre d'échéances.

———— 29 ————

63   Créditer la caisse de F. 5,431 2 pour le montant des dépenses de commerce jusqu'à ce jour.
Les détailler au livre de frais de commerce, et ensuite les passer en bloc au crédit de la caisse.

———— 29 ————

64   Solder la caisse à nouveau en F. 18,483 82.
Passer au livre de caisse, et la solder sur ledit livre de caisse, avant de passer le solde au journal. (Voir au journal ce que je dis pour cet article.)

FABRIQUE A SAVON.

———— 1ᵉʳ *Mars*. ————

65   Payé à Quentin F. 3,000 pour loyer d'une année de notre fabrique à savon.
Passer au livre de caisse.

———— 2 ————

66   Acheté de Sauze M. 150 huile d'olive de Calabre, à F. 50 la millerolle, payable fin mars. . . . . F. 12,000

Passer au livre d'achats et ventes.

Paiement.

F. 5,000	}	Traite sur Gas au 15 mars.
7,000		
F. 12,000		
30		Pour agio à 1/4.
F. 12,030		
30		Reçu comptant pour excédant.
F. 12,000		

Passer le comptant au débit de la caisse, et croiser au livre d'échéances les effets sur la place remis en paiement.

———— 3 ————

67   Acheté de Guibal K. 9,333 5 soude douce, à F. 15 le cent, payable comptant. . . . . F. 1,400
Passer au livre d'achats et ventes.

Paiement de l'article ci-derrière.

F. 2,500   Billet de Giniés au 15 mars.
       6   Agio bonifié.
  ─────────
   2,494
F. 1,094   Reçu comptant pour excédant.
─────────
F. 1,400

Passer le comptant au débit de la caisse, et croiser au livre d'échéances l'effet de Giniés.

──────────────────── 4 *Mars* 18.. ────────────────────

68   Acheté de GAY K. 4,000 soude selée, à C. 10 le cent, payable comptant.   F. 400
Passer au livre d'achats et ventes et au crédit de la caisse.

──────────────────── 5 ────────────────────

69   Payé aux ouvriers pour une quinzaine ou une semaine de travail..   F. 250
Passer au livre de caisse seulement.

──────────────────── 6 ────────────────────

70   Payé à divers : 80 charges charbon à F. 3....................   F. 240
                     50 charges chaux à F. 2 50...................   125
Passer au livre de caisse seulement et séparément.

──────────────────── 7 ────────────────────

71   Passé pour charroi, poids, courtage et autres frais............   F. 500
Passer au livre de caisse. *
     * On peut porter ces frais séparément dans un livre de dépenses de fabrique, si l'on veut, pour ne faire
qu'un seul article au crédit de la caisse à la fin du mois.

──────────────────── 8 ────────────────────

72   Vendu à MEZAN K. 10,800 savon pâle, à F. 100 le cent, payable moitié
comptant et moitié au 10 avril..........................   F. 10,800
Passer au livre d'achats et ventes.

Paiement.

F. 5,400   Reçu comptant.
   5,400   Reçu son billet au 10 avril, pour solde.
─────────
F. 10,800

Passer le comptant au livre de caisse, et le billet au livre d'échéances.

──────────────────── 9 ────────────────────

73   Acheté de MELCHIOR 20 barriques huile d'œillette, jaugeant M. 200, à F. 65
la millerolle, payable fin mars..........................   F. 13,000
Passer au livre d'achats et ventes.

Paiement.

F. 4,000 ⎫
   3,600 ⎬ Billets de Mejan fin mars.
   5,400   Notre billet fin mars, pour solde.
─────────
F. 13,000

Passer au livre d'échéances notre billet, et croiser au livre d'échéances les deux que nous avons donnés.

──────────────────── 10 ────────────────────

74   Payé une traite de WILSON de F. 6,000, au 10 mars.
Passer au livre de caisse, et croiser au livre d'échéances.

──────────────────── 11 ────────────────────

75   Acheté de MARCADIER 12 barriques huile d'olive, jaugeant M. 120, à F. 75
la millerolle, pour payer en valeurs sur Naples et comptant......   F. 9,000
Passer au livre d'achats et ventes.

Paiement de l'article ci-contre.

D. 800, du 24 janvier, à 50 jours sur Naples, à F. 4 25...... F. 3,400
Solde remis comptant... 5,600
                                                                  ———————
                                                                  F. 9,000
                                                                  ═══════

Passer seulement le comptant au crédit de la caisse.

———————————————————— 12 *Mars* 18.. ————————————————————

76 Vendu à FABRE K. 6,900 savon bleu-pâle, à F. 96 le cent, comptant. F. 6,624

Passer au livre d'achats et ventes.

Paiement.

F. 6,657 12   Son billet, à notre ordre, au 15 avril.
      33 12   Agio bonifié.

F. 6,624 »

Passer au livre d'échéances le billet reçu.

———————————————————————— 13 ————————————————————————

77 Expédié à MONIER, de Rouen, 80 caisses savon bleu-pâle de notre fabrique
    pour vendre pour N/C., net K. 10,421, à F. 95 le cent, voie de Rouen, par le
    navire *le Pythéas,* capitaine Henriquez, avec assurance.

Faire la facture, et passer l'expédition au livre d'achats et ventes, comme si c'était une vente.

———————————————————————— 14 ————————————————————————

78 Acheté de MARQUIS K. 15,539 soude douce, à F. 13 le cent, payable comp-
    tant.. F. 2,150

Passer au livre d'achats et ventes, et à la caisse le paiement.

———————————————————————— 15 ————————————————————————

79 Expédié à CARREL, de Paris, pour vendre en compte à demi, 100 caisses
    savon pâle, net K. 11,440, à F. 100 le cent, voie de Rouen, par le navire
    le Chéri, capitaine Amic, avec assurance sur notre demie seulement.

Faire la facture, et passer au livre d'achats et ventes l'expédition.

———————————————————————— 16 ————————————————————————

80 Payé aux ouvriers pour une quinzaine ou une semaine de travail.. F. 300

Passer à la caisse seulement.

———————————————————————— 17 ————————————————————————

81 Vendu à GRAS K. 7,653 savon bleu-pâle, à F. 98 le cent, payable comp-
    tant.. F. 7,500

Passer au livre d'achats et ventes, et à la caisse le paiement.

———————————————————————— 18 ————————————————————————

82 Acheté de divers 150 charges charbon, à F. 3 50.............. F. 525

Passer seulement au livre de caisse.

———————————————————————— 19 ————————————————————————

83 Payé pour divers frais jusqu'à ce jour........................ F. 340

Passer au livre de caisse, et les frais en détail à un livre de dépenses de fabrique, si l'on en a fait un.

———————————————————————— 20 ————————————————————————

84 MONIER, de Rouen, par sa lettre du......, nous remet compte de vente et
    net produit de 80 caisses savon pâle de notre envoi, et nous crédite de F. 9,950
    pour le net produit.

Cet article se passe sur le journal d'après le compte de vente, et on le copie dans le livre d'achats et
ventes en regard de l'expédition.

———————————————————————— 21 ————————————————————————

85 MONIER, par sa lettre du......, nous remet, pour N/C., une traite sur
    Gibert, de Marseille, au 30 avril prochain, de F. 10,000, et nous débite
    de F. 10,000.

Passer au livre d'échéances.

22 Mars 18..

86   CARREL, de Paris, par sa lettre du......, nous remet compte de vente de 100 caisses savon pâle, de notre envoi en compte à demi, et nous crédite de F. 6,100 pour notre demie au net produit.

> Passer au journal d'après le compte de vente, et le copier dans le livre d'achats et ventes en regard de l'expédition.

— 23 —

87   Par notre lettre de ce jour, nous donnons avis à CARREL, de Paris, que nous avons fait traite sur lui, pour n/c., de F. 3,060, payable au 10 avril, ordre Calvi.

> Article pris dans le copie de lettres.

— 24 —

88   CARREL, de Paris, par sa lettre du......, nous remet, pour s/c., une traite de F. 6,000 sur Marion, de cette ville, au 10 avril.

> Passer aux échéances.

— 25 —

89   Par notre lettre de ce jour, nous donnons avis à CARREL, de Paris, que nous avons fait traite sur lui, pour n/c., de F. 5,600 du 25 mars, à 60 jours de date, à notre ordre.

> Article pris dans le copie de lettres.

— 26 —

90   Acheté de CALVI 12 futailles huile d'olive, jaugeant net M. 120, à F. 78 la millerolle, payable en effets sur Paris....................... F. 9,360

> Passer au livre d'achats et ventes.

Paiement.

F. 6,300   Du 9 février, à 60 jours, }
   3,060   Au 10 avril,   } sur Paris.

F. 9,360

— 27 —

91   Vendu à LAURENT K. 12,150 savon bleu-pâle, à F. 100 le cent, payable comptant.................................... F. 12,150

> Passer la vente au livre d'achats et ventes, et à la caisse le paiement.

— 28 —

92   Vendu à GARNIER K. 14,822 3 savon bleu-pâle, à F. 99 le cent, payable moitié comptant et moitié au 15 avril...................... F. 14,674

> Passer au livre d'achats et ventes.

Paiement.

F. 7,337   Remis comptant.
   7,337   Reçu pour solde son billet au 15 avril.

F. 14,674

> Passer le comptant à la caisse, et le billet au livre d'échéances.

— 29 —

93   Payé notre billet au 31 mars, ordre MELCHIOR.............. F. 5,400

> Passer au crédit de la caisse, et le croiser au livre d'échéances.

— 30 —

94   Solder la caisse à nouveau, en....................... F. 27,164 82

> Avant de la passer au journal, il faut la solder au livre de caisse, parce que c'est dans ce livre que l'on doit prendre l'article.

— 31 —

95   Solder le compte des huiles diverses par le débit de savons fabriqués.

> Dans cet article et les suivans qui servent à solder les savons fabriqués, je ne mets point de somme

afin de forcer l'élève à recourir au grand-livre à droiture; on additionne les quantités et le montant du compte que l'on veut solder, et le solde est le débit de savons fabriqués.

———— 31 *Mars* 18.. ————

96 Solder le compte de matières diverses par le débit de savons fabriqués.

———— 31 ————

97 Solder les dépenses de fabrique par le débit de savons fabriqués.

———— 31 ————

98 Solder le compte des ouvriers par le débit de savons fabriqués.

———— 31 ————

99 Solder le compte de charbon et chaux par le débit de savons fabriqués.

———— 31 ————

100 Solder les savons fabriqués par profits et pertes.

PREMIER ARMEMENT DE NAVIRE.

PAR UN SEUL ARMATEUR.

———— 1er *Avril* 18.. ————

101 Acheté de Philippe le navire *l'Annette*, de 200 tonneaux, avec tous ses agrès et apparaux, au prix de F. 25,000, payable comptant.
    Passer au livre d'achats et ventes, et au livre de caisse pour le paiement.

———— 2 ————

102 Payé à Cauvin, pour son courtage à l'achat du navire *l'Annette*. F. 125
    Passer à droiture au crédit de la caisse.

———— 3 ————

103 Payé pour journées d'ouvriers, radoub et autres frais........ F. 3,000
    Passer à droiture au crédit de la caisse.

———— 4 ————

104 Acheté de Plauche 20 ballots drap couleurs assorties, ensemble 4,000 aunes, à F. 12 l'aune, payable fin courant.................. F. 48,000
    Passer au livre d'achats et ventes.

Paiement.

F. 10,000 ⎞
  12,000 ⎟
  11,000 ⎬ Nos billets à son ordre, fin avril.
  15,000 ⎠
F. 48,000

    Passer au livre d'échéances.

———— 5 ————

105 Dresser la facture de 20 ballots drap, chargés sur le navire *l'Annette*, capitaine Florent, en destination pour Constantinople, à l'adresse et consignation de Coste et Comp.
    Passer au livre de factures.

———— 6 ————

106 Acheté de divers, légumes, biscuits, poteries, ustensiles, etc., pour l'avitaillement et usage du navire *l'Annette*...................... F. 1,500
    Passer au livre de caisse à droiture, et au livre d'achats et ventes, si l'on veut.

———— 7 ————

107 Faire l'assurance d'entrée à Constantinople sur corps et cargaison du navire *l'Annette*, capitaine Florent :
    F. 25,000 sur le corps, à 1 1/2 et frais..................... F. 385
      48,000 sur la cargaison, *id*.......................... 740
                                       F. 1,125
    Cette assurance se passe sur le livre de factures.

--- 8 *Avril* 18.. ---

108   Reçu comptant de MELAN F. 300 pour son passage à Constantinople sur le navire *l'Annette,* capitaine Florent.
> Passer à la caisse à droiture.

--- 9 ---

109   COSTE et Comp., de Constantinople, par leur lettre du......, nous remettent compte de vente de 20 ballots drap de notre envoi par le navire *l'Annette,* et nous créditent, pour le net produit, de P. 70,000, à C. 75 la piast.. F. 52,500
> Cet article se passe sur le journal, d'après le compte de vente de Coste et Comp.

--- 10 ---

110   COSTE et Comp., de Constantinople, par leur lettre du......, nous remettent connaissement et facture à 2,000 charges blé d'Odessa, qu'ils ont chargées sur le navire *l'Annette,* capitaine Florent, en retour de nos 20 ballots drap, et nous débitent de P. 70,000, à C. 75 la piastre............... F. 52,500
> Passer au livre de magasin et au journal, d'après la facture de Coste et Comp.

--- 11 ---

111   Faire l'assurance de sortie de Constantinople à Marseille sur corps et cargaison du navire *l'Annette,* capitaine Florent :
Sur F. 25,000 sur le corps, à 1 3/4 et frais... .... F.   449
      60,000 sur la cargaison,   *id*...................... 1,075
                                F. 1,524
> Passer au livre de factures.

--- 12 ---

112   Encaissé un billet de MEZAN au 10 avril.................. F.   5,400
      une traite sur MARION,   *id*...................... 6,000
                              F. 11,400
> Passer à la caisse séparément, et croiser au livre d'échéances.

--- 13 ---

113   Créditer le capitaine FLORENT, dans n/c., de P. 2,600, pour salaires payés à l'équipage à Constantinople, à C. 75 la piastre................ F. 1,950
> Cet article se passe sur le journal, d'après le compte de Florent.

--- 14 ---

114   Débiter le capitaine FLORENT, dans n/c., de P. 15,000, pour nolis exigé à Constantinople sur marchandises chargées à Marseille pour compte de divers, à C. 75 la piastre...................................... F. 11,250
> Passer au journal, d'après le compte de Florent.

--- 15 ---

115   Encaissé un billet de FABRE, au 15 avril............... F. 6,657 12
      un billet de GARNIER,   *id*.................... 7,337 »
                             F. 13,904 12
> Passer sur le livre de caisse séparément, et les croiser au livre d'échéances.

--- 16 ---

116   Créditer le capitaine FLORENT, dans s/c., de F. 1,800, pour salaires payés à l'équipage à Marseille.
> Passer au journal, d'après le compte du capitaine.

--- 17 ---

117   Débiter le capitaine FLORENT, dans s/c., de F. 6,000, pour nolis exigé à Marseille sur marchandises chargées à Constantinople pour compte de divers.
> Passer au journal, d'après le compte du capitaine.

———————————————— 18 *Avril* 18.. ————————————————

118   Solder le compte du capitaine Florent n/c., et en porter le solde dans
s/c. en P. 12,400.

>   Cet article se passe sur le journal, d'après le grand-livre.

———————————————————————— 19 ————————————————————————

119   Reçu comptant du capitaine Florent F. 13,500 pour solde de s/c.

>   Passer au livre de caisse.

———————————————————————— 20 ————————————————————————

120   Vendu à Mille 2,000 charges blé d'Odessa, du compte de la cargaison du
premier voyage du navire *l'Annette*, à F. 30 la charge, payable moitié comp-
tant et moitié fin avril. . . . . F. 60,000

>   Passer la vente au livre d'achats et ventes, et les faire sortir du livre de magasin.

Paiement.

F. 30,000	Comptant.	
15,000	Billet de Mille	au 30 avril.
15,000	Notre billet	
F. 60,000		

>   Passer le comptant à la caisse, le billet de Mille au livre d'échéances, et croiser dans ce livre d'échéances
>   notre billet qu'on nous rend.

———————————————————————— 21 ————————————————————————

121   Dresser le compte de vente de 2,000 charges blé d'Odessa, du compte de
la cargaison du premier voyage du navire *l'Annette*.

>   Passer au livre de factures.

———————————————————————— 22 ————————————————————————

122   Porter à nouveau le montant du navire *l'Annette*, avec tous ses agrès et
apparaux, seulement pour la somme de F. 23,000.

>   Passer sur le journal à droiture.

———————————————————————— 23 ————————————————————————

123   Débiter la cargaison du navire *l'Annette* par le crédit du navire du nolis
qu'aurait dû supporter la cargaison, si la marchandise avait été chargée sur
un autre navire :

Sur 20 ballots drap pour Constantinople. F.   600
     2,000 charges blé en retour   10,000
                                                                          F. 10,600

>   Passer à droiture sur le journal.

———————————————————————— 24 ————————————————————————

124   Solder le compte du navire *l'Annette* par profits et pertes.

>   Cet article se passe sur le journal, d'après le grand-livre.

———————————————————————— 25 ————————————————————————

125   Solder le compte de la cargaison du navire *l'Annette* par profits et pertes.

>   Cet article se passe sur le journal, d'après le grand-livre.

———————————————————————— 26 ————————————————————————

126   Prendre en négociation de Barriele nos billets ordre de Plauche, de

F. 10,000
     12,000   au 30 avril, à F. 66 de bonification.
     11,000

>   Faire la note de négociation, et en passer le net au livre de caisse.

———————————————————————— 27 ————————————————————————

127   Négocié à Vincent deux effets sur Paris, de

F. 26,000, du 17 février, à 90 jours,   à 1/4 p. cent de perte, contre
     5,600, du 25 mars, à 60 jours,

Trois effets sur la même place, F. $\left\{ \begin{array}{l} 14,000 \\ 8,000 \\ 10,164 \end{array} \right\}$ du 24 avril, à 100 jours, à 2 p. cent de perte.

Faire la note de négociation.

SECOND ARMEMENT DE NAVIRE.

PAR INTÉRESSÉS SUR LE CORPS ET INTÉRESSÉS SUR LA CARGAISON.

———————————— 28 *Avril* 18.. ————————————

128 Reçu des suivans, pour un intérêt que nous leur cédons sur le second voyage du navire *l'Annette* à Livourne :

De Benoît, F. 8,000 sur le corps dudit navire;

De Martin, F. 12,000 sur la cargaison.

Passer cet article au livre de caisse séparément.

———————————— 29 ————————————

129 Payé F. 3,800 pour frais de carénage, achat de voiles et autres dépenses pour compte du second voyage du navire *l'Annette*.

Passer au livre de caisse.

———————————— 30 ————————————

130 Acheté de GARNIER 200 barriques vin rouge, de 29 à 30 veltes, à F. 60 la barrique, payable au 15 mai, avec option d'escompter à raison de 1/2 p. cent par mois . . . . F. 12,000

Paiement.

F. 11,970 Remis comptant.

     30 Pour agio de 15 jours.

F. 12,000

Passer le comptant à la caisse.

———————————— 1er *Mai* 18.. ————————————

131 Acheté de BERAUD 60 barriques sucre brut, pesant net K. 28,408, à F. 147 le cent, escompte 2 pour cent, payable moitié comptant et moitié fin mai, ci . . . . F. 40,924 80

Paiement.

F. 15,000 » Billet de Mille $\left. \begin{array}{l} \\ \\ \end{array} \right\}$ au 30 avril.

  10,000 » Traite sur Gibert

F. 25,000 »

    22 73 Pour agio sur F. 4,542 60, excédant de la demie comptant.

F. 25,022 73

  15,902 07 Remis pour solde notre billet à son ordre, fin mai.

F. 40,924 80

Passer au livre d'échéances notre billet fin mai, et croiser dans ledit livre les deux effets remis.

———————————— 1 ————————————

132 Payé nos billets ci-après :

F. 8,000 Notre billet, ordre Favre, au 30 avril.

  8,000 $\left. \begin{array}{l} \\ \\ \\ \end{array} \right\}$

  9,000 $\left. \right\}$ Nos billets, ordre Roman, fin avril.

  7,000

Passer séparément ces billets au crédit du livre de caisse, et les croiser au livre d'échéances.

———————————— 2 ————————————

133 Dresser la facture des 200 barriques vin rouge et 60 barriques sucre

chargées sur le navire *l'Annette,* capitaine Florent, en destination pour Livourne, à l'adresse et consignation de Leontini.

Passer au livre de factures.

─────────── 3 *Mai* 18.. ───────────

134 Réçu F. 500 de deux passagers pour leur passage à Livourne.

Passer au livre de caisse.

─────────── 4 ───────────

135 Faire l'assurance d'entrée à Livourne sur le corps du navire *l'Annette,* capitaine Florent, sur F. 25,000, à 1 pour cent, frais et commission. F. 385

Passer au livre de factures.

─────────── 5 ───────────

136 Faire l'assurance d'entrée à Livourne sur la cargaison du nav. *l'Annette,* cap. Florent, sur F. 54,000, à 1 p. cent, frais de police et commission. F. 830

Passer au livre de factures.

─────────── 6 ───────────

137 Acheté de divers, légumes, biscuits, poteries, pour l'avituaillement et usage du navire *l'Annette*. . . . . F. 1,100

Passer au livre de caisse, et, si l'on veut, au livre d'achats et ventes.

─────────── 7 ───────────

138 Leontini, de Livourne, par sa lettre du. . . . . . , nous remet compte de vente de 60 barriques sucre brut, de notre envoi par le navire *l'Annette,* et nous crédite de P. 9,000, à F. 5 la piastre. . . . . F. 45,000

Cet article se passe à droiture au journal, d'après le compte de vente.

─────────── 8 ───────────

139 Leontini, de Livourne, par sa lettre du. . . . . . , nous remet compte de vente de 100 bques. vin rouge, de notre envoi par le nav. *l'Annette,* cap. Florent, et nous crédite, pour le net produit, de P. 2,000, à F. 5 la piastre. F. 10,000

Passer au journal, d'après le compte de vente.

─────────── 9 ───────────

140 Leontini, de Livourne, par sa lettre du. . . . . . , nous remet facture des coût et frais de 300 sacs poivre noir, qu'il a chargés sur le navire *la Sapho,* capitaine Jourdan, et nous débite de P. 11,000, à F. 5 la piastre. F. 55,000

Passer au livre de magasin et au journal, d'après la facture.

─────────── 10 ───────────

141 Faire l'assurance de sortie de Livourne à Marseille sur 300 sacs poivre chargés sur le navire *la Sapho,* capitaine Jourdan, sur F. 70,000, à 3/4 p. cent, frais et commission. . . . . F. 893.

Passer au livre de factures.

─────────── 11 ───────────

142 Leontini, de Livourne, par sa lettre du. . . . . . , nous invite à faire assurer le corps du navire *l'Annette,* capitaine Florent, de sortie de Smyrne à Marseille, sur F. 25,000, à 1 1/2 p. cent, frais et commission. . . . . F. 514

Passer au livre de factures.

─────────── 12 ───────────

143 Créditer le capitaine Florent, dans n/c., de divers frais, savoir :

  P. 200 Pour frais faits à Livourne pour compte du navire *l'Annette.*
     100 Frais faits en route, occasionés par le mauvais temps.
     300 Salaires de l'équipage payés à Livourne.

  P. 600 A F. 5 la piastre. . . . . F. 3,000

Passer à droiture sur le journal, d'après le compte du capitaine.

─────────── 13 ───────────

144 Débiter le capitaine Florent, dans n/c., de P. 800, pour nolis exigé à

Livourne sur marchandises chargées à Marseille pour compte de divers, à F. 5 la piastre... F. 4,000

Passer à droite sur le journal, d'après le compte du capitaine.

———— 14 *Mai* 18.. ————

145   Créditer le capitaine Florent, dans s/c., de F. 3,150, pour le montant de P. 600, piastres fortes de 8 réaux, qu'il nous a remises en nature, et que nous avons vendues de suite à F. 5 25 l'une.

Passer au livre de caisse.

———— 15 ————

146   Débiter le capitaine Florent, dans s/c., de F. 1,200, que nous lui avons comptés pour payer l'équipage à Marseille.

Passer au livre de caisse.

———— 16 ————

147   Reçu de Bertaut la somme de F. 15,000 comptant, pour le fret du voyage que le navire *l'Annette*, capitaine Florent, a fait de Smyrne à Marseille, pour charger des cotons pour s/c.

Passer au débit du livre de caisse.

———— 17 ————

148   Vendu à Nègre 300 sacs poivre noir, du compte de la cargaison du second voyage du navire *l'Annette*, pesant K. 30,000, à F. 225 le cent, payable au 15 juin, ci..................................... F. 67,500

Passer au livre d'achats et ventes et au livre de magasin en sortie.

Paiement.

F. 15,000	
18,000	
20,000	Ses billets au 15 juin, à notre ordre.
14,500	
F. 67,500	

Passer au livre d'échéances.

———— 18 ————

149   Faire le compte de vente de 300 sacs poivre noir, du compte de la cargaison du second voyage du navire *l'Annette*.

Passer au livre de factures.

———— 19 ————

150   Vendu comptant à Flory le navire *l'Annette*, avec tous ses agrès et apparaux... F. 20,000

Passer au livre de caisse.

———— 20 ————

151   Porter à nouveau les 100 barriques vin rouge qui restent invendues chez Leontini à Livourne, pour la même valeur de l'achat, y compris ses frais, ci... F. 6,250

Cet article se passe à droite sur le journal.

———— 21 ————

152   Solder le compte du capitaine Florent n/c., et en porter le solde dans s/c. en P. 200, à F. 5 la piastre............................... F. 1,000

Passer à droite sur le journal, d'après le compte-courant du grand-livre.

———— 22 ————

153   Payé F. 2,150 au capitaine Florent pour solde de s/c.

Passer au livre de caisse.

———— 23 ————

154   Débiter la cargaison du navire *l'Annette*, second voyage, par le crédit dudit navire, de F. 5,500 pour le nolis d'entrée à Livourne sur 200 barriques vin et 60 barriques sucre.

Passer à droite sur le journal.

24 *Mai* 18..

155 Solder le compte du second voyage du navire *l'Annette* par le compte des
intéressés.

  On additionne ce compte dans le grand-livre, et le solde qui en résulte est le bénéfice ou la perte à
porter au compte des intéressés par un article au journal et d'après une règle de trois.

25

156 Solder la cargaison du second voyage du navire *l'Annette* par le compte
des intéressés.

  On opère de la même manière que pour le navire.

26

157 Remis F. 6,000 comptant à Benoît, intéressé sur le second voyage du
navire *l'Annette*, à compte de son intérêt sur le corps dudit navire.

  Passer au livre de caisse.

27

158 Remis à Martin, intéressé sur le second voyage du navire *l'Annette*,
F. 14,500, en un billet de Nègre au 15 juin, à valoir sur son intérêt sur la
cargaison dudit navire.

  Croiser l'effet sur le livre d'échéances.

28

159 Leontini, de Livourne, par sa lettre du......, nous remet compte de
vente de 100 barriques vin rouge qui lui restaient invendues de notre envoi
par le navire *l'Annette*, second voyage, et nous crédite, pour le net produit,
de P. 900, à F. 5 25 la piastre........................... F. 4,545

  Cet article se passe à droiture sur le journal, d'après le compte de vente.

29

160 Leontini, de Livourne, par sa lettre du......, nous remet, pour solde
de N/c., une traite sur Paris de F. 4,635, à 31 jours de vue, et nous débite
de P. 900.

  Cet article se passe à droiture sur le journal, d'après la lettre de Leontini.

30

161 Solder la différence qui résulte dans notre colonne de N/c. chez Leontini,
de Livourne.

  Cet article se formera en additionnant le compte de Leontini, dont la colonne doit balancer, et le nôtre
balancera par cette différence.

31

162 Négocié à Nègre la remise de Leontini sur Paris de F. 4,635, à 31 jours
de vue, à 5/8 p. cent de perte, et courtage, payable comptant. F. 4,601 40

  Faire la note de négociation, et en passer le montant au livre de caisse.

1er *Juin* 18..

163 Passer la perte de F. 33 60 que supporte la remise de Leontini sur Paris
de F. 4,635, et en débiter la cargaison pour compte de qui la négociation a
été faite.

  Cet article se passe à droiture sur le journal.

2

164 Passer le solde de la cargaison du second voyage du navire *l'Annette* par
le compte des intéressés.

  On opère pour cet article suivant la manière indiquée au journal sous le N° 156.

3

165 Solder le compte de Martin, intéressé à la cargaison du second voyage du
navire *l'Annette*.

  Solde que l'on passe au débit ou au crédit de la caisse, d'après le grand-livre.

4 Juin 18..

166   Solder le compte de Benoît, intéressé sur le corps du 2e voyage de *l'Annette*.

Solde que l'on passe au débit ou au crédit de la caisse , d'après le grand-livre.

5

167   Payé notre billet de F. 15,902 7 fin mai, ordre Beraud.

Passer au livre de caisse, et croiser sur le livre d'échéances.

6

168   Solder les dépenses générales par le crédit de la caisse, en..... F. 11,000

Avant de les passer à la caisse, ces dépenses doivent être passées sur le livre de frais en détail, d'où ou les prendra.

6

169   Solder la caisse à nouveau, en...................... F. 7,019 84

Cet article ne se passe au journal qu'après avoir soldé la caisse sur le livre de caisse, où il faut le prendre.

TROISIÈME ARMEMENT DE NAVIRE.

PAR ACTIONS.

7

170   Acheté de Vincent le navire *Victor-et-Caroline*, avec tous ses agrès et apparaux............................ F. 30,000

Passer au livre d'achats et ventes.

Paiement.

F. 14,000	Du 24 avril, à 100 jours, sur Paris, au pair.
10,164	
5,836	Solde comptant.
F. 30,000	

Passer seulement à la caisse le solde comptant.

8

171   Payé à Garcin F. 100 pour courtage à l'achat du navire.

Passer au livre de caisse.

9

172   Reçu comptant des suivans, à valoir sur les actions qu'ils doivent prendre sur le navire *Victor-et-Caroline* :

     F. 12,000   de Badin.
        9,000   de Cassart.
        6,000   de Bellin.

Passer au livre de caisse séparément.

10

173   Payé F. 4,000 pour radoub, journées d'ouvriers, et autres frais faits pour le navire *Victor-et-Caroline*.

Passer au livre de caisse seulement.

11

174   Acheté de Vincent 200 barriques vin rouge, de 29 à 30 veltes, à F. 60 la barrique, payable comptant........................ F. 12,000

Passer au livre d'achats et ventes.

Paiement.

F. 15,000	Billet de Nègre au 15 juin.	
3,000	2,995	Rendu comptant pour excédant.
	5	Agio bonifié.
F. 12,000		

Passer le comptant au débit de la caisse, et croiser l'effet donné sur le livre d'échéances.

———————————— 12 *Juin* 18.. ————————

175   Acheté de Moneri 60 bques. fromage de Hollande, pesant net K. 10,153,
à F. 130 les 100 kil., payable fin juillet..................... F. 13,200

Passer au livre d'achats et ventes.

Paiement.

F. 18,000   Billet de Nègre au 15 juin.
    44   Agio bonifié.
————————
F. 18,044
  4,844   Reçu comptant pour excédant.
————————
F. 13,200

Passer le comptant au débit de la caisse, et croiser l'effet donné sur le livre d'échéances.

—————————————— 13 ——————————

176   Acheté de Miniau 400 caissons savon recuit, pesant net K. 26,315 8, à F. 95
les 100 kil., payable comptant......................... F. 25,000

Passer au livre d'achats et ventes.

Paiement.

F. 20,000 »   Billet de Nègre }
  2,517 42   Billet de Martin } au 15 juin.
————————
F. 22,517 42
  2,482 58 { 2,476 58   Solde remis comptant.
            6 »   Agio bonifié.
————————
F. 25,000 »

Passer à la caisse le comptant, et croiser les effets sur le livre d'échéances.

—————————————— 14 ——————————

177   Dresser la facture de 200 bques. vin rouge, 60 bques. fromage, 400 caisses
savon recuit, chargées sur le nav. *Victor-et-Caroline*, cap. Drareg, en destination pour Saint-Pierre (Martinique), à l'adresse et consignation de Bontems.
Passer au livre de factures.

—————————————— 15 ——————————

178   Débiter l'armement du navire *Victor-et-Caroline* de F. 600, pour notre
provision, à 2 p. cent, sur F. 30,000, achat du navire.
Passer à droiture sur le journal.

—————————————— 16 ——————————

179   Acheté de divers, légumes, biscuits et poteries, pour l'avituaillement et
usage du navire *Victor-et-Caroline*........................ F. 3,000
Passer au livre de caisse seulement, ou au livre d'achats et ventes, si l'on veut.

—————————————— 17 ——————————

180   Faire l'assurance d'entrée à Saint-Pierre (île Martinique), sur corps et
cargaison du navire *Victor-et-Caroline*, capitaine Drareg, sur F. 86,000, à
3 p. cent, et police.
Cet article se passe sur le livre de factures, avec une commission de 1/2 p. cent.

—————————————— 18 ——————————

181   Débiter les assurances par un compte d'assureurs divers, dans lequel on
aura soin de détailler les noms, la somme assurée par eux et le montant de
la prime à leur payer.

  Borel   assure F. 10,000, à 3 p. cent.............. F. 300   }
  Négrel   »   20,000,   *id*................... 600   }
  Grimaud »   30,000,   *id*................... 900   } F. 2,580
  Jean   »   26,000,   *id*................. 780   }

Article qui se passe à droiture sur le journal, d'après la police d'assurance ou la note que le courtier donne.

———————————————— 19 *Juin* 18. . ————————————————

182   Payé à JEAN et à NÉGREL leur compte de primes d'assurance sur le navire
      Victor-et-Caroline :
      A Jean, prime sur F. 26,000..................... F. 780 }
      A Négrel,   *id.*   20,000.......................   600 } F. 1,380
           Passer au crédit de la caisse séparément.

———————————————— 20 ————————————————

183   Payé à PAUL, notaire d'assurances, F. 30 pour frais d'enregistrement de la
      police d'assurance, du 17 juin, d'entrée à Saint-Pierre sur le navire *Victor-et-*
      Caroline, cap. Drareg.
           Passer au livre de caisse.

———————————————— 21 ————————————————

184   Solder l'armement du nav. *Victor-et-Caroline* par le débit des actionnaires.
           Cet article se prend sur le grand-livre, en additionnant son débit, qui sera divisé en autant d'actions
           que l'on voudra.

———————————————— 22 ————————————————

185   Reçu comptant des actionnaires du navire *Victor-et-Caroline,* pour solde
      de leurs actions, savoir :
      F. 11,210 20   de Badin.
          9,568 24   de Cassard.
          7,926 18   de Bellin.
           Passer à la caisse, chacun séparément.

———————————————— 23 ————————————————

186   Remis comptant au capitaine DRAREG F. 2,000 pour en rendre compte au
      retour du voyage.
           Passer au livre de caisse.

———————————————— 24 ————————————————

187   Reçu comptant F. 1,000 de deux passagers, pour leur passage à Saint-
      Pierre (Martinique).
           Passer au livre de caisse.

———————————————— 25 ————————————————

188   BONTEMS, de Saint-Pierre (Martinique), par sa lettre du......, nous remet
      compte de vente de 200 barriques vin rouge, de notre envoi, et nous cré-
      dite, pour le net produit, de.................... L. 33,333 6 s. 6 d.
           Cet article se passe à droiture sur le journal, d'après le compte de vente.

———————————————— 26 ————————————————

189   BONTEMS, de Saint-Pierre (Martinique), par sa lettre du......, nous remet
      compte de vente de 60 barriques fromage de Hollande, de notre envoi, et
      nous crédite, pour le net produit, de .... L. 22,222 5 s.
           Cet article se passe à droiture sur le journal, d'après le compte de vente.

———————————————— 27 ————————————————

190   BONTEMS, de Saint-Pierre (Martinique), par sa lettre du......, nous remet
      compte de vente de 400 caissons savon recuit, de notre envoi, et nous crédite,
      pour le net produit, de........................... L. 35,555 11 s.
           Cet article se passe à droiture sur le journal, d'après le compte de vente.

———————————————— 28 ————————————————

191   BONTEMS, de Saint-Pierre (Martinique), par sa lettre du......, nous remet
      connaissement et facture à 100 bques. sucre brut assorti, qu'il nous a expédiées
      sur le nav. *Victor-et-Caroline,* cap. Drareg, et nous débite de L. 53,333 6 s.
           Passer au livre de magasin.

———————————————— 29 ————————————————

192   BONTEMS, de Saint-Pierre (Martinique), par sa lettre du......, nous remet

connaissement et facture à 100 barriques café, qu'il a chargées sur le navire *le Prudent,* capitaine Martin, et nous débite de...... L. 33,333 6 s. 6 d.

Passer au livre de magasin.

———————————————— 30 *Juin* 18.. ————————————————

193 Faire l'assurance de sortie de Saint-Pierre (Martinique), sur corps et cargaison du navire *Victor-et-Caroline,* capitaine Drareg, sur F. 70,000, à 3 1/2 p. cent, et frais de police.

Passer au livre de factures.

———————————————— 1er *Juillet* 18.. ————————————————

194 Faire l'assurance de sortie de Saint-Pierre (Martinique), sur facultés en café, à bord du navire *le Prudent,* capitaine Martin, sur F. 30,000, à 3 1/2 p. cent, et frais de police.

Passer au livre de factures.

———————————————— 2 ————————————————

195 Bontems, de Saint-Pierre (Martinique), par sa lettre du......., nous dit avoir reçu du capitaine Drareg...................... L. 10,000

Passer à droite sur le journal, d'après la lettre.

———————————————— 3 ————————————————

196 Bontems, de Saint-Pierre (Martinique), par sa lettre du......, nous avise avoir compté au capitaine Drareg...................... L. 3,500

Passer à droite sur le journal, d'après la lettre.

———————————————— 4 ————————————————

197 Bontems, de Saint-Pierre (Martinique), par sa lettre du......, nous remet l'extrait de n/c. courant, ainsi qu'une traite de F. 6,566 68 sur Pagès, de Marseille, à 31 jours de vue, et nous débite de L. 10,944 10 s. pour solde dudit compte.

Passer au journal à droiture.

———————————————— 5 ————————————————

198 Vendu à Roche, du compte du navire *Victor-et-Caroline :*
100 bq. café, pesant K. 40,000, à F. 150 les 100 kil.... F. 60,000 } F. 110,000
100 » sucre brut, p. K. 41,666 7, à F. 120 les 100 kil.   50,000 }

Passer au livre d'achats et ventes, et au livre de magasin en sortie.

Paiement.

F. 70,000   Comptant.
  20,000   Son billet fin juillet.
  20,000   Son billet fin août.
————————
F. 110,000

Passer à la caisse le comptant, et au livre d'échéances les billets.

———————————————— 6 ————————————————

199 Compté aux actionnaires, à valoir sur leurs actions :
F. 11,100   à Badin.
  8,880   à Cassau.
  6,660   à Bellin.

Passer au crédit de la caisse, chacun séparément.

———————————————— 7 ————————————————

200 Dresser le compte de vente de 100 bques. sucre et 100 bques. café, du compte du navire *Victor-et-Caroline.*

Passer au livre de factures.

———————————————— 8 ————————————————

201 Débiter le capitaine Drareg, dans n/c., de L. 6,666 13 s., pour nolis exigé

aux îles sur marchandises chargées à Marseille sur son navire pour compte de divers.

Passer à droiture sur le journal, d'après le compte du capitaine copié au livre de factures N° 1.

———————————— 9 *Juillet* 18.. ————————————

202   Créditer le capitaine DRAREG, dans ɴ/c., savoir :

Salaires payés à l'équipage à Saint-Pierre . . . . L. 3,000 »

Frais de radoub et autres. . . . . 2,777 16 s.

Avituaillement pour le retour. . . . . 2,000 »

Passer à droiture sur le journal, d'après les comptes du capitaine copiés au livre de factures N° 2, 3, 4.

———————————— 10 ————————————

203   Solder le compte du capitaine DRAREG ɴ/c., et en porter le solde dans s/c. en F. 4,566 68, valeur de L. 7,611 3 s.

Prendre ce solde sur le grand-livre.

———————————— 11 ————————————

204   Créditer le cap. DRAREG, dans s/c., de F. 600, pour avarie faite en route.

Passer à droiture sur le journal, d'après le compte du capitaine copié sur le livre de factures N° 5.

———————————— 12 ————————————

205   Créditer le capitaine DRAREG, dans s/c., de F. 3,000, pour salaires payés à Marseille aux équipages.

Passer à droiture sur le journal, d'après le compte du capitaine N° 6, copié au livre de factures.

———————————— 13 ————————————

206   Créditer le capitaine DRAREG, dans s/c., de F. 4,500, pour nolis exigé à Marseille sur marchandises chargées à Saint-Pierre pour compte de divers.

Passer à droiture sur le journal, d'après le compte du capitaine N° 7, copié au livre de factures.

———————————— 14 ————————————

207   Créditer le capitaine DRAREG, dans s/c. :

Pour ses honoraires pour l'aller et retour. . . . . F. 2,400

Gratification convenue 600

Passer à droiture sur le journal.

———————————— 15 ————————————

208   Débiter le capitaine DRAREG, dans s/c., de F. 25,000, pour la vente que nous lui faisons du navire *Victor-et-Caroline*, avec tous ses agrès et apparaux.

Passer à droiture sur le journal, et au livre d'achats et ventes, si on en a passé l'achat.

———————————— 16 ————————————

209   Reçu comptant du capitaine DRAREG, pour solde de s/c... F. 20,333 32

Passer cet article au débit du livre de caisse, et prendre le solde, d'après le grand-livre.

———————————— 17 ————————————

210   Payé à PAUL, notaire d'assurances, les primes d'assurance échues suivant le détail dans le compte qu'il nous remet.

Les détailler sur le livre de caisse, d'après le compte, et dans ce Cours, d'après le grand-livre.

———————————— 18 ————————————

211   Payé aux divers assureurs, savoir :

A Borel, prime d'assurance sur F. 10,000, à 3 p. cent. . . . . F. 300

A Grimaud,   *id.*   sur F. 30,000,   *id.*. 900

Passer au livre de caisse séparément.

———————————— 19 ————————————

212   Solder le compte du désarmement et armement aux îles par le désarmement à Marseille.

Article à passer à droiture sur le journal, d'après le grand-livre.

———————————— 20 ————————————

213   Solder le compte du désarmement à Marseille par le compte des actionnaires.

Cet article se passe au journal, d'après le grand-livre, après en avoir fixé le solde et les actions. (*Voir ce que j'en dis*, article N° 215.)

————————————————————— 21 *Juillet* 18.. —————————————————

214 Payé aux actionnaires du navire *Victor-et-Caroline* le solde de leurs
    actions, savoir :
     F. 17,963 34   à Badin.
        14,370 66   à Cassard.
        10,778 »   à Bellin.
    Passer au livre de caisse séparément.

————————————————————————— 22 ————————————————————————

215 Solder par profits et pertes le compte de notre intérêt au navire *Victor-
    et-Caroline*.
    Passer cet article d'après le grand-livre.

————————————————————————— 23 ————————————————————————

216 Solder les dépenses générales par le crédit de la caisse, en... F. 16,400
    Passer à la caisse, d'après le livre de frais de commerce.

————————————————————————— 24 ————————————————————————

217 Prendre de MAUBERT trois effets sur place :
    F. 8,000
       7,000 } Billets de Nègre fin août.
       6,000
    Faire la note de négociation.

————————————————————————— 25 ————————————————————————

218 Faire l'assurance de sortie de Gênes à Agde sur le brigantin *le Désiré*,
    capitaine Viau, sur F. 20,000, à 1 p. cent, pour compte de GIRONDI, de Gênes.
    Passer au livre de factures.

————————————————————————— 26 ————————————————————————

219 Encaissé un billet de Roche, F. 20,000, au 31 juillet.
    Passer seulement au livre de caisse.

————————————————————————— 31 ————————————————————————

220 Solder la caisse à nouveau, en...................... F. 46,347 40
    Solder la caisse dans le livre de caisse, avant de la passer au journal.

————————————————————————— 31 ————————————————————————

Dresser le bilan d'additions, et, d'après ce bilan, solder les comptes ci-
après, en opérant de la manière que j'indique dans le journal, soit à compte
nouveau, soit par profits et pertes.

221 Marchandises de N/c. chez divers.
222 Intérêts à diverses marchandises.
223 Effets à recevoir.
224 Effets sur l'étranger.
225 } Assurances générales.
226
227 Savons de N/c. chez divers.
228 } Dépenses générales.
229
230 Provisions.
231 Intérêts généraux.
232 } Effets sur place.
233
234 } CARREL, de Paris, N/c.
235
236 } MARIANI, de Naples, N/c.
237
238 GIRONDI, de Gênes, N/c.

239 ⎱
240 ⎰ Wilson, de Londres, n/c.

241 Profits et pertes.

——————————————————— 31 *Juillet* 18.. ———————————————————

241 Faire le bilan de sortie.

SECONDE PARTIE.

———————————————— 1ᵉʳ *Août* 18.. ————————————————

241 Bilan d'entrée au grand-livre, N° 2.
    Voir le journal pour connaître la manière d'opérer.

———————————————————— 3 ————————————————————

242 Payé à Poncel, notaire d'assurances, F. 210, pour l'assurance de Gênes à
    Agde, capitaine Viau, sur F. 20,000, et frais de police.
    Passer au livre de caisse.

———————————————————— 8 ————————————————————

243 Payé à Taurel, en ville, F. 2,885 pour solde de s/c.
    Passer au livre de caisse.

———————————————————— 11 ————————————————————

244 Payé à David F. 50 pour compte de Monier, de Rouen.
    Passer au livre de caisse.

———————————————————— 12 ————————————————————

245 Payé aux porte-faix, emballeurs et autres, les comptes qui restaient dus au
    31 juillet... F. 900
    Passer au livre de caisse.

———————————————————— 13 ————————————————————

246 Payé un mandat de Girondi, à présentation, de F. 532 36, pour solde de s/c.
    Passer au livre de caisse.

———————————————————— 15 ————————————————————

247 Porter le solde de Mariani, de Naples, n/c., en D. 10, dans s/c., en F. 41.
    Article pris dans la correspondance.

———————————————————— 23 ————————————————————

248 Par notre lettre de ce jour, nous donnons avis à Mariani, de Naples, que
    nous avons fait traite sur lui, pour solde de s/c., de D. 66 53, à 60 jours
    de date, en F. 276 10, à F. 4 15 le ducat.
    Article pris dans la correspondance.

———————————————————— 24 ————————————————————

249 Reçu de Philippe F. 294 86, pour compte de Lorenzo, de Livourne, et
    pour solde de s/c.
    Passer au livre de caisse.

———————————————————— 26 ————————————————————

250 Carri, de Gênes, par sa lettre du......, nous avise de sa traite sur
    nous de F. 100 05, au 10 octobre.
    Passer au livre d'échéances.

BANQUE.

COMPTES-COURANS DES AMIS CHEZ NOUS,

SOIT LEUR COMPTE.

———————————— 27 *Août* 18.. ————————————

251 CARREL, de Paris, par sa lettre du 20 août, nous remet, pour s/c., une traite sur Blanc, de cette ville, de F. 8,500, au 25 septembre.

 Passer au livre d'échéances.

———————————— 28 ————————————

252 Par notre lettre de ce jour, nous remettons à CARREL, de Paris, une traite sur Paris, pour s/c., de F. 8,000, du 24 avril, à 100 jours, à 1/8 p. cent de perte....................................... F. 7,990

 Article pris dans la correspondance.

———————————— 30 ————————————

253 CARREL, de Paris, par sa lettre du 25 août, nous prévient qu'il a fait traite sur nous, pour s/c., de F. 10,900 au 5 octobre.

 Passer au livre d'échéances.

———————————— 31 ————————————

254 Pris de VICTOR les effets ci-après :

   P. 2,100   A 45 jours de date, sur Livourne, à F. 5 20. F. 10,920 »

F. 7,300 »	
4,000 »	A 60 jours de date, sur Paris.
3,950 »	
5,000 »	

  F. 20,250 »
      177 20   Perte à 7/8.

  F. 20,072 80 .... 20,072 80

                           F. 30,992 80

 Faire la note de négociation.

Paiement.

F. 8,000 »	Billet de Nègre	fin août.
20,000 »	Billet de Roche	
6,566 68	Traite sur Pagès, à 31 jours de vue.	

  F. 34,566 68
     3,573 88   Rendu comptant pour excédant.

  F. 30,992 80

 Passer le comptant au livre de caisse, et croiser les trois billets donnés au livre d'échéances.

———————————— 31 ————————————

255 Encaissé deux billets de NÈGRE, de

F. 6,000	fin août.
7,000	

 Passer au livre de caisse, et croiser au livre d'échéances.

———————————— 3 *Septembre* 18.. ————————————

256 Par notre lettre de ce jour, nous donnons avis à CARREL, de Paris, que nous avons fait traite sur lui, pour s/c., de F. 9,900, au 15 octobre, à 1/2 p. cent de perte.................................... F. 9,850 50

 Article pris dans la correspondance.

———————————— 10 *Septembre* 18.. ————————————

257   Par notre lettre de ce jour, nous remettons à Carrel, de Paris, pour s/c., une
       traite sur Livourne de P. 2,100, du 31 août, à 45 j. de date, à F. 5 24. F. 11,004
       Article pris dans la correspondance.

———————————————————— 12 ————————————————————

258   Carrel, de Paris, par sa lettre du 6 septembre, nous remet, pour s/c., une
       traite sur Gênes de P. 3,000, du 20 août, à 45 jours de date.
       Article pris dans la correspondance et laissé en blanc dans notre colonne jusqu'après la négociation.

———————————————————— 15 ————————————————————

259   Par notre lettre de ce jour, nous remettons à Carrel, de Paris, pour s/c.:
       F. 3,950, } du 31 août, à 60 jours de date sur Paris, à 3/4 p. cent de
       4,000, }   perte.............................. F. 7,890 40
       Article pris dans la correspondance.

———————————————————— 18 ————————————————————

260   Par notre lettre de ce jour, nous prévenons Carrel, de Paris, que nous
       avons fait traite sur lui, pour s/c., de F. 7,400, à 100 jours de date, à 1 p.
       cent de perte.. F. 7,326
       Article pris dans la correspondance.

———————————————————— 19 ————————————————————

261   Carrel, de Paris, par sa lettre du 12 septembre, nous remet, pour s/c.:
       F. 8,200, au 31 octobre, sur Durand.
       9,000, au 10 novembre, sur Agnel.
       Passer au livre d'échéances.

———————————————————— 20 ————————————————————

       Par notre lettre de ce jour, nous donnons à Carrel, de Paris, note de négo-
       ciation de sa remise du 6 septembre, de P. 3,000, sur Gênes, du 20 août, à 45
       jours de date, au prix de F. 4 60......................... F. 13,800
       Remplir le blanc au Nº 258.

———————————————————— 25 ————————————————————

262   Carrel, de Paris, par sa lettre du 20 septembre, nous avise avoir fait traite
       sur nous de F. 8,825, au 12 novembre.
       Passer au livre d'échéances.

———————————————————— 25 ————————————————————

263   Encaissé une traite sur Blanc de F. 8,500, au 25 septembre.
       Passer au livre de caisse, et croiser au livre d'échéances.

———————————————————— 30 ————————————————————

264   Pris de Théodore deux effets sur Londres, de
       St. 300, } à 60 jours de date, à F. 24 18 1/4 la livre sterling, payable en
       250, }   effets sur Paris, au pair.................... F. 13,300
       Faire la note de négociation.

Paiement.

       F. 7,300   Du 24 août, à 60 jours, sur Paris.
       6,000   Solde comptant.
       F. 13,300

       Passer seulement le comptant au livre de caisse.

———————————— 2 *Octobre* 18.. ————————————

265   Par notre lettre de ce jour, nous remettons à Carrel, de Paris, pour s/c.,
       une traite sur Naples de D. 66 53, du 23 août, à 60 jours de date, à F. 4 25,
       ci.. F. 282 75
       Article pris dans la correspondance.

──────────────── 12 *Octobre* 18.. ────────────────

Dresser le compte-courant de CARREL, de Paris, et en passer le solde et
les frais au journal, d'après l'extrait au livre des comptes-courans N° 1.

Articles ci-après, N° 266, 267, 268.

──────────────── 12 ────────────────

266   Passer, par dépenses générales, les courtages et ports de lettres.
        par provision, la provision de banque.
267   par intérêts généraux, le solde des intérêts.
268   par compte nouveau, le solde du compte.

──────────────── 16 ────────────────

269   Négocié à MARTIN une traite sur Gênes de P. 3,000, du 20 août, à 45 jours,
à F. 4 62, valeur comptant.............................. F. 13,860

Faire la négociation.

Paiement.

F. 8,000 ⎫
    6,000 ⎬ Billet de Colin au 30 novembre.

F. 14,000
    105   Agio de 1 mois et demi, à 1/2 p. cent par mois.

F. 13,895
     35.   Rendu comptant pour excédant.

F. 13,860

Passer le comptant au crédit de la caisse, et les effets reçus au livre d'échéances.

──────────────── 17 ────────────────

270   Négocié à BARBIER une traite sur Paris de F. 9,900, au 15 octobre, à 1/8
p. cent de perte, valeur sur la même place, à 1 1/2 p. cent de perte. F. 9,887 63

Faire la note de négociation.

Paiement.

F. 12,000 »   A 90 jours, sur Paris.
    180 »   Perte à 1 1/2.

F. 11,820 »
  1,932 37   Rendu comptant pour excédant.

F. 9,887 63

Passer seulement le comptant à la caisse.

──────────────── 18 ────────────────

271   WILSON, de Londres, par sa lettre du 1er octobre, nous remet, pour s/c.,
F. 7,500, sur Aymond, de cette ville, au 30 novembre.

Passer aux échéances.

──────────────── 23 ────────────────

272   Par notre lettre de ce jour, nous remettons à WILSON, de Londres, pour
s/c., une traite sur Londres de St. 250, du 30 septembre, à 60 jours, à
F. 24 50... F. 6,125

Article pris dans le copie de lettres.

──────────────── 25 ────────────────

273   WILSON, de Londres, par sa lettre du 10 octobre, nous avise avoir fait
traite sur nous, pour s/c., de F. 11,000, au 25 novembre.

Passer au livre d'échéances.

──────────────── 28 ────────────────

274   Par notre lettre de ce jour, nous prévenons WILSON, de Londres, que nous

avons fait traite sur lui, pour s/c., de St. 400, à 50 jours de date, à F. 24 75,
ci. . . . . F. 9,900

Article pris dans le copie de lettres.

———————————— 31 *Octobre* 18. . ————————————

275   Par notre lettre de ce jour, nous remettons à WILSON, de Londres, pour
s/c., un effet sur Londres de St. 300, du 30 septembre, à 60 jours, à F. 25,
ci. . . . . F. 7,500

Article pris dans le copie de lettres.

———————————————— 31 ————————————————

276   WILSON, de Londres, par sa lettre du 15 octobre, nous avise de sa traite
sur nous, pour s/c., de F. 9,850, au 30 novembre.

Passer au livre d'échéances.

———————————————— 31 ————————————————

277   Encaissé une traite sur DURAND de F. 8,200, au 31 octobre, et un effet sur
Paris, au pair, de F. 5,000, du 31 août, à 60 jours de date.

Passer au livre de caisse, et croiser sur le livre d'échéances l'effet sur place.

———————————— 4 *Novembre* 18. . ————————————

278   WILSON, de Londres, par sa lettre du 25 octobre, nous remet, pour s/c.,
un effet sur Paris de F. 10,200, du 10 octobre, à 100 jours de date.

Article pris dans la correspondance. On en laisse la somme en blanc, daus notre colonne au journal,
jusqu'après la négociation, comme en l'article N° 258.

———————————————— 10 ————————————————

279   Encaissé une traite sur AGNEL de F. 9,000, au 10 novembre.

Passer au livre de caisse, et croiser sur le livre d'échéances.

———————————————— 12 ————————————————

Par notre lettre de ce jour, nous donnons à WILSON, de Londres, négociation de sa remise de F. 10,200, sur Paris, par sa lettre du 25 octobre, à
1 p. cent de perte, F. 10,098, valeur 12 novembre.

Article qui ne se passe pas sur le journal. On en remplit seulement la somme dans notre colonne (N° 278).

———————————————— 12 ————————————————

280   Payé les traites sur nous ci-après :
A DAVID, traite de Carri au 10 octobre. . . . . F.   100 05
A NIEL, traite de Carrel au 5 dit. . . . .   10,900 »
A HUGON, traite de Carrel au 12 novembre. . . . .   8,825 »

Passer séparément au livre de caisse, et croiser sur le livre d'échéances.

———————————————— 15 ————————————————

Passer le compte-courant remis à WILSON, de Londres, conformément à
celui de Carrel, de Paris, c'est-à-dire :

281   Solde des intérêts.
282   Provision de banque, port de lettres et courtage.
283   Solde du compte à nouveau.

Dresser le compte dans le livre des comptes-courans, avant d'en passer écriture sur le journal. (Compte-
courant, N° 2.)

COMPTES-COURANS CHEZ NOS AMIS,

SOIT NOTRE COMPTE.

———————————————— 16 ————————————————

284   Par notre lettre de ce jour, nous remettons à CARREL, de Paris, pour n/c.,
une traite sur Paris de F. 12,000, du 17 octobre, à 90 jours de date.

Article passé au journal, d'après le copie de lettres. On laisse en blanc la colonne de Carrel jusqu'après
qu'il en aura donné la négociation qu'il nous donne, par sa lettre du 26 novembre, en F. 11,920.

———————————————— 17 *Novembre* 18.. ————————————————

285   CARREL, de Paris, par sa lettre du 12 novembre, nous remet, pour N/c., une traite sur Blanc, de cette ville, de F. 9,000, au 25 décembre, et nous débite de F. 8,955.

Article pris dans la lettre de Carrel et dans le copie de lettres.

———————————————— 20 ————————————————

286   Par notre lettre de ce jour, nous donnons avis à CARREL, de Paris, que nous avons fait traite sur lui, pour N/c., de F. 5,600, au 15 janvier.

Article pris dans le copie de lettres.

———————————————— 25 ————————————————

287   CARREL, de Paris, par sa lettre du 20 novembre, nous avise de sa traite sur nous, pour N/c., de F. 4,000, au 31 décembre.

Passer au livre d'échéances.

———————————————— 25 ————————————————

288   Payé une traite de WILSON de F. 11,000, au 25 novembre.

Passer au livre de caisse, et croiser au livre d'échéances.

———————————————— 28 ————————————————

289   Pris de MAGNAN les effets ci-après :

St. 200 ⎫
    450 ⎬   A 50 jours, sur Londres, à F. 25 50, payable au 15 décembre,
    150 ⎭   ci . . . . F. 20,400

Faire la note de négociation.

Paiement.

F. 7,500 »   Au 30 novembre, sur Aymon.
   6,000 » ⎫
   8,000 » ⎬ Au 30 novembre, billet de Colin.
____
F. 21,500 »
      53 75   Agio à 1/4.
____
F. 21,553 75
  - 1,153 75 ⎫   1,150 85   Remis comptant.
             ⎭   2 90   Agio bonifié.
____
F. 20,400 »

Passer au livre de caisse le comptant, et croiser au livre d'échéances les effets remis en paiement.

———————————————— 29 ————————————————

290   Par notre lettre de ce jour, nous remettons à CARREL, de Paris, pour N/c., un effet sur Londres de St. 400, du 28 octobre, à 50 jours de date.

Article pris sur le copie de lettres.

———————————————— 30 ————————————————

291   Par notre lettre de ce jour, nous donnons avis à CARREL, de Paris, que nous avons fait traite sur lui, pour N/c., de F. 8,250, à 30 jours de date.

Article pris dans le copie de lettres.

———————————————— 30 ————————————————

292   Payé à ABEL une traite de WILSON, au 30 novembre . . . . F. 9,850

Passer au livre de caisse, et croiser sur le livre d'échéances.

———————————————— 12 *Décembre* 18.. ————————————————

293   Porter dans N/c. le solde dû à CARREL, de Paris, dans s/c. en F. 9,324 57, valeur 31 octobre.

Article à passer au journal, d'après une lettre de Carrel et d'après le compte qui est sur le grand-livre.

———————————————— 12 ————————————————

CARREL, de Paris, par sa lettre du 7 décembre, nous donne la négociation de notre remise sur Londres, du 29 novembre, de St. 400, en F. 10,400, valeur 10 décembre.

Remplir le blanc dans la colonne de Carrel (article N° 290).

────────── 13 *Décembre* 18.. ──────────

294   Par notre lettre de ce jour, nous remettons à CARREL, de Paris, pour N/c., F. 7,400, du 18 septembre, à 100 jours sur Paris.

Article pris dans le copie de lettres.

────────── 14 ──────────

295   CARREL, de Paris, par sa lettre du 9 décembre, nous remet, pour N/c., un effet sur Livourne de P. 2,000, du 8 décembre, à 40 jours de date, et nous débite de F. 10,200, valeur 10 décembre.

Article pris dans la lettre de Carrel ou dans notre copie de lettres.

────────── 26 ──────────

CARREL, de Paris, par sa lettre du 21 décembre, nous donne la négociation de notre remise du 13 décembre, de F. 7,400, sur Paris, et nous crédite dans sa colonne de F. 7,381 50, valeur 20 décembre.

Remplir la somme en blanc au journal (article N° 294).

────────── 28 ──────────

CARREL, de Paris, par sa lettre du 20 décembre, nous remet l'extrait de notre compte-courant chez lui.

Opérer de la même manière que j'indique sur le journal. Ce compte se trouve copié au livre de comptes-courans N° 3.

────────── 26 ──────────

296   Passer au journal le solde des intérêts, courtage, provision de banque et port de lettres de notre compte-courant chez CARREL, de Paris.

D'après le compte-courant N° 3.

────────── 26 ──────────

297   CARREL, de Paris, en nous remettant l'extrait de N/c., nous avise avoir fait traite sur nous, pour solde, de F. 9,765 10, au 31 janvier.

Passer au livre d'échéances.

────────── 26 ──────────

298   Solder par profits et pertes la différence qui se trouvera du débit au crédit dans notre colonne de N/c. chez CARREL, de Paris.

────────── 27 ──────────

299   Par notre lettre de ce jour, nous remettons à MARTINI, de Naples, une traite sur Paris, à négocier pour N/c., de F. 10,200, du 20 octobre, à 100 jours.

Article pris dans le copie de lettres. Laisser en blanc sur le journal la colonne de Martini jusqu'après la négociation.

────────── 28 ──────────

300   Par notre lettre de ce jour, nous donnons avis à MARTINI, de Naples, que nous avons fait traite sur lui, pour N/c., de D. 2,000, à 40 jours de date.

Article pris dans le copie de lettres.

────────── 29 ──────────

301   MARTINI, de Naples, par sa lettre du 16 décembre, nous avise de sa traite sur nous, pour N/c., de F. 6,200, au 31 janvier, et nous crédite de D. 1,458 60.

Passer au livre d'échéances.

────────── 30 ──────────

302   Pris de GONEL un effet sur Naples de D. 2,300, à 60 jours de date, à F. 4 24.. F. 9,752

Faire la note de négociation.

Paiement de l'article ci-contre.

F. 8,250   Du 30 novembre, à 30 jours de date, sur Paris, au pair.
    1,502   Solde remis comptant.

F. 9,752

Passer seulement le comptant au livre de caisse.

————————————————— 30 *Décembre* 18.. —————————————————

303   Encaissé une traite sur Blanc, au 25 décembre............. F. 9,000
Passer au livre de caisse, et croiser au livre d'échéances.

————————————————— 31 —————————————————

304   Pris de Noyane les effets ci-après, sur Paris :

F. 5,000
    9,000 } A 100 jours de date, à 1 3/4................. F. 24,563
    3,000
    8,000)

Faire la note de négociation.

Paiement.

P. 2,000   du 8 décembre, à 40 jours, sur Livourne, à F. 5 30. F. 10,600
F. 5,600   au 15 janvier, sur Paris, à 1/4 de perte...........   5,586
Solde comptant...   8,337

                                                              F. 24,563

Passer seulement le comptant au livre de caisse.

————————————————— 31 —————————————————

305   Par notre lettre de ce jour, nous remettons à Martini, de Naples, pour
      n/c., D. 2,300, du 30 décembre, à 60 jours de date, sur Naples.
Article pris dans le copie de lettres.

————————————————— 31 —————————————————

306   Martini, de Naples, par sa lettre du 18 décembre, nous remet, pour n/c.,
      un effet sur Mozart, de cette ville, de F. 7,300, au 25 janvier, et nous débite
      de D. 1,738.
Passer au livre d'échéances.

————————————————— 31 —————————————————

307   Payé à Paul une traite sur nous de Carrel de F. 4,000, au 31 décembre.
Passer au livre de caisse, et croiser sur le livre d'échéances.

————————————————— 20 *Janvier* 18.. —————————————————

      Martini, de Naples, par sa lettre du 18 décembre, nous donne la négo-
      ciation de notre remise du 27 décembre, de F. 10,200, sur Paris, en D. 2,400,
      valeur 31 décembre.
Remplir la somme en blanc dans la colonne de Martini (article N° 299).

————————————————— 31 —————————————————

      Martini, de Naples, par sa lettre du 20 janvier, nous remet l'extrait de n/c.
Opérer, pour le solder, comme le compte de Carrel, de Paris, notre compte. Il se trouve copié au livre
des comptes-courans, sous le N° 4.

308   Solde des intérêts.
309   Provision de banque, courtage et port de lettres.
310   Solde du compte-courant à nouveau.
311   Différence dans notre colonne provenant du change.

————————————————— 31 —————————————————

312   Solder la caisse à nouveau en .... F. 36,968 21
La solder sur le livre de caisse, avant de la passer sur le journal.

————————————————— 1er *Février* 18.. —————————————————

313   Encaissé une traite de F. 7,300 sur Mozart, au 25 janvier.
Passer au livre de caisse, et croiser au livre d'échéances.

COMPTES A DEMI EN BANQUE.

1re MANJÈRE.

—————————— 1er *Février* 18.. ——————————

314 ERARD, de Paris, par sa lettre du 25 janvier, nous remet, pour le compte à demi en banque, F. 10,000, sur Petit, de cette ville, au 25 mars, et nous débite de... F. 9,900
Passer au livre d'échéances.

—————————— 2 ——————————

315 Pris de ROUX un effet sur Gênes de P. 2,000, du 2 février, à 40 jours de date, à F. 4 75, valeur comptant........................ F. 9,500.
Faire la note de négociation, et la passer au livre de caisse.

—————————— 3 ——————————

316 Par notre lettre de ce jour, nous remettons à ERARD, de Paris, pour le compte à demi en banque, un effet sur Gênes de P. 2,000, du 2 février, à 40 jours de date, à F. 4 75............................... F. 9,500
Article pris dans le copie de lettres.

—————————— 4 ——————————

317 Par notre lettre de ce jour, nous remettons à ERARD, de Paris, pour le compte à demi en banque, un effet sur Paris de F. 9,000, du 31 décembre, à 100 jours de date, à 1 p. cent de perte.................. F. 8,910
Article pris dans le copie de lettres.

—————————— 5 ——————————

318 Par notre lettre de ce jour, nous donnons avis à ERARD, de Paris, que nous avons fait traite sur lui, pour le compte à demi en banque, de F. 6,000, à 30 jours de date, à notre ordre, à 1/2 p. cent de perte....... F. 5,970
Article pris dans le copie de lettres.

—————————— 10 ——————————

319 ERARD, de Paris, par sa lettre du 5 février, nous prévient de sa traite sur nous, pour le compte à demi en banque, de F. 8,300, au 29 février, et nous crédite de... F. 8,280
Passer au livre d'échéances.

—————————— 11 ——————————

320 Par notre lettre de ce jour, nous remettons à ERARD, de Paris, pour le compte à demi en banque, un effet sur Naples de D. 2,000, du 28 décembre, à 40 jours de date, à F. 4 30.............................. F. 8,600
Article pris dans le copie de lettres.

—————————— 11 ——————————

321 Payé à BRUN les traites sur nous ci-après :
F. 6,200 » Traite de Martini ⎞ au 31 janvier.
9,765 10 Traite de Carrel ⎠
Passer à la caisse séparément, et croiser sur le livre d'échéances.

—————————— 20 ——————————

ERARD, de Paris, par sa lettre du 15 février, nous donne la négociation de nos remises ci-après :
Du 3 février, P. 2,000, sur Gênes, valeur 20 mars.......... F. 9,600
Du 4 dit, F. 9,000, sur Paris, valeur 10 dit.............. 8,955
Du 11 dit, D. 2,000, sur Naples, valeur 20 dit........... 8,540
Remplir les sommes en blanc dans la colonne d'Erard (articles N° 316, 317, 320).

—————————— 20 ——————————

322 ERARD, de Paris, par sa lettre du 16 février, nous remet, pour le compte

à demi en banque, F. 15,000 sur Mathieu, de cette ville, au 31 mars, et nous débite de F. 14,900, valeur 1er mars.

Passer au livre d'échéances.

———————————— 20 *Février* 18.. ————————————

Erard, de Paris, par sa lettre du 17 février, nous remet l'extrait de sa colonne du compte à demi en banque.

Nous le soldons comme il est dit au journal.

323   Solde des intérêts dans sa colonne.

324   Courtage dans sa colonne.

325   Solde de sa colonne à nouveau.

Ce compte est copié dans le livre des comptes-courans N° 5. On le passera sur le journal d'après ce compte. (*Voir la manière que j'indique* au N° 323.)

———————————— 20 ————————————

Par notre lettre de ce jour, nous remettons à Erard, de Paris, l'extrait de notre colonne soldée du compte à demi en banque.

326   Solde des intérêts et courtage.

327   Solder notre colonne par le bénéfice ou la perte.

Ce compte est copié au livre des comptes-courans N° 6.

COMPTES A DEMI EN BANQUE.

IIe MANIÈRE.

———————————— 21 ————————————

328   Lupton, de Londres, par sa lettre du 5 février, nous remet, pour le compte à demi en banque, une traite sur Pacard, de cette ville, de F. 9,000, au 15 avril, et nous débite de.............................. St. 400

Article pris dans la lettre de Lupton ou dans le copie de lettres.

———————————— 22 ————————————

329   Par notre lettre de ce jour, nous remettons à Lupton, de Londres, pour le compte à demi en banque, un effet sur Paris de F. 6,000, du 5 février, à 30 jours de date, à 1/4 de perte, et nous le débitons de........... F. 5,985

Article pris dans le copie de lettres.

———————————— 23 ————————————

330   Par notre lettre de ce jour, nous donnons avis à Lupton, de Londres, que nous avons fait traite sur lui de St. 750, à 50 jours de date, à F. 25 25, F. 18,937 50, valeur 23 février.

Article pris dans le copie de lettres.

———————————— 24 ————————————

331   Par notre lettre de ce jour, nous remettons à Lupton, de Londres, pour le compte à demi en banque :

St. 450)
   150 } Du 28 novemb., à 50 j. de date, sur Londres, à F. 26. F. 20,800
   200)

Article pris dans le copie de lettres.

———————————— 25 ————————————

332   Lupton, de Londres, par sa lettre du 10 février, nous donne avis de sa traite sur nous, pour le compte à demi en banque, de F. 7,000, au 31 mars, et nous crédite de.............................. St. 269 23

Passer au livre d'échéances.

———————————— 29 ————————————

333   Lupton, de Londres, par sa lettre du 15 février, nous remet, pour le

compte à demi en banque, F. 11,000, sur Renard, de cette ville, au 25 mars, et nous débite de... St. 431 37

Passer au livre d'échéances.

───────── 29 *Février* 18.. ─────────

334   Payé à Silvi une traite d'Erard, de Paris, de F. 8,300, au 29 février.

Passer au livre de caisse, et croiser sur le livre d'échéances.

───────── 10 *Mars* 18.. ─────────

Par notre lettre de ce jour, nous remettons à Lupton, de Londres, l'extrait de notre colonne du compte à demi en banque, et la soldons d'après le compte copié dans le livre des comptes-courans N° 7.

335   Intérêts et courtage.

336   Solde de notre colonne à nouveau.

───────── 25 ─────────

337   Encaissé une traite sur Petit, au 25 mars.............. F.10,000
        —   sur Renard, *id*................... 11,000

Passer séparément au livre de caisse, et croiser au livre d'échéances.

───────── 31 ─────────

338   Payé à Tiran une traite de Lupton de F. 7,000, au 31 mars.

Passer au livre de caisse, et croiser sur le livre d'échéances.

───────── 31 ─────────

Lupton, de Londres, par sa lettre du 20 mars, nous remet l'extrait de sa colonne soldée du compte à demi en banque.

Le passer d'après la manière indiquée au journal et d'après le compte copié au livre des comptes-courans N° 8.

339   Solde des intérêts.

340   Courtage.

341   Bénéfice ou perte dans sa colonne.

342   La demie du bénéfice ou de la perte dans notre colonne à nouveau.

COMPTES A DEMI EN BANQUE.

IIIᵉ MANIÈRE.

───────── 1ᵉʳ *Avril* 18.. ─────────

343   Sergy, de Livourne, par sa lettre du 25 mars, nous remet, pour le compte à demi en banque, une traite de F. 5,000 sur Pinel, de cette ville, fin avril, et nous débite de... P. 990 10

Passer au livre d'échéances.

───────── 1 ─────────

344   Pris de Balthazard deux effets sur Livourne, de

P. 1,500 }
    1,000 } du 18 mars, à 45 jours de date, à F. 5 05...... F. 17,675

Faire la note de négociation.

Paiement.

St. 750 du 23 février, à 50 jours sur Londres, à F. 25 50..... F. 19,125
Reçu comptant pour excédant.......................... 1,450
                                            F.17,675

Passer seulement le comptant au livre de caisse.

───────── 2 ─────────

345   Encaissé une traite sur Mathieu, de F. 15,000, au 31 mars.

Passer au livre de caisse, et croiser au livre d'échéances.

———————————————————— 10 *Avril* 18.. ————————————

346   Par notre lettre de ce jour, nous remettons à Sergy, de Livourne, pour le
compte à demi en banque, un effet sur Livourne de P. 1,500, du 18 mars,
à 45 jours, à F. 5 05.. F. 7,575
    Article pris dans le copie de lettres.

———————————————————— 15 ————————————

347   Encaissé une traite sur Pacard, au 15 avril, de............ F. 9,000
    Passer au livre de caisse, et croiser sur le livre d'échéances.

———————————————————— 16 ————————————

348   Sergy, de Livourne, par sa lettre du 7 avril, nous remet, pour le compte
à demi en banque, F. 8,000, sur Paris, du 7 avril, à 60 jours de date, et
nous débite de.................................... P. 1,584 17
    Article pris dans la lettre de Sergy, et on laisse en blanc la somme dans notre colonne, jusqu'après la
négociation.

———————————————————— 18 ————————————

349   Par notre lettre de ce jour, nous remettons à Sergy, de Livourne, pour
le compte à demi en banque, un effet sur Livourne, de P. 2,000, du 18 mars,
à 45 jours, à F. 5 08 3/4.......................... F. 10,175
    Article pris dans le copie de lettres.

———————————————————— 19 ————————————

350   Par notre lettre de ce jour, nous donnons avis à Sergy, de Livourne, que
nous avons fait traite sur lui, pour le compte à demi en banque, de P. 2,500,
du 19 avril, à 45 jours de date, à F. 5 25.................. F. 13,125
    Article pris dans le copie de lettres.

———————————————————— 20 ————————————

    Par notre lettre de ce jour, nous donnons à Sergy, de Livourne, négociation
de sa remise du 7 avril, de F. 8,000, sur Paris, à 1 1/2 de perte, valeur au
20 avril... F. 7,880
    Remplir la somme en blanc dans notre colonne (article N° 348).

———————————————————— 21 ————————————

351   Sergy, de Livourne, par sa lettre du 12 avril, nous avise de sa traite sur
nous de F. 8,000, fin avril, et nous crédite de............. P. 1,584 75
    Passer au livre d'échéances.

———————————————————— 30 ————————————

    Par notre lettre de ce jour, nous remettons à Sergy, de Livourne, les
deux colonnes du compte à demi en banque.
    Passer le compte sur le journal, d'après celui copié sur le livre des comptes-courans N° 9.

352   Solde des intérêts dans sa colonne.
353   Courtage dans sa colonne.
354   Intérêts et courtage dans notre colonne.
355   La demie de bénéfice dans notre colonne.
356   La demie de bénéfice dans sa colonne.
357   Solde du compte à demi, à nouveau.

———————————————————— 30 ————————————

358   Encaissé une traite sur Pinel, de F. 5,000, au 30 avril.
    Passer au livre de caisse, et croiser au livre d'échéances.

———————————————————— 30 ————————————

359   Payé à Lion une traite de Sergy, de F. 8,000, au 30 avril.
    Passer au livre de caisse, et croiser au livre d'échéances.

———————————————————— 10 *Mai* 18.. ————————————

360   Par notre lettre de ce jour, nous donnons avis à Wilson, de Londres, que

nous avons fait traite sur lui, pour solde de s/c., de St. 272 64, à 50 jours de date, à F. 24 98 la livre sterling...................... F. 6,810 05

    Article pris dans le copie de lettres.

------------------------------- 31 *Mai* 18.. -------------------------------

361   WILSON, de Londres, par sa lettre du 6 mai, nous remet, pour solde de n/c., une traite sur Abert, de cette ville, de F. 978 12, au 30 juin, et nous débite de St. 37 62.

    Passer au livre d'échéances.

------------------------------- 31 -------------------------------

362   Négocié à RIGAUD trois effets sur Paris, de

F. 5,000
   3,000   Du 31 décembre, à 100 jours, à 1/8 de perte.
   8,000   Payable en effets sur la même place à 1/4 de perte.

                                          F. 15,980 »

    Faire la note de négociation.

Paiement.

F. 6,000   »   Du 14 mai, à 30 jours,
   5,000   »
   3,000   »   Au 24 juin ....   sur Paris, à 1/4. F. 20,201 03
   6,251 66

Rendu comptant pour excédant..................... 4,221 03

                                          F. 15,980 »

    Passer seulement le comptant à la caisse.

COMPTES A TIERS EN BANQUE.

------------------------------- 1ᵉʳ *Juin* 18.. -------------------------------

363   MAILLI, de Gênes, par sa lettre du 24 mai, nous remet, pour le compte à tiers en banque, une traite sur LECAT de F. 6,000, au 15 juin courant, et nous débite de...................................... L/B°. 7,187 10

    Passer au livre d'échéances.

------------------------------- 2 -------------------------------

364   DARSON, de Paris, par sa lettre du 27 mai, nous prévient qu'il a fait, pour le compte à tiers en banque, à MAILLI, de Gênes, une remise de P. 1,000, du 27 mai, à 30 jours de date, sur Gênes .... F. 4,775

    Article pris dans la correspondance.

------------------------------- 3 -------------------------------

365   Par notre lettre de ce jour, nous remettons à DARSON, de Paris, pour le compte à tiers en banque, une traite sur Paris de F. 6,000, du 14 mai, à 30 jours de date, à 1/4 p. cent de perte, en................... F. 5,985

    Article pris dans la correspondance.

------------------------------- 4 -------------------------------

366   Par notre lettre de ce jour, nous remettons à DARSON, de Paris, pour le compte à tiers en banque, une traite sur Paris de F. 5,000, au 24 juin, à 1/2 p. cent de perte...................................... F. 4,975

    Article pris dans la correspondance.

------------------------------- 5 -------------------------------

367   Par notre lettre de ce jour, nous remettons à DARSON, de Paris, pour le compte à tiers en banque, un effet sur Paris de F. 6,251 66, au 24 juin, à 1/2 p. cent de perte...................................... F. 6,220 40

    Article pris dans la correspondance.

6 Juin 18..

368   Mailli, de Gênes, par sa lettre du 1er juin, nous prévient qu'il a remis à Darson, de Paris, pour le compte à tiers en banque, un effet sur ladite ville de F. 7,000, à 60 jours de date, faisant......... L/B°. 8,385 8 s. 4 d.

Article pris dans la correspondance.

7

369   Mailli, de Gênes, par sa lettre du 2 juin, nous remet, pour le compte à tiers en banque, une traite de F. 5,000 sur Patat, de cette ville, fin juin, et nous débite de......................... L/B°. 6,021 7 s. 6 d.

Passer au livre d'échéances.

8

370   Darson, de Paris, par sa lettre du 3 juin, nous remet, pour le compte à tiers en banque, deux traites sur Nicolas, de cette ville, de

F. 3,000 } fin juin, et nous débite de..................... F. 7,960

    5,000 }

Passer au livre d'échéances.

9

371   Pris de Marcel les effets ci-après :

F. 3,000 }

    4,000 } A 60 jours de date, sur Paris, à 2 p. cent de perte.

    5,000 }

P. 1,500 }

    1,000 } A 30 jours de date, sur Gênes, à F. 4 75....... F. 23,635

Faire la note de négociation.

Paiement.

F. 8,000   Du 7 avril, à 60 jours, sur Paris, au pair......... F. 8,000

P. 2,500   Du 19 avril, à 45 jours, sur Livourne, à F. 5 25..   13,125

                                      F. 21,125

Solde comptant..................................... 2,510

                                        F. 23,635

Passer au livre de caisse le solde.

9

372   Par notre lettre de ce jour, nous donnons avis à Martini, de Naples, que nous avons fait traite sur lui, pour solde de n/c., de D. 2,393 25, au 15 juillet.. F. 10,170 25

Article pris dans la correspondance.

9

373   Remis comptant à n/s. Vinal........................ F. 3,500

     —   à n/s. Ceton.........................   4,900

Passer séparément au livre de caisse.

9

374   Payé à Thomas, notre commis, à valoir sur ses appointemens.... F. 300

Passer au livre de caisse.

10

375   Payé à Marion F. 77 41, pour compte de Sergy, de Livourne, et pour solde du compte à demi en banque, en.................... P. 15 48

Passer au livre de caisse.

11

376   Par notre lettre de ce jour, nous remettons à Mailli, de Gênes, pour le compte à tiers en banque, un effet sur Gênes de P. 1,500, du 9 juin, à 30 jours de date, à F. 4 75....................................... F. 7,125

Article pris dans la correspondance.

——————————————— 12 *Juin* 18.. ———————————————

377   Par notre lettre de ce jour, nous remettons à Darson, de Paris, pour le
compte à tiers en banque, un effet de P. 1,000, du 9 juin, à 30 jours de date,
sur Gênes, à F. 4 75.. F. 4,750

    Article pris dans la correspondance.

——————————————— 12 ———————————————

    Darson, de Paris, par sa lettre du 10 juin, nous prévient qu'il a négocié
la remise de Mailli, de Gênes, de F. 7,000, du 1er juin, sur Paris, en
F. 6,895, valeur 10 juin. (N° 368.)

    Remplir les sommes dans le compte de Darson.

——————————————— 12 ———————————————

378   Par notre lettre de ce jour, nous remettons à Darson, de Paris, pour le
compte à tiers en banque, un effet sur Paris de F. 3,000, au 24 juin, à 3/8
p. cent de perte... F. 2,988 75

    Article pris dans la correspondance.

——————————————— 13 ———————————————

379   Par notre lettre de ce jour, nous remettons à Darson, de Paris, pour le
compte à tiers en banque, un effet sur Livourne de P. 2,500, du 19 mai, à
45 jours de date, à F. 5 12 1/2.. 12,812 50

    Article pris dans la correspondance.

——————————————— 13 ———————————————

380   Pris de Martin un effet sur Livourne de P. 2,500, du 19 mai, à 45 jours
de date, à 5 12 1/2... F. 12,812 50

    Faire la note de négociation.

Paiement.

F.   4,590 33   Notre traite sur Paris, au 30 juin, au pair.
     8,222 17   Solde remis comptant.

F. 12,812 50

    Passer le solde comptant dans le livre de caisse.

——————————————— 13 ———————————————

381   Par notre lettre de ce jour, nous donnons avis à Erard, de Paris, que nous
avons fait traite sur lui, pour solde du compte à demi en banque, de F. 4,590 33,
au 30 juin.

    Article pris dans la correspondance.

——————————————— 14 ———————————————

382   Mailli, de Gênes, par sa lettre du 28 mai, nous écrit avoir fait remise à
Darson, de Paris, pour le compte à tiers en banque, de F. 4,000, à 60 jours
de date, sur Paris, faisant.................... L/Bo. 5,846 1 s. 11 d.

    Darson, par sa lettre du 10 juin, en donne la négociation en F. 3,920,
valeur 8 juin.

    Article pris dans la correspondance.

——————————————— 15 ———————————————

383   Darson, de Paris, par sa lettre du 10 juin, nous écrit avoir fait remise à
Mailli, de Gênes, pour le compte à tiers en banque, de P. 2,000, à 45 jours
de date sur Gênes .... F. 9,500

    Article pris dans la correspondance.

——————————————— 15 ———————————————

384   Encaissé une traite de F. 6,000, sur Lecat, au 15 juillet, par anticipation.

    Passer au livre de caisse.

——————————————— 16 ———————————————

385   Darson, de Paris, par sa lettre du 10 juin, nous remet, pour le compte à

tiers en banque, F. 6,000, sur Petit, de cette ville, au 5 juillet, et nous débite
de. . . . . F. 5,970
Passer au livre d'échéances.

——————————————— 17 *Juin* 18.. ———————————————

386   Darson, de Paris, par sa lettre du 12 juin, nous remet, pour le compte à tiers
en banque, un effet sur Gênes de P. 1,000, à 30 jours de date, et nous débite
de. . . . . F. 4,728 15
Article pris dans la correspondance.

————————————————————— 18 —————————————————————

387   Mailli, de Gênes, par sa lettre du 12 juin, nous remet, pour le compte à
tiers en banque, un effet sur Vial, de cette ville, de F. 3,500, au 30 juin, et
nous débite de. . . . . L/B°. 4,132 16 s. 9 d.
Passer au livre d'échéances.

————————————————————— 19 —————————————————————

Par notre lettre de ce jour, nous donnons à Darson, de Paris, négociation de sa remise sur Gênes, du 12 juin, de P. 1,000, à F. 4 76, valeur 20
juin. . . . . F. 4,762 10
Remplir la somme en blanc dans notre colonne (article N° 386).

————————————————————— 19 —————————————————————

388   Darson, de Paris, par sa lettre du 14 juin, nous remet, pour le compte à
tiers en banque, un effet sur Noel, de cette ville, de F. 4,500, au 15 juillet,
et nous débite de. . . . . F. 4,472 50
Passer au livre d'échéances.

————————————————————— 20 —————————————————————

389   Darson, de Paris, par sa lettre du 15 juin, nous écrit avoir remis à Mailli,
de Gênes, pour le compte à tiers en banque, une traite sur Gênes de P. 2,000,
à 60 jours de date, faisant. . . . . F 9,475
Article pris dans la correspondance.

————————————————————— 21 —————————————————————

390   Mailli, de Gênes, par sa lettre du 16 juin, nous remet, pour le compte à
tiers en banque, un effet sur Niort, de cette ville, de F. 2,000, au 5 juillet, et
nous débite de. . . . . L/B°. 2,420 15 s.
Passer au livre d'échéances.

————————————————————— 22 —————————————————————

Darson, de Paris, par sa lettre du 18 juin, nous donne la négociation de
notre remise sur Gênes, du 11 juin, de P. 1,000, en F. 4,775. (N° 377.)
Remplir le blanc dans la colonne de Darson.

————————————————————— 22 —————————————————————

391   Mailli, de Gênes, par sa lettre du 15 juin, nous prévient avoir remis à
Darson, de Paris, pour le compte à tiers en banque, un effet sur Paris de
F. 7,000, à 30 jours de date, en. . . . . L/B°. 8,385 8 s. 4 d.
Article pris dans la correspondance.

————————————————————— 23 —————————————————————

392   Pris de Maurel, suivant note de négociation de ce jour, un effet sur Gênes
de P. 2,000, à 30 jours de date, à F. 4 72 1/2, payable comptant F. 9,450
Faire la note de négociation, et la passer au livre de caisse.

————————————————————— 24 —————————————————————

393   Par notre lettre de ce jour, nous remettons à Mailli, de Gênes, pour le
compte à tiers en banque, un effet de P. 2,000, du 23 juin, à 30 jours de
date, sur Gênes, à F. 4 72 1/2. . . . . F. 9,450
Article pris dans la correspondance.

———————————————— 25 *Juin* 18.. ————————————————

394   Par notre lettre de ce jour, nous remettons à Darson, de Paris, pour le compte à tiers en banque, deux effets sur Paris, de

F. 3,000
    4,000 } du 9 juin, à 60 jours, à 1 1/2 p. cent de perte..... F. 6,895

Article pris dans la correspondance.

———————————————— 26 ————————————————

395   Mailli, de Gênes, par sa lettre du 20 juin, nous remet, pour le compte à tiers en banque, un effet de F. 5,000 sur Noel, de cette ville, au 10 juillet, et nous débite de.......................... L/B°. 6,989 11 s. 8 d.

Passer au livre d'échéances.

———————————————— 27 ————————————————

396   Mailli, de Gênes, par sa lettre du 22 juin, nous écrit avoir remis, pour le compte à tiers en banque, à Darson, de Paris, un effet de F. 3,000, à 60 jours de date, sur Paris, faisant...................... L/B°. 3,593 15 s.

Article pris dans la correspondance.

———————————————— 28 ————————————————

397   Darson, de Paris, par sa lettre du 21 juin, nous remet, pour le compte à tiers en banque, F. 5,000, au 15 juillet, sur Martin, de cette ville, et nous débite de .... F. 4,975

Passer au livre d'échéances.

———————————————— 29 ————————————————

398   Par notre lettre de ce jour, nous remettons à Darson, de Paris, pour le compte à tiers en banque, une traite sur Paris de F. 5,000, du 9 juin, à 60 jours de date, à 1 p. cent de perte...................... F. 4,950

Article pris dans la correspondance.

———————————————— 29 ————————————————

    Darson, de Paris, par sa lettre du 24 juin, nous donne la négociation de notre remise du 13 juin, de P. 2,500 sur Livourne, en F. 12,812 50, valeur 25 juin.

Remplir la somme en blanc dans la colonne de Darson (article N° 379).

———————————————— 30 ————————————————

399   Darson, de Paris, par sa lettre du 23 juin, nous écrit avoir fait une remise à Mailli, de Gênes, pour le compte à tiers en banque, de P. 1,500, à 30 jours de date, en F. 7,125, valeur 25 juin.

Article pris dans la correspondance.

———————————————— 30 ————————————————

400   Encaissé les effets ci-après :

    F. 5,000 »   Au 30 juin, sur Patet.
        3,500 »   Au 30 juin, sur Vial.
         978 12   Au 30 juin, sur Aubert.
        3,000 » }
        5,000 » } Au 30 juin, sur Nicolas.

Passer ces effets au livre de caisse séparément, et croiser au livre d'échéances.

———————————————— 1er *Juillet* 18.. ————————————————

401   Négocié ce jour à Marcel un effet sur Gênes, de P. 1,000, du 12 juin, à 30 jours de date, à F. 4 75, et St. 272 64 sur Londres, du 10 mai, à 50 jours, à F. 26, valeur comptant.

Faire la note de négociation, et la passer au livre de caisse.

———————————————— 2 ————————————————

    Darson, de Paris, par sa lettre du 30 juin, nous donne négociation de notre remise du 25 juin, de F. 7,000, sur Paris, en F. 6,903 75, valeur 10 juillet.

Remplir la somme laissée en blanc dans la colonne de Darson (article N° 594).

——————————— 9 *Juillet* 18.. ———————————

Darson, de Paris, par sa lettre du 4 juillet, nous donne négociation de notre remise du 29 juin, de F. 5,000, sur Paris, en F. 4,956 25, valeur 10 juillet.

Remplir la somme laissée en blanc dans la colonne de Darson (article N° 398).

——————————— 9 ———————————

402 Remis à n/s. Vinal les effets ci-après sur place :

F. 6,000   sur Petit
    2,000   sur Niort   } au 5 juillet.

Passer à droiture sur le journal, et croiser au livre d'échéances.

——————————— 9 ———————————

403 Remis comptant à n/s. Vinal.............................. F.   7,000
       —   à n/s. Ceton 10,000

Passer au livre de caisse séparément.

——————————— 10 ———————————

404 Solder la caisse à nouveau.

La solder sur le livre de caisse, avant de passer le solde sur le journal.

——————————— 10 ———————————

405 Remis à n/s. Ceton une traite sur Niel, de F. 5,000, au 10 juillet.

Passer à droiture sur le journal, et croiser sur le livre d'échéances.

——————————— 10 ———————————

406 Mailli, de Gênes, remet l'extrait de sa colonne du compte à tiers en banque à Darson, de Paris, qui nous en fait passer une copie, par lequel Mailli se trouve crédité de L/B°. 137 15 s. 8 d., pour solde des intérêts et courtage. (Compte-courant N° 10.)

——————————— 10 ———————————

407 Par le même extrait, Mailli, de Gênes, se trouve débiteur à Darson, de Paris, en compte nouveau, de L/B°. 10,969 » s. 9 d., valeur 31 juillet.

——————————— 10 ———————————

408 Darson, de Paris, par sa lettre du......, nous donne l'évaluation de solde de Mailli, de Gênes, en L/B°. 10,969 » s. 9 d., faisant, à F. 4 75, la somme de F. 9,061 34, dont il est crédité en compte-courant.

——————————— 10 ———————————

409 Darson, de Paris, par sa lettre du......, nous remet l'extrait de sa colonne avec Mailli, soldée, par lequel il est créditeur de F. 172 90, pour solde des intérêts et courtages. (Compte-courant N° 11.)

——————————— 10 ———————————

410 Par le même extrait de la colonne soldée de Darson, de Paris, avec Mailli, de Gênes, il se présente un bénéfice de F. 1,186 56, dont le compte est crédité pour solde de ladite colonne.

——————————— 10 ———————————

411 Darson, de Paris, doit être débité à nouveau, par le crédit de la colonne de Mailli, de Gênes, de F. 395 52, faisant, à F. 4 75, L/B°. 478 15 s. 2 d., pour le tiers de bénéfice sur ce compte.

——————————— 10 ———————————

412 Darson, de Paris, doit être aussi débité à nouveau, dans notre colonne, de F. 395 52, par le crédit du compte en banque, soit profits et pertes, pour notre tiers de bénéfice.

——— 12 *Juillet* 18.. ———

413 MAILLI, de Gênes, par sa lettre du......, nous remet l'extrait de sa colonne avec nous du compte à tiers en banque, et nous débite de L/B°. 217 16 s., pour intérêts et courtage. (Compte-courant N° 12.)

——— 12 ———

414 Par le même extrait, MAILLI, de Gênes, est créditeur à compte nouveau, dans sa colonne du compte à tiers en banque avec nous, de L/B°. 6,844 16 s. 11 d., au change de F. 4 75.................................... F. 5,713 95

——— 12 ———

415 Par notre lettre de ce jour, nous remettons à MAILLI, de Gênes, l'extrait de notre colonne du compte à tiers en banque avec lui, soldée, et nous le débitons dé F. 20 14 pour intérêts et courtage. (Compte-courant N° 13.)

——— 12 ———

416 Notre colonne soldée du compte à tiers en banque avec MAILLI, de Gênes, présentant une perte de F. 809 09, nous en débitons le compte des intéressés en compte nouveau.

——— 14 ———

417—418 DARSON, de Paris, par sa lettre du....., nous remet l'extrait de sa colonne du compte à tiers en banque avec nous.

On opère de la même manière qu'avec Mailli, d'après son extrait. (Compte-courant N° 14.)

——— 14 ———

419 Nous portons à nouveau le solde de la colonne de DARSON, de Paris, du compte à tiers en banque avec nous, en.................. F. 21,596 28

——— 14 ———

420 Nous remettons à DARSON, de Paris, l'extrait soldé de notre colonne du compte à tiers avec lui, et nous le débitons des intérêts et courtage. (Compte-courant N° 15.)

——— 14 ———

421 Nous portons dans le compte de MAILLI et de DARSON le bénéfice ou la perte qui résulte du compte à tiers en banque avec DARSON, de Paris, d'après l'extrait de notre colonne.

——— 15 ———

422—423 DARSON, de Paris, par sa lettre du....., nous dit de porter à son crédit, dans sa colonne du compte à tiers en banque avec nous, le solde que MAILLI, de Gênes, lui doit dans sa colonne, en L/B°. 10,490 5 s. 7 d., faisant F. 8,665 82.

Article pris dans la lettre de Darson.

——— 15 ———

424 Par notre lettre de ce jour, nous prévenons MAILLI, de Gênes, que nous avons fait traite sur lui, pour le compte à tiers en banque et pour solde de notre colonne avec lui, de L/B°. 3,983 2 s., faisant F. 3,233 54, payable fin juillet.

Article pris dans la correspondance.

——— 15 ———

425 DARSON, de Paris, par sa lettre du......, nous remet, pour solde de sa colonne avec nous du compte à tiers en banque, un effet sur David, de cette ville, de F. 13,607 65, au 25 juillet.

Passer au livre d'échéances.

——— 15 ———

426 Négocié à PLACIDE un effet sur Gênes, de L/B°. 3,983 » s. 2 d., au 31 juillet, à F. 4 75, payable comptant.

Faire la note de négociation, et passer à la caisse.

——————————— 15 ———————————

427 Remis à n/s. VINAL une traite sur David, de F. 13,607 65, au 25 juillet.
Croiser la traite sur le livre d'échéances.

——————————— 15 ———————————

428 Remis à n/s. CETON :
F. 4,500 Traite sur Noël } au 15 juillet.
  5,000 Traite sur Martin }
Les croiser sur le livre d'échéances.

——————————— 15 *Juillet* 18.. ———————————

429 Négocié à VIOL un effet sur Naples, de D. 2,393 25, au 15 juillet, à F. 4 15, payable comptant.
Faire la note de négociation, et la passer au livre de caisse.

——————————— 31 ———————————

430 Créditer THOMAS, notre commis, par le débit de dépenses générales, de F. 1,000, pour ses appointemens.

——————————— 31 ———————————

431 Payé à THOMAS, notre commis, F. 600, pour solde.
Passer au livre de caisse.

——————————— 31 ———————————

432 Solder les effets en porte-feuille
433   les dépenses générales
434   le compte d'intérêts généraux } par profits et pertes.
435   le compte de provisions
436   le compte en banque
Passer ces articles d'après le grand-livre.

——————————— 31 ———————————

437 Payé à Simon F. 5,937 39, pour compte de LUPTON, de Londres, et pour solde du compte à demi en banque.
Passer au livre de caisse.

——————————— 31 ———————————

438 Porter le fonds capital au compte des associés.

——————————— 31 ———————————

439 Porter le solde de profits et pertes au compte des associés.

——————————— 31 ———————————

440 Solder le compte des associés par le solde de caisse.

FIN DU CAHIER DE NOTES.

JOURNAL.

Ce livre est ainsi nommé parce qu'on y écrit jour par jour toutes les opérations commerciales que l'on fait, en débitant la personne qui reçoit ou l'objet qui est reçu par le crédit de la personne qui donne ou de l'objet qui est donné.

Il doit rassembler toutes les opérations détaillées dans les livres auxiliaires.

Le débiteur doit balancer son créancier dans chaque article que l'on y passe.

On ne doit passer aucun article sans l'avoir pris d'un livre ou titre quelconque, que l'on doit citer pour y avoir recours au besoin.

Chaque article doit y être très détaillé, de manière à ne pas être obligé de recourir au titre ou au livre qui aura fourni cet article, et afin d'éviter des répétitions ou des mots inutiles.

Quand un grand-livre emploiera plusieurs journaux, on aura soin de faire suivre le folio des pages du journal des uns aux autres, jusqu'à un changement de grand-livre, en mettant pour titre *Journal du Grand-Livre* N° 1, 2, 3, etc.

Le journal doit être écrit proprement, ayant soin de n'y faire aucune rature et de ne laisser aucun vide au bas des pages.

Quand on sera dans le cas de passer sur le journal des articles qui auront plusieurs débiteurs ou plusieurs créanciers, il faut avoir l'attention de toujours additionner, afin de ne pas être dans le cas de raturer. D'ailleurs, en faisant l'addition, cela peut faire reconnaître quelque erreur ou quelque transposition de chiffres.

Le journal ne doit pas s'additionner au bas des pages; chaque article qu'on y passe doit être encadré par une ligne, en laissant au milieu un espace pour mettre la date de l'article qui suit.

Si l'article à passer sur le journal devait contenir plus d'espace que celui qui resterait au bas de la page, on aurait soin de bâtonner cet espace ou d'y commencer son article, pour le continuer dans la page suivante.

Quand on aura passé sur le journal une opération contenue dans ce Cours, on la rapportera de suite sur le grand-livre pour ne pas laisser accumuler les articles.

La seule difficulté pour passer un article sur le journal ne consiste qu'à bien connaître son débiteur et son créancier, surtout lorsque l'article présente plusieurs débiteurs et plusieurs créanciers avec agios, ce qui arrive quelquefois quand on reçoit ou que l'on fait un paiement. Cette difficulté est aplanie dans ce Cours par le moyen de tableaux que je donne pour trouver facilement le débiteur et le créancier.

Je vais de suite entrer en matière, et commencer les opérations de ce Cours par demandes et par réponses, en supposant des questions qu'un maître fait à son élève.

D. Comment commencerez-vous votre journal?

R. Je mettrai d'abord en titre, au commencement du journal, comme ci-contre.

JOURNAL.

Au Nom de Dieu soit commencé et fini le présent Journal.

FONDS CAPITAL.

D. Qu'entendez-vous par fonds capital?

R. C'est une somme quelconque qui doit être employée dans le commerce que l'on veut entreprendre.

D. D'où prenez-vous l'article à passer du fonds capital?

R. Je me fais donner le contrat de société, et je cherche l'article où est désignée la mise de fonds que doit faire chaque associé.

Quand on voudra apprendre sans maître, on aura soin d'avoir toujours sous les yeux son cahier de notes, et de suivre d'après lui toutes les opérations contenues dans ce Cours. C'est d'après ce cahier de notes que l'on doit faire ses livres auxiliaires, pour passer d'après eux ses articles au journal. (*Voyez ce que j'en dis, pour faire connaître l'usage de ce cahier de notes, au livre intitulé* Cahier de Notes.)

CAHIER DE NOTES N° 1. —

On se rappellera que ce titre *Cahier de Notes N°* ***, mis à tous les articles dans ce journal, n'y est mis que pour indiquer le numéro de l'article pris dans le cahier de notes, et ne doit pas être mis dans un journal

D. Comment passerez-vous l'article du fonds capital?

R. Je cherche d'abord à connaître mon débiteur et mon créancier.

D. Qu'entendez-vous par débiteur et par créancier?

R. Le débiteur est celui qui reçoit ou qui s'oblige à payer, et le créancier est celui qui donne ou à qui il est dû.

D. Dans quelle classe mettez-vous ceux compris dans l'article N° 1?

R. Les deux associés s'étant engagés à verser dans leur société chacun une somme de F. 15,000, sont dans la classe des débiteurs, puisqu'ils s'obligent à la payer.

D. A qui doivent-ils?

R. Ils doivent à la société, vis-à-vis de qui ils se sont engagés.

D. Quel est le compte qui représente cette société?

R. C'est le fonds capital; de sorte que le fonds capital sera le créancier, et son débiteur les deux associés.

Les titres des débiteurs et des créanciers, comme ci-après, doivent être mis en un caractère un peu plus gros que le raisonnement de l'article. On doit toujours rentrer en dedans la seconde ligne et suivantes, et ne pas dépasser la colonne des francs, pour qu'ils soient très visibles. Par conséquent, le titre du compte de chaque débiteur ou créancier doit commencer dans la première ligne, et la somme dans la colonne des francs, toute seule en dehors.

La somme qui appartient au débiteur ou au créancier doit toujours être mise de suite après le créancier et avant le raisonnement de l'article.

Pour la manière de mettre les folios du grand-livre au journal, on verra ce que j'en dis à la préface du grand-livre au sujet du trait de plume qui sépare les débiteurs d'avec les créanciers. Ce trait de plume doit être mis sous le dernier débiteur; de sorte que ce qui est sur ce trait de plume est le débiteur, et ce qui est dessous est le créancier.

----------------------------------- 1er *Janvier* 18.. -----------------------------------

DIVERS DOIVENT A FONDS CAPITAL F. 30,000, pour autant que les suivans se sont engagés à verser dans notre société pour servir de mise de fonds, suivant notre contrat de société de ce jour.

1. N/s. VINAL, COMPTE DE MISE DE FONDS, F. 15,000, montant de sa mise de fonds... F. 15,000

1. N/s. CETON, COMPTE DE MISE DE FONDS, F. 15,000, montant de sa
— mise de fonds... 15,000

1.   F. 30,000

D. D'où vient que vous vous servez du mot, *Divers doivent à fonds capital,* au lieu de mettre de suite le nom des débiteurs?

R. Quand il se rencontre dans un article plusieurs débiteurs ou créanciers séparément, on doit se servir d'un mot qui les réunisse, pour ensuite pouvoir les classer chacun à part dans l'article; et alors, le mot *divers* étant général, il est censé comprendre une quantité plus ou moins grande de débiteurs ou de créanciers.

D. Pourquoi ne pas commencer votre article par mettre le raisonnement des débiteurs, au lieu de celui des créanciers?

R. Lorsqu'il n'y a qu'un seul débiteur ou un seul créancier dans un article où il doit y en avoir plusieurs, le raisonnement qui lui appartient doit être mis en tête de l'article, sans avoir égard, si c'est un créancier, que son raisonnement soit avant celui des débiteurs, malgré que le folio de son compte sur le grand-livre soit mis sur le journal sous celui de ses débiteurs. S'il en était autrement, il faudrait commencer son article par le raisonnement des débiteurs, dans lequel on serait très souvent obligé de mettre celui du créancier, pour faire connaître pourquoi ils sont débiteurs, et à la suite de ces débiteurs mettre le créancier avec son raisonnement; de sorte qu'en mettant celui-ci en tête de l'article, on évite des répétitions et des mots inutiles, comme il est recommandé dans la préface de ce journal.

D'ailleurs, s'il y avait une certaine quantité de débiteurs, comme cela peut arriver, il faudrait aller chercher à la fin de l'article le raisonnement du créancier qui aurait nécessité ce nombre de débiteurs.

D. Pourquoi ne mettez-vous pas en dedans les sommes des débiteurs, pour ne faire sortir qu'une seule somme, ainsi que le pratiquent divers teneurs de livres?

R. Chaque article doit être encadré par une ligne, à laquelle on laisse un intervalle pour mettre la date de l'article qui suit; et la manière employée dans ce Cours doit être préférée, attendu que les débiteurs dont on fait sortir la somme se présentent au premier coup-d'œil, soit par le nom qui est en dehors à gauche, soit par la somme qui est en dehors à droite, et ils doivent former par l'addition le total de l'article.

D. Pourquoi vous servez-vous du titre : N/s. *Vinal, compte de mise de fonds?*

R. Chaque associé est dans le cas d'avoir plusieurs comptes ouverts dans les écritures, et celui-là désigne spécialement l'objet pour lequel il est ouvert.

D. Combien peut-on ouvrir de comptes aux associés?

R. Quatre, savoir : *compte de mise de fonds,* pour toutes les sommes que l'associé doit verser pour parfaire sa mise de fonds; *compte particulier,* pour les sommes qu'il pourra être dans le cas de verser en sus de sa mise de fonds, et qui devront porter intérêt; *compte de levée,* pour les sommes qu'il lui sera permis de prendre pour ses besoins particuliers; *compte de voyage,* s'il y a lieu, pour les sommes qu'il serait dans le cas de prendre pour fournir aux frais et séjour dans les voyages qu'il serait obligé de faire pour compte de la société.

D. Si les sommes que chaque associé doit verser dans sa société pour sa mise de fonds sont inégales, le raisonnement de l'article variera-t-il beaucoup?

R. L'article ne diffère en aucune manière, excepté dans la désignation de la somme.

Supposons que *Vinal* ait versé une somme de F. 18,000, et que *Ceton*, son associé, ait versé celle de F. 12,000; cette différence de somme ne changera rien à la manière de passer l'article, qui sera conforme à celui ci-dessus N° 1. On aurait soin de mettre à la place de la somme de F. 15,000 celle que chaque associé aura été d'accord de verser; mais, à la fin de la société, et au partage du bénéfice ou de la perte, l'article du contrat de société règlerait l'intérêt de chacun des associés.

D. Plusieurs teneurs de livres mettent dans le journal, lorsqu'il y a plusieurs débiteurs ou créanciers, leurs sommes en dedans, pour ne faire sortir qu'une seule somme qu'ils n'encadrent pas, comme s'ils devaient additionner à la fin de chaque page du journal : pourquoi le font-ils?

R. Je trouve cette addition à la fin de chaque page du journal tout-à-fait inutile, si on la fait, et elle ne peut servir à rien. Je préfère encadrer mon article, et rendre par ce moyen mes articles bien séparés les uns des autres.

D. L'addition générale de toutes les pages du journal ne pourrait-elle pas faciliter à l'époque d'une balance d'écritures, quand on voudrait la faire?

R. En aucune manière. Une seule raison le prouve : dans l'intervalle d'une année on est dans le cas de solder divers comptes; ces comptes soldés seraient alors compris dans l'addition générale des pages du journal, tandis qu'ils n'existeraient plus sur le grand-livre; de sorte que ne pouvant plus confronter l'addition du journal avec les additions des comptes du grand-livre réunis, celle du journal devient inutile.

D. Ne doit-on pas expliquer dans l'article N° 1 les conditions qui sont dans le contrat de société?

R. Ces conditions ne doivent pas figurer sur le journal; mais, à l'époque d'un bilan ou d'une dissolution de société, on se fait donner le contrat de société, et on porte dans le compte respectif des associés la perte ou le bénéfice, au prorata de leurs accords d'après ce contrat.

D. S'il y avait pour associé un commanditaire?

R. Un commanditaire n'est qu'un associé de plus qui participe aux pertes et aux bénéfices; il ne change rien à l'article ci-dessus N° 1. D'ailleurs, les conditions qui le concernent, et qui se trouvent dans le contrat de société, doivent servir de base pour passer l'article au journal. Son compte doit être désigné par le titre de *notre commanditaire* joint à son nom. Dans une faillite, il n'est pas tenu de partager le sort de ses associés, il ne peut perdre que sa mise de fonds en commandite; et s'il a des fonds particuliers, il est regardé comme un créancier en compte-courant.

Paiement simple d'une mise de fonds.

CAHIER DE NOTES N° 2. — *D.* Qu'entendez-vous par paiement simple d'une mise de fonds?

R. C'est lorsque l'un des associés en paie le montant avec un seul objet, c'est-à-dire, soit avec de l'argent comptant, soit avec des traites ou effets, soit avec des marchandises ou tous autres objets.

D. Quel est le débiteur ou le créancier de l'article N° 2 du cahier de notes?

R. N/s. Vinal ayant payé le montant de sa mise de fonds devient créancier, et ce qu'il donne, qui est le comptant représenté par la caisse, est son débiteur, et alors on passe.

2 *Janvier* 18. .

2. Caisse a n/s. Vinal, compte de mise de fonds, * F. 15,000, suivant le livre de
—   caisse. Reçu le montant de sa mise de fonds **............. F. 15,000
1.

* Le mot *doit* est supprimé à chaque article; il suffit de dire *un tel à un tel.*

** On voit que le livre de caisse, d'où l'on a pris l'article, est cité; ainsi, l'on fera bien attention de toujours citer le livre auxiliaire ou le titre qu'on doit avoir sous les yeux quand on passe l'article au journal. De cette manière, un élève n'aura qu'à copier ce qui y sera écrit; la difficulté seulement sera réduite à trouver les débiteurs et les créanciers.

D. Quelle marque faites-vous pour connaître sur le livre auxiliaire que l'article est passé au journal?

R. Quand l'article est passé sur le journal, on met le folio de ce journal au livre de caisse, qu'on doit avoir sous les yeux, dans la petite colonne qui est avant celle des francs et devant la somme, et cela pour prouver que l'article est passé au folio N° 1 du journal, et en même temps pour éviter un double emploi qui pourrait avoir lieu en le passant une seconde fois, si l'on n'y voyait pas ce folio.

D. Pourquoi mettez-vous de préférence le folio du journal, au lieu d'y mettre une +, comme plusieurs font?

R. On doit préférer de mettre le folio du journal devant l'article pris dans tous les livres auxiliaires, par la raison que s'il arrivait qu'il y eût erreur ou transposition de chiffres, on le reconnaîtrait de suite en cherchant au journal la page que ce folio indiquerait; au lieu que par la + ou toute autre marque faite on serait obligé d'avoir recours à la date, ce qui serait plus long à chercher, surtout si la même date était répétée dans plusieurs pages du journal, ce qui arrive toujours lorsque l'on fait un bilan.

Paiement composé d'une mise de fonds.

Cahier de notes n° 3. — *D.* Qu'entendez-vous par paiement composé?

R. C'est lorsque l'on paie une somme quelconque en divers objets, comme celle au cahier de notes N° 3.

D. Comment ferez-vous pour connaître les débiteurs et les créanciers de cet article, pour le passer au journal?

R. On doit se rendre raison de ce que l'on va faire, en disant : n/s. Ceton ayant payé le montant de sa mise de fonds devient créancier, et son débiteur est ce qu'il donne.

D. Combien avez-vous de débiteurs?

R. Trois.

D. Quels sont-ils?

R. Le *premier débiteur* est *effets à recevoir,* parce que Ceton donne un effet à exiger sur la place, et que l'on porte dans ce compte d'effets à recevoir tous les billets et les traites à exiger sur la place où l'on a établi son commerce;

Le *second* est *effets sur l'étranger,* attendu que, recevant une traite sur Gênes, on doit la porter dans ce compte qui doit renfermer les effets qui sont d'une monnaie différente de celle qui a cours dans le royaume où l'on est établi;

Le *troisième* est *caisse,* qui reçoit le solde comptant, de sorte que l'on a trois débiteurs, qui sont : *effets à recevoir, effets sur l'étranger* et *caisse,* pour un seul créancier, qui est n/s. *Ceton.*

D. Comment passerez-vous cet article au journal?

R. D'après le cahier de notes que j'ai sous les yeux et qui me sert de titre, s'il n'y en a pas d'autres. Je commence par passer le raisonnement de mon créancier, qui est seul; je viens ensuite à mon premier débiteur, qui est *effets à recevoir,* en F. 7,000; quant à mon second débiteur, qui est *effets sur l'étranger,* je prends la note de négociation indiquée par ledit cahier de notes, qui me donne la somme de F. 4,750; et pour mon dernier débiteur, qui est *caisse*, j'ouvre le livre de caisse, où le solde de F. 3,250 doit avoir été passé, et j'écris sur le journal:

—————————— 3 *Janvier* 18.. ——————————

DIVERS A N/S. CETON, COMPTE DE MISE DE FONDS, F. 15,000. Reçu le montant de sa mise de fonds.

3. EFFETS A RECEVOIR, F. 7,000. Reçu un billet de Jean au 31 janvier. F. 7,000

4. EFFETS SUR L'ÉTRANGER, F. 4,750, suivant note de négociation de ce jour. Reçu un effet sur Gênes de P. 1,000, du 1er janvier, à 50 jours de date, à F. 4 75 la piastre.............. F. 4,750

2. CAISSE, F. 3,250, suivant le livre de caisse. Reçu comptant pour
— solde.. 3,250

1.
____
F. 15,000

On aura l'attention de bien désigner le compte pour lequel on aura reçu ou payé, sans quoi on serait obligé de contre-passer l'article pour le porter au compte où il aurait dû être porté, de sorte que, par cet article, Ceton a payé pour sa mise de fonds; donc son compte doit porter ce titre.

Je recommande beaucoup de ne pas oublier de mettre sur le livre auxiliaire, ou sur les comptes ou notes, le folio du journal, du moment qu'on aura passé l'article, et de ne le mettre qu'alors, et jamais avant de le passer, parce que si on le mettait d'avance et que l'on fût dérangé, quand on reviendrait pour continuer les écritures, en voyant ce folio mis, on pourrait passer outre; et alors l'article ne serait pas passé.

D. Si un associé ne payait pas de suite sa mise de fonds, ou qu'il la payât en diverses fois, comment feriez-vous?

R. L'associé resterait toujours débiteur à sa société dans *son compte de mise de fonds,* où on le créditerait au fur et à mesure des sommes qu'il verserait, valeur de l'époque qu'il paierait. Dans ce cas, ce compte, en le réglant, serait débité de l'intérêt, à moins que le contrat de société n'en fît pas mention.

D. Si l'associé qui paierait de cette manière, c'est-à-dire en diverses fois, remettait une somme plus forte?

R. On prendrait de cette somme celle qu'il faudrait pour solder le compte de *mise de fonds,* et on le créditerait du surplus dans son compte particulier, qui devra porter intérêt, valeur de l'époque de la remise.

PREMIÈRE OPÉRATION.

Marchandise achetée pour compte d'amis.

CAHIER DE NOTES N° 4. — *D.* Je suppose que Jacob, de Paris, donne commission de lui acheter pour s/c. 25 caisses savon bleu-pâle, pour les lui expédier. Le savon acheté doit être inscrit sur le livre d'achats et ventes. Comment passerez-vous cet article au journal? Quel est votre débiteur et votre créancier?

R. On prend le livre d'achats et ventes, où l'on voit que Bonnet a vendu ces 25 caisses savon; et comme celui qui donne est créancier, Bonnet le devient, et ce qu'il donne est son débiteur.

D. Quel est ce débiteur?

R. Ce sont les 25 caisses savon; et comme il n'est pas nécessaire d'ouvrir un compte à toutes les marchandises que l'on est dans le cas d'acheter ou de vendre, on doit se servir d'un compte général intitulé *Marchandises générales,* où l'on met toute sorte de marchandises.

Pour bien classer ses débiteurs et ses créanciers, on doit bien se pénétrer que celui qui reçoit ou que l'objet qu'on reçoit doit à celui qui donne ou à l'objet que l'on donne; de sorte que, par l'article ci-dessus, les 25 *caisses savon* que l'on reçoit, soit *marchandises générales,* doivent à *Bonnet,* qui les donne, et qui, par conséquent, en devient le créancier.

D. Devez-vous ouvrir un compte à Bonnet à droiture?

R. Non. Quand il y a des comptes qui ne doivent pas avoir de suite, tels que ceux sur la place pour achats et pour ventes, et afin de ne pas multiplier les comptes à ouvrir sur le grand-livre, il convient mieux de les rassembler dans un compte général intitulé *Divers particuliers;* mais il n'en est pas de même pour tout ce qui est correspondans, qui doivent avoir leur compte ouvert séparément.

——————————————— *4 Janvier* 18.. ———————————

7. Marchandises générales a divers particuliers (Bonnet)*, F. 3,125. Suivant
— le livre d'achats et ventes, acheté dudit :
5. 25 caisses savon bleu-pâle, pesant net K. 3,125, à F. 100 les 100 kil., payable
comptant.. F. 3,125

* Toutes les fois qu'on mettra le titre de *divers particuliers*, on aura soin de mettre de suite après le nom du particulier entre deux parenthèses.

D. Pourquoi vous servez-vous du titre de *divers particuliers,* au lieu d'ouvrir un compte séparé à *débiteurs divers* et *créanciers divers,* ainsi que bien des maisons le pratiquent?

R. Le seul compte de *divers particuliers,* qui est le même que celui de débiteurs et créditeurs séparés, paraît mieux employé.

D. Pourquoi?

R. Parce qu'en supposant que l'on veuille ouvrir un compte séparé à *débiteurs divers* et *créanciers divers,* si l'on achète de Bonnet une partie de marchandise à livrer, et qu'on lui compte par anticipation une somme de F. 2,000 à valoir sur l'achat de cette marchandise, le caissier mettra seulement sur son livre de caisse, sans aucune désignation, *remis comptant à Bonnet* F. 2,000. Le premier aspect de cet article, pour le teneur de livres, est Bonnet, qui est débiteur à la caisse; et alors Bonnet serait porté dans le compte de *débiteurs divers.* Bonnet vient à livrer la marchandise, que l'on inscrit sur le livre d'achats et ventes. En passant cet article au journal, d'après le livre d'achats et ventes, Bonnet se présente comme créancier, puisqu'il vend; donc Bonnet sera porté dans le compte de *créanciers divers.* De cette manière, Bonnet sera débiteur dans le compte de *débiteurs divers* pour le montant de la somme à lui payée par anticipation, et créancier dans le compte de *créanciers divers* pour le montant de la marchandise qu'il aura vendue. Alors il faudrait contre-passer et ressortir Bonnet du compte de *débiteurs divers,* et le porter au compte de *créanciers divers,* qui est celui où il devrait être mis. Ce cas n'arrivera pas si l'on ouvre un seul compte de *divers particuliers;* car le débit de ce compte sera les *débiteurs divers,* et le crédit les *créanciers divers.* Voilà l'inconvénient qui peut résulter de ces deux comptes ouverts séparément. Je suppose toujours que les à-comptes reçus ou donnés ne soient pas assez bien désignés dans le livre de caisse pour le teneur de livres.

cahier de notes n° 5. — *D.* On remet à Jacob, de Paris, facture des 25 caisses savon achetées pour son compte : comment passer cet article au journal?

R. On prend le livre de factures, et en voyant que ces 25 caisses savon ont été facturées à Jacob, de Paris, pour son compte, on le reconnaît débiteur, puisqu'il est censé recevoir ces savons d'après la facture.

D. Quelle somme doit-il?

R. Il doit la somme totale de la facture, en F. 3,282 26, qui est celle de la marchandise et des frais.

D. A qui doit-il cette somme?

R. Il doit : à *marchandises générales,* F. 3,125, parce que cette marchandise a été achetée pour son compte; à *dépenses générales,* F. 92 91, parce que ces frais ont été faits pour cette marchandise ; à *provisions*, F. 64 35, parce qu'il doit une commission pour les peines et soins au conditionnement de ladite marchandise ; de sorte que l'on passera sur le journal :

——————————— 5 *Janvier* 18.. ———————————

1. JACOB, de Paris, s/c. A DIVERS, F. 3,282 26, suivant facture de ce jour, pour
—   le coût et frais de 25 caisses savon bleu-pâle à lui expédiées à droiture :
7. A MARCHANDISES GÉNÉRALES, F. 3,125, pour le coût........ F. 3,125 »
6. A DÉPENSES GÉNÉRALES, F. 92 91, pour les frais............ 92 91
6. A PROVISIONS, F. 64 35, pour notre commission........... 64 35

                                                     F. 3,282 26

D. Pourquoi ne pas rendre l'article plus court, et dire : *Jacob, de Paris,* s/c. à *marchandises générales ?*

R. Il est vrai que l'article serait moins long, mais il ne remplirait pas le but d'un négociant, qui est de se rendre compte de ce que l'on peut avoir gagné ou perdu dans chaque compte particulier. D'ailleurs, dans cette manière, que quelques personnes peuvent employer, il y aurait un inconvénient que l'on doit éviter, qui serait à l'époque d'un bilan. Lorsque l'on solde tous les comptes, le crédit de celui de *marchandises générales* serait beaucoup trop fort, étant augmenté de ceux de *dépenses générales* et de *provisions*, tandis que le compte de *dépenses générales* n'aurait qu'un débit qu'il faudrait nécessairement solder par celui de *marchandises générales ;* de cette manière, le compte de *provisions* disparaîtrait tout-à-fait, et l'on ne pourrait se rendre compte de celui de *dépenses générales,* qui doit toujours donner une perte, puisqu'il renferme les appointemens des commis, les ports de lettres et tous les frais de bureau, tous ces objets étant en pure perte en grande partie. Il y a encore un autre inconvénient qui se rencontre à l'époque d'un bilan : c'est qu'il y a des dépenses dont on peut avoir donné compte, que l'on n'a point encore payées, et que l'on doit porter à nouveau, soit au débit, soit au crédit, comme il sera désigné dans son temps. L'on doit donc classer chaque compte dans la place qui lui convient, et l'on saura alors au juste le bénéfice ou la perte que chaque compte sera dans le cas de donner.

CAHIER DE NOTES N° 6. — *D.* Comment passerez-vous sur le journal le paiement fait à Bonnet des 25 caisses savon qu'il a vendues ?

R. Bonnet ayant été payé comptant du montant des 25 caisses savon qu'il nous a vendues, comme il conste par l'acquit qu'il a mis au bas de son compte, on prend le livre de caisse, et trouvant au crédit de ce livre la somme de F. 3,125 payée à Bonnet, on le rend débiteur de cette somme puisqu'il la reçoit, et la caisse créancière puisqu'elle la paie.

D. Dans quel compte avez-vous mis Bonnet ?

R. Dans celui de *divers particuliers,* lorsque l'on a passé l'achat, de sorte que l'on doit le porter dans ce même compte quand on le solde.

——————————— 6 *Janvier* 18.. ———————————

5. DIVERS PARTICULIERS (Bonnet) A CAISSE, F. 3,125. Suivant le livre de caisse,
—   à lui payé le montant des 25 caisses savon pâle............. F. 3,125
2.

CAHIER DE NOTES N° 7. — *D.* Que fait-on par l'article N° 7 ?

R. On se paie par appoint de ce que Jacob, de Paris, doit, par une traite que l'on fait sur lui.

D. Où trouvez-vous cet article ?

R. Dans le copie de lettres, quand on viendra à passer la correspondance sur le journal, et qui est représenté par l'article du cahier de notes; de sorte qu'ayant fait traite sur Jacob, de Paris, celui-ci devient créancier, puisque nous nous payons de ce qu'il nous doit par la traite que nous faisons sur lui et qu'il doit payer dans son temps, et cette traite devient son débiteur.

D. Quel est le compte à ouvrir pour passer cette traite?

R. C'est celui d'*effets sur France,* parce que tous les effets payables dans l'intérieur de la France, comme Paris, Lyon, Bordeaux, Toulouse, etc., stipulés francs, supportant une perte ou un bénéfice à la négociation et soldant par profits et pertes, doivent être classés dans ce compte d'*effets sur France,* à l'exception de ceux payables sur la place et dans l'étranger.

D. Pourquoi les effets payables sur la place ne sont-ils pas compris dans ce compte?

R. Les effets payables sur la place où on a établi son commerce, devant être exigés à droiture, ne supportent ni perte ni bénéfice, à moins qu'on ne les négocie ou qu'on ne les prenne en négociation. Alors l'escompte ou l'agio qui en résulte séparément se passe par intérêts généraux. Ce compte d'effets à recevoir se soldant par lui-même, il est bien d'en faire un compte séparé.

———————————————— 7 *Janvier* 18.. ————————————————

5. Effets sur France a divers, F. 3,284 36. Suivant notre lettre de ce jour,
— notre traite sur Jacob, de Paris, du 6 janvier, à 60 jours de date, à notre
    ordre............................... F. 3,320 87
        A déduire, perte à 1 p. cent, et courtage..   38 61
                                       F. 3,282 26

1. A Jacob, de Paris, s/c., F. 3,282 26, pour le net produit.... F. 3,282 26
6. A dépenses générales, F. 2 10, pour le timbre...........   2 10
                                       F. 3,284 36

Comme le timbre fait partie des frais de commerce, et que l'on paie séparément, on doit le faire sortir de même. On a laissé subsister dans le compte d'effets sur France le courtage, parce qu'il sera compris dans la négociation de ce même effet, quand on le négociera.

D. Pourquoi débitez-vous les *effets sur France* du net produit?

R. Ce compte d'*effets sur France* se soldant par profits et pertes, comme on l'a dit plus haut, il est mieux de le débiter du net produit de la traite; sans quoi il faudrait, en le débitant du brut, qui est F. 3,320 87, le créditer de F. 38 61 pour perte de 1 p. cent, à la négociation, courtage et timbre, cette perte et ces frais ayant été occasionés par cette traite. Au reste, le résultat en est le même, et par ce moyen on évite de faire un article de plus au journal.

D. Comment vous y prenez-vous pour former votre traite, quand on veut se rembourser par appoints de ce que l'on nous doit?

R. On commence d'abord par mettre sur son cahier de chiffres le montant de la facture... F. 3,282 26
On met ensuite la perte à 1 p. cent............ F. 32 83
            le timbre................... 2 10
            le courtage à 1 p. mille......... 3 29
                            F. 38 22
On ajoute à ces frais la même perte de 1 p. cent,
que l'on fait supporter à la traite, afin de n'être pas   38 61
lésé quand on la négociera....................   » 39

                    Montant de la traite à faire... F. 3,320 87

Autre manière de la former.

Montant de la facture.. F. 3,282 26
On ajoute la perte à la négociation à 1 p. cent............... 32 82

F. 3,315 08

Les deux sommes ci-contre additionnées donnent le montant du courtage, qui est de F. 3 31, à 1 p. mille, de sorte que l'on met ci.. F. 3,282 26
Plus le courtage sur F. 3,315 08............. 3 31
Plus le timbre............................. 2 10

F. 3,287 67

Je dis donc par une règle conjointe :
Si 99 = 100 = 328767.

32876700 / 99
317   3320 87   Somme égale à la traite à faire.
206
8700
780
87

Si la perte à la négociation était 2 p. cent, alors, au lieu de dire : si 99 = 100 = 328767, on dirait : si 98 = 100 = 328767, devant déduire du nombre 100 le montant de la perte.

D. Cette première opération, *marchandises achetées pour compte d'amis*, ne comprend-elle que ces quatre articles?

R. Cette opération est toujours composée de quatre articles qui peuvent varier parfois.

D. Répétez-la avec ces changemens.

CAHIER DE NOTES N° 8. — Par l'article 8 du cahier de notes, on a acheté de Martin 10 barriques sucre brut, pour compte de Lorenzo, de Livourne.

——————————————— 8 *Janvier* 18.. ———————————————

7. MARCHANDISES GÉNÉRALES A DIVERS PARTICULIERS (MARTIN), F. 6,000. Suivant
—   le livre d'achats et ventes, acheté dudit :
5. 10 barriques sucre brut, pesant net K. 4,080, à 73 53 les 50 kil., payables fin
   février prochain.. F. 6,000

CAHIER DE NOTES N° 9. — On a expédié cette marchandise à Lorenzo, de Livourne, pour s/c., par la tartane *l'Annette*, capitaine Chéri, avec assurance, suivant la facture.

——————————————— 9 ———————————————

1. LORENZO, de Livourne, s/c. A DIVERS, F. 6,244 16, suivant facture de ce jour,
—   pour le coût et frais à 10 barriques sucre brut à lui expédiées par la tartane
   l'Annette, capitaine Chéri :
7. A MARCHANDISES GÉNÉRALES, F. 6,000, pour le coût........ F. 6,000 »
6. A DÉPENSES GÉNÉRALES, F. 58, pour les frais............. 58 »
6. A PROVISIONS, F. 121 86, pour notre commission.......... 121 86
4. A ASSURANCES GÉNÉRALES, F. 65, pour assurances sur F. 6,200,
   à 1 p. cent et frais.................................... 65 »

F. 6,244 86

Quand on fait une assurance sur une marchandise qu'on expédie, on doit la porter sur la facture de cette marchandise.

Cahier de notes n° 10. — Nous payons à Martin, par notre billet fin février prochain, le montant des 10 barriques sucre brut qu'il nous a vendues. Martin, soit *divers particuliers,* doit être débité, vu qu'il reçoit, et le compte d'*effets à payer* crédité, parce que nous devons payer le billet.

———————————————— 10 *Janvier* 18.. ————————————————

5. Divers particuliers (Martin) a effets a payer, F. 6,000. A lui remis notre
— billet fin février prochain, en paiement de 10 barriques sucre... F. 6,000
6.

Ce compte d'effets à payer que l'on ouvre doit comprendre toutes les traites que l'on fait sur nous, ainsi que les billets que nous faisons.

Cahier de notes n° 11. — Lorenzo, de Livourne, nous remet pour s/c. un effet sur la place. On doit le créditer par le débit de l'effet qu'il nous remet.

———————————————— 11 ————————————————

3. Effets a recevoir a Lorenzo, de Livourne, s/c., F. 5,950. Sa remise, par sa
— lettre du......, en une traite sur Paulin, payable au 15 février. F. 5,950
1.

Par l'article ci-dessus, on doit voir que l'on n'a pas rempli la date de la lettre ; mais on aura l'attention de la mettre quand on passera les écritures dans un comptoir de négociant.

Avant de passer à la seconde opération, je conseille à l'élève de refaire la première jusqu'à ce qu'il la comprenne bien ; cela le facilitera beaucoup pour la seconde. On changera la qualité et la quantité de la marchandise, ainsi que le nom des correspondans, sans trop les multiplier. Il suffit d'en choisir douze seulement différens, dont le plus grand nombre dans l'étranger, afin de se familiariser avec les monnaies des villes.

On se rappellera les comptes dans lesquels auront été mis les débiteurs ou créditeurs de chaque article, pour pouvoir les faire entrer ou sortir, surtout ceux qui entrent dans le compte de *divers particuliers* qui ne doivent pas avoir de suite.

SECONDE OPÉRATION.

Marchandise vendue pour compte d'amis.

D. Quand un ami envoie une marchandise pour vendre pour son compte, comment opérez-vous?

R. Du moment que l'on a reçu le connaissement de cette marchandise, si elle vient par mer, ou la lettre de voiture, si elle vient par terre, on l'inscrit dans le livre de magasin, conformément à celle passée dans ledit livre de ce Cours ; l'on y écrit les frais au fur et à mesure qu'on les paie. C'est d'après ce livre de magasin que l'on doit dresser le compte de vente de cette marchandise, lorsqu'on voudra le remettre.

Cet article ne se passe pas au journal.

D. Pourquoi?

R. La marchandise appartenant à l'ami qui l'expédie ne peut pas être débitée, et ne doit se passer en écriture sur le journal que lorsqu'elle sera vendue ; attendu que cet ami n'en donne point le montant ; et il est le maître, si la convenance l'exige, de la faire retirer de nos mains ou de nous donner l'ordre de l'expédier dans une autre ville. On ne doit donc pas la passer à son crédit, puisqu'on serait dans le cas de contre-passer l'article si pareil cas arrivait. D'ailleurs, quel prix mettrait-on à cette marchandise, surtout l'ami ne remettant pas de facture, comme cela se pratique? Et si l'on mettait un prix, ce prix ne serait pas celui auquel on aurait vendu. On serait donc encore dans le cas de contre-passer, ce que l'on doit éviter avec soin.

D. Il paraît de cette manière que cette marchandise commencera par être créditée quand elle sera vendue, au lieu d'être débitée, et, par conséquent, sortira avant d'entrer?

R. Oui. Il y a trois comptes généraux qui sont dans ce cas-là, c'est-à-dire de sortir avant d'entrer.

D. Quels sont-ils?

R. 1° *Marchandises générales.* Celle que l'on reçoit pour compte d'amis est vendue avant qu'on puisse en donner compte de vente, et on ne peut la faire entrer qu'après qu'elle sera toute vendue et qu'on en aura remis le compte de vente.

2° *Effets à payer.* L'ami qui fait traite sur nous ou à qui nous remettons notre billet doit en être débité de suite par le crédit des effets à payer, qui ne seront débités qu'à l'échéance de la traite ou du billet et quand on les aura payés.

3° *Assurances générales.* Du moment qu'on a fait une assurance isolée, c'est-à-dire sans la faire suivre sur une facture, on en débite l'ami par le crédit de ce compte, qui n'en sera débité qu'après un certain temps et lorsqu'on l'aura payée.

Ce que je dis de ces trois comptes ne peut se rapporter qu'à des comptes généraux qui représentent le négociant. Les autres comptes-courans ne doivent pas être dans ce cas, étant indifféremment débiteurs ou créanciers.

D. Il semble qu'on ne devrait pas comprendre les effets à payer.

R. Plusieurs teneurs de livres sont dans l'usage de ne faire écriture des traites que l'on fait sur nous, qu'après qu'on les a payées et qu'ils les trouvent sur le livre de caisse, les tenant en suspens jusqu'à ce temps-là; mais cela est sujet à un grand inconvénient, qui est celui-ci : un ami fait traite sur nous, payable à trois mois; nous acceptons cette traite, et par là nous contractons l'obligation de la payer à son échéance. La traite n'est point passée à son débit et ne le sera que dans trois mois, d'après l'usage ci-dessus. Nous désirons connaître notre position avec cet ami, et nous trouvons qu'il est créancier de la traite d'après l'omission à son débit, tandis que peut-être il serait débiteur si l'on avait passé cette traite du moment que nous en avons reçu l'avis, que nous sommes décidés à la payer et que nous l'avons acceptée. Cet inconvénient est assez majeur pour y faire attention. Dans les écritures on ne doit rien laisser en suspens, et l'on doit passer de suite au débit ou au crédit des amis les traites et les remises que l'on se fait de part et d'autre; de cette manière, un négociant sera toujours à même de connaître sa position avec ses correspondans.

CAHIER DE NOTES N° 12. — *D.* Comment passer sur le journal l'article N° 12?

R. Carri, de Gênes, nous ayant expédié 5 futailles huile d'olive surfine, pour vendre pour son compte, nous les vendons à Roman.

On prend le livre d'achats et ventes où cette vente a été inscrite, et nous rendons Roman débiteur, puisque nous lui avons vendu ces 5 futailles huile, et son créancier sera ces mêmes huiles, représentées par le compte de *marchandises générales.*

─────────────────── 12 *Janvier* 18.. ───────────────────

5. DIVERS PARTICULIERS (ROMAN) A MARCHANDISES GÉNÉRALES, F. 5,500. Suivant
— le livre d'achats et ventes, à lui vendu 5 futailles huile surfine d'olive, du
7. compte de Carri*, jaugeant M. 100, à F. 110 la millerolle, payables fin
février.. F. 5,500

* On aura l'attention de mettre toujours dans l'article du journal le nom de celui à qui appartiendra la marchandise, afin de ne pas confondre dans le grand-livre les qualités ou quantités qui pourraient être les mêmes dans les envois des divers amis.

CAHIER DE NOTES N° 13. — *D.* Par l'article N° 13, on remet compte de vente des 5 futailles huile du compte de Carri : comment connaîtrez-vous les débiteurs et les créanciers?

R. On cherche dans ce compte de vente le nom de l'ami à qui appartient la marchandise qui a été vendue, et dont on rend compte pour l'en créditer.

D. Quel sera son débiteur?

R. Ce sera la marchandise.

D. Pourquoi?

R. Parce que la marchandise ayant été vendue, il a fallu la passer d'abord au crédit; de sorte qu'elle doit être débitée en remettant le compte de vente.

D. Combien doit la marchandise?

R. Elle doit la somme de F. 5,500, qui est celle de la vente.

D. A qui doit-elle cette somme?

R. A *Carri, de Gênes,* qui en est le propriétaire, celle de F. 4,379 32, pour le net produit; à *dépenses générales,* celle de F. 955 68, pour les frais que cette marchandise a occasionés, qui doivent nous être remboursés et que nous nous retenons; à *provisions,* celle de F. 165, pour notre commission; de sorte que ces trois sommes réunies font la somme de F. 5,500, montant de la marchandise vendue.

———————— 13 *Janvier* 18.. ————————

7. MARCHANDISES GÉNÉRALES A DIVERS, F. 5,500, suivant compte de vente de ce
— jour, pour le montant de 5 futailles huile surfine d'olive, du compte de Carri, de Gênes, et de son envoi par la tartane *Sainte-Anne,* capitaine Bardino:

2. A CARRI, de Gênes, s/c., F. 4,379 32, pour le net produit... F. 4,379 32
6. A DÉPENSES GÉNÉRALES, F. 955 68, pour les frais.......... 955 68
6. A PROVISIONS, F. 165, pour notre commission............ 165 »

                                                              F. 5,500 »

CAHIER DE NOTES N° 14. — *D.* Roman paie le montant de 5 futailles huile à lui vendues : que devient-il?

R. Il devient créancier puisqu'il paie, et son débiteur sera les *effets à recevoir* puisqu'il donne son billet qui sera classé dans ce compte.

———————————— 14 ————————————

3. EFFETS A RECEVOIR A DIVERS PARTICULIERS (ROMAN), F. 5,500. Reçu son billet
— fin février prochain, en paiement de 5 futailles huile.......... F. 5,500
5.

On doit faire en sorte de se bien rappeler, quand on classe dans un compte un débiteur et un créancier, de le faire sortir du compte dans lequel on l'aura fait entrer, pour ne pas être obligé de le contre-passer. Ainsi, Roman, ayant été porté au compte de *divers particuliers* quand on lui a vendu la marchandise, doit être encore porté dans ce compte par le paiement qu'il en fait; de sorte qu'il sera passé au débit et au crédit dans ce compte.

CAHIER DE NOTES N° 15. — *D.* Il est dû à Carri, de Gênes, le net produit des 5 futailles huile d'olive; nous prenons un effet sur Gênes pour le faire rentrer dans ses fonds, que nous lui remettons : comment passer l'article?

R. On prend la note de négociation qui a été faite quand on a pris cet effet sur Gênes, et on trouve pour créancier *Vergny,* soit *divers particuliers,* qui a donné cet effet, et pour débiteur l'*effet* sur Gênes que l'on a pris et qui doit être classé dans le compte d'*effets sur l'étranger,* de sorte que l'on doit passer :

———————————— 15 ————————————

4. EFFETS SUR L'ÉTRANGER A DIVERS PARTICULIERS (VERGNY), F. 4,279 27. Suivant
— note de négociation de ce jour, pris dudit un effet sur Gênes de P. 900, du
5. 15 janvier, à 30 jours de date, à F. 4 75 c., et courtage... F. 4,279 27

D. Pourquoi passez-vous le courtage dans ce compte?

R. Le courtage devrait être porté dans le compte de *dépenses générales;* mais comme presque tous les agens de change passent leur courtage sur les notes de négociation, et que ce courtage est occasioné par l'effet que l'on prend, c'est une perte qui en provient et qui doit être supportée par l'effet que l'on prend ou que l'on donne.

CAHIER DE NOTES N° 16. — *D.* Par cet article nous remettons à Carri, de Génes, pour s/c., l'effet sur Génes de P. 900, ainsi que l'indique la lettre que nous lui écrivons ce jour : quel est votre débiteur et votre créancier ?

R. Carri est le débiteur, puisqu'on lui remet cet effet, et son créancier est l'objet qu'on lui donne, qui est l'effet sur Génes, soit *effets sur l'étranger.*

———————————— 16 *Janvier* 18.. ————————————

2.   CARRI, de Génes, s/c., A EFFETS SUR L'ÉTRANGER, F. 4,279 27. Notre remise,
—   par notre lettre de ce jour, de P. 900, du 15 janvier, à 30 jours de date,
4.   sur Génes, à F. 4 75, et courtage.................... F. 4,279 27

Si on avait passé le courtage séparément quand on a pris l'effet, on serait obligé, pour la régularité, d'en faire de même en le remettant, et on le passerait par *dépenses générales.*

CAHIER DE NOTES N° 17. — *D.* Que faites-vous par l'article N° 17 ?

R. Vergny reçoit comptant le montant de la négociation de l'effet sur Génes de P. 900, qu'il nous a négocié; et voyant par le livre de caisse qu'il en a été payé comptant, on désigne pour créancier la *caisse*, qui a payé, et pour son débiteur *Vergny*, qui a reçu, et qui a dû être passé dans le compte de *divers particuliers.*

———————————— 17 ————————————

5.   DIVERS PARTICULIERS (VERGNY) A CAISSE, F. 4,279. Suivant le livre de caisse
—   à lui payé le montant de la note sur Génes du 15 courant.. F. 4,279 27
2.

D. Ne pourriez-vous pas supprimer le compte de *divers particuliers* quand vous payez ou recevez de suite ?

R. Oui; et voici comment on peut opérer :

Par l'article N° 15 du cahier de notes on a pris de Vergny un effet sur Génes de P. 900, et par l'article N° 17 on lui en paie le montant. Ce sera l'objet que l'on reçoit qui devra à l'objet que l'on donne; de sorte que les *effets sur l'étranger* que l'on reçoit devront à la *caisse*, qui paie. De cette manière, les *divers particuliers* seront supprimés, sans que cela change le raisonnement des articles N° 15 et 17, qui sera ainsi conçu :

Effets sur l'étranger à caisse, F. 4,279 27. Suivant note de négociation de ce jour pris de Vergny un effet sur Génes de P. 900, du 15 janvier, à 30 jours de date, à F. 4 75, et courtage.......................... F. 4,279 27

On peut voir par le N° 18 comment il faut opérer pour supprimer le compte de *divers particuliers.*

TROISIÈME OPÉRATION.

Marchandises de N/C. *chez divers.*

Ce compte doit comprendre toutes les marchandises que l'on expédie à des amis pour vendre pour s/c., n'importe que l'on en soit le seul propriétaire ou que l'on n'ait qu'un intérêt de la demie, du tiers, du quart, etc. Ce compte, par la manière dont il est ouvert sur le grand-livre, fait connaître de suite la quantité de marchandise qui reste invendue chez tel ou tel ami. *(Voyez ce que j'en dis à la préface du grand-livre, en désignant de quelle manière il doit être ouvert sur le grand-livre.)*

CAHIER DE NOTES N° 18. — *D.* Il paraît, d'après l'achat que l'on fait, que ce compte est conforme à la première opération ?

R. Cette opération est absolument la même que la première, à la différence de deux comptes nouveaux qu'on est forcé d'ouvrir, et que j'expliquerai ci-après, en les passant; de sorte que l'on achète de Viguier 50 caisses savon pâle que l'on paie par un effet sur Paris, et le solde comptant.

D. Par l'article précédent N° 17 vous vous proposiez de supprimer le compte de *divers particuliers* : comment vous y prendrez-vous pour le faire?

R. L'on dresse sur son cahier de chiffres un tableau comme ci-après, pour trouver les débiteurs et les créanciers qui doivent former l'article sur le journal.

On achète de Viguier 50 caisses savon pâle, et sachant, d'après ce que j'en ai dit plus avant, que l'objet que l'on reçoit doit à celui que l'on donne, la marchandise générale sera le débiteur, puisqu'on la reçoit, et l'on pose à gauche * *marchandises générales* F. 6,250, et sur la même ligne, à droite et en dedans, *divers particuliers* F. 6,250, qui se trouve créancier, puisqu'il a vendu. Ce créancier, ayant été payé de suite, devient débiteur aux objets qu'on lui a donnés, et l'on pose à gauche et en dedans *divers particuliers* F. 6,250, et à droite, en dehors, d'abord *effets sur France* F. 3,295 93, pour l'effet sur Paris qu'on donne en paiement, et par-dessous les *effets sur France* l'autre créancier, qui est *caisse* F. 2,954 07, puisque c'est un solde comptant. Au lieu de mettre en dedans la somme de *divers particuliers,* soit au débit, soit au crédit, on pourrait la mettre en ligne des autres sommes, et quand on aurait dressé son tableau faire un trait de plume sur la somme de *divers particuliers,* soit au débit, soit au crédit, et il ne restera alors que le véritable débiteur, qui est *marchandises générales,* et les véritables créanciers, qui sont *effets sur France* F. 3,295 93 et *caisse* F. 2,954 07.

* On se rappellera que les débiteurs sont toujours à gauche et les créanciers toujours à droite.

Tableau.

Marchandises générales.. F. 6,250	Div. partic.	F. 6,250
Divers particul. F. 6,250	Effets sur France....	F. 3,295 93
	Caisse	2,954 07
		F. 6,250 »

———————————— 18 *Janvier* 18.. ————————————

7. **Marchandises générales a divers,** F. 6,250. Suivant le livre d'achats et
— ventes acheté de Viguier 50 caisses savon pâle, pesant net K. 5,208 3, à F. 120 les 100 kil.

5. **A effets sur France,** F. 3,295 93. Remis en paiement un effet sur Paris de F. 3,320 87, du 6 janvier, à 60 jours de date, à 3/4 perte.. F. 3,295 93

2. **A caisse,** F. 2,954 07. Suivant le livre de caisse, solde remis comptant 2,954 07

F. 6,250   »

D. Puisque vous supprimez ce compte de *divers particuliers,* il arrivera souvent que les écritures ne seront pas passées jour par jour, puisqu'un débiteur, devant payer comptant, ne paie quelquefois que deux ou trois jours après.

R. Il est vrai; mais on supplée à cela quand on passe son article sur le journal, en citant la date du jour où l'on a acheté ou vendu une marchandise, ou fait toute autre opération. On doit préférer cette manière à celle d'ouvrir un compte à *divers particuliers* par la raison qu'il pourrait y avoir erreur soit au poids, soit au prix, soit au calcul de la marchandise; l'article serait passé avec cette erreur au journal et au grand-livre dans les comptes de *divers particuliers* et de *marchandises générales;* mais quelques jours après, quand on paierait ou qu'on recevrait le montant de ce compte, on relèverait cette erreur : alors, l'article étant déjà passé sur le journal et au grand-livre, on serait obligé de raturer ou de faire un nouvel article pour redresser cette erreur; de sorte qu'il vaut mieux supprimer ce compte de *divers particuliers*, et ne passer l'article dans lequel il serait compris qu'après l'avoir trouvé écrit au livre de caisse ou dans le compte acquitté. De cette manière on serait sûr qu'il n'y aurait rien à changer, et on éviterait le désagrément de raturer.

D. N'y a-t-il pas un cas où l'on est forcé d'ouvrir ce compte de *divers particuliers?*

R. Il se rencontre un cas indispensable où l'on ne peut pas faire autrement, c'est lorsqu'à la fin du mois on règle la caisse à nouveau d'après le livre de caisse : il s'y trouve très souvent, au débit de la caisse, des à-comptes reçus pour marchandises vendues ou pour notes de négociations, et au crédit de la caisse pour mêmes objets achetés ou pris qui ne seront terminés que dans le mois suivant; alors le teneur de livres est forcé d'ouvrir ce compte de *divers particuliers* pour pouvoir solder la caisse au journal conformément à celle du caissier; et quand dans la caisse du mois suivant le teneur de livres trouvera au débit ou au crédit de la caisse le nom des débiteurs ou créditeurs qui auront reçu ou donné des à-comptes dans le mois d'auparavant, alors, en passant l'article au journal, il fera attention d'en débiter ou créditer le compte de *divers particuliers*.

CAHIER DE NOTES Nº 19. — *D.* Par cet article il s'agit de passer en écriture la facture des 50 caisses savon pâle expédiées à Carrel, de Paris, pour vendre pour N/c.?

R. On a le livre de factures sous les yeux, et l'on passe ainsi :

———————————————— 19 *Janvier* 18.. ————————————

1. MARCHANDISES DE N/c. CHEZ DIVERS A DIVERS, F. 6,437, suivant facture de ce
— jour, pour le coût et frais de 50 caisses savon pâle expédiées à Carrel, de Paris, pour vendre pour N/c.
7. A MARCHANDISES GÉNÉRALES, F. 6,250, pour le coût............ F. 6,250
6. A DÉPENSES GÉNÉRALES, F. 187, pour les frais................ 187

F. 6,437

D. D'où vient que vous ne débitez pas Carrel, de Paris, du montant de cette facture, puisque vous lui envoyez la marchandise?

R. L'ami à qui on expédie cette marchandise ne la doit pas, puisque nous la lui envoyons pour vendre pour N/c., et il ne la devra que lorsqu'il l'aura vendue, attendu que, cette marchandise nous appartenant, nous pourrions lui donner ordre de l'expédier ailleurs pour N/c. s'il y avait de notre convenance. On est donc forcé par cette raison de trouver un débiteur à cette marchandise, et il n'y en a pas d'autre qu'un compte général qui nous représente. Celui de *marchandises de* N/c. *chez divers* paraît le mieux convenir, puisque dans un coup-d'œil on verra dans le grand-livre les marchandises qui seront invendues en mains de divers amis; de sorte que quand Carrel, de Paris, nous en remettra le compte de vente, on aura soin de se rappeler que cette marchandise est entrée dans ce compte pour pouvoir l'en faire sortir.

D. Ne serait-il pas mieux d'ouvrir un compte à cette marchandise?

R. Si l'on ouvrait un compte à toutes les qualités de marchandises que l'on expédierait pour son propre compte ou en compte en participation, un grand-livre serait bientôt rempli. D'ailleurs il doit être plus satisfaisant de trouver de suite et rassemblées dans un seul compte toutes les marchandises expédiées chez divers correspondans, sans être obligé de feuilleter le grand-livre pour connaître celles qui seraient encore invendues.

La manière dont j'ai ouvert ce compte sur le grand-livre fera mieux connaître qu'elle doit être préférée.

CAHIER DE NOTES N° 20. — Comment passerez-vous le compte de vente des 50 caisses savon pâle que Carrel, de Paris, nous a remis?

R. Du moment que Carrel, de Paris, a vendu les 50 caisses savon et qu'il nous en remet compte de vente, il devient débiteur dans sa monnaie, et on doit l'en débiter dans notre compte chez lui.

D. Pourquoi ouvrir un *notre compte,* tandis qu'il n'aurait qu'un seul compte qui serait le sien?

R. Chaque correspondant peut avoir deux comptes outre celui de compte à demi ou à tiers en banque, que j'expliquerai quand il en sera temps : ces deux comptes sont intitulés *son compte, notre compte.*

D. En quoi connaissez-vous quand il faut intituler *son compte,* et de quoi se compose-t-il?

R. C'est *son compte :*

1° Quand on achète une marchandise de son ordre ou qu'on l'intéresse sur l'achat de cette marchandise ;

2° Quand on vend une marchandise qui lui appartient, et qu'on lui en remet compte de vente ;

3° Quand il fait quelque remise à encaisser pour son compte ou à négocier, et dont on lui donne un net produit dans sa monnaie;

4° Quand on lui fait remise en retour de celle qu'il a faite, et dont on le fait jouir d'un bénéfice, si le cas y est.

En résumé, toutes les fois que l'on achète ou que l'on vend une marchandise dans notre monnaie, que l'on paie ou que l'on reçoit de l'argent dans notre monnaie, c'est le compte de l'ami chez nous, autrement dit *son compte.*

D. De quoi se compose *notre compte,* et en quoi le connaissez-vous?

R. 1° Quand l'ami achète une marchandise pour nous ou en compte en participation, et qu'il nous en remet facture dans sa monnaie ;

2° Quand il vend une marchandise qui nous appartient, dont il nous remet compte de vente dans sa monnaie;

3° Quand on lui fait une remise à encaisser chez lui ou à négocier, dont il nous donne le produit dans sa monnaie ;

4° Quand il nous fait des remises en retour de celles qu'on lui fait, et dont il donne le coût dans sa monnaie.

En résumé, toutes les fois que l'ami achète ou vend une marchandise dans sa monnaie, qu'il reçoit ou qu'il paie dans sa monnaie, c'est notre compte chez lui, autrement dit *notre compte.*

Il y a encore un motif qui doit obliger un négociant d'avoir dans ses écritures ces deux comptes ouverts pour chaque correspondant avec qui l'on fait des affaires suivies : c'est que par le compte de l'ami chez nous, soit *son compte,* cet ami peut disposer à son gré et à sa volonté de tous les fonds disponibles que nous avons en mains pour son compte, puisqu'il nous paie les intérêts et une provision de banque, et que par notre compte chez lui, *soit notre compte,* nous disposons à notre gré et à notre volonté de tous les fonds disponibles qu'il a en mains pour notre compte, puisque nous lui payons les intérêts et une provision de banque.

—————————————— 20 *Janvier* 18.. ——————————

7. CARREL, de Paris, N/C., A MARCHANDISES DE N/C. CHEZ DIVERS, F. 6,500, valeur
—   de F. 6,500. Suivant compte de vente, par sa lettre du......*, net produit
1.   à Paris de 50 caisses savon pâle de notre envoi....... F. 6,500   6,500

* On verra que dans tous les articles de ce Cours je cite toujours la lettre, le livre ou le titre d'où je prends l'article à passer sur le journal. Cela est d'autant plus indispensable que l'on évite des recherches en allant de suite à ce titre ou au livre si l'on en avait besoin.

D. Pourquoi mettez-vous les deux sommes égales dans les deux colonnes?

R. Les comptes intitulés *notre compte*, comme en l'article ci-dessus, doivent être en double colonne sur le journal et sur le grand-livre; la somme dans la colonne en dedans sur le journal, à côté de la somme qui est en dehors, est la somme de l'ami, la seule qu'il reconnaît comme étant celle de sa monnaie. Elle doit être la même que celle qui vient de suite après la nôtre, qui se trouve la première après le créancier de l'article.

Pour mieux comprendre la manière de passer cet article il faut supposer qu'au lieu d'être de Paris Carrel fût de Livourne, et que les F. 6,000 fussent des piastres qui seraient sa monnaie. En voulant passer ce compte sur le journal on serait obligé de donner à ces piastres une évaluation au change du jour pour les réduire en francs afin de les passer dans notre colonne, et alors cette somme en francs serait la valeur des piastres monnaie de Carrel; mais Paris ayant la même monnaie que Marseille, les sommes deviennent les mêmes.

On comprendra mieux cet article par celui qui suit et par ceux qui seront en monnaies étrangères.

CAHIER DE NOTES N° 21. — Carrel, de Paris, nous remet pour n/c. effet sur la place de F. 6,000. Il doit en être crédité par le débit de l'effet.

————————————————— 21 *Janvier* 18.. —————————————————

3. EFFETS A RECEVOIR A CARREL, de Paris, n/c., F. 6,000, valeur de F. 5,970. Sui-
—   vant sa lettre du......, sa remise sur Michel au 28 février prochain,
7.   ci... F. 5,970   6,000

D. Pourquoi mettez-vous deux sommes différentes dans cet article?

R. Carrel nous doit une somme comptant par la vente qu'il a faite de la marchandise à lui expédiée et nous appartenant, et ne pouvant pas nous remettre cette somme en argent, il est obligé de prendre un effet sur Marseille ou toute autre place, suivant notre convenance, pour nous faire rentrer dans nos fonds. En donnant du comptant et prenant un effet à terme, on lui bonifie un agio dont il nous fait jouir, puisque ces fonds nous appartiennent; et en nous remettant F. 6,000, il ne nous débite que de F. 5,970, parce que les F. 30 de moins sont l'agio de nos fonds, ce qui est cause que nous le créditons dans sa colonne du montant seulement qu'il a compté à Paris, ainsi qu'il nous l'a marqué dans sa lettre, et que nous passons dans notre colonne le montant que nous devons toucher à l'échéance de cet effet.

C'est le contraire de l'ami chez nous; car en vendant ou encaissant quelque chose pour lui, nous le faisons jouir de l'agio des remises que nous lui faisons.

Même opération en participation.

CAHIER DE NOTES N° 22. — *D.* Par cet article N° 22 nous achetons 10 barriques sucre pour payer comptant, et cependant nous les payons à terme en bonifiant un agio : comment le passerez-vous?

R. D'abord on doit faire sur son cahier de chiffres son tableau pour trouver les débiteurs et les créanciers, comme ci-après :

Nous achetons 10 barriques sucre, et sachant, comme il a été dit plus haut, que les objets que l'on reçoit doivent aux objets que l'on donne, ces 10 barriques sucre, représentées par les *marchandises générales*, doivent F. 7,200, que l'on pose à gauche*. Nous donnons en paiement un billet de Jean F. 7,000. Ce billet est représenté par *effets à recevoir*, que l'on pose à droite en regard. Comme cette somme est moindre que celle que nous devons, nous donnons encore F. 223 33 comptant, représentés par la *caisse*, que l'on pose aussi à droite sous F. 7,000, ce qui fait un total de F. 7,223 33 ; de sorte qu'il manque à gauche F. 23 33, qui est l'agio ou l'escompte que nous bonifions sur le billet de F. 7,000 que nous donnons en paiement, que l'on intitule *intérêts généraux* **, et que l'on pose à gauche sous *marchandises générales*, ce qui fait une somme égale des deux côtés, et qui se trouve conforme au paiement dans le livre d'achats et ventes, que l'on doit avoir sous les yeux.

Tableau.

Marchand. générales.	F. 7,200 »	Effets à recevoir....	F. 7,000 »
Intérêts généraux...	23 33	Caisse............	223 33
	F. 7,223 33		**F. 7,223 33**

De sorte que d'après ce tableau l'on a deux débiteurs pour deux créanciers.

* On voudra bien se rappeler que quand on fait un tableau pour trouver le débiteur et le créancier, le débiteur se pose à gauche et le créancier à droite.

** *Voir ce que je dis des intérêts généraux* au N° 126.

Quand on dressera son tableau il faut avoir soin de faire l'addition du moment qu'il y aura deux sommes, soit d'un côté, soit de l'autre, et ne pas faire attention à l'agio qui peut exister : il vient se placer pour solde au débit ou au crédit.

Cette manière est infaillible pour trouver de suite le débiteur et le créancier, pour peu qu'on ne les comprenne pas du premier abord.

L'essentiel, en faisant ce tableau, est de bien poser le premier débiteur ou le premier créancier, sans quoi le tableau serait faux, quoique les deux sommes vinssent égales. Ainsi pour ne pas se tromper on doit commencer par le débiteur ou créancier qui donne sujet à passer l'article, c'est-à-dire, si l'on achète une marchandise ou si l'on prend un effet en négociation, cette marchandise ou cet effet doit être débiteur, et on commence par le poser à gauche ; si au contraire on vend une marchandise ou si l'on négocie un effet, cette marchandise ou cet effet est créancier, et l'on commence par le poser à droite, et partant de là on pose à gauche et à droite ce que l'on reçoit ou ce que l'on donne jusqu'à ce que les deux côtés balancent également, ayant toujours l'attention d'additionner lorsqu'il y a deux sommes, soit d'un côté, soit de l'autre. L'agio, s'il y en a, doit toujours faire le solde du tableau.

———————————— 22 *Janvier* 18.. ————————————

DIVERS A DIVERS, F. 7,223 33, savoir :

7. MARCHANDISES GÉNÉRALES, F. 7,200. Suivant le livre d'achats et ventes* acheté de Marcadier 10 barriques sucre brut, pesant net K. 4,965 5, à F. 145 les 100 kil., payables comptant........................ F. 7,200 »

6. INTÉRÊTS GÉNÉRAUX, F. 23 33, pour agio sur F. 7,000. Remis en paiement.. 23 33

———   **F. 7,233 33**

3. A EFFETS A RECEVOIR, F. 7,000. Remis en paiement un billet de Jean au 31 janvier................................ F. 7,000 »

2. A CAISSE, F. 223 33. Suivant le livre de caisse, solde remis comptant... 223 33

                                                     F. 7,223 33

* On ne doit citer le livre ou le titre d'où l'on prend l'article pour passer au journal que dans le compte qui donne matière à le passer, de sorte que la marchandise achetée, étant au débit, occasionne la passation dudit article ; alors la citation doit y être : si par contre la marchandise était au crédit, la citation devra y être, malgré que les débiteurs fussent raisonnés avant elle, comme dans les articles N° 29 et 47.

CAHIER DE NOTES N° 23. — *D.* Par l'article N° 23, au cahier de notes, nous avons expédié à Mariani, de Naples, pour vendre en compte à demi, les 10 barriques sucre brut : quels sont vos débiteurs et vos créanciers?

R. D'après le livre de factures on voit que cette facture, qui se monte à F. 7,284, est partagée, que Mariani en doit la moitié, et que l'autre moitié, augmentée de l'assurance, est pour notre compte : donc Mariani est débiteur de F. 3,642, *marchandises de* N/c. *chez divers* de F. 3,698 *, et ils doivent tous les deux à *marchandises générales*, à *dépenses générales*, à *assurances générales*.

On ne passe l'assurance que sur notre demie parce qu'il est censé que Mariani n'a pas donné ordre de faire assurer sa moitié.

—————————————— 23 *Janvier* 18.. ——————————————

DIVERS A DIVERS, F. 7,340, savoir :

4. MARIANI, de Naples, s/c., F. 3,642. Suivant facture de ce jour, pour sa demie du coût et frais de 10 barriques sucre brut à lui expédiées pour vendre en compte à demi par la bombarde *la Joséphine*, cap. Mayon**.. F. 3,642

1. MARCHANDISES DE N/C. CHEZ DIVERS, F. 3,698. Pour notre demie, y compris l'assurance.................................. 3,698

—   F. 7,340

7. A MARCHANDISES GÉNÉRALES, F. 7,200, pour le coût........... F. 7,200

6. A DÉPENSES GÉNÉRALES, F. 84, pour les frais 84

4. A ASSURANCES GÉNÉRALES, F. 65, pour assurance sur F. 3,642, à 1 1/2, et enregistrement............................... 56

     F. 7,340

* Notre demie n'étant plus chez nous, puisqu'elle fait partie de l'autre demie, dont la totalité a été envoyée à Mariani, doit être mise dans le compte de *marchandises de* N/c. *chez divers*. Il suffit que la marchandise nous appartenant en totalité ou en partie soit ailleurs pour employer ce compte.

** Quand il y a un intéressé dans l'article que l'on passe au journal, la citation du titre et le détail doivent être passés de préférence dans le raisonnement de cet intéressé, qui doit toujours être le premier cité.

CAHIER DE NOTES N° 24. — Mariani, de Naples, nous doit dans son compte chez nous la demie de ces 10 barriques sucre, et étant autorisés par lui de nous rembourser de cette demie, nous faisons une traite sur lui, et nous l'en créditons dans ce même compte par le débit de cette traite représentée par le compte d'*effets sur l'étranger.*

—————————————————— 24 ——————————————————

4. EFFETS SUR L'ÉTRANGER A MARIANI, de Naples, s/c., F. 3,406 90. Suivant
—   notre lettre de ce jour, notre traite sur lui de D. 800, à 50 jours de date,
4.   à F. 4 25, courtage et timbre....................... F. 3,406 90

CAHIER DE NOTES N° 25. — Cet article est le même que celui N° 20. Mariani, de Naples, qui est le débiteur, le doit être dans *notre compte*, parce qu'il a vendu notre marchandise dans sa monnaie, qui est en ducats, et la marchandise de notre compte chez divers sera son créancier.

—————————————————— 25 ——————————————————

8. MARIANI, de Naples, N/c., A MARCHANDISES DE N/C. CHEZ DIVERS, F. 3,990.
—   Valeur à F. 4 20 de D. 950, suivant compte de vente par sa lettre du......,
1.   pour notre demie au net produit de 10 barriques sucre brut de notre envoi.................................... D. 950   F. 3,990

D. Par le cahier de notes et le compte de vente remis par Mariani, de Naples, il n'y a de somme qu'en ducats : d'où prenez-vous celle en francs que vous passez?

R. Quand un ami remet un compte de vente ou une facture d'achat d'une marchandise vendue ou achetée dans sa monnaie, et que l'on veut en faire écriture sur le journal, on cherche à connaître le cours du change de sa place chez nous le jour que ce compte a été reçu; et trouvant que ce jour-là le cours du change de Naples à Marseille était F. 4 20 pour un ducat, on évalue les ducats en francs que l'on porte dans notre colonne.

> Les comptes de vente ou factures d'achat remis par un ami ne peuvent être que dans sa monnaie ; il n'en connaît pas d'autre : par conséquent il ne peut en désigner aucune autre.

Il n'y a que la manière ci-dessus pour passer les comptes ou factures remis par l'ami, et on doit le pratiquer de même pour tous les articles qui ne porteront aucune somme en francs.

Comme cette évaluation en francs ne regarde que nous, et que l'ami ne connaît que sa monnaie, quand on viendra à solder sa colonne, qui est dans sa monnaie, la différence qui se trouvera dans notre colonne, qui proviendra de la différence du change, se soldera par *profits et pertes,* comme à l'article N° 237.

CAHIER DE NOTES N° 26. — Cet article est encore le même que celui N° 21, avec la différence qu'il vient d'une place étrangère.

Mariani nous remet pour N/c. un effet de F. 4,000 sur Marseille, et dans sa lettre il nous désigne que c'est pour *notre compte,* et il nous en donne le produit en D. 940.

———————————— 26 *Janvier* 18.. ————————————

3. Effets a recevoir a Mariani, de Naples, N/c., F. 4,000, valeur de D. 940,
— suivant sa lettre du......, sa remise sur Héraud au 10 mars prochain,
8. ci .... D. 940   F. 4,000

QUATRIÈME OPÉRATION.

Intérêts à diverses marchandises.

Ce compte comprend toutes les marchandises dont on est chargé de la vente et sur lesquelles on a un intérêt quelconque. C'est la deuxième opération, à la différence que dans la deuxième opération la marchandise est toute pour compte de celui qui l'a envoyée, et que dans celle-ci elle est partagée, ce qui a occasioné ce compte d'*intérêts à diverses marchandises ;* mais la marchandise vendue sera toujours créditée avant d'être débitée, ce qui aura lieu par le compte de vente.

CAHIER DE NOTES N° 27. — *D.* Par cet article N° 27 nous avons sous les yeux une facture d'achat de 10 futailles huile d'olive d'envoi de Girondi, de Gênes, et en participation avec lui, d'après laquelle il nous débite de notre demie de P. 739 90 : comment passerez-vous cet article?

R. On débitera le compte d'*intérêts à diverses marchandises,* attendu que c'est une marchandise sur laquelle nous avons un intérêt et dont nous sommes chargés de la vente, et l'on créditera *Girondi,* de Gênes, dans notre compte, puisqu'il nous l'envoie et qu'il l'a achetée dans sa monnaie.

Comme la facture d'achat remise par Girondi ne présente d'autre monnaie que la sienne en P. 739 90, on opèrera de la même manière que je l'ai expliqué à l'article N° 25. On donnera l'évaluation à ces piastres pour en faire des francs au change du jour, supposé F. 4 77, et l'on aura F. 3,529 34 que l'on portera dans la colonne des francs.

————————— 27 *Janvier* 18.. —————————

2. Intérêts a diverses marchandises a Girondi, de Gênes, n/c., F. 3,529 34,
—   valeur à F. 4 77 de P. 739 90, suivant facture par sa lettre du......,
4.   pour notre demie à l'achat et frais de 10 futailles huile d'olive chargées
     sur la tartane *l'Assomption*, capitaine Régy...   P. 739 90   F. 3,529 34

J'ai évalué dans ce Cours toutes les fractions des monnaies en francs et centimes, pour que cela fût plus facile
à l'élève.

CAHIER DE NOTES N° 28. — Girondi, de Gênes, se rembourse de notre demie
à l'achat de ces 10 futailles huile par sa traite sur nous de F. 3,547 87, qui est le
produit à Gênes de P. 739 90, dont il nous a crédités.

Girondi est le débiteur, et la traite, soit le compte d'*effets à payer*, en est le
créancier.

Quand un ami fait traite sur nous il est censé négocier la traite qu'il fait pour
avoir de l'argent, alors il devient notre débiteur à nous, qui devons payer cette
traite.

————————————— 28 —————————————

4. Girondi, de Gênes, n/c., a effets a payer, F. 3,547 87, valeur de P. 739 90,
—   suivant sa lettre du......, sa traite sur nous à son ordre, payable fin
6.   février............................... P. 739 90   F. 3,547 87

CAHIER DE NOTES N° 29. — *D.* Voilà Traner qui achète ces 10 futailles huile et
qui fait un paiement plus fort que ce qu'il doit : comment vous y prendrez-vous
pour le passer au journal?

R. On prend le livre d'achats et ventes, où se trouvent la vente passée et le paiement, et d'après cela on fait son tableau comme ci-après :

Les 10 futailles huile ayant été vendues, le compte de *marchandises générales,*
où ces huiles figurent, devient créancier et doit être posé à droite en F. 10,000.
On reçoit F. 11,000 en deux effets sur place : donc les *effets à recevoir,* où ces
effets seront portés, sera posé à gauche; comme l'on reçoit plus qu'on ne doit, et
trouvant par le livre de caisse que nous avons rendu en argent F. 972 50, la caisse
doit en être créditée, et l'on pose à droite, sous la somme de F. 10,000, *caisse*
F. 972 50. On additionne ces deux sommes; et trouvant qu'il manque F. 27 50,
qui est l'agio qu'on nous a bonifié, on pose par-dessous cette addition *intérêts*
généraux F, 27 50, de sorte qu'en additionnant encore cette somme on aura celle
de F. 11,000, qui sera égale à celle posée à gauche; ce qui donnera un seul débiteur pour trois créanciers.

Tableau.

Effets à recevoir...... F. 11,000	Marchand. génér...	F. 10,000	»
	Caisse	972	50
		F. 10,972	50
	Intérêts généraux...	27	50
		F. 11,000	»

Il est très nécessaire de se familiariser avec les tableaux : c'est un moyen sûr et
infaillible pour trouver facilement son débiteur et son créancier. Je le répète
encore, l'essentiel, en le formant, est de faire bien attention de poser le premier
débiteur ou le premier créancier, tout dépend de cela; sans quoi le tableau serait
faux. Ainsi quand on achète une marchandise ou que l'on prend un effet en négociation on doit commencer par poser à gauche la marchandise ou l'effet (c'est le
débiteur), et partir de là pour former son créancier, qui peut procurer encore un

débiteur s'il est plus fort ; et par contre, quand on vend une marchandise ou qu'on négocie un effet on doit commencer par la droite (c'est le créancier), et partir de là pour former son débiteur, qui peut procurer encore un créancier s'il est plus fort : de sorte qu'en additionnant alternativement du moment que l'on pose un débiteur ou un créancier de plus, on arrive à la somme égale en laissant l'agio pour le dernier, s'il y en a ; il vient se présenter de lui-même et doit former le solde. Cette méthode peut faire trouver une erreur dans un paiement, comme cela est arrivé quelquefois sur des notes de négociations, si le résultat du tableau ne venait pas d'accord avec le titre qui donne le paiement.

Quand un seul débiteur, comme dans l'article ci-après, est suivi de plusieurs créanciers, ou qu'un seul créancier est précédé de plusieurs débiteurs, on doit mettre de suite à ce débiteur ou à ce créancier le raisonnement qui lui appartient sans citer le titre, qui ne doit être mis qu'au compte qui nécessite l'article.

——————— 29 Janvier 18.. ———————

3. EFFETS A RECEVOIR A DIVERS, F. 11,000. Reçu de TRANER, en paiement de
—   10 futailles huile, les effets ci-après :

     F. 6,000 }
        5,000 } Billets de Josse au 15 février.
     ———————
     F. 11,000

7. A MARCHANDISES GÉNÉRALES, F. 10,000. Suivant le livre d'achats et ventes vendu à TRANER 10 futailles huile d'olive surfine du compte à demi avec Girondi, net M. 100, à F. 100 la millerolle, payables comptant. F. 10,000   »

2. A CAISSE, F. 972.50. Suivant le livre de caisse rendu comptant pour excédant du paiement 972 50

6. A INTÉRÊTS GÉNÉRAUX, F.27 50, pour agio sur F. 11,000. Reçu en paiement.................................... 27 50

————————
F. 11,000   »

On voit par le raisonnement de l'article ci-dessus que l'on ne cite le titre, qui est le livre d'achats et ventes, qu'au compte de marchandises générales, puisque c'est la marchandise qui donne occasion de passer l'article.

CAHIER DE NOTES N° 30. — D. Comment passer au journal le compte de vente de 10 futailles huile de compte à demi avec Girondi ?

R. La marchandise étant sortie lors de la vente qui en a été faite avant d'être entrée, par la raison que l'on ne pouvait pas en donner compte avant de l'avoir vendue, on doit la faire entrer d'après le compte de vente que l'on a sous les yeux, et en donner compte à ceux à qui elle appartient ; de sorte qu'ayant déjà été créditée par la vente qui en a été faite, elle doit être débitée par le rendement de compte que l'on en fait. Elle devra donc la somme totale de F. 10,000, qui est celle de la vente faite, savoir :

1° A Girondi, de Gênes, dans son compte chez nous, pour la demie du net produit, attendu que nous avons vendu dans notre monnaie ;

2° A intérêts à diverses marchandises pour l'autre demie du net produit, attendu que ce compte a été débité de la demie à l'achat à Gênes ;

3° A dépenses générales pour les frais que nous avons faits, et qui nous rentrent par ce compte de vente.

La manière de passer ce compte de vente sur le journal est la même que celle de l'article n° 13, et il doit en être de même pour tous les comptes de vente : la marchandise doit toujours être débitée de la somme totale portée au compte de vente.

------------------------------ 30 *Janvier* 18.. ------------------------------

7. MARCHANDISES GÉNÉRALES A DIVERS, F. 10,000, suivant compte de vente de
—   ce jour, pour le montant de 10 futailles huile surfine d'olive de compte à
   demi avec Girondi, et de son envoi par la tartane *l'Assomption,* capitaine
   Régy.
7. A GIRONDI, de Gênes, s/c., F. 4,150, pour sa demie du net produit. F.   4,150
2. A INTÉRÊTS A DIVERSES MARCHANDISES, F. 4,150, pour notre demie.   4,150
6. A DÉPENSES GÉNÉRALES, F. 1,700, pour les frais...............   1,700
                                              F. 10,000

    CAHIER DE NOTES N° 31. — Par cet article nous prenons un effet sur Gênes pour
remettre à Girondi, afin de le couvrir en partie de sa demie du net produit aux
10 futailles huile; et d'après la note de négociation, qu'on doit avoir sous les
yeux, on s'apercevra que le paiement que l'on fait de cette note est plus fort que
la somme de l'effet que l'on prend. On dresse son tableau comme ci-après :

    On prend de Lantara un effet sur Gênes. Cet effet est débiteur, et l'on pose
à gauche *effets sur l'étranger* F. 3,307 64. On donne en paiement un effet
sur la place, on pose à droite *effets à recevoir* F. 5,500. Comme la somme que
l'on donne excède celle que l'on doit, Lantara remet son billet, et l'on pose à
gauche *effets à recevoir* F. 2,192 36.

Tableau.

Effets sur l'étranger . F. 3,307   64   Effets à recevoir......   F. 5,500
Effets à recevoir....   2,192   36

        F. 5,500   »

On a par ce moyen deux débiteurs pour un créancier.

------------------------------ 31 ------------------------------

    DIVERS A EFFETS A RECEVOIR, F. 5,500. Remis en paiement à Lantara un billet
   de Roman fin février prochain.
4. EFFETS SUR L'ÉTRANGER, F. 3,307 64. Suivant note de ce jour pris de Lantara
   un effet sur Gênes de P. 696 35 du 31 janvier, à 30 jours de date, à F. 4 75,
   et courtage..................................... F. 3,307   64
3. EFFETS A RECEVOIR, F. 2,192 36. Reçu son billet fin février pour
—   excédant du paiement.............................   2,192   36
3.   F. 5,500   »

    On voit par le raisonnement de l'article ci-dessus que les *effets à recevoir* étant
seul créancier, j'ai mis de suite le raisonnement qui lui appartient, et que je ne
cite la négociation qu'au compte d'*effets sur l'étranger,* qui est le compte qui
donne matière à passer l'article.

    CAHIER DE NOTES N° 32. — Nous remettons l'effet ci-dessus de P. 696 35 sur
Gênes à Girondi, pour son compte, de préférence au nôtre, parce que cette
remise est appliquée au net produit de sa demie aux huiles vendues.

------------------------------ 1er *Février* 18.. ------------------------------

7. GIRONDI, de Gênes, s/c., A EFFETS SUR L'ÉTRANGER, F. 3,307 64. Notre
—   remise par notre lettre de ce jour de P. 696 35 du 31 janvier, à 30 jours
4.   de date, sur Gênes, à F. 4 75, et courtage.............. F. 3,307   64

Nous allons refaire la même opération, avec la différence que portion de la
marchandise reçue a été envoyée pour vendre pour notre compte.

CAHIER DE NOTES N° 33. — Wilson, de Londres, nous débite de St. 200 pour notre demie à son envoi de 50 sacs poivre.

Cet article et le suivant sont absolument les mêmes que ceux N° 27 et 28.

Je crois nécessaire de répéter que l'on doit toujours avoir sous les yeux dans ce Cours son cahier de notes, qui présente l'article de la correspondance à passer, n'y ayant point de copie de lettres, et que l'article dudit cahier de notes indique en même temps le livre qu'on doit prendre.

——————————————— 2 *Février* 18.. ———————

2. INTÉRÊTS A DIVERSES MARCHANDISES A WILSON, de Londres, N/c., F. 5,000,
—   valeur à F. 25 de St. 200, suivant facture par sa lettre du....., pour notre
8.   demie au coût et frais de 50 sacs poivre de son envoi par le navire *l'Edmond,*
     capitaine Jones............................. St. 200   F. 5,000

CAHIER DE NOTES N° 34. — Wilson, de Londres, se rembourse sur nous de notre demie à son envoi de 50 sacs poivre par sa traite de F. 6,000, faisant St. 237 62, à F. 25 25.

——————————————— 3 ———————————————

8. WILSON, de Londres, N/c., A EFFETS A PAYER, F. 6,000, valeur à F. 25 25
—   de St. 237 62, suivant sa lettre du......, sa traite sur nous à son ordre,
6.   payable au 10 mars prochain................ St. 237 62   F. 6,000

CAHIER DE NOTES N° 35. — *D.* Nous faisons assurer notre intérêt aux 50 sacs poivre d'envoi de Wilson par le capitaine Jones : quel compte débiterez-vous?

R. Cette assurance portant sur notre demie à ces poivres, on doit en débiter *intérêts à diverses marchandises* par le crédit des *assurances générales.*

——————————————— 4 ———————————————

2. INTÉRÊTS A DIVERSES MARCHANDISES A ASSURANCES GÉNÉRALES, F. 53. Suivant
—   note de ce jour, pour assurance de Londres à Marseille sur facultés en poivre
4.   chargées à bord du navire *l'Edmond,* capitaine Jones, sur F. 5,000, à
     1 p. cent, et enregistrement.................................... F. 53

CAHIER DE NOTES N° 36. — Par cet article, ne pouvant pas nous décider à vendre à un bas prix ces 50 sacs poivre de compte à demi avec Wilson, et trouvant de convenance à en expédier 25 sacs à Carrel, de Paris, nous en faisons seulement une facture du détail du poids pour remettre à Carrel.

D. Dans quel compte mettrez-vous cette marchandise?

R. Je la mettrai dans le compte de *marchandises de* N/c. *chez divers,* dont je laisserai la somme en blanc jusqu'à la réception du compte de vente que Carrel, de Paris, nous remettra lorsqu'il aura vendu ces poivres. Ce compte ne doit être considéré dans l'état présent que comme un compte en suspens dont la somme doit être égale au débit et au crédit, et seulement pour se rappeler que 25 sacs de poivre ont été expédiés et se trouvent chez Carrel, de Paris : on pourrait ne pas passer cet article; mais alors il faudrait en tenir note séparément pour ne pas l'oublier; mais il est mieux d'en passer écriture.

En supposant que l'on eût fait une facture de ces 25 sacs poivre en les expédiant à Carrel, de Paris, qui portât la somme à F. 6,000, on débiterait toujours *marchandises de* N/c. *chez divers* par le crédit de *marchandises générales* de cette somme de F. 6,000, et quand Carrel, de Paris, en remettrait compte de vente, se montant à F. 6,300, on aurait soin de débiter les *marchandises de* N/c. *chez divers* par le crédit de *marchandises générales* de la somme de F. 300, différence qu'il y aurait de cette somme de F. 6,300 d'après le compte de Carrel à celle de F. 6,000 de la facture passée, attendu que les *marchandises générales* devant rendre compte aux intéressés à cette marchandise du montant total de la vente des 50 sacs poivre, seraient débitées mal à propos de plus de F. 300, qui se trouveraient au crédit de *marchandises de n/c. chez divers*.

On doit donc ne donner aucune évaluation en francs à la marchandise expédiée, et attendre la réception du compte de vente; car, à coup sûr, la somme que l'on mettrait ne serait nullement conforme à celle que présenterait le compte de vente, où il y aurait les frais de voiture et la commission de l'ami, et l'on serait obligé de contre-passer l'article : mais pour éviter cet inconvénient on doit laisser la somme de la marchandise en blanc que l'on remplirait en recevant le compte de vente.

—————————————— 5 *Février* 18.. ——————————————

1. Marchandises de n/c. chez divers a marchandises générales, F....., pour
— 25 sacs poivre, de compte à demi avec Wilson, expédiées à Carrel, de
7. Paris, pour vendre pour notre compte.......................................

(La somme est laissée en blanc jusqu'à la réception du compte de vente de Carrel, de Paris, et que nous remplissons par 6,300 fr., montant du compte de vente que nous sommes censés avoir reçu.)

F. 6,300

D. Où passez-vous les frais que cette marchandise doit faire ?

R. Dans le livre de magasin, où nous avons passé ceux que nous avons payés lors de la réception, et où nous passons ceux que nous faisons au fur et à mesure que nous les payons; et ils seront déduits tous ensemble sur le compte de vente lorsque nous le remettrons, ne faisant aucune mention de ceux faits à Paris, puisqu'ils seront déduits du compte de vente que Carrel nous remettra, à moins que Carrel ne nous en débitât à Paris sans les porter sur ce compte de vente, et alors nous serions obligés de les porter en ligne de nos frais.

Cahier de notes n° 37. — Nous vendons sur place pour du comptant les 25 sacs poivre restans de compte à demi avec Wilson, d'après le livre d'achats et ventes, où cette vente a dû être portée.

————————————————— 6 —————————————————

2. Caisse a marchandises générales, F. 6,250. Suivant le livre d'achats et
— ventes vendu à Poiret 25 sacs poivre de compte à demi avec Wilson, pesant
7. net kil. 2,083 5, à 3 fr. le kil........................... F. 6,250

Quand un achat ou une vente est à droite par caisse on doit de préférence citer le livre d'achats et ventes au lieu du livre de caisse; celui-ci n'est qu'accessoire, attendu qu'on aurait pu payer par tout autre objet. Le véritable titre est le livre d'achats et ventes, où l'on trouve tout le détail de l'article, et celui auquel on doit recourir si le cas l'exige. Il en est de même lorsque l'on prend un effet ou qu'on le négocie; le véritable titre est la note de négociation, et le livre de caisse n'est qu'accessoire : on doit, par conséquent, citer le livre d'achats et ventes pour le premier cas, et la note de négociation pour le second.

Cahier de notes n° 38. — Carrel, de Paris, ayant vendu les 25 sacs poivre nous en remet le compte de vente, qui se monte à 6,300 fr.; on l'en débite dans notre compte, puisqu'il a vendu dans sa monnaie, par le crédit de n/c. *chez divers*, et de suite l'on remplit la somme en blanc au journal et au grand livre de l'article n° 36.

————————————————— 7 —————————————————

7. Carrel, de Paris, n/c., a marchandises de n/c. chez divers, F. 6,300,
— valeur de 6,300 fr., suivant compte de vente par sa lettre du...... net pro-
1. duit à Paris de 25 sacs poivre de notre envoi... F. 6,300   F. 6,300

Cahier de notes n° 39. — Les 50 sacs poivre de compte à demi avec Wilson ayant été tous vendus, et le compte de vente dressé sur le livre de factures, on le passe au journal toujours de la même manière que l'article n° 30.

8 Février 18..

7. MARCHANDISES GÉNÉRALES A DIVERS, F. 12,550, suivant compte de vente
— de ce jour, pour le montant de 50 sacs poivre de compte à demi avec
Wilson, de Londres, et de son envoi par le navire *l'Edmond*, capitaine
Jones.

7. A WILSON, de Londres, s/c., F. 5,393 50 pour sa demie du net produit,
ci... F.   5,393 50
2. A INTÉRÊTS A DIVERSES MARCHANDISES, F. 5,393 50 pour notre
demie 5,393 50
6. A DÉPENSES GÉNÉRALES, F. 1,700 pour les frais...........   1,700 »
6. A PROVISIONS, F. 63 pour notre ducroire................   63 »

                                                   F.   12,550 »

D. Qu'est-ce que c'est que le ducroire que vous passez dans le compte de
provisions?

R. C'est une commission que l'ami bonifie pour lui garantir le paiement du
débiteur à qui l'on vend une marchandise et à qui l'on accorde un terme; ce
bénéfice est ordinairement une demi-commission et se passe dans ce compte.

CAHIER DE NOTES N° 40. — Voulant nous rembourser du montant de 25 sacs
poivre vendus par Carrel, de Paris, nous faisons traite sur lui pour notre
compte.

———————————— 9 ————————————

5. EFFETS SUR FRANCE A CARREL, de Paris, N/c., F. 6,300, valeur de F. 6,300,
— notre traite sur lui du 9 février à 60 jours de date, à notre ordre,
7. ci .... F. 6,300   F. 6,300

CAHIER DE NOTES N° 41. — Comme la traite de 6,300 fr. que nous faisons sur
Carrel, de Paris, perd à la négociation, cette perte doit être supportée par Wilson
et par nous, puisque la traite a été faite pour nous rembourser du montant des
25 sacs poivre de compte à demi avec Wilson, que Carrel a vendus.

———————————— 10 ————————————

DIVERS A EFFETS SUR FRANCE, F. 66 43, pour perte à la négociation de notre
traite sur Paris de F. 6,300, du 9 février, à 60 jours, en remboursement
des 25 sacs poivre que Carrel, de Paris, a vendus pour N/c., à 1 p. cent de
perte et courtage.

7. WILSON, de Londres, s/c., F. 33 21 pour sa demie à la perte... F. 33 21
2. INTÉRÊTS A DIVERSES MARCHANDISES, F. 33 22 pour notre demie..   33 22
                                                     F. 66 43
5.

Les effets sur France, comme on le voit ci-dessus, sont crédités de la perte
sur l'effet de 6,300 fr. parce que ce compte ayant été débité de cette somme par
l'article n° 40 ne sera crédité que du net lorsqu'on le négociera.

Les intérêts à diverses marchandises ont été débités dans le même article ci-
dessus de la demie à la perte parce que cette perte regarde les poivres sur lesquels
nous avons la demie d'intérêt.

CAHIER DE NOTES N° 42. — Par cet article, suivant le cahier de notes, nous
prenons de Calmet un effet sur Londres de P. 200 pour remettre à Wilson, de
Londres, que nous payons en un effet sur Gênes de P. 1000 à 4 77 1/2 et le solde
comptant.

4. **Effets sur l'étranger a divers**, F. 5,060. Suivant note de ce jour pris de
— Calmet un effet sur Londres de P. 200 à 30 jours de vue, à 25 30.

4. **A eux-mêmes**, F. 4,775. Remis en paiement un effet sur Gênes de
P. 1,000, du 1er janvier, à 50 jours de date, à 4 77 1/2....... F. 4,775

2. **A caisse**, F. 285. Suivant le livre de caisse, solde remis comptant... 285

F. 5,060

Cahier de notes n° 43. — Nous remettons l'effet sur Londres de P. 200 ci-dessus à Wilson, de Londres, pour son compte.

12

7. **Wilson**, de Londres, s/c., **a effets sur l'étranger**, F. 5,060. Notre remise
— par notre lettre de ce jour de St. 200, du 11 février, à 30 jours de vue, à
4. 25 30.. F. 5,060

Ces quatre opérations sur la marchandise doivent suffire pour bien comprendre comment il faut la passer sur le journal, de quelque manière qu'elle se présente; cependant, pour terminer tout-à-fait ce qui concerne la marchandise, il y aurait encore deux opérations que je vais faire connaître : la *marchandise par spéculation* et la *marchandise en participation*.

Marchandises par spéculation.

La marchandise par spéculation n'est autre chose que la première, seconde et troisième opération de ce Cours, à la différence qu'on peut ouvrir un compte direct et particulier à la marchandise sur laquelle on spécule.

D. Est-il mieux d'ouvrir un compte à part à cette marchandise ?

R. Oui : il est satisfaisant quand cette marchandise est vendue de connaître le résultat qu'elle donne, au lieu qu'étant portée dans le compte de *marchandises générales*, ce résultat est confondu avec d'autres, et on ne peut pas s'en rendre compte.

D. Comment connaissez-vous qu'elle est conforme à la première, seconde et troisième opération?

R. Elle tient à la première opération et se passe de la même manière quand on achète la marchandise, à la seconde quand on la vend, et à la troisième quand on l'expédie pour son propre compte ou en compte à demi. Dans l'un de ces trois cas on aura attention de la débiter des frais que l'on fera, soit à l'achat, soit à la vente, et le résultat se passera par *profits et pertes*.

Si l'on ne voulait pas passer dans ce compte les frais de suite qu'on en ferait, comme cette marchandise doit s'inscrire dans le livre de magasin, on les passerait dans ce livre, ainsi qu'on l'a pratiqué pour la seconde opération; et quand elle serait toute vendue on en dresserait un compte de vente sur lequel on déduirait tous les frais d'achat et de vente, et on ne porterait au crédit de ce compte que le net produit.

Cahier de notes n° 44. — Nous achetons par spéculation 100 balles coton que nous passons dans le livre d'achats et ventes, et dans le livre de magasin, où nous mettrons les frais que ces cotons ont faits et feront, et d'après le cahier d'achats et ventes on passe l'article au journal.

―――――――――――――――――――― 13 *Février* 18.. ――――――――――――――――

3. Coton de notre compte a divers, F. 48,000 *. Suivant le livre d'achats et
—   ventes acheté de Romain 100 balles coton pesant net K. 16,650, à F. 290 les
     100 kil., escompte convenu F. 285, pour payer 1/2 fin février et 1/2 fin
     avril.
3. A effets a recevoir, F. 20,950. Remis en paiement :
     F.   6,000 ⎫
          5,000 ⎬ Au 15 février, billets de Josse.
          5,950   Au 15 dit, traite sur Paulin.
          4,000   Au 10 mars, traite sur Héraud.

     F. 20,950 .... F. 20,950

2. A caisse, F. 3,005. Suivant le livre de caisse remis comptant....   3,005
6. A intérêts généraux, F. 45. Pour agio sur 16,950............   45
6. A effets a payer, F. 24,000. Remis pour solde :
     F. 8,000 ⎫
          9,000 ⎬ Nos billets fin avril   24,000
          7,000 ⎭

                                                F. 48,000

* S'il y avait un escompte sur la marchandise, c'est la marchandise qui le supporte ; on ne doit pas en faire mention dans le compte d'*intérêts généraux*, qui ne doit comprendre que l'agio de l'argent et les intérêts des comptes-courans.

CAHIER DE NOTES N° 45. — Nous vendons à Mezan 30 balles de ces cotons et nous recevons en paiement ses billets au 15 mars ; on crédite les cotons de n/c. par le débit d'*effets à recevoir*.

―――――――――――――――――――――― 14 ――――――――――――――――――――――

3. Effets a recevoir a cotons de n/c., F. 15,600. Suivant le livre d'achats et
—   ventes vendu à Mezan 30 balles coton de n/c., net K. 5,200, à F. 300
3.   les 100 kil., payables en ses billets de
     F. 4,000 ⎫
          8,000 ⎬ Au 31 mars................................ F. 15,600
          3,600 ⎭

CAHIER DE NOTES N° 46. — Nous expédions à Carrel, de Paris, 50 balles coton de n/c. pour vendre en compte à tiers, voie de Rouen, suivant le livre de factures.

―――――――――――――――――――――― 15 ――――――――――――――――――――――

     Divers a divers, F. 26,350, suivant facture de ce jour.
9. Carrel, de Paris, s/c., F. 8,783 33 pour son tiers au coût et frais de 50
     balles coton de n/c., à lui expédiées pour vendre en compte à tiers, voie
     de Rouen, par le navire *le Prudent*, cap. Laure......... F.   8,783 33
1. Marchandises de n/c. chez divers, F. 17,566 67 pour nos
     deux tiers...   17,566 67

—   F. 26,350   »

3. A cotons de n/c., F. 26,000 pour le coût................ F. 26,000   »
6. A dépenses générales, F. 350 pour les frais............   350   »

                                                  F. 26,350   »

En expédiant ces cotons on porte notre intérêt dans le compte de *marchandises de n/c. chez divers*. Le bénéfice ou la perte que donnera dans ce compte notre intérêt à ces cotons ne regarde en rien le compte particulier de *cotons de n/c.*,

puisque ces cotons ont été crédités dans l'article ci-dessus à un prix qui est celui
auquel on les aurait vendus le même jour sur la place.

CAHIER DE NOTES N° 47. — Il nous reste encore 20 balles de ces cotons, et pour
terminer l'opération nous les vendons à Hilaire. Comme d'après le paiement
détaillé au livre d'achats et ventes, qui présente des agios de part et d'autre, on
dressera un tableau de la manière déjà indiquée, et que je vais répéter.

Nous vendons ces cotons : donc ces cotons sont créanciers, et l'on pose à
droite *cotons de* N/c. F. 10,560. Nous recevons en paiement des effets sur place,
on pose à gauche *effets à recevoir* F. 12,000. Comme nous recevons plus que ce
que nous donnons nous rendons un effet sur place, et l'on pose à droite, sous
cotons de N/c., *effets à recevoir* F. 2,192 36, montant de cet effet. On additionne
ces deux sommes, qui donnent celle de F. 12,752 36, laquelle étant plus forte que
celle posée à gauche, nécessite un solde comptant de F. 806 88 que l'on trouve passé
au livre de caisse, et on pose à gauche *caisse* F. 806 88. On fait l'addition de ces
deux sommes à gauche, qui est F. 12,806 88 ; de sorte que faisant le solde à droite,
où la somme est moindre que celle à gauche, on trouve F. 54 52, qui balance
parfaitement la somme à gauche, et l'on pose *intérêts généraux* F. 54 52.

Tableau.

Effets à recevoir..	F. 12,000 »		Cotons de N/c......	F. 10,560 »
Caisse..........	806 88		Effets à recevoir...	2,192 36
	F. 12,806 88			F. 12,752 36
			Intérêts généraux..	54 52
				F. 12,806 88

De sorte que l'on aura deux débiteurs pour trois créanciers.

Par le paiement de cet article passé au livre d'achats et ventes on doit voir que
l'agio de F. 60 que l'on nous bonifie sur F. 12,000 est compensé avec celui de
F. 5 48 que nous accordons sur F. 2,192 36, qui, déduit de F. 60, donne net
F. 54 52, qui forme le solde du tableau ci-dessus. Je le répète, en faisant son
tableau on ne doit aucunement se mettre en peine des agios bonifiés dans un
paiement : ils viennent toujours solder le débit ou le crédit.

Il convient aussi, quand il y a des agios bonifiés de part et d'autre, de ne faire
paraître, soit au débit, soit au crédit, que le solde des intérêts, en ne mettant seulement dans le raisonnement que *pour agios compensés* au lieu de les porter en même
temps débiteurs de F. 5 48 et créanciers de F. 60, comme dans l'article ci-après.

———————————— 16 *Février* 18.. ————————————

DIVERS A DIVERS, F. 12,806 88. Savoir :

3. EFFETS A RECEVOIR, F. 12,000. Reçu en paiement d'Hilaire		
F. 7,000 } 5,000 } Traites sur Gas au 15 mars..............	F. 12,000 »	
2. CAISSE, F. 806 88. Suivant le livre de caisse reçu comptant		
pour solde...................................	806 88	
	F. 12,806 88	
3. A COTONS DE N/c., F. 10,560. Suivant le livre d'achats et		
ventes vendu à Hilaire 20 balles coton de N/c., net		
K. 3462 3, à 30 5 les 100 kil......................	F. 10,560 »	
3. A EFFETS A RECEVOIR, F. 2,192 36. Remis pour excédant du		
paiement un billet de Lantara fin février.............	2,192 36	
6. A INTÉRÈTS GÉNÉRAUX, F. 54 52, pour agios compensés.....	54 52	
	F. 12,806 88	

CAHIER DE NOTES N° 48. — Carrel, de Paris, ayant vendu les 50 balles coton à lui expédiées pour le compte à tiers, et nous en ayant remis compte de vente, on le débite pour nos deux tiers de F. 18,554 par le crédit de *marchandises de* N/c. *chez divers*, qui est le compte dans lequel l'on a fait entrer nos deux tiers d'intérêt.

———————————————— 17 *Février* 18.. ————————————————

7. CARREL, de Paris, N/c., A MARCHANDISES DE N/c. CHEZ DIVERS, F. 18,554,
—   valeur de F. 18,554, suivant compte de vente par sa lettre du...., pour
1.   nos deux tiers au net produit à Paris de 50 balles coton de notre envoi,
     ci... F. 18,554   18,554

D. Pourquoi dans le raisonnement de votre article désignez-vous le *net produit à Paris ?* cela me semble inutile, puisque Carrel, qui est à Paris, le remet.

R. On ne saurait trop rendre clair un article en le passant au journal, il suffit qu'il n'y ait pas de répétition; la désignation de la ville où a été faite la vente est très nécessaire. Carrel, de Paris, aurait pu, de notre consentement, avoir envoyé cette marchandise dans une autre ville où elle aurait été vendue; alors Carrel aurait été obligé de nous remettre une copie de ce compte de vente, qui par la suite nous fixerait sur les frais et sur la convenance à expédier de préférence dans cette ville. On joint aussi le mot *de notre envoi*, parce que ce pourrait être une marchandise achetée pour notre compte par Carrel à Paris ou dans toute autre ville, et afin d'éviter des recherches si le cas l'exigeait, et ne pas confondre cette marchandise avec toute autre qui serait de la même qualité et quantité.

L'art de la Tenue des Livres n'étant qu'un raisonnement, on doit se rendre compte de tout ce que l'on fait, sans mettre le moindre mot inutile, pour que le journal puisse être assez détaillé afin de n'être pas obligé d'avoir recours aux livres auxiliaires. C'est ce dont on sera à même de juger par tous les articles passés dans ce Cours.

CAHIER DE NOTES N° 49. — Ayant à nous rembourser sur Carrel, de Paris, du tiers que nous lui avons cédé sur les cotons et sur les deux tiers au net produit de la vente à Paris, nous faisons sur lui une seule traite de 26,000 fr., dont nous le créditons dans son compte et dans le nôtre, suivant ce que nous lui disons dans notre lettre de ce jour.

———————————————————— 18 ————————————————————

5. EFFETS SUR FRANCE A DIVERS, F. 25,892 50. Suivant notre lettre de ce jour
—   notre traite sur lui de F. 26,000 du 17 février, à 90 jours de date.
9. A CARREL, de Paris, s/c., F. 8,492 50, pour autant à prendre sur la traite
    ci-dessus de F. 8,600, que nous appliquons à son compte, à 1 1/4 perte,
    ci... F. 8,492 50
7. A LUI-MÊME N/c., F. 17,400, valeur de F. 17,400, pour solde
    de la traite ci-dessus..................... F. 17,400   17,400 »
                                         F. 25,892 50

Dans le solde de la traite ci-dessus, porté dans N/c. en F. 17,400, j'aurais pu donner une perte de 1 1/4 dans notre colonne, ainsi que dans son s/c.; mais, comme c'est un objet de banque que je me réserve de traiter particulièrement dans la seconde partie de ce Cours, j'ai voulu le passer au pair, afin de ne pas trop surcharger la mémoire d'un élève et pour ne pas me répéter au sujet des s/c. et des N/c. Je renvoie aux explications que je donne à l'article n° 20.

CAHIER DE NOTES N° 50. — Nous avons fait supporter à Carrel, de Paris, une perte de 1 1/4 p. cent sur F. 8,600, mais nous ne l'avons pas débité du timbre

et du courtage que nous serons dans le cas de bonifier en négociant la traite de
F. 26,000, dont ces F. 8,600 font partie; nous devons donc l'en débiter dans
s/c. Quant aux F. 17,400, solde de ladite traite, la perte, le courtage et le timbre
sont à notre charge, puisque c'est pour notre compte.

———————————— 19 *Février* 18.. ————————————

9.   CARREL, de Paris, s/c., A DÉPENSES GÉNÉRALES, F. 15 40. Suivant notre lettre
—   de ce jour, pour timbre et courtage sur F. 8,600, portion de notre traite
6.   sur lui de F. 26,000... F. 15 40

CAHIER DE NOTES N° 51. — Du moment que les 100 balles coton ont été vendues
on débite ce compte des frais que cette marchandise a faits, soit pour l'achat,
soit pour la vente, que l'on prend dans le livre de magasin en F. 400 que l'on a dû
porter en détail; et on en débite le compte de *cotons de* N/c. par le crédit de
dépenses générales, ce compte de dépenses en ayant dû être débité partiellement.

———————————— 20 ————————————

3.   COTONS DE N/c. A DÉPENSES GÉNÉRALES, F. 400, pour frais à l'achat et à la
—   vente de 100 balles coton, suivant le détail au livre de magasin.. F. 400
6.

CAHIER DE NOTES N° 52. — Pour terminer tout-à-fait l'opération de marchandises par spéculation, on doit solder le compte de *cotons de* N/c. A cet effet on
additionne le débit et le crédit de ce compte dans le grand-livre, et la différence
qu'il y aura du débit au crédit sera la perte ou le bénéfice; de sorte que le crédit
de ce compte étant plus fort que le débit, c'est un bénéfice dont on doit créditer
le compte de *profits et pertes.*

———————————— 21 ————————————

3.   COTONS DE N/c. A PROFITS ET PERTES, F. 3,760, pour bénéfice sur ce compte
—   et pour solde... F. 3,760
8.

Marchandises en participation sur place.

Ce compte n'est autre que celui de *marchandises de* N/c. *chez divers* ou *intérêt
à diverses marchandises,* suivant celui des deux associés qui achète ou qui vend.

D. Donnez-m'en la distinction ?

R. 1° C'est le compte d'*intérêt à diverses marchandises* pour notre intérêt quand
c'est nous qui achetons et vendons la marchandise en participation ; alors nous
sommes obligés d'en remettre à notre ami facture d'achat sur laquelle les frais à
l'achat seront passés. Nous débiterons notre ami de son intérêt et nous débiterons
le compte d'*intérêt à diverses marchandises* pour le nôtre (on se rappellera que
ce compte est ouvert pour toutes les marchandises dont nous sommes chargés de
la vente et sur lesquelles nous avons un intérêt); et quand cette marchandise
sera vendue nous lui remettrons un compte de vente sur lequel les frais à la vente
seront déduits, et nous le créditerons de son intérêt, et nous créditerons le compte
d'*intérêt à diverses marchandises* pour le nôtre.

2° C'est le compte de *marchandises de* N/c. *chez divers* pour notre intérêt quand
c'est notre ami qui achète et qui vend cette marchandise en participation ; alors il est
obligé de nous en remettre une facture d'achat, et de nous débiter de notre intérêt
seulement, que nous passons dans le compte de *marchandises de* N/c. *chez divers,*
puisque la marchandise ne se trouve pas chez nous et qu'elle est entre ses mains;
et quand il l'aura vendue il nous en donnera compte de vente, et nous créditera de

notre intérét seulement, que nous ferons sortir au crédit du compte de *marchandises de* n/c. *chez divers.*

D. Ne vaudrait-il pas mieux ouvrir un compte particulier à cette marchandise, au lieu d'employer l'un ou l'autre des deux comptes précités?

R. On peut le faire, et cela revient au même. Je vais employer ce compte dans les articles ci-après pour faire connaître la manière d'opérer et laisser l'option d'employer l'une ou l'autre manière.

On doit débiter le compte particulier de cette marchandise après l'avoir achetée, le débiter des frais faits à l'achat, et à mesure des ventes le créditer des ventes et le débiter des frais à la vente; lorsque la marchandise sera toute vendue et tous les frais passés, le solde qui en résultera sera le bénéfice ou la perte, que l'on passera au crédit ou au débit des intéressés. De cette manière, l'ami n'aura de compte ouvert que pour sa portion à la perte ou au bénéfice. Cette manière ne peut être employée par nous que lorsque c'est nous qui sommes chargés de l'achat et de la vente de cette marchandise.

CAHIER DE NOTES N° 53. — Nous achetons de Favre en compte à demi avec Taurel, de cette ville, 20 bques. huile d'olive surfine; comme le paiement est composé, on le prend d'après le livre d'achats et ventes, et l'on passe son article après avoir fait son tableau si l'on ne pouvait pas le comprendre de suite.

——————————————————— 22 *Février* 18.. ———————————————

9. HUILES EN PARTICIPATION AVEC TAUREL A DIVERS, F. 24,000. Suivant le livre
—   d'achats et ventes acheté de Favre 20 barriques huile d'olive surfine, net M. 200, à F. 120 la miller., payables un tiers comptant, un tiers fin mars, un tiers fin avril.
2. A CAISSE, F. 8,000. Suivant le livre de caisse remis comptant... F.   8,000
3. A EFFETS A RECEVOIR, F. 8,000. Remis un billet de Mazan au 31
    mars   8,000
6. A EFFETS A PAYER, F. 8,000. Remis notre billet fin avril   8,000
                                                 F. 24,000

CAHIER DE NOTES N° 54. — Nous faisons des frais à l'achat de ces huiles, tels que courtage, jauge, tonnelier, etc., pour la somme de F. 150 dont on débite ce compte par le crédit de *dépenses générales*, bien entendu que ces frais sont portés à mesure qu'on les paie dans le livre de dépenses ou frais de commerce, que l'on solde par caisse tous les mois; sans quoi, si ce livre n'existait pas, le caissier les passerait dans son livre de caisse à droiture, et alors le compte de *caisse* prendrait la place de celui de *dépenses générales*, et il en serait crédité.

——————————————————————— 23 ———————————————————

9. HUILES EN PARTICIPATION AVEC TAUREL A DÉPENSES GÉNÉRALES, F. 150, pour
—   frais de courtage, jaugeage, tonnelier, etc................... F. 150
6.

CAHIER DE NOTES N° 55. — Nous vendons pour du comptant à Niel 12 barriques de ces huiles; la caisse doit être débitée et les huiles créditées.

——————————————————————— 24 ———————————————————

2. CAISSE A HUILES EN PARTICIPATION AVEC TAUREL, F. 15,000. Suivant le livre
—   d'achats et ventes vendu à Niel 12 barriques huile d'olive surfine, M. 120,
9.   à F. 125 la miller... F. 15,000

On se rappellera que quand la caisse reçoit ou paie le montant d'une marchandise il faut de préférence citer le livre d'achats et ventes à la caisse par les raisons que je donne à l'article n° 37.

CAHIER DE NOTES N° 56. — Par le livre de caisse on voit que Taurel a compté F. 10,000 à valoir sur sa demie à l'achat de ces huiles; on doit l'en créditer par le débit de la caisse, qui reçoit.

——————————————— 25 *Février* 18.. ———————————————

2. CAISSE A TAUREL, en ville, F. 10,000. Suivant le livre de caisse reçu comptant
—   à valoir sur sa demie à l'achat des 20 barriques huile d'olive.. **F. 10,000**
9.

CAHIER DE NOTES N° 57. — Taurel nous achète 6 barriques huile dont il nous dit de le débiter dans son compte.

——————————————— 26 ———————————————

9. TAUREL, en ville, A HUILES EN PARTICIPATION AVEC TAUREL, F. 7,500. Suivant
—   le livre d'achats et ventes à lui vendu 6 barriques huile d'olive surfine,
9.   M. 60, à F. 125 la miller...................................... F. 7,500

CAHIER DE NOTES N° 58. — Il nous reste 2 barriques de ces huiles que nous vendons à Giniés, payables en son billet au 31 mars, qui devient le débiteur, puisque nous le recevons, et le créancier est le compte d'*huiles en participation avec Taurel*.

——————————————— 27 ———————————————

3. EFFETS A RECEVOIR A HUILES EN PARTICIPATION AVEC TAUREL, F. 2,500. Suivant
—   le livre d'achats et ventes vendu à Giniés 2 barriques huile d'olive surfine,
9.   M. 20, à F. 125, payables en son billet au 15 mars.......... F. 2,500

CAHIER DE NOTES N° 59. — A la vente de ces huiles nous avons fait F. 80 de menus frais qui doivent être passés au livre de magasin et dont on créditera les *dépenses générales* par le débit des *huiles en participation avec Taurel*.

——————————————— 28 ———————————————

9. HUILES EN PARTICIPATION AVEC TAUREL A DÉPENSES GÉNÉRALES, F. 80, pour
—   frais de courtage, jauge à la vente, etc...................... F. 80
6.

CAHIER DE NOTES N° 60. — Toutes les huiles en participation avec Taurel ayant été vendues, il résulte que ce compte donne un bénéfice de F. 770 qui est à partager entre Taurel et nous.

——————————————— 29 ———————————————

9. HUILES EN PARTICIPATION AVEC TAUREL A DIVERS, F. 770, pour bénéfice sur ce
—   compte porté au crédit des intéressés. Pour solde :
9. A TAUREL, en ville, F. 385, pour sa demie..................... F. 385
8. A PROFITS ET PERTES, F. 385, pour notre demie................ 385
                                                                    ——————
                                                                    F. 770

D'après cette manière de passer une marchandise en participation avec un ami sur la place, la manière par laquelle on remet facture d'achat et de vente, dont l'explication se trouve après l'article n° 52, est plus claire et doit être préférée. On agit avec son ami sur place comme avec un correspondant; par cette manière on connaît de suite si l'ami est débiteur ou créancier en compte-courant, au lieu

que par celle ci-dessus on ne peut le connaître qu'après que la marchandise est
tout-à-fait vendue; parce que si l'ami donne quelque à-compte sur son intérêt
il paraîtrait seulement créancier en compte-courant, et pour connaître son débit
il faudrait recourir au débit du compte des huiles en participation.

Si ce compte d'huiles en participation portait intérêt on le règlerait comme
si c'était un correspondant, en mettant, soit au débit, soit au crédit, l'échéance; et
quand la vente serait tout-à-fait terminée on calculerait les intérêts, dont on
débiterait ou créditerait ce compte, et le solde qui en résulterait serait à partager
comme on l'a dit plus haut.

La marchandise ne comprend pas d'autres opérations, et je crois avoir assez
détaillé tout ce qui peut la concerner; cependant ces mêmes opérations reviendront
encore sous d'autres titres quand je traiterai de la fabrication et des armemens :
de sorte que l'élève qui voudra apprendre à tenir les écritures en parties doubles
sans le secours d'un maître et d'après ce livre ne sera nullement embarrassé;
toutes les difficultés sur la marchandise seront aplanies par ce qui précède et par
ce qui suit.

CAHIER DE NOTES N° 61. — Avant de passer à d'autres opérations je vais
passer les objets arriérés et solder la caisse à nouveau.

En donnant un coup d'œil sur le livre d'échéances, ou, pour mieux dire, sur
le grand-livre, attendu qu'on pourrait avoir oublié de porter sur celui d'échéances
quelque effet, on s'apercevra qu'il y a une traite sur Michel de F. 6000, échue
fin février, qu'on passera au débit de la caisse et de là au journal.

——————————————— 29 *Février* 18.. ———————————————

2. CAISSE A EFFETS A RECEVOIR, F. 6,000. Suivant le livre de caisse encaissé une
—   traite sur Michel échue fin février...................... F. 6,000
3.

CAHIER DE NOTES N° 62. — On en fait de même pour deux effets que nous
'sommes censés avoir payés, et que l'on trouve passés au crédit du livre de caisse.

———————————————————— 29 ————————————————————

6. EFFETS A PAYER A CAISSE, F. 9,547 87. Suivant le livre de caisse payé :
—   Notre billet ordre Martin, fin février...... F. 6000, » ⎫
2.   Traite sur nous de Girondi, *id*........   3,547 87 ⎬ F. 9,547 87
                                                              ⎭

CAHIER DE NOTES N° 63. — *D.* Comment vous y prendrez-vous pour solder la
caisse?

R. On commencera par consulter son livre d'échéances, et l'on passera au
journal, comme aux articles N° 61 et 62, tous les effets que l'on a à recevoir ou
à payer qui sont échus, après les avoir passés au livre de caisse, d'où on doit les
prendre pour en faire écriture; dans lequel livre de caisse on passera également
le montant de tous les frais faits jusqu'à ce jour, qui sont censés être détaillés dans
un livre de frais de commerce, et que le caissier a dû solder et passer dans son
livre de caisse lorsqu'il en a voulu faire le solde.

———————————————————— 29 ————————————————————

6. DÉPENSES GÉNÉRALES A CAISSE, F. 5,431 02. Suivant la caisse, pour frais de
—   commerce jusqu'à ce jour....................... F. 5,431 02
2.

, On voit par l'article ci-dessus que le livre de caisse est cité de préférence au
livre de frais de commerce parce qu'on le prend du livre de caisse. C'est au
caissier à citer ce livre de frais de commerce sur son livre de caisse.

CAHIER DE NOTES N° 64. — N'y ayant plus rien à passer d'après le livre de caisse, l'on solde la caisse à nouveau.

——————————   29 *Février* 18.. ——————————

2. CAISSE COMPTE NOUVEAU A ELLE-MÊME COMPTE VIEUX, F. 18,483 82. Solde de
— notre caisse réglée ce jour, débiteur à nouveau........... F. 18,483 82
2.

Si en soldant la caisse sur le grand-livre le solde ne venait pas conforme à celui du livre de caisse du caissier on serait obligé de pointer les articles de ce livre de caisse sur le grand-livre, c'est-à-dire les confronter pour se convaincre qu'il n'y en a aucun d'omis et qu'il n'y a aucune transposition de chiffres. Pour éviter cet inconvénient je recommande beaucoup aux élèves de ne passer sur le journal aucun article de caisse sans avoir ce livre sous les yeux, de ne pas oublier de mettre le folio du journal devant l'article passé, et je conseille même, avant de porter le solde nouveau de caisse sur le grand-livre, de s'assurer des additions du grand-livre tant du débit que du crédit, et le solder exactement conforme au livre de caisse.

Il doit en être de même pour tous les comptes des particuliers ou autres qui seront dans le cas d'être portés à nouveau. Quand le débit sera plus fort que le crédit ce sera *un tel compte nouveau à lui-même compte vieux*, et quand le crédit sera plus fort que le débit ce sera *un tel compte vieux à lui-même compte nouveau*, et l'on aura attention de ne porter la somme du compte nouveau qu'après qu'on aura porté cette même somme au compte vieux, soit au débit, soit au crédit, et qu'après avoir balancé le compte vieux.

Tous les articles expliqués jusqu'à présent pour ce qui concerne la marchandise doivent être suffisans à une personne qui voudra apprendre la Tenue des Livres sans le secours d'un maître; il n'y aura que la pratique qui pourra le rendre maître. Je lui conseille de prendre, comme je l'ai dit, opération par opération, et avant de passer à une nouvelle en faire de la même plusieurs de suite jusqu'à ce qu'il la comprenne bien, ce qui ne lui sera pas difficile en suivant exactement la méthode que j'indique.

En répétant l'opération on aura soin de changer la qualité et la quantité de la marchandise, ainsi que le nom des correspondans. Cependant, pour ne pas multiplier les comptes à ouvrir sur le grand-livre, on pourrait se contenter de quatre à six correspondans pris dans des villes différentes, moitié en France et moitié dans l'étranger.

J'ai répété seulement une fois chaque opération pour mettre sous les yeux des élèves les différens cas qui pouvaient se présenter et pour ne pas les embrouiller; mais je me suis étendu un peu plus sur la manière de passer les paiemens, comme étant ce qu'il y a de plus difficile à comprendre et à passer. D'après les différens tableaux * et la manière de les dresser on pourra sans peine classer les débiteurs et les créanciers, surtout en ayant toujours présente la théorie, qui est que

CELUI QUI REÇOIT OU L'OBJET QUE L'ON REÇOIT DOIT A CELUI QUI DONNE OU A L'OBJET QUE L'ON DONNE.

* Les tableaux pour consulter sont N° 18, 22, 29, 31, 47.

FABRIQUE.

La manière de passer les écritures d'une fabrication est la même pour quelque genre de fabrication que ce soit et en tout conforme aux opérations de la marchandise que je viens de décrire, à l'exception cependant que le compte de *marchandises générales* n'est plus continué, et que l'on ouvre un compte à la matière première qui sert à fabriquer, ainsi qu'à tous les frais qu'elle entraîne après elle; de sorte que nous fixant à une fabrication de savon, qui est une des principales branches de commerce à Marseille, on doit ouvrir les comptes désignés ci-après :

1° HUILES DIVERSES pour toutes les qualités d'huile qu'on sera dans le cas d'acheter.

2° MATIÈRES DIVERSES. On mettra indistinctement dans ce compte toutes les qualités, soit douces, soit salées. On peut même, si on le désire, séparer par deux comptes les matières douces et les matières salées. Dans ce cas voici le nom des matières qu'on employait autrefois et dont divers fabricans peuvent faire encore usage :

Matières douces.	*Matières salées.*
Soudes de Sicile.	Bourdes d'Alicante.
Barilles d'Alicante.	Bourdes de Carthagène.
Barilles de Carthagène.	Bourdes de Tortose.
Barilles des Aigles.	Mélanges.
	Sel natrum.
	Salicors.
	Blanquettes.

Actuellement les soudes factices ont remplacé toutes ces qualités, et on les emploie généralement : il y en a de douces et de salées.

3° DÉPENSES DE FABRIQUE. On fait entrer dans ce compte le loyer de la fabrique, les charrois, le courtage, poids, etc., enfin tous les frais quelconques que comporte une fabrication. On y comprend aussi le rouge-brun qu'on emploie, l'objet étant trop minime pour lui ouvrir un compte.

4° CHARBON ET CHAUX. Le *charbon* étant un objet de grande consommation pour une fabrique doit figurer par un compte séparé et ne doit pas être confondu dans les dépenses de fabrique. Quant à la *chaux*, pour ne pas trop multiplier les comptes à ouvrir, on peut la joindre à ce compte; mais la quantité de l'un ou de l'autre de ces deux articles ne sera pas confondue; elle doit se trouver séparée dans le grand-livre, comme on peut le voir en formant deux colonnes.

5° OUVRIERS. On doit ouvrir ce compte et ne pas le confondre dans celui de dépenses de fabrique. Il est assez conséquent, et il fait plaisir de connaître ce qu'on leur aura payé dans le courant d'une campagne [*].

[*] On appelle *campagne* en terme de fabrication un intervalle de temps depuis le jour que l'on commence à fabriquer jusqu'à celui où l'on arrête les écritures en faisant un bilan pour connaître le résultat de sa fabrication, qui est ordinairement toutes les années.

6° SAVONS FABRIQUÉS. Ce compte ne doit avoir que le crédit, à moins qu'on n'achetât d'autre savon pour compléter quelque commande. Son débit ne sera formé qu'au moment d'un bilan, et se composera de tous les soldes des comptes ouverts ci-dessus, qui ont un rapport avec la fabrication.

7° SAVONS DE N/C, CHEZ DIVERS. Ce compte ne doit être ouvert que dans le cas que l'on expédiât des savons dans l'intérieur ou dans l'étranger pour son propre compte ou en compte en participation. Ce compte est le même que celui de *marchandises de* N/C. *chez divers.*

Comme dans ce cours de fabrication, en apprenant sans le secours d'un maître, on pourrait se laisser entraîner par acheter plus ou moins des objets qu'il faut pour fabriquer et vendre de savon une quantité un peu trop conséquente, et que l'on doit faire en sorte d'approcher le plus qu'il soit possible d'une réalité, on aura soin de se fixer à n'acheter tout au plus que la quantité de 600 millerolles d'huile à divers prix, de les égaliser avec la même quantité de quintaux de matières, et ces deux quantités réunies par l'addition doivent faire la quantité de savons vendus, en y ajoutant à peu près un tiers de poids en sus, c'est-à-dire que

      Une millerolle huile,

      Un quintal matières, dont deux tiers de doux et un tiers de salé,

doivent faire environ 240 livres pesant de savon.

Les livres auxiliaires sont les mêmes que ceux employés dans ce Cours. On peut en former d'autres, si l'on veut, qui seront :

      Un livre d'achat d'huile,
      Un livre d'achat de matières,
      Un livre de vente pour les savons,
      Un livre de caisse,
      Un livre de factures,
      Un livre d'échéances,
      Un livre pour les dépenses,
      Un livre pour le charbon,
      Un livre pour les ouvriers.

On peut des deux premiers livres n'en faire qu'un seul en faisant deux colonnes, une pour les huiles et une pour les matières; en faisant une colonne pour les millerolles huiles et une pour le poids des matières, que l'on additionnerait à toutes les pages en faisant suivre l'addition jusqu'au moment qu'on arrêterait les écritures : ces additions de quantités devront être égales avec celles des huiles et des matières du grand-livre. On pourrait y joindre, si on voulait, le montant, qui devra être conforme avec le débit du grand-livre.

Les trois derniers livres ou cahiers doivent contenir un détail de paiemens qu'on peut ne passer à la caisse qu'une seule fois par mois en arrêtant l'addition.

Pour ne pas me répéter je vais passer de suite les articles du cahier de notes sur le journal, me réservant de donner une explication à l'article qui en exigera une. Il faudra avoir sous les yeux ce cahier de notes et passer les articles d'après le titre qu'il indiquera, n'y ayant pas d'autre guide pour les articles ci-après sans raisonnement. Quant aux paiemens, je retracerai en partie ce que l'on a fait jusqu'à présent; et si l'on ne se rappelait pas bien la manière de trouver les débiteurs et les créanciers on aurait recours aux tableaux divers représentés dans les articles de la marchandise, et qui sont représentés aux N° 18, 22, 29, 31, 47.

CAHIER DE NOTES N° 65. —

——————————————————— 1er *Mars* 18.. ———————————————

9. DÉPENSES DE FABRIQUE A CAISSE, F. 3,000. Suivant le livre de caisse payé à
—   Quentin pour une année de loyer de notre fabrique, depuis le.....
2.   jusqu'à.. F. 3,000

On observera que dans ce cours de fabrication, au lieu de mettre, *suivant le livre d'achats et ventes*, on doit mettre, *suivant le livre d'achat*, sans désigner lequel, puisque le débiteur, qui est *huile ou matières*, porte lui-même le titre du livre ou cahier qu'on a sous les yeux; et il en serait comme pour la marchandise si le même livre ou cahier renfermait en même temps l'achat et la vente.

CAHIER DE NOTES N° 66. —

——————————————————— 2 *Mars* 18.. ———————————————————
      DIVERS A DIVERS, F. 12,030, savoir :
10.   HUILES DIVERSES, F. 12,000. Suivant le livre d'achat acheté de Sauze 15 bar-
      riques huile d'olive de Calabre, net M. 150, à F. 50 la miller., payables fin
      mars... F. 12,000
2.   CAISSE, F. 30. Suivant le livre de caisse reçu comptant pour
      excédant du paiement................................   30
                                                                  ——————————
—   F. 12,030

3.   A EFFETS A RECEVOIR, F. 12,000. Remis en paiement traites sur
      Gas de
      F. 5,000 }
         7,000 } Au 15 mars............................... F. 12,000
6.   A INTÉRÊTS GÉNÉRAUX, F. 30, pour agio sur F. 12,000........   30
                                                                  ——————————
                                                                  F. 12,030

CAHIER DE NOTES N° 67. —

——————————————————— 3 ———————————————————
      DIVERS A EFFETS A RECEVOIR, F. 2,500. Remis en paiement à Guibal un billet
      de Giniés au 15 mars courant.
10.   MATIÈRES DIVERSES, F. 1,400. Suivant le livre d'achat acheté de Guibal
      K. 9,333 5 soudes douces, à F. 15 le cent, payables comptant. F. 1,400
2.   CAISSE, F. 1,094. Suivant le livre de caisse reçu comptant pour
      excédant du pàiement....................................   1,094
6.   INTÉRÊTS GÉNÉRAUX, F. 6, pour agio sur F. 2,500...........   6
—   ——————————
3.   F. 2,500

CAHIER DE NOTES N° 68.

——————————————————— 4 ———————————————————
10.   MATIÈRES DIVERSES A CAISSE, F. 400. Suivant le livre d'achat acheté de Gay
—   K. 4000 soudes salées, à F. 10 le cent, payables comptant..... F. 400
2.

CAHIER DE NOTES N° 69. —

——————————————————— 5 ———————————————————
9.   OUVRIERS A CAISSE, F. 250. Suivant le livre de caisse payé aux ouvriers pour
—   une quinzaine }
2.   une semaine   } de travail....................... F. 250

CAHIER DE NOTES N° 70. —

——————————————————— 6 ———————————————————
10.   CHARBON ET CHAUX A CAISSE, F. 365. Suivant le livre de caisse, pour achat
—   de divers :
2.   80 charges charbon, à F. 3   »............... F. 240 }
          50 charges chaux,   à   2 50............... 125 } F. 365

CAHIER DE NOTES N° 71. —

——————————————————— 7 ———————————————————
9.   DÉPENSES DE FABRIQUE A CAISSE, F. 500. Suivant le détail au livre de frais
—   payé pour charrois, poids, courtage et autres frais........... F. 500
2.
      Si ces frais se trouvent détaillés sur le livre de caisse, faute de livre séparé de

frais de fabrique, en en faisant un article au journal seulement, on aura soin de les détailler pour ne faire ressortir qu'une seule somme et pour ne pas multiplier les articles dans le journal.

CAHIER DE NOTES N° 72.

———————————— 8 *Mars* 18.. ————————————

DIVERS A SAVONS FABRIQUÉS, F. 10,800. Suivant le livre de vente vendu à Mezan K. 10,800 savon pâle, à F. 100 les 100 kil., payables demie comptant et demie au 10 avril.

2. CAISSE, F. 5,400. Suivant le livre de caisse reçu comptant.... F. 5,400
3. EFFETS A RECEVOIR, F. 5,400. Reçu pour solde son billet au 10 avril. 5,400
——
10.   F. 10,800

CAHIER DE NOTES N° 73. —

———————————————— 9 ————————————————

10. HUILES DIVERSES A DIVERS, F. 13,000. Suivant le livre d'achat acheté de Mel-
— chior 20 barriques huile d'œillette, M. 200, à F. 65 la miller., payables fin mars.

3. A EFFETS A RECEVOIR, F. 7,600. Remis en paiement :
    F. 4,000 ⎫
        3,600 ⎬ Billets de Mezan fin mars................... F. 7,600

6. A EFFETS A PAYER, F. 5,400. Remis pour solde notre billet au 31 mars à son ordre.................................... 5,400
                                           F. 13,000

CAHIER DE NOTES N° 74. —

———————————————— 10 ————————————————

6. EFFETS A PAYER A CAISSE, F. 6,000. Suivant le livre de caisse payé une traite
— de Wilson au 10 mars courant........................ F. 6,000
2.

Cette traite, qui n'appartient pas à la fabrication, est censée prise dans le livre de caisse, et n'est mise que pour suivre la marche des dates des livres auxiliaires.

CAHIER DE NOTES N° 75. —

———————————————— 11 ————————————————

10. HUILES DIVERSES A DIVERS, F. 9,000. Suivant le livre d'achat acheté de Mar-
— cadier 12 barriques huile d'olive, M. 120, à F. 75 la miller., payables en un effet sur Naples et le solde comptant.

4. A EFFETS SUR L'ÉTRANGER, F. 3,400. Remis en paiement un effet sur Naples de D. 800, du 24 janvier, à 50 jours de date, à F. 4 25...... F. 3,400
2. A CAISSE, F. 5,600. Suivant le livre de caisse remis comptant pour solde.. 5,600
                                           F. 9,000

CAHIER DE NOTES N° 76. —

———————————————— 12 ————————————————

3. EFFETS A RECEVOIR A DIVERS, F. 6,657 12. Reçu en paiement de Fabre son
— billet à notre ordre au 15 avril.
10. A SAVONS FABRIQUÉS, F. 6,624. Suivant le livre de vente vendu à Fabre K. 6,900 savon bleu-pâle, à F. 96 le cent, payables comptant. F. 6,624 »
6. A INTÉRÊTS GÉNÉRAUX, F. 33 12, pour agio............. 33 12
                                           F. 6,657 12

CAHIER DE NOTES N° 77. —

——————————— 13 *Mars* 18.. ———————

3. Savons de n/c. chez divers a divers, F. 10,346, suivant facture de ce jour,
—   pour le montant et frais de 80 caisses savon pâle expédiées à Monier, de
     Rouen, pour vendre pour n/c., par le navire *le Pithéas*, capitaine Henrique.
10. A savons fabriqués, F. 9,900, pour le montant de K. 10,421, à F. 95 le cent,
     ci. . . . . F.   9,900
9. A dépenses de fabrique, F. 240, pour les frais.   240
4. A assurances générales, F. 206, pour assurance sur F. 10,000,
     à 2 pour cent, et police.   206
                                                      F. 10,346

On s'apercevra par le raisonnement de l'article ci-dessus qu'on ne doit pas mettre aux *savons fabriqués* pour *le coût*, attendu que nous n'achetons pas le savon, mais qu'étant de notre fabrication on doit se servir du mot *montant*.

On doit aussi désigner au compte du *savon fabriqué* le poids et le prix, pour pouvoir le rapporter dans le grand-livre.

CAHIER DE NOTES N° 78. —

——————————————— 14 ———————————————

10. Matières diverses a caisse, F. 2,150. Suivant le livre d'achat acheté de
—   Marquis K. 16,539 soude douce, à F. 13 le cent, payables comptant,
2.   ci. . . . . F. 2,150

CAHIER DE NOTES N° 79. —

——————————————— 15 ———————————————

     Divers a divers, F. 12,008 90, savoir :
9. Carrel, de Paris, s/c., suivant facture de ce jour, pour la demie du montant et
     frais de 100 caisses savon pâle à lui expédiées, pour vendre en compte à
     demi, voie de Rouen, par le navire *le Chéri*, capitaine Amic. F.   5,945   »
3. Savons de n/c. chez divers, F. 6,063 90, pour notre demie, y
     compris l'assurance. 6,063 90
—   F. 12,008 90

10. A savons fabriqués, F. 11,440, pour le montant de K. 11,440
     savon pâle, à F. 100 le cent. . . . . F. 11,440   »
9. A dépenses de fabrique, F. 450, pour les frais.   450   »
4. A assurances générales, F. 118 90, pour assurance sur
     F. 5,945, à 1 7/8 prime, et enregistrement. 118 90
                                                        F. 12,008 90

. Les articles N° 77 et 79 ci-dessus sont conformes à ceux passés dans la troisième opération ; il n'y a de différence que dans le compte ouvert qui est *savon de n/c. chez divers*, au lieu *de marchandises de n/c. chez divers*.

CAHIER DE NOTES N° 80. —

——————————————— 16 ———————————————

9. Ouvriers a caisse, F. 300. Suivant le livre de caisse payé aux ouvriers pour
—   une semaine } de travail. . . . . F. 300
2.   une quinzaine }

CAHIER DE NOTES N° 81. —

—————————————— 17 *Mars* 18.. ——————————————

2.   CAISSE A SAVONS FABRIQUÉS, F. 7,500. Suivant le livre de ventes vendu à Gros
—   K. 7,653 savon pâle, à F. 98 le cent, payables comptant.... F. 7,500
10.

CAHIER DE NOTES N° 82. —

—————————————— 18 ——————————————

10. CHARBON ET CHAUX A CAISSE, F. 525. Suivant le livre de caisse acheté de
—   divers 150 charges charbon, à F. 3 50..................... F. 525
2.

CAHIER DE NOTES N° 83. —

—————————————— 19 ——————————————

9.   DÉPENSES DE FABRIQUE A CAISSE, 340. Suivant le livre de caisse payé pour
—   divers frais jusqu'à ce jour............................. F. 340
2.

CAHIER DE NOTES N° 84. —

—————————————— 20 ——————————————

8.   MONIER, de Rouen, N/C., A SAVONS DE N/C. CHEZ DIVERS, F. 9,950, valeur de
—   9,950. Suivant compte de vente par sa lettre du....., net produit à Rouen
3.   de 80 caisses savon de notre envoi................ F. 9,950   9,950

On peut consulter ce que je dis sur les *notre compte* à l'article N° 20, au cas
qu'on l'eût oublié.

CAHIER DE NOTES N° 85. —

—————————————— 21 ——————————————

3.   EFFETS A RECEVOIR A MONIER, de Rouen, N/C., F. 10,000, valeur de F. 10,000.
—   Suivant sa lettre du....., sa remise sur Gibert au 30 avril,
8.   ci.. F. 10,000   10,000

CAHIER DE NOTES N° 86. —

—————————————— 22 ——————————————

7.   CARREL, de Paris, N/C., A SAVONS DE N/C. CHEZ DIVERS, F. 6,100, valeur de
—   F. 6,100. Suivant compte de vente par sa lettre du....., pour notre demie
3.   au net produit de 200 caisses savon pâle de notre envoi. F. 6,100   6,100

CAHIER DE NOTES N° 87. —

—————————————— 23 ——————————————

5.   EFFETS SUR FRANCE A CARREL, de Paris, N/C., F. 3,060. Notre traite sur lui
—   du 23 mars au 10 avril prochain, ordre Calvi....... F. 3,060   3,060
7.

CAHIER DE NOTES N° 88. —

—————————————— 24 ——————————————

3.   EFFETS A RECEVOIR A CARREL, de Paris, s/c., F. 6,000. Sa remise par sa lettre
—   du...... sur Marion, au 10 avril..................... F. 6,000
9.

CAHIER DE NOTES N° 89. —

—————————————— 25 ——————————————

5.   EFFETS SUR FRANCE A CARREL, de Paris, N/C., F. 5,600, valeur de F. 5,600.
—   Notre traite sur lui du 25 mars, à 60 jours de date, à notre ordre,
7.   ci.. F. 5,600   5,600

CAHIER DE NOTES No 90. —

———————————————— 26 *Mars* 18.. ————————

10. HUILES DIVERSES A EFFETS SUR FRANCE, F. 9,360. Suivant le livre d'achat
—   acheté de Calvi 12 futailles huile d'olive, M. 120, à F. 78 la miller., payables
5.   sur Paris.

    Remis en paiement :
      F. 6,300   Du 9 février, à 60 jours.
        3,060   Au 10 avril.

      F. 9,360   Sur Paris... F. 9,360

CAHIER DE NOTES N° 91.

———————————————————— 27 ————————————

2. CAISSE A SAVONS FABRIQUÉS, F. 12,150. Suivant le livre de vente vendu à Lau-
—   rent K. 12,150 savon pâle, à F. 100 le cent, payables comptant. F. 12,150
10.

CAHIER DE NOTES N° 92. —

———————————————————— 28 ————————————

    DIVERS A SAVONS FABRIQUÉS, F. 14,674. Suivant le livre de vente vendu à
    Garnier K. 14,822 3 savon pâle, à F. 99 le cent, payables demie comptant
    et demie au 15 avril.
2. CAISSE, F. 7,337. Suivant le livre de caisse reçu comptant..... F. 7,337
3. EFFETS A RECEVOIR, F. 7,337. Reçu pour solde son billet à notre
—   ordre au 15 avril................................... 7,337
10.   F. 14,674

CAHIER DE NOTES N° 93. —

———————————————————— 29 ————————————

6. EFFETS A PAYER A CAISSE, F. 5,400. Suivant le livre de caisse payé notre billet
—   ordre Melchior au 31 mars........................... F. 5,400
2.

    Cet article et celui qui suit sont dans le même cas que le N° 74.

CAHIER DE NOTES N° 94. — Trouvant au livre de caisse que le caissier a soldé
sa caisse à nouveau, on en fait de même.

———————————————————— 30 ————————————

2. CAISSE COMPTE NOUVEAU A ELLE-MÊME COMPTE VIEUX, F. 27,164 82. Solde de
—   notre caisse réglée ce jour, débiteur à nouveau........ F. 27,164 82
2.

Je ne crois pas nécessaire de continuer davantage l'opération de la fabrique à
savon; les articles à passer sont tous les mêmes. Ainsi je m'arrête là pour les
achats et ventes, et je n'ai plus qu'à enseigner la manière de la solder.

Manière de solder la Fabrique à Savon.

Le jour qu'on a fixé pour arrêter toutes les opérations de la fabrique on se fait
donner un état de ce qui existe en nature dans la fabrique, soit en huiles, matières, charbons, savon, etc.; ce qui peut être dû aux porte-faix, emballeurs, ou
autres frais, que l'on porte en compte nouveau; et le solde qui en résultera dans
l'un ou l'autre de ces comptes on le portera au débit de savons fabriqués. Dans
les articles de la fabrique passés dans ce Cours j'ai supposé qu'il n'était rien resté
en nature, afin de terminer tout-à-fait l'opération.

CAHIER DE NOTES N° 95. — Pour solder les comptes de la fabrique on est obligé d'ouvrir le grand-livre ; et trouvant par le compte *d'huiles diverses* que l'on a consommé en fabrique 590 millerolles huile qui ont coûté F. 43,360, on en débite les savons fabriqués par le crédit des huiles.

Il est à observer que s'il restait des huiles en fabrique on en porterait à nouveau compte la quantité qui en resterait en disant :

Huiles diverses compte nouveau à elles-mêmes compte vieux, F...... pour transport à nouveau de M......, existantes en fabrique...... F.........

Cette quantité qui resterait serait portée au crédit du compte vieux en lui donnant le prix que vaudraient les huiles ce jour-là. Ce serait autant de moins de consommé, et la différence qu'il y aurait du débit au crédit dans la quantité serait les huiles consommées.

———————————— 31 *Mars* 18.. ————————————

10. Savons fabriqués a huiles diverses, F. 43,360, pour le montant de M. 590
—   huile de diverses qualités consommées dans notre fabrication jusqu'à ce
10.   jour... F. 43,360

CAHIER DE NOTES N° 96. Quand on solde quelque compte où il se trouve plusieurs articles on doit se servir de la même date.

———————————— 31 ————————————

10. Savons fabriqués a matières diverses, F. 3,950, pour le montant de
—   K. 29,872 5 matières diverses consommées dans notre fabrication jusqu'à
10.   ce jour... F. 3,950

S'il restait en nature des soudes ou matières on opèrerait de même que pour les huiles, on les porterait à nouveau, et le solde ou la différence du débit au crédit serait les matières consommées que l'on porterait au débit de *savons fabriqués.*

CAHIER DE NOTES N° 97. — S'il y avait quelque compte à payer, avant de solder le compte de *dépenses de fabrique* on le porterait à nouveau en disant :

*Dépenses de fabrique compte vieux à elles-mêmes compte nouveau, F.....,
pour transport à compte nouveau de divers comptes de porte-faix, emballeurs
et autres à payer.................................... F.........*

On voit par cet article que les dépenses seraient débitées dans le compte vieux par le crédit du compte nouveau, attendu que le compte nouveau en sera débité lorsqu'on paiera les comptes.

———————————— 31 ————————————

10. Savons fabriqués a dépenses de fabrique, F. 3,150, solde de ce compte,
—   ci.. F. 3,150
9.

CAHIER DE NOTES N° 98. —

———————————— 31 ————————————

10. Savons fabriqués a ouvriers, F. 550, pour solde de ce compte... F. 550
—
9.

CAHIER DE NOTES N° 99. —

———————————— 31 ————————————

10. Savons fabriqués a charbon et chaux, F. 890, pour le montant de 230
—   charges charbon et 50 charges chaux consommées dans notre fabrication
10.   jusqu'à ce jour.................................... F. 890

S'il restait en fabrique du charbon ou de la chaux on en porterait la quantité en compte nouveau.

Tous les articles passés ci-dessus étant rapportés au grand-livre au débit de *savons fabriqués*, on fera l'addition du débit et du crédit de ce compte; et trouvant que le résultat de ces additions donne un solde au crédit de F. 21,188, qui est bénéfice, on le passe au crédit de *profits et pertes*.

Attendu que dans tous les comptes-généraux qui concernent le négociant quand le crédit est plus fort que le débit c'est un bénéfice, et par contraire quand dans ces comptes-généraux le débit est plus fort c'est une perte, les comptes ne peuvent être balancés dans l'un et l'autre cas que par ce compte de *profits et pertes*.

CAHIER DE NOTES N° 100. ——

——————————————— 31 *Mars* 18.. ———————————————

10. SAVONS FABRIQUÉS A PROFITS ET PERTES, F. 21,188, pour bénéfice net fait
—   dans notre fabrication depuis le...... jusqu'à ce jour, et pour solde,
8.   ci.. F. 21,188

Cette manière de passer les écritures d'une fabrique à savon peut servir de modèle pour toute sorte de fabrication; c'est la manière la plus simple et la plus claire. On ouvre un compte séparé à tout ce qui est matière première qui sert à fabriquer, à tout ce qui doit entrer dans sa consommation, ainsi qu'à tous les frais. Tous ces comptes n'ont que le débit, à moins qu'on ne vende quelque partie dont ledit compte serait crédité; et la différence ou le solde sera porté au débit du compte de l'objet fabriqué, qui ne doit avoir que le crédit, son débit ne devant être formé que du solde des objets qui ont servi à fabriquer.

Avant de passer à un bilan, et pour terminer tout-à-fait les opérations de marchandises, je vais faire connaître les armemens de navires, dont les articles tiennent encore à la marchandise.

ARMEMENT DE NAVIRES.

D. Qu'entendez-vous par armement de navires?

R. C'est lorsqu'une personne charge un navire de diverses marchandises qu'il destine pour un pays éloigné pour en rapporter d'autres marchandises.

D. Combien y a-t-il de sortes d'armemens?

R. Trois sortes, savoir :

    1° Armement par un seul armateur;

    2° Armement par intéressés sur le corps et intéressés sur la cargaison;

    3° Armement par actions.

La manière de passer écriture sur le journal de ces armemens est à peu près la même, à l'exception de l'armement par actions, qui nécessite par sa nature des comptes à ouvrir différens des deux premiers.

Premier armement par un seul armateur.

Son débit est formé des objets ci-après :

    Achat du navire;

    Frais de chargement, radoub, achat des objets qui regardent le navire;

    Facture des marchandises chargées sur le navire;

    Achat des objets qui doivent servir à l'avitaillement et usage du navire;

    Assurance d'entrée à sa destination sur le corps du navire et sur les marchandises qui y sont chargées;

    Achat de marchandises chargées en retour;

    Assurance de sortie du lieu où elles sont chargées, soit sur le corps du navire, soit sur les marchandises;

Salaires payés à l'équipage au lieu de sa destination;
Frais faits en route ou sur les lieux;
Salaires payés à l'équipage de retour;
Frais de désarmement au lieu du départ.

Son crédit est formé, savoir :

Net produit des marchandises vendues au lieu de sa destination;
Montant de la somme que l'on retire des passagers, s'il y en a;
Fret ou nolis sur les marchandises chargées au lieu du départ pour compte
de divers;
Fret ou nolis sur les marchandises chargées en retour pour compte de divers;
Net produit de marchandises chargées en retour et vendues;
Vente du navire.

On ouvrira un compte au navire, et un compte à la cargaison qui ne comprendra que la marchandise. C'est la marche que je vais suivre dans cet armement.

CAHIER DE NOTES N° 101. — Comme le navire que l'on arme peut être à même de faire plusieurs voyages, on doit désigner les voyages de ce même navire par les titres de *navire le......*, 1ᵉʳ *voyage*, 2ᵉ *voyage*, etc. Cela est indispensable parce que dans un de ces voyages ou dans plusieurs il peut rester des marchandises invendues sur les lieux de sa destination, ainsi que de celles chargées en retour au lieu où il aura été armé, c'est-à-dire au lieu de son départ : par ce moyen on connaîtra ce qui appartient à tel ou tel voyage. Il peut y avoir encore un cas qui oblige d'employer cette distinction : c'est si l'on a des intéressés différens pour divers voyages. Dans l'un ou l'autre cas il est nécessaire que les marchandises invendues soient détaillées et portées dans un compte séparé de 1ᵉʳ *et* 2ᵉ *voyage*, etc., intitulé *Marchandises invendues du* 1ᵉʳ *voyage du navire le.....,* dans lequel on ferait sortir au crédit celles que l'on voudrait.

—————————————— 1ᵉʳ *Avril* 18.. ——————————————

11.   NAVIRE L'ANNETTE, 1ᵉʳ voyage, A CAISSE, F. 25,000. Suivant le livre de caisse
—   acheté de Philippe le navire *l'Annette*, de 200 tonneaux *, avec tous ses
2.   agrès et apparaux, suivant l'inventaire.................. F. 25,000

* On entend par tonneau la contenance du navire. Le tonneau est évalué à 25 quintaux, de sorte qu'un navire de 200 tonneaux porte 5000 quintaux.

CAHIER DE NOTES N° 102. —

—————————————— 2 ——————————————

11.   NAVIRE L'ANNETTE, 1ᵉʳ voyage, A CAISSE, F. 125. Suivant le livre de caisse
—   payé à Cauvin pour courtage à l'achat du navire............ F. 125
2.

CAHIER DE NOTES N° 103. — Le navire étant supposé avoir besoin de réparations, on le débite d'après les frais qui ont été payés et qui se trouvent passés au livre de caisse conformément aux comptes qu'en donne le capitaine, qui est ordinairement chargé du soin de faire faire ces réparations.

—————————————— 3 ——————————————

11.   NAVIRE L'ANNETTE, 1ᵉʳ voyage, A CAISSE, F. 3,000. Suivant le livre de caisse
—   payé pour journées d'ouvriers, radoub et autres frais détaillés dans les
2.   comptes remis par le capitaine......................... F. 3,000

Ces frais sont mis tous ensemble par cet article; mais ils sont séparés sur le

livre de caisse, et on doit les passer en détail sur le journal, tels qu'on les trouve
sur ce livre de caisse.

CAHIER DE NOTES N° 104. — La marchandise pour charger le navire étant
achetée, on la trouve inscrite sur le livre d'achats et ventes, et c'est de là qu'on
passe l'article au journal. (C'est comme à la première opération.)

——————————————— *4 Avril* 18.. ———————————————

7.　MARCHANDISES GÉNÉRALES A EFFETS A PAYER, F. 48,000. Suivant le livre d'achats
—　　　et ventes acheté de Planche 20 ballots draps couleurs assorties, aunant
6.　　　ensemble 4,000 aunes, à F. 12 l'une, payables en nos billets à son ordre
　　　　fin avril...................... F. 10,000　11,000 ⎱
　　　　　　　　　　　　　　　　　　　　　12,000　15,000 ⎰　F. 48,000

　　D. Pourquoi débitez-vous le compte de *marchandises générales,* puisque c'est
pour le compte du navire que cette marchandise a été achetée?

　　R. Etant obligé de remettre au capitaine une facture de toutes les marchandises
que l'on destine pour charger le navire, il ne convient pas de débiter le navire
du moment de l'achat et séparément, puisque, cette marchandise achetée faisant
des frais, il faudrait également débiter le navire au fur et à mesure qu'on les
paierait; ce qui serait diffus et embrouillé par le grand détail que cela occa-
sionerait : ainsi on doit regarder le compte *marchandises générales* comme un
compte de décharge qui doit recevoir à son débit toutes les marchandises du moment qu'on les achète, et d'où on les sortira lorsque l'on en fera la facture; et
d'après cette facture on débitera le navire, qui présentera d'un coup d'œil la
totalité de son chargement ensemble avec les frais que la marchandise aura
faits.

　　CAHIER DE NOTES N° 105. — Je n'ai présenté en achat qu'une seule qualité
de marchandise pour ne pas multiplier les écritures dans ce Cours. Toutes celles
que l'on voudrait acheter se passeraient de la même manière, et la facture,
quand on la dresserait, les rassemblerait toutes : ces achats ne seraient qu'une
répétition.

　　Je me suis attaché seulement à dresser la marche que l'on doit suivre, et l'élève
sera libre d'augmenter son opération.

　　On peut, si l'on veut, ne point ouvrir de compte séparé de *cargaison,* et passer
tout dans le compte du navire; mais on doit préférer d'ouvrir deux comptes
séparés, l'un pour le navire, dans lequel on mettra tout ce qui concerne directe-
ment le navire, et l'autre pour la cargaison, qui ne contiendra que la marchandise envoyée et reçue.

——————————————— 5 ———————————————

11.　CARGAISON DU NAVIRE L'ANNETTE, 1er voyage, A DIVERS, F. 48,220, suivant
—　　　facture de ce jour, pour le coût et frais de 20 ballots draps assortis chargés
　　　　sur ledit navire, capitaine Florent, en destination pour Constantinople, à
　　　　l'adresse et consignation de Coste et Comp.
7.　A MARCHANDISES GÉNÉRALES, F. 48,000, pour le coût......... F. 48,000
6.　A DÉPENSES GÉNÉRALES, F. 220, pour les frais.............. 　　220
　　　　　　　　　　　　　　　　　　　　　　　　　　　　　　　F. 48,220

　　CAHIER DE NOTES N° 106. — On achète des légumes, des biscuits (soit galettes),
ustensiles, poteries, etc.; comme ces objets sont pour l'usage du navire et non de
cargaison, on en débite le navire à droiture.

6 Avril 18..

11. Navire l'Annette, 1er voyage, a caisse, F. 1,500. Suivant le livre de
— caisse (ou le livre d'achats et ventes de préférence si ces achats y sont
2. passés) acheté divers sacs légumes et biscuits pour l'avitaillement dudit
navire, et ustensiles de terre et de fer pour son usage...... F. 1,500

On passerait ces articles séparément sur le journal à la date qu'on les trouverait sur le livre de caisse.

D. Pourquoi ces objets n'entrent-ils pas dans la facture pour n'en faire qu'un
seul article avec la marchandise?

R. Ce qui sert pour l'avitaillement et pour l'usage du navire n'est pas une
marchandise qui se vende, puisque l'un est consommé dans la traversée, et l'autre
doit servir au retour : ainsi c'est une dépense que le navire fait, et il doit en être
débité.

CAHIER DE NOTES N° 107. — On a fait assurer sur le corps du navire *l'Annette*
F. 25,000, et sur la cargaison F. 48,000 : on doit débiter ces deux comptes par
le crédit de celui d'*assurances générales*.

7

Divers a assurances générales, F. 1,125, suivant note de ce jour, pour
assurance d'entrée à Constantinople sur corps et facultés en draps chargées à bord du navire *l'Annette*, capitaine Florent.
11. Navire l'Annette, 1er voyage, F. 385, pour la prime sur F. 25,000, à
1 1/2, et police .... F. 385
11. Cargaison du navire l'Annette, 1er voyage, F. 740, pour prime
— sur F. 48,000, à 1 1/2, et police 740
4. F. 1,125

On doit passer l'assurance sur la marchandise à droiture dans le compte de
cargaison plutôt que dans la facture pour pouvoir s'en rendre compte plus particulièrement.

CAHIER DE NOTES N° 108. — Le débit du livre de caisse présente une somme
de F. 300 reçue d'une personne qui a pris passage pour Constantinople sur le
navire *l'Annette.*

Comme cette somme appartient au navire, on doit en créditer le navire par
le débit de la caisse.

8

2. Caisse a navire l'Annette, 1er voyage, F. 300, suivant le livre de caisse
— reçus de Melan pour son passage à Constantinople sur ledit navire,
11. ci .... F. 300

CAHIER DE NOTES N° 109. — La marchandise chargée sur le navire *l'Annette*
pour Constantinople ayant été vendue par Coste et Comp., de ladite ville, à qui
elle avait été consignée, et ceux-ci nous en ayant remis compte de vente en
P. 70,000, on doit débiter Coste et Comp. dans *notre compte,* puisqu'ils en ont
touché le montant dans leur monnaie.

Cet article est le même que dans la troisième opération de *marchandises de*
N/c. *chez divers;* puisque c'est une marchandise vendue au dehors pour N/c; il
n'y a de différence que dans le titre, qui doit être *Cargaison du navire l'Annette,*
1er *voyage.*

_______________ 9 *Avril* 18.. _______________

9. Coste et Comp., de Constantinople, n/c., a cargaison du navire l'Annette,
— 1ᵉʳ voyage, F. 52,500, valeur à 75 c. de P. 70,000. Suivant compte de vente
11. par sa lettre du......, net produit de 20 ballots draps de notre envoi
  par ledit navire........................... P. 70,000 F. 52,500

  CAHIER DE NOTES N° 110. — Coste et Comp., de Constantinople, ayant acheté
des marchandises des fonds qu'ils ont à nous par la vente qu'ils ont faite des draps,
et nous en ayant remis facture en P. 70,000, on doit les créditer par le débit de
la cargaison.

  Cet article est le même que celui de la quatrième opération d'*intérêts à diverses
marchandises*, puisque c'est une marchandise achetée pour n/c. dans une monnaie étrangère qu'on nous expédie, et que nous devons vendre, à la différence
du titre, qui est *Cargaison du navire l'Annette*, 1ᵉʳ *voyage*.

_______________ 10 _______________

11. Cargaison du navire l'Annette, 1ᵉʳ voyage, a Coste et Comp., de Cons-
— tantinople, n/c., F. 52,500, valeur à 75 c. de P. 70,000, suivant facture
9. par leur lettre du......, pour le coût et frais à 2,000 charges blé
  d'Odessa qu'ils ont chargées sur ledit navire, capitaine Florent,
  ci................................... P. 70,000 F. 52,500

  On doit toujours se servir dans cet armement de la même évaluation du change
sur la monnaie étrangère, car si on le variait la perte ou le bénéfice qui en résulterait serait idéal, les comptes qui les occasioneraient étant tous pour notre propre
compte.

  Si l'on avait chargé cette marchandise ou partie sur divers navires le débiteur
serait toujours la cargaison du navire *l'Annette*, 1ᵉʳ *voyage ;* mais on aurait soin
de désigner dans cet article les navires et capitaines qui en seraient les porteurs
suivant la teneur du connaissement ou des factures, si on en recevait.

  CAHIER DE NOTES N° 111. — On a fait assurer le navire et la cargaison de retour
de Constantinople, comme il conste par la note qui en a été faite dans le livre de
factures.

_______________ 11 _______________

  Divers a assurances générales, F. 1,524, suivant note de ce jour, pour
  assurance de sortie de Constantinople à Marseille sur corps et cargaison
  du navire *l'Annette*, capitaine Florent.
11. Navire l'Annette, 1ᵉʳ voyage, F. 449, pour prime sur F. 25,000, à 1 3/4,
  et police... F. 449
11. Cargaison du navire l'Annette, 1ᵉʳ voyage, F. 1,075, pour
— prime sur F. 60,000, à 1 3/4, et police.................... 1,075
4.   F. 1,524

  CAHIER DE NOTES N° 112. — D'après le livre de caisse on a encaissé deux effets
sur place que l'on passe au journal comme ci-après.

_______________ 12 _______________

2. Caisse a effets a recevoir, F. 11,400. Suivant le livre de caisse encaissé
— Un billet de Mezan au 10 avril.............. F. 5,400 ⎱
3. Traite sur Marion *id*................. 6,000 ⎰ F. 11,400

CAHIER DE NOTES N° 113. — Le capitaine Florent, en rendant compte de son voyage, remet son compte-courant, d'où l'on sépare ce qu'il a payé et reçu, soit à Constantinople, soit en toute autre ville, que l'on classe dans *notre compte* si c'est une monnaie étrangère, ou dans *son compte* si c'est en francs ; on le débite ou on le crédite par le crédit ou le débit du navire *l'Annette, 1ᵉʳ voyage,* en se servant pour notre compte du même change de 75 c. pour une piastre, comme il est dit à l'article n° 110.

—————————————————— 13 *Avril* 18.. ——————————————————

11.	NAVIRE L'ANNETTE, 1ᵉʳ voyage, AU CAPITAINE FLORENT, N/c., F. 1,950, valeur	
—	à 75 c. de P. 2,600, pour salaires payés à l'équipage à Constantinople,	
11.	ci. ,... P. 2,600 F. 1,950	

CAHIER DE NOTES N° 114. —

———————————————— 14 ————————————————

11.	LE CAPITAINE FLORENT, N/c., A NAVIRE L'ANNETTE, 1ᵉʳ voyage, F. 11,250,	
—	valeur à 75 c. de P. 15,000, pour nolis exigé à Constantinople sur les	
11.	marchandises chargées à Marseille pour compte de divers,	
	ci.. P. 15,000 F. 11,250	

CAHIER DE NOTES N° 115. — D'après le livre de caisse on a reçu le montant de deux effets sur la place.

———————————————— 15 ————————————————

2.	CAISSE A EFFETS A RECEVOIR, F. 13,934 12. Suivant le livre de caisse encaissé :	
—	Un billet de Fabre au 15 avril......... F. 6,657 12 ⎫ F. 13,994 12	
5.	Un billet de Garnier *id*............. 7,337 » ⎬	

CAHIER DE NOTES N° 116. —

———————————————— 16 ————————————————

11.	NAVIRE L'ANNETTE, 1ᵉʳ voyage, AU CAPITAINE FLORENT, s/c., F. 1,800, pour	
—	salaires payés à l'équipage à Marseille.................... F. 1,806	
12.		

Par cet article et le suivant nous sommes censés avoir chargé le capitaine Florent de payer les salaires de l'équipage et exiger le nolis des marchandises à bord de son navire pour compte de divers à Marseille ; ils sont passés tous les deux dans son compte, attendu qu'il a payé et reçu des francs.

CAHIER DE NOTES N° 117.

———————————————— 17 ————————————————

12.	LE CAPITAINE FLORENT, s/c., A NAVIRE L'ANNETTE, 1ᵉʳ voyage, F. 6,000, pour	
—	nolis exigé à Marseille sur les marchandises chargées à Constantinople pour	
11.	compte de divers................................... F. 6000	

Si nous avions exigé nous-mêmes ce nolis le capitaine n'en serait pas débité, mais ce serait notre caisse.

Si le capitaine avait fait des frais en route, qu'il eût relâché en quelque port à cause du mauvais temps, et qu'il eût perdu quelque voile qu'il eût remplacée, il les aurait portés dans le compte qu'il nous remettrait, et alors il en serait crédité dans *notre compte* ou dans *son compte*, suivant la monnaie qu'il y aurait porté.

Il en serait de même si notre correspondant lui avait compté quelque argent et qu'il en eût reçu du capitaine : ce serait à passer dans *notre compte*, puisqu'il aurait payé ou reçu en monnaie étrangère.

CAHIER DE NOTES N° 118. — Pour terminer avec le capitaine Florent on solde *notre compte* et on en porte le solde dans *son compte;* pour connaître ce solde on additionne dans le grand-livre les colonnes en piastres du débit et du crédit, qui donnent un solde de P. 12,400 qu'on évalue à 75 c. l'une, faisant F. 9,300 que l'on porte dans la colonne des francs.

—————————————————— 18 *Avril* 18.. ——————————

12. LE CAPITAINE FLORENT, s/c., A LUI-MÊME, N/c., F. 9,300, valeur à 75 c. de
—   P. 12,400, solde de notre compte porté dans le sien. P. 12,400   F. 9,300
11.

CAHIER DE NOTES N° 119. — Le capitaine Florent paie comptant le solde de son compte.

———————————————————— 19 ——————————————————

2. CAISSE AU CAPITAINE FLORENT, s/c., F. 13,500. Suivant le livre de caisse reçu
—   comptant pour solde de son compte......................... F. 13,500
12.

CAHIER DE NOTES N° 120. — Nous avons vendu à Mille les 2,000 charges blé d'Odessa que nous avons reçues par le navire *l'Annette,* et trouvant cette vente passée au livre d'achats et ventes, ainsi que le paiement, on la passe sur le journal comme suit.

———————————————————— 20 ——————————————————

DIVERS A MARCHANDISES GÉNÉRALES, F. 60,000. Suivant le livre d'achats et
    ventes vendu à Mille 2,000 charges blé d'Odessa du compte du 1er voyage
    du navire *l'Annette,* à F. 30 la charge, payables demie comptant et demie
    fin avril.
2. CAISSE, F. 30,000. Suivant le livre de caisse reçu comptant... F. 30,000
6. EFFETS A PAYER, F. 15,000. Reçu en paiement notre billet au
        30 avril, ordre Planche.............................. 15,000
3. EFFETS A RECEVOIR, F. 15,000. Reçu pour solde son billet au
—   30 avril à notre ordre.............................. 15,000
7.   F. 60,000

Par l'article N° 104 on a vu les raisons que je donne pour employer le compte de *marchandises générales* au lieu de celui du navire.

CAHIER DE NOTES N° 121. — La marchandise du compte du 1er voyage du navire *l'Annette* ayant été vendue et le compte de vente ayant été dressé dans le livre de factures, on en crédite la cargaison dudit navire : c'est comme à la deuxième opération.

———————————————————— 21 ——————————————————

7. MARCHANDISES GÉNÉRALES A DIVERS, F. 60,000, suivant compte de vente de
—   ce jour, pour le montant de 2,000 charges blé d'Odessa du compte du
        1er voyage du navire *l'Annette,* d'envoi de Coste et Comp., de Constan-
        tinople, par ledit navire.
11. A CARGAISON DU NAVIRE L'ANNETTE, 1er voyage, F. 58,000, pour le net
        produit...................................... F. 58,000
6. A DÉPENSES GÉNÉRALES, F. 2,000, pour les frais............ 2,000
                                                          F. 60,000

CAHIER DE NOTES N° 122. — Le navire *l'Annette* devant être employé à un second voyage, on n'en passe pas une vente, mais on en porte le montant en compte nouveau avec une moins value de F. 2,008, attendu le dommage qu'il peut avoir éprouvé dans le premier voyage et les réparations qu'on peut être obligé d'y faire, qui seront comprises dans le second voyage.

D. Pourquoi portez-vous le navire en compte nouveau?

R. Le navire ayant été débité du coût lors de l'achat doit être crédité de la vente, ou, ce qui est la même chose, d'un transport à nouveau de son évaluation, en supposant qu'on le garde et qu'on voulût l'employer pour un second voyage; c'est un capital qui existe et qu'on est obligé de faire sortir au crédit pour connaître le résultat du bénéfice ou de la perte que l'expédition de ce navire aura donnée.

Il en est de même pour la cargaison : si l'ami à qui on l'expédie pour la vendre n'en avait vendu qu'une partie, et que l'on fût bien aise de régler ce premier voyage et connaître ce que cette cargaison aurait donné de perte ou de bénéfice, on serait obligé de porter à nouveau les marchandises invendues et existantes sur les lieux chez l'ami à qui on les aurait adressées, leur donner la même évaluation que celle portée dans la facture d'achat, et le résultat du débit au crédit serait le bénéfice ou la perte.

J'en donne un exemple dans le deuxième armement, n° 151.

————————————————————— 22 *Avril* 18.. —————————

11. NAVIRE L'ANNETTE, 2ᵉ voyage, A LUI-MÊME, 1ᵉʳ voyage, F. 23,000, pour
—   transport à nouveau de l'évaluation donnée audit navire avec tous ses
11.   agrès et apparaux.................................... F. 23,000

CAHIER DE NOTES N° 123. — Comme l'on a ouvert dans l'expédition du navire *l'Annette* deux comptes séparés, l'un pour le navire et l'autre pour la cargaison, et que l'on est bien aise de connaître le véritable résultat de cette expédition dans l'un et l'autre compte, on doit grever la cargaison du nolis de la marchandise que l'on a chargée pour notre compte sur ce navire, puisque l'on serait obligé de payer ce nolis si on l'avait chargée sur tout autre navire, et l'on doit en créditer le navire qui l'a portée.

————————————————————— 23 ————————————————

11. CARGAISON DU NAVIRE L'ANNETTE, 1ᵉʳ voyage, A NAVIRE L'ANNETTE, 1ᵉʳ
—   voyage, F. 10,600, pour le nolis sur
11.   20 balles draps chargées pour Constantinople. F.   600 ⎫
         2000 charges blé d'Odessa chargées en retour.   10,000 ⎬ F. 10,600

Cet article sera supprimé si l'on ne fait qu'un seul compte du navire et de la cargaison.

CAHIER DE NOTES N° 124. — Tous les comptes ayant rapport à l'expédition du 1ᵉʳ voyage du navire *l'Annette* étant réglés, les marchandises vendues et tous les frais payés, on doit solder les comptes du navire et de la cargaison par *profits et pertes*. En conséquence on additionne d'après le grand-livre le débit et le crédit du compte du navire, et, trouvant que le crédit de ce compte est plus fort que le débit d'une somme de 16,941, qui est un bénéfice, on le passe sur le journal comme ci-après.

————————————————————— 24 ————————————————

11. NAVIRE L'ANNETTE, 1ᵉʳ voyage, A PROFITS ET PERTES, F. 16,941, pour le
—   bénéfice net fait dans la première expédition de ce navire à Constanti-
8.   nople... F. 16,941

Pour ne pas renvoyer à la note qui est à la suite du n° 99 je répèterai que quand le débit d'un compte général qui représente le négociant est plus fort que le crédit la différence est une perte, et quand, par contraire, c'est le crédit qui est plus fort que le débit cette différence est un bénéfice.

CAHIER DE NOTES N° 125. — On fait de même que ci-dessus pour solder le compte de la cargaison; on additionne d'après le grand-livre le débit et le crédit, et, trouvant que la somme du débit excède celle du crédit de F. 2,635, qui est une perte, on la passe sur le journal comme ci-après.

————————————— 25 *Avril* 18.. —————————————

8.   PROFITS ET PERTES A CARGAISON DU NAVIRE L'ANNETTE, 1er voyage, F. 2,635,
—   pour le net de la perte éprouvée sur la cargaison de la première expédi-
11.   tion dudit navire à Constantinople....................... F. 2,635

CAHIER DE NOTES N° 126. — Ayant en caisse des fonds disponibles et désirant les faire valoir, nous prenons des effets sur la place, et de préférence nos billets ordre Planche, qui se trouvent en mains de Barricle, qui nous les négocie.

Par la note de négociation que l'on doit avoir sous les yeux pour passer cet article sur le journal, on voit qu'on nous a bonifié la somme de F. 66 pour agio de six jours sur celle de 33,000. Notre débiteur se trouve donc les *effets à payer*, puisque nous prenons nos billets, et les créditeurs sont la *caisse* pour le net des effets qu'on nous donne et que nous payons comptant, et les *intérêts généraux* pour l'agio de six jours qu'on nous bonifie.

————————————————— 26 —————————————————

6.   EFFETS A PAYER A DIVERS, F. 33,000. Suivant note de négociation de ce jour
—   pris de Barricle nos billets ci-après :
     F. 10,000)
        12,000 } Au 30 avril, ordre Planche.
        11,000)
2.   A CAISSE, F. 32,934. Suivant le livre de caisse remis comptant
       pour le net... F. 32,934
6.   A INTÉRÊTS GÉNÉRAUX, F. 66, pour agio................   66
                                                          ——————————
                                                          F. 33,000

D. Pourquoi passez-vous les agios dans un compte d'*intérêts généraux*, au lieu de passer le net des effets que l'on prend, dont il ne serait fait aucune mention par ce moyen?

R. Les effets à recevoir et les effets à payer doivent se solder par eux-mêmes, comme je l'ai dit dans mon avant-propos; de sorte que si en les prenant ou en les donnant par notes de négociation ils supportent un agio, cet agio est un intérêt produit par l'argent que l'on donne ou que l'on reçoit, et doit être porté dans un compte ouvert à ce sujet intitulé *Intérêts généraux*, qui comprendra pareillement le solde des intérêts d'un compte-courant. (*Voir* le N° 217.)

D. Pourquoi ne pas les passer dans le compte de *profits et pertes?*

R. Le compte *profits et pertes* étant, comme je l'ai dit dans mon avant-propos, un des cinq comptes généraux qui représentent le négociant, et devant renfermer à droiture tout ce qui est bénéfice ou perte nette, paraîtrait devoir figurer à la place d'*intérêts généraux;* mais, je le répète, comme un négociant est bien aise à l'époque d'un bilan de se rendre compte du détail d'où peut venir tel bénéfice ou telle perte, et surtout de connaître ce que son argent lui aura rendu d'intérêt dans le courant de l'année, il convient alors d'ouvrir un compte particulier à cet agio. Au reste, le compte de *profits et pertes,* comme je l'ai déjà dit, ne doit être ouvert que pour les bénéfices nets et les pertes nettes, et les soldes des comptes généraux qui sont dans le cas d'être soldés par des différences et des bonifications particulières; il ne doit y entrer aucun détail séparé des comptes d'*intérêts généraux*, *provisions*, *dépenses*, ou autres articles dans ce genre, qui y seront portés par les soldes que ces comptes donneront lorsqu'on fera un bilan ou qu'on voudra les solder avant ce bilan.

CAHIER DE NOTES N° 127. — Nous négocions à Vincent deux effets sur Paris contre trois effets sur la même place d'après la note de négociation qui en a été faite.

—————————— 27 *Avril* 18.. ——————————

5. EFFETS SUR FRANCE A EUX-MÊMES, F. 31,521. Suivant note de négociation
— de ce jour négocié à Vincent :
5.   F. 26,000 du 17 février, à 90 jours.
          5,600 du 25 mars, à 60 jours.

     F. 31,600 sur Paris, à 1/4 p. cent perte................ F. 31,521

Reçu en paiement :
     F. 14,000
          8,000
        10,164

     F. 32,164 du 24 avril, à 100 j., sur Paris, à 2 p. cent perte. F. 31,521

Deuxième armement par intéressés sur le corps et intéressés sur la cargaison.

D. Qu'entend-on par cet armement?

R. C'est lorsqu'un armateur cède un intérêt quelconque à une ou plusieurs personnes, soit sur le corps, soit sur la cargaison.

Cet armement est exactement conforme au premier, et j'y renvoie pour les articles qui y ont rapport si on avait besoin d'y avoir recours.

CAHIER DE NOTES N° 128. — Benoît et Martin d'après le livre de caisse nous comptent chacun une somme pour leur céder un intérêt sur le corps et sur la cargaison du navire *l'Annette* dans son second voyage pour Livourne.

On ne leur ouvre point de compte particulier, mais on les met dans un seul compte qui sera intitulé *Intéressés sur le deuxième voyage du navire l'Annette*, et qui sera conforme à celui de *divers particuliers;* de sorte qu'on doit les créditer dans ce compte par le débit de la *caisse*, qui reçoit.

—————————— 28 ——————————

2. CAISSE A INTÉRESSÉS sur le 2ᵉ voyage du navire *l'Annette* à Livourne, F. 20,000.
— Suivant le livre de caisse reçu de divers, savoir :
12.   Benoît, en ville, pour un intérêt que nous lui cédons sur le corps dudit
     navire .... F. 8,000 ⎞
     Martin, en ville, pour un intérêt que nous lui   ⎬ F. 20,000
     cédons sur la cargaison dudit navire..... 12,000 ⎠

Cependant on pourrait ouvrir séparément un compte-courant aux intéressés, mais il est à préférer de les trouver réunis dans un seul compte.

L'achat du navire ne figure pas dans le journal par un nouvel article, puisque ce compte a été porté à nouveau avant de solder le premier voyage. (N° 122.)

CAHIER DE NOTES N° 129. —

———————— 29 *Avril* 18.. ————————

13. NAVIRE L'ANNETTE, 2ᵉ voyage, A CAISSE, F. 3,800. Suivant le livre de caisse
—   payé pour frais de carénage, achat de voiles et autres frais... F. 3,800
2.

CAHIER DE NOTES N° 130. — Par le cahier de notes nous achetons 200 barriques
vin rouge et 60 barriques sucre pour former la cargaison du 2ᵉ voyage du navire
l'Annette, et trouvant par le cahier d'achats et ventes que les paiemens qui étaient
à terme avaient été anticipés moyennant un agio, on débite les marchandises,
d'après les raisons données à l'article N° 104.

———————————————— 30 ————————————————

7. MARCHANDISES GÉNÉRALES A DIVERS, F. 10,000. Suivant le livre d'achats et
—   ventes acheté de Garnier 200 barriques vin rouge, de 29 à 30 veltes, à
       F. 60 la barrique, payables au 15 mai.
2. A CAISSE, F. 11,970. Suivant le livre de caisse remis comptant.. F. 11,970
6.   A INTÉRÊTS GÉNÉRAUX, F. 30, pour agio....................   30
                                            F. 12,000

CAHIER DE NOTES N° 131. —

———————— 1ᵉʳ *Mai* 18.. ————————

7. MARCHANDISES GÉNÉRALES A DIVERS, F. 40,924 80. Suivant le livre d'achats
—   et ventes acheté de Beraud 60 barriques sucre brut pesant net K. 28,408,
       à F. 147 les 100 kil., escompte 2 pour cent, payables demie comptant et
       demie fin mai.
3. A EFFETS A RECEVOIR, F. 25,000. Remis en paiement :
       Billet de Mille au 30 avril.............. F. 15,000 }
       Traite sur Gibert   *id*................. 10,000 } 25,000   »
6. A EFFETS A PAYER, F. 15,902 07. Remis pour solde notre billet
       à son ordre fin mai............................ 15,902 07
6. A INTÉRÊTS GÉNÉRAUX, F. 22 73, pour agio sur F. 4,549 50,
       excédant de la demie comptant....................... 22 73
                               F. 40,924 80

D. Dans l'article ci-dessus d'où vient que l'escompte bonifié sur la marchandise n'est pas joint à celui du prompt paiement?

R. Tout escompte accordé sur une marchandise ne doit jamais être passé dans
le compte d'*intérêts généraux*, il ne regarde que la marchandise et il est à déduire
sur son montant; c'est un bénéfice pour la marchandise qui réduit le prix auquel
on l'achète : au lieu que l'escompte qui est bonifié sur un paiement regarde la
caisse et doit être considéré comme un agio que l'argent qu'on a de disponible
procure, attendu que devant payer plus tard on anticipe ce paiement.

CAHIER DE NOTES N° 132. — Pour ne pas laisser passer les effets à payer échus
on en fait écriture sur le journal d'après le livre de caisse.

———————————————— 1 ————————————————

6. EFFETS A PAYER A CAISSE, F. 32,000. Suivant le livre de caisse payé nos billets
—   ci après :
2.   Ordre Favre fin avril.................... F. 8,000 }
                                     8,000 }
       Ordre Romans   *id*................. { 9,000 } F. 32,000
                                     7,000 }

CAHIER DE NOTES N° 133. —

———————— 2 *Mai* 18.. ————————

14. CARGAISON DU NAVIRE L'ANNETTE, 2ᵉ voyage, A DIVERS, F. 55,901 30, suivant
— facture de ce jour, pour le coût et frais des marchandises ci-après chargées
sur ledit navire, capitaine Florent, en destination pour Livourne, à l'adresse
et consignation de Leontini, de ladite ville.

7. A MARCHANDISES GÉNÉRALES, F. 52,924 80, pour le coût de
200 barriques vin rouge.......... F. 12,000 » }
60 barriques sucre brut......... 40,924 80 } F. 52,924 80
6. A DÉPENSES GÉNÉRALES, F. 1,900, pour les frais.......... 1,900 »
6. A PROVISIONS *, F. 1,076 50, pour notre commission..... 1,076 50
————————
F. 55,901 30

* Dans le premier armement il n'y a pas eu de commission parce qu'il regardait en entier l'armateur ; mais
la commission est due dans le second armement, attendu qu'il y a des intéressés , et qu'il doit en être de même
lorsqu'il y a des intéressés et qu'on est chargé de gérer.

CAHIER DE NOTES N° 134. — L'argent qu'on retire des passagers pour leur
passage sur un navire regarde le navire, et on doit l'en créditer.

———————— 3 ————————

2. CAISSE A NAVIRE L'ANNETTE, 2ᵉ voyage, F. 500. Suivant le livre de caisse reçu
— de deux passagers pour leur passage à Livourne sur ledit navire. F. 500
13.

CAHIER DE NOTES N° 135. — Les assurances faites sur corps et cargaison du
navire doivent être passées séparément, attendu qu'il y a des intéressés sur le
corps et des intéressés sur la cargaison du navire, et que les intéressés sur le corps
du navire ne doivent pas participer aux frais que la cargaison peut faire : ainsi on
doit passer au journal comme dans le premier armement.

———————— 4 ————————

13. NAVIRE L'ANNETTE, 2ᵉ voyage, A ASSURANCES GÉNÉRALES, F. 385. Suivant
— note de ce jour, pour assurance d'entrée à Livourne sur le corps dudit
4. navire, cap. Florent, sur F. 25,000, à 1 p. cent, et police. F. 260 }
Notre commission à 1/2 p. cent.................... 125 } F. 385

CAHIER DE NOTES N° 136. —

———————— 5 ————————

14. CARGAISON DU NAVIRE L'ANNETTE, 2ᵉ voyage, A ASSURANCES GÉNÉRALES, F. 830.
— Suivant note de ce jour, pour assurance d'entrée à Livourne sur facultés à
4. bord dudit navire, capitaine Florent, sur F. 54,000, à 1 p. cent, et
police.. F. 560 }
Notre commission à 1/2 p. cent.................... 270 } F. 830

D. Pourquoi ne passez-vous pas la commission sur les assurances séparément
comme aux autres factures ?

R. Quand la commission provient de l'assurance on peut la laisser dans ce
compte, qui se solde par *profits et pertes.* Elle doit compenser les pertes qui
pourraient résulter de ce compte d'assurances dans le cas qu'on gardât quelques
risques pour son propre compte. Du reste, si on le préfère, on peut porter cette
commission dans le compte général de *provisions ;* cela serait préférable.

D. Ne serait-il pas mieux d'ouvrir un compte aux assureurs ?

R. Oui ; mais cela n'empêcherait pas d'ouvrir le compte *d'assurances générales* d'après la note d'assurance qui serait faite dans le livre de factures. L'on

débiterait ce compte par le crédit de celui d'*assureurs divers* quand cette assurance serait tout-à-fait remplie et que l'on aurait sous les yeux la police ou la note que le notaire d'assurance aurait donnée. En passant l'article sur le journal on serait forcé de détailler les noms des assureurs pour pouvoir également les détailler sur le grand-livre, afin de pouvoir les croiser au fur et à mesure qu'on viendrait à les payer séparément ou en totalité par les mains du notaire d'assurance.

(J'en donnerai un exemple dans le troisième armement par actions, article N° 181.)

CAHIER DE NOTES N° 137.

———————————————— 6 *Mai* 18. . ————————————————

13. NAVIRE L'ANNETTE, 2ᵉ voyage, A CAISSE, F. 1,100. Suivant le livre de caisse,
—   pour achat de divers sacs légumes, biscuits, etc.; poteries et autres objets
2.   pour servir à l'avitaillement et usage du navire. . . . . F. 1,100

Ces objets sont ordinairement portés dans le livre de caisse en détail, et l'on aurait l'attention de les détailler de même sur le journal.

D. Pourquoi ne débitez-vous pas la cargaison de ces objets au lieu du navire? n'est-ce pas une marchandise?

R. Ces objets, quoique marchandise, ne devant pas se vendre et étant pour l'usage du navire, doivent entrer dans le compte du navire, attendu que les uns servent à nourrir l'équipage, et que les autres sont employés pour son usage. (*Voyez* l'article N° 106.)

CAHIER DE NOTES N° 138. — Leontini, de Livourne, à qui nous avons expédié la cargaison du 2ᵉ voyage du navire *l'Annette*, ayant vendu portion de ces marchandises, nous en remet compte de vente se montant dans sa monnaie à P. 9,000 : on doit donner une évaluation à ces P. 9,000 au change du jour, qui est censé être 100 s., soit F. 5 pour une piastre, et on le débite par le crédit de la cargaison dudit navire.

(Même article que dans la troisième opération de ce Cours N° 20 ou celui du premier armement N° 109.)

———————————————— 7 ————————————————

10. LEONTINI, de Livourne, N/C., A CARGAISON DU NAVIRE L'ANNETTE, 2ᵉ voyage,
—   F. 45,000, valeur à F. 5 de P. 9,000, suivant compte de vente par sa lettre
14.   du. . . . . ., net produit de 60 barriques sucre brut de notre envoi,
ci. . . . . P. 9,000   F. 45,000

CAHIER DE NOTES N° 139. — Des 200 barriques vin rouge expédiées à Leontini, de Livourne, celui-ci ne nous remet compte de vente que de 100 barriques, se montant à P. 2,000, les 100 autres barriques étant restées invendues entre ses mains : on passe écriture sur le journal de ces 100 barriques, dont Leontini donne compte de vente, en évaluant toujours la piastre au même change de F. 5 l'une.

———————————————— 8 ————————————————

10. LEONTINI, de Livourne, N/C., A CARGAISON DU NAVIRE L'ANNETTE, 2ᵉ voyage,
—   F. 10,000, valeur à F. 5 de P. 2,000. Suivant compte de vente par sa
14.   lettre du. . . . . ., net produit de 100 barriques vin rouge de notre envoi
par ledit navire. . . . . P. 2,000   F. 10,000

On aura soin, comme je l'ai dit à l'article N° 110, de se servir du même change pour tout ce qui concernera l'évaluation de la monnaie étrangère dans une expédition, étant inutile de faire supporter un bénéfice ou une perte dans les comptes qui la composent, puisque en résultat cette différence appartiendrait à cette expédition et serait idéale.

CAHIER DE NOTES N° 140. — Leontini, de Livourne, ayant à nous faire passer le montant de la cargaison du navire *l'Annette,* qu'il a vendue, nous a acheté 300 sacs poivre noir qu'il a été obligé de charger sur le navire *la Sapho,* capitaine Jourdan, ayant nolisé notre navire *l'Annette* pour Smyrne; il nous remet facture de ces 300 sacs poivre, se montant à P. 11,000 auxquelles on donne la même évaluation de F. 5.

——————————————— 9 *Mai* 18.. ———————————————

14. CARGAISON DU NAVIRE L'ANNETTE, 2ᵉ voyage, A LEONTINI, de Livourne, N/C.,
—   F. 55,000, valeur à F. 5 de P. 11,000. Suivant facture par sa lettre du....,
10.   pour le coût et frais à 300 sacs poivre noir qu'il a chargés sur le navire
    la Sapho, capitaine Jourdan............... P. 11,000   F. 55,000

CAHIER DE NOTES N° 141. — A la réception du connaissement des 300 balles poivre ci-dessus nous en avons fait assurer la valeur, que nous avons portée à F. 70,000, suivant la note d'assurance au livre de factures.

——————————————— 10 ———————————————

14. CARGAISON DU NAVIRE L'ANNETTE, 2ᵉ voyage, A ASSURANCES GÉNÉRALES, F. 893.
—   Suivant note de ce jour, pour assurance de sortie de Livourne pour Mar-
4.   seille sur facultés en poivre chargées à bord du navire *la Sapho,* capitaine
    Jourdan, sur F. 70,000, à 3/4 p. cent, et police..... F. 543 }
    Notre commission à 1/2 p. cent.................... 350 } F. 893

CAHIER DE NOTES N° 142. — Leontini, de Livourne, par sa lettre du...... nous dit avoir affrété notre navire *l'Annette* pour aller prendre un chargement de cotons à Smyrne, pour de là le conduire à Marseille pour le prix fait de F. 15,000. Nous avons pourvu à l'assurance sur le corps de ce navire, et on la passe en écriture sur le journal comme ci-après.

——————————————— 11 ———————————————

13. NAVIRE L'ANNETTE, 2ᵉ voyage, A ASSURANCES GÉNÉRALES, F. 514. Suivant note
—   de ce jour, pour assurance de Livourne à Smyrne, et de Smyrne à Mar-
4.   seille, sur le corps du navire *l'Annette,* capitaine Florent, sur F. 25,000,
    à 1 1/2 p. cent, et police....................... F. 389 }
    Commission à 1/2 p. cent........................ 125 } F. 514

CAHIER DE NOTES N° 143. — Le capitaine Florent au retour de son voyage nous remet son compte général, d'après lequel il résulte qu'il a payé P. 600 pour divers objets.

——————————————— 12 ———————————————

13. NAVIRE L'ANNETTE 2ᵉ voyage, AU CAPITAINE FLORENT, N/C., F. 3,000, valeur
—   à F. 5 de P. 600, suivant l'extrait de N/C.
11. Frais faits à Livourne pour compte du navire....... P. 200
    Frais en route occasionés par le mauvais temps..... 100
    Salaires payés à l'équipage à Livourne............. 300

                                       P. 600   F. 3,000

On doit, comme je l'ai dit à l'article N° 113, ouvrir deux comptes au capitaine Florent, l'un en monnaies étrangères et l'autre en francs.

CAHIER DE NOTES N° 144. — Le capitaine Florent ayant touché à Livourne un nolis de P. 800 sur les marchandises chargées sur son navire pour compte de divers, et le trouvant porté dans son compte-courant, on doit en créditer le navire.

Toutes les sommes données et reçues qui se trouvent dans le compte-courant remis par le capitaine et qui ne sont pas marchandises doivent être passées dans le compte du navire.

———————————————— 13 *Mai* 18.. ————————————————

11. Le capitaine Florent, n/c., a navire l'Annette, 2ᵉ voyage, F. 4,000,
—   valeur à F. 5 de P. 800. Suivant son compte, pour autant qu'il a exigé à
13.   Livourne pour nolis sur marchandises chargées à Marseille pour compte
     de divers....................................... P. 800   F. 4,000

CAHIER DE NOTES N° 145. — Le capitaine Florent nous ayant remis pour son
compte 600 piastres fortes de 8 réaux, et les ayant vendues de suite à F. 5 25
l'une, on l'en crédite dans son compte, puisque nous avons vendu dans notre
monnaie et que nous avons touché des francs.

———————————————————— 14 ————————————————————

2.   Caisse au capitaine Florent, s/c., F. 3,150. Suivant le livre de caisse vendu
—   à Maurin P. 600 de 8 réaux, à F. 5 25.................... F. 3,150
12.

     CAHIER DE NOTES N° 146. — Nous avons compté au capitaine Florent une somme
de F. 1,200 pour payer l'équipage.

———————————————————— 15 ————————————————————

13.   Navire l'Annette, 2ᵉ voyage, a caisse, F. 1,200. Suivant le livre de caisse
—   pour autant remis au capitaine Florent pour payer l'équipage. F. 1,200
2.

     CAHIER DE NOTES N° 147. Le capitaine Florent ayant été nolisé à Livourne pour
aller prendre à Smyrne un chargement de cotons et le conduire à Marseille, nous
donne la somme qu'il a touchée ici pour son nolissement en F. 15,000, et nous en
créditons le navire *l'Annette*.

     On créditerait de même le navire s'il avait été nolisé sur les lieux pour aller
d'une plage à l'autre, au lieu de venir à Marseille, et le capitaine, qui en aurait
touché le montant, en serait débité dans notre compte.

———————————————————— 16 ————————————————————

2.   Caisse au navire l'Annette, 2ᵉ voyage, F. 15,000. Suivant le livre de
—   caisse reçu de Bertault pour le fret de 400 balles cotons chargées pour s/c.
13.   à Smyrne sur ledit navire................................. F. 15,000

     CAHIER DE NOTES N° 148. — Par le cahier d'achats et ventes on voit la vente
faite à Nègre des 300 sacs poivre noir d'envoi de Leontini et du compte de la
cargaison du 2ᵉ voyage du navire *l'Annette*, au prix de F. 225 les 100 kil.,
payables au 15 juin prochain.

———————————————————— 17 ————————————————————

3.   Effets a recevoir a marchandises générales, F. 67,500. Suivant le livre
—   d'achats et ventes vendu à Nègre 300 sacs poivre noir *du compte du*
7.   2ᵉ voyage de la cargaison du navire *l'Annette*, pesant net K. 30,000, à
     F. 225 le cent, payables en ses billets de

      F. 15,000 ⎫
         18,000 ⎪
         20,000 ⎬   Au 15 juin prochain.................... F. 67,500
         14,500 ⎭

     Voir à l'article N° 104 la raison pour quoi l'on doit débiter ou créditer plutôt le compte de *marchandises*
générales que la cargaison du navire.

CAHIER DE NOTES N° 149. — Quand la marchandise est toute vendue on en dresse le compte de vente dans le livre de factures, et l'on crédite la cargaison de son net produit.

——————————— 18 *Mai* 18.. ———————————

7.   MARCHANDISES GÉNÉRALES A DIVERS, F. 67,500, suivant compte de vente de
—   ce jour, pour le montant de 300 sacs poivre noir du compte du 2ᵉ voyage
        du navire *l'Annette* et d'envoi de Leontini, de Livourne, par le navire *la
        Sapho*, capitaine Jourdan.
14.   A CARGAISON DU NAVIRE L'ANNETTE, 2ᵉ voyage, F. 58,350, pour le net produit,
        ci. . . . . F. 58,350
6.   A DÉPENSES GÉNÉRALES, F. 7,800, pour les frais.   7,800
6.   A PROVISIONS, F. 1,350, pour notre commission.   1,350
                                                                                 ——————
                                                                              F. 67,500

CAHIER DE NOTES N° 150. — Tous les comptes de ce second armement passés au journal et la marchandise vendue, il ne reste plus qu'à terminer cette expédition : à cet effet on commence par vendre le navire.

——————————— 19 ———————————

2.   CAISSE AU NAVIRE L'ANNETTE, 2ᵉ voyage, F. 20,000. Suivant le livre de caisse
—   vendu à Flory ledit navire avec tous ses agrès et apparaux. . F. 20,000
13.

CAHIER DE NOTES N° 151. — Voulant solder la cargaison du navire *l'Annette*, et trouvant qu'il reste encore 100 barriques vin rouge invendues chez Leontini, de Livourne, on les porte à nouveau pour la même valeur qu'on les a achetées.

——————————— 20 ———————————

14.   CARGAISON DU NAVIRE L'ANNETTE, 2ᵉ voyage, compte nouveau, A ELLE-MÊME,
—   compte vieux, F. 6,250, pour transport à nouveau de 100 barriques vin
14.   rouge invendues chez Leontini, de Livourne. . . . . F. 6,250

On peut, si on l'aime mieux, ouvrir un compte particulier intitulé *Marchandises du 2ᵉ voyage du navire l'Annette à Livourne,* pour la marchandise invendue.

CAHIER DE NOTES N° 152. — Pour solder le compte du capitaine Florent, N/C, et en porter le solde dans s/c., on doit donner aux piastres la même évaluation que précédemment.

——————————— 21 ———————————

12.   LE CAPITAINE FLORENT, s/c, A LUI-MÊME, N/C., F. 1,000, valeur à F. 5 de
—   P. 200, solde de notre compte porté au débit de son compte,
11.   ci. . . . . P. 200   F. 1,000

CAHIER DE NOTES N° 153. — On voit par le cahier de notes que le capitaine Florent a été payé de la somme de F. 2,150 pour solde de son compte.

——————————— 22 ———————————

12.   LE CAPITAINE FLORENT, s/c., A CAISSE, F. 2,150. Suivant le livre de caisse à
—   lui payé pour solde. . . . . F. 2,150
2.

CAHIER DE NOTES N° 154. — Avant de solder la cargaison du navire *l'Annette* on doit la débiter du nolis d'entrée à Livourne et de sortie sur les marchandises qu'on a chargées sur ledit navire, qui est un bénéfice dont le navire doit être crédité.

23 Mai 18 . .

14.   CARGAISON DU NAVIRE L'ANNETTE, 2e voyage, A NAVIRE L'ANNETTE, 2e voyage,
—   F. 5,500, pour nolis d'entrée à Livourne sur 200 barriques vin et sur
13.   60 barriques sucre chargées sur ledit navire . . . . F. 5,500

Comme le navire *l'Annette* n'a rien porté pour nous en retour et qu'il a été
affrété pour un autre, il ne doit pas être crédité par la cargaison, comme dans le
premier armement.

     CAHIER DE NOTES N° 155, 156. — N'ayant plus rien à passer sur les comptes
du navire *l'Annette* ainsi que de la cargaison, on doit les solder; et ayant fait les
additions du navire et de la cargaison d'après le compte ouvert sur le grand-
livre, il résulte que le bénéfice fait dans ce second voyage se monte à F. 12,001
pour le navire et F. 1,475 70 pour la cargaison, et on doit en créditer les intéressés sur ce second voyage, chacun suivant son intérêt.

     Pour trouver ce qui revient à chaque intéressé sur le bénéfice on fait une règle de trois et on la pose comme
ci-après :

     Si F. 52,999, montant du débit, donnent F. 12,001, bénéfice net, combien F. 8,000, intérêt de Benoît? Le
résultat sera F. 2,909 45 au crédit de Benoît, et F. 9,091 67 pour notre intérêt.

24

13.   NAVIRE L'ANNETTE, 2e voyage, A DIVERS, F. 12,001, pour le bénéfice net
—   fait sur le 2e voyage dudit navire expédié à Livourne.
12.   A INTÉRESSÉS AU 2e voyage à Livourne dudit navire (BENOÎT), F. 2,909 43, pour
      son intérêt de F. 8,000 sur F. 12,001. Bénéfice net . . . . . . F.   2,909 43
8.   A PROFITS ET PERTES, F. 9,091 57, pour solde dudit bénéfice.   9,091 57

F. 12,001   »

On se rappellera qu'avant de solder un compte on fera attention de voir si on
n'a rien oublié, soit au débit, soit au crédit. Si c'est un compte de marchandise,
voir si la marchandise est toute sortie, afin de porter à nouveau celle qui resterait
invendue à cette époque, et se bien assurer de la justesse des additions.

     On opère pour trouver l'intérêt de chaque intéressé de la cargaison de la même manière que pour le navire.
On fait une règle de trois comme au navire en disant : Si F. 118,24, montant du débit de la cargaison, donnent
F. 1,475 70, bénéfice net, combien F. 12,000, intérêt de Martin? Le résultat se trouve pour Martin F. 149 92,
et pour notre intérêt F. 1,325 78.

25

14.   CARGAISON DU NAVIRE L'ANNETTE, 2e voyage, A DIVERS, F. 1,475 70, pour
—   bénéfice net sur la cargaison dudit navire dans son voyage à Livourne.
12.   A INTÉRESSÉS au 2e voyage du navire *l'Annette* (MARTIN), F. 149 92, pour
      intérêt de F. 12,000 sur F. 1,475 70. Bénéfice net . . . . F.   149 92
8.   A PROFITS ET PERTES, F. 1,325 78, pour solde du bénéfice ci-
      dessus 1,325 78

F. 1,475 70

     CAHIER DE NOTES N° 157. — D'après le livre de caisse BENOÎT a reçu une somme
de F. 6,000 comptant à valoir sur son intérêt sur le corps du navire *l'Annette*.

26

12.   INTÉRESSÉS au 2e voyage du navire *l'Annette* (BENOÎT), A CAISSE, F. 6,000.
—   Suivant le livre de caisse à lui remis comptant à valoir sur son intérêt sur
2.   le corps dudit navire . . . . F. 6,000

Cahier de notes n°158. — Nous remettons aussi à Martin à compte de son intérêt sur la cargaison du navire *l'Annette* un billet de Nègre au 15 juin de F. 14,500.

———————————————— 27 *Mai* 18.. ————————————————

12.   Intéressés au 2ᵉ voyage du navire *l'Annette* (Martin) a effets a recevoir,
—   .   F. 14,500. A lui remis un billet de Nègre au 15 juin, à valoir sur son
3 .   intérêt sur la cargaison dudit navire...................... F. 14,500

Cahier de notes n° 159. — Leontini, de Livourne, qui avait encore chez lui invendues 100 barriques vin rouge du compte du 2ᵉ voyage du navire *l'Annette*, les ayant vendues, nous en remet le compte de vente en P. 900, dont il nous crédite.

Le compte de vente, comme je l'ai déjà dit, ne donnant que la somme en monnaies étrangères, la seule que l'ami connaît, puisque c'est celle qui est sur ses livres, on est obligé de lui donner une évaluation au cours du jour en voulant passer cet article au journal, que l'on suppose être F. 5 05 pour une piastre.

———————————————— 28 ————————————————

10.   Leontini, de Livourne, n/c., a cargaison du navire l'Annette, 2ᵉ voyage,
—   F. 4,545, valeur à F. 5 05 de P. 900. Suivant compte de vente par sa lettre
14.   du....., net produit de 100 barriques vin rouge qui restaient invendues chez lui du 2ᵉ voyage du navire *l'Annette*....... P. 900   F. 4,545

Cahier de notes n° 160. — Leontini, de Livourne, pour solder ce qu'il nous doit nous remet un effet sur Paris de F. 4,635, à 31 jours de vue, au change de F. 5 15, et nous débite de P. 900.

———————————————— 29 ————————————————

5.   Effets sur France a Leontini, de Livourne, n/c., F. 4,635, valeur à
—   F. 5 15 de P. 900. Suivant sa lettre du....., sa remise sur Paris à 31 jours
10.   de vue.................................. P. 900   F. 4,635

Cahier de notes n° 161. — En voulant solder le compte de Leontini, de Livourne, il se trouve que dans notre colonne, qui est en francs, il y a une différence de F. 90 en plus au crédit, ce qui est un bénéfice occasioné par l'évaluation du change; et comme cette différence provient de la vente de la marchandise appartenant à la cargaison et de la remise sur Paris que Leontini nous a faite, on doit en créditer la cargaison.

———————————————— 30 ————————————————

10.   Leontini, de Livourne, n/c., a cargaison du navire l'Annette, 2ᵉ voyage,
—   F. 90, pour différence sur le change et pour solde............ F. 90
14.

Cahier de notes n° 162. — Nous avons négocié à Nègre la remise de Leontini de F. 4,635 sur Paris, à 5/8 perte, et courtage, suivant la note de négociation.

———————————————— 31 ————————————————

2.   Caisse a effets sur France, F. 4,601 40. Suivant note de ce jour négocié
—   à Nègre un effet sur Paris de P. 4,635, à 31 jours de vue, à 5/8 p. cent
5 .   de perte, et courtage............................. F. 4,601 40

Cahier de notes n° 163. — La perte que l'effet sur Paris ci-dessus supporte ne doit pas être à notre charge particulière, puisque l'effet est une remise de Leontini pour nous payer de la vente qu'il a faite des marchandises de la cargaison du navire *l'Annette*; elle regarde donc cette cargaison, et l'on doit l'en débiter par le crédit d'*effets sur France*, qui a supporté cette perte.

8

1er Juin 18. .

14.   CARGAISON DU NAVIRE L'ANNETTE, 2e voyage, A EFFETS SUR FRANCE, F. 33 60,
—   pour perte, à 5/8 p. cent, et courtage, sur la remise de Leontini de
5.   F. 4,635 sur Paris, à 31 jours de vue, et courtage.......... F. 33 60

CAHIER DE NOTES N° 164. — Les 100 barriques vin formant le solde des marchandises du compte du 2e voyage de la cargaison du navire *l'Annette* ont éprouvé une perte de F. 1,648 60; elle doit être supportée par les intéressés sur la cargaison : on fait donc une règle de trois qui donne pour résultat une somme de F. 167 34 pour l'intérêt de Martin, et pour le nôtre celle de F. 1,481 26.

Pour poser la règle de trois dans cet article on doit prendre pour diviseur le montant du débit du compte de la cargaison avant d'être soldé la première fois, qui est F. 118,124 30, et le dividende sera la perte en F. 1,648 60.

D. Pourquoi prend-on le débit de ce compte déjà soldé pour être le diviseur?

R. Parce que le débit du compte que l'on solde actuellement ne provient pas de frais, mais c'est une marchandise déjà comprise dans le premier compte ; de sorte que, supposant que les deux comptes fussent réunis, il n'y aurait que la première addition ; car la marchandise qui est au débit nouveau se trouve au crédit du premier compte, et par conséquent nulle.

2

     DIVERS A CARGAISON DU NAVIRE L'ANNETTE, 2e voyage, F. 1,648 60, pour
        perte sur les 100 barriques vin rouge qui étaient restées invendues chez
        Leontini, de Livourne, et pour solde.

12.   INTÉRESSÉS au 2e voyage du navire *l'Annette* (MARTIN), F. 167 34, pour
        son intérêt de F. 12,000 sur F. 1,648 60, perte ci-dessus. F.   167 34

8.   PROFITS ET PERTES, F. 1,481 26, pour solde de la perte ci-
—   dessus... 1,481 26

14.   F. 1,648 60

CAHIER DE NOTES N° 165. — Voulant solder le compte de Martin, intéressé à la cargaison du 2e voyage du navire *l'Annette*, et trouvant par son débit que nous lui avions remis une somme plus forte que celle qui lui était due, nous lui en remettons le compte, et il nous le solde par son billet au 15 juin, attendu qu'il n'encaissera qu'à cette époque l'effet que nous lui avions remis sur Nègre.

3

3.   EFFETS A RECEVOIR A INTÉRESSÉ au 2e voyage du navire *l'Annette* (MARTIN),
—   F. 2,517 42. Reçu dudit son billet au 15 juin pour solde.. F. 2,517 42
12.

CAHIER DE NOTES N° 166, 167, 168. — Ayant le livre de caisse sous les yeux, et trouvant à son crédit plusieurs objets payés sous la même date, on peut n'en faire qu'un seul article, que l'on passe sur le journal comme ci-après.

4

     DIVERS A CAISSE, F. 31,811 50, suivant le livre de caisse.

12.   INTÉRESSÉS au 2e voyage du navire *l'Annette* (BENOÎT). A lui payé pour solde
        de son compte................................... F.   4,909 43

6.   EFFETS A PAYER, F. 15,902 07. Payé à Beraud notre billet à
        son ordre fin mai................................... 15,902 07

6.   DÉPENSES GÉNÉRALES, F. 11,000, pour divers frais jusqu'à ce
—   jour, suivant le détail audit livre................... 11,000

2.   F. 31,811 50

5 *Juin* 18..

2. CAISSE COMPTE NOUVEAU A ELLE-MÊME COMPTE VIEUX, F. 7,019 84. Solde de
—   notre caisse réglée ce jour débiteur à nouveau.......... F. 7,019 84
2.

Troisième armement par actions.

D. Qu'entend-on par armement par actions?

R. C'est lorsque la personne qui est chargée de faire cet armement, après en
avoir fixé le montant, le divise en parties égales qu'elle sépare à divers.

D. Quels sont les comptes à ouvrir? diffèrent-ils de ceux déjà ouverts?

R. Ils sont différens, et cet armement se divise en six parties qui sont :

1° Armement dans la ville où il se fait;

2° Désarmement dans le lieu de sa destination;

3° Armement dans le lieu de sa destination pour retourner;

4° Désarmement dans la ville d'où il est parti;

5° Actionnaires du navire;

6° Intérêt sur ledit navire.

Le 1er compte se compose, savoir :

Achat du navire;

Frais de radoub, journées d'ouvriers, calfatage, achat de voiles, cordages,
    etc., etc.;

Facture des marchandises embarquées;

Avitaillement, objets à l'usage du navire ;

Assurance d'entrée au lieu de sa destination.

Les 2e et 3e comptes se composent, savoir :

Compte de vente des marchandises expédiées ;

Facture d'achat des marchandises en retour;

Salaires payés à l'équipage;

Frais faits sur les lieux ainsi que les achats faits pour l'usage du navire ;

Nolis sur les marchandises chargées sur le navire pour compte de divers;

Argent fourni et reçu du capitaine sur les lieux ;

Fret que le navire peut gagner si on l'expédiait du lieu de sa destination à
    un autre port;

Enfin, tout ce que l'on achète, l'on vend, l'on reçoit et l'on donne dans la
    monnaie du pays où il a été expédié.

Le 4e compte, qui est le désarmement dans le lieu d'où il est parti, est composé, savoir :

Assurance sur les marchandises en retour;

Argent qu'on retire des passagers à son départ ou à son arrivée;

Salaires payés à l'équipage de retour et pour solde;

Frais de relâche en route s'il y a lieu;

Nolis sur les marchandises chargées pour compte de divers;

Compte de vente de la marchandise en retour;

Vente du navire.

Par le détail ci-dessus l'on verra que le premier et le quatrième article sont l'armement et le désarmement qui
se font dans la ville d'où le navire part, et que le second et le troisième article sont le désarmement et l'armement qui se font dans la ville où le navire arrive.

Un navire doit toujours être désarmé au lieu d'où il est parti, c'est-à-dire que
l'armateur doit donner compte aux actionnaires malgré que la cargaison de retour
ait été vendue dans un autre port, ce qui arrive quelquefois (on entend également
par désarmer une reddition de comptes aux actionnaires par la personne

qui a été chargée du soin de cet armement dans le principe); de sorte que, supposant que le navire, armé à Marseille en destination pour les îles françaises de l'Amérique, et ayant été chargé en retour pour le lieu de son départ, qui est Marseille, ne puisse pas y arriver à cause des mauvais temps qui l'auraient forcé de relâcher à Bordeaux ou tout autre port, et qu'il fût convenable à l'armateur de Marseille de faire vendre la marchandise dans la ville où il aurait relâché, on passerait cette vente comme la troisième opération de ce Cours, qui est *marchandise de n/c. chez divers*, et l'on créditerait le désarmement à Marseille par le débit de l'ami qui aurait vendu cette marchandise : on ajouterait au débit du désarmement à Marseille tous les frais que l'armateur aurait été dans le cas de faire à ce sujet par lui ou par son commettant. Il en serait de même si l'armateur se déplaçait et était obligé de faire le voyage pour vendre lui-même cette cargaison; il se supposerait être à Marseille, et tiendrait note de ses frais de voyage et autres pour les déduire sur le compte de vente; il pourrait aussi en donner compte séparément et les passer au débit du désarmement.

Armement à Marseille.

CAHIER DE NOTES N° 170. — Nous achetons de Vincent le navire *Victor-et-Caroline* au prix de F. 30,000, que nous payons partie comptant et partie en papiers sur Paris.

——————————— 7 *Juin* 18.. ———————————

12. ARMEMENT du navire *Victor-et-Caroline*, F. 30,000. Suivant le livre d'achats
— et ventes acheté de Vincent ledit navire, de 300 tonneaux, avec tous ses agrès et apparaux.

5. A EFFETS SUR FRANCE, F. 24,164. Remis en paiement :

$$\left.\begin{array}{l} \text{F. 14,000} \\ 10,164 \end{array}\right\}\ \text{du 24 avril, à 100 jours, sur Paris, au pair.. F. 24,164}$$

2. A CAISSE, F. 5,836. Suivant le livre de caisse remis comptant
pour solde.. 5,836

—————————
F. 30,000
—————————

D. D'où vient que vous ouvrez un compte à *armement* au lieu de vous servir du titre de *Navire le......*, comme aux deux précédens armemens?

R. L'armement par actions est terminé du moment que le navire met à la voile, et c'est de ce moment qu'on fixe les actions, de sorte qu'on doit se servir d'un titre qui ne présente aucune suite; et celui d'*Armement à **** est le plus convenable, attendu que lorsque le navire retournera on dressera un nouveau compte intitulé *Désarmement à ****, lieu de son départ.

CAHIER DE NOTES N° 171. — Garcin, nous ayant fait acheter le navire, a été payé du courtage ainsi qu'il a été passé sur le livre de caisse.

———————————————— 8 ————————————————

12. ARMEMENT du navire *Victor-et-Caroline* A CAISSE, F. 100. Suivant le livre
— de caisse payé à Garcin pour courtage à l'achat du navire...... F. 100
2.

CAHIER DE NOTES N° 172. — Les actions ne pouvant être encore fixées et ne devant l'être qu'après que le navire sera sorti du port, nous recevons de divers une somme à compte des actions qu'ils doivent prendre, qui se trouve portée au livre de caisse.

9 *Juin* 18..

2.   **Caisse a actionnaires** du navire *Victor-et-Caroline*, F. 27,000. Suivant
—   livre de caisse,

13.   **Badin**, reçu à compte de ses actions .... F. 12,000 ⎫
            Cassard,   *id.*   *id.* ....   9,000 ⎬ F. 27,000
            Belin,   *id.*   *id.* ....   6,000 ⎭

D. Pourquoi n'ouvrez-vous pas un compte à chacun des actionnaires?

R. On doit préférer de les réunir dans un seul compte pour pouvoir le trouver
de suite quand on voudra le solder ou leur donner un à compte au retour du navire.

Cahier de notes n° 173. — Nous payons les ouvriers qui ont travaillé au
navire pour radoub et autres frais d'après les comptes remis ou visés par le capitaine : ces articles se trouvent passés séparément et à droiture au livre de caisse,
et c'est là qu'on doit les prendre pour les passer au journal.

———————————— 10 ————————————

12.   **Armement** du navire *Victor-et-Caroline* a **caisse**, F. 4,000. Suivant le
—   livre de caisse payé pour journées d'ouvriers, radoub et autres frais,
2.   etc. .... F. 4,000

Tous les frais sont passés en un seul article ainsi qu'aux deux premiers armemens; mais on aura soin en les passant au journal de les détailler en les raisonnant
de la manière qu'on les trouvera sur le livre de caisse.

Cahier de notes n° 174. — Nous achetons la marchandise pour compte de la
cargaison du navire *Victor-et-Caroline* : en cela on doit suivre la marche tracée
pour la marchandise achetée pour compte d'amis.

———————————— 11 ————————————

      Divers a effets a recevoir, F. 15,000. Remis en paiement à Vincent un
       billet de Nègre au 15 juin.
7.   **Marchandises générales**, F. 12,000. Suivant le livre d'achats et ventes
       acheté de Vincent 200 barriques, de 29 à 30 veltes*, vin rouge, à F. 60
       l'une .... F. 12,000
2.   **Caisse**, F. 2,995. Suivant le livre de caisse reçu comptant pour
       excédant du paiement   2,995
6.   **Intérêts généraux**, F. 5, pour agio sur la somme reçue comp-
—   tant   5
3.   ——————————
                                                          F. 15,000

* La velte est une mesure dont 8 veltes et demie font une millerolle, de sorte que 30 veltes font 3 millerolles
et demie.

Je répèterai encore ici que le compte de marchandise achetée pour compte
d'amis ou pour compte de navires est un compte de décharge dans lequel on fait
entrer toutes les marchandises desquelles on dresse une facture ou un compte de
vente, et qui entraînent des frais avec elle; de sorte que la marchandise ci-dessus
et celles qui suivent, étant dans ce cas là, doivent être portées dans ce compte
de *marchandises générales* en attendant que la facture en ait été dressée pour
les faire sortir.

Les deux articles indiqués par le cahier de notes N° 175 et 176 n'ont pas besoin
d'explication, étant les mêmes que le N° 174, à l'exception des paiemens. Si
l'élève ne les comprend pas de suite il aura recours à la manière de trouver les
débiteurs et les créanciers par le moyen des tableaux que j'ai indiqués par les
N° 18, 22, 29, 31, 47.

CAHIER DE NOTES N° 175. —

———————————————— 12 *Juin* 18.. ————————————

DIVERS A DIVERS, F. 18,044, savoir :

7. MARCHANDISES GÉNÉRALES, F. 13,200. Suivant le livre d'achats et ventes acheté
    de Moneri 60 barriques fromage de Hollande pesant net K. 10,153, à F. 130
    le cent, payables fin juillet........................... F. 13,200
2. CAISSE, F. 4,844. Suivant le livre de caisse reçu comptant pour
    excédant de paiement................................. 4,844
                                                          —————————
                                                          F. 18,044

3. A EFFETS A RECEVOIR, F. 18,000. Remis en paiement un billet de
    Nègre au 15 juin.................................. F. 18,000
6. A INTÉRÊTS GÉNÉRAUX, F. 44, pour agio sur F. 13,200........ 44
                                                          —————————
                                                          F. 18,044

CAHIER DE NOTES N° 176. —

———————————————————— 13 ————————————————————

7. MARCHANDISES GÉNÉRALES A DIVERS, F. 25,000. Suivant le livre d'achats et
—   ventes acheté de Miniau 400 caissons savon recuit pesant net K. 26,315 8,
       à F. 95 le cent, payables au 15 juin.
3. A EFFETS A RECEVOIR, F. 22,517 42. Remis en paiement :
        F. 20,000   » Billet de Nègre, au 15 juin....... ⎫
        2,517 42   Billet de Martin,   *id*........... ⎬ F. 22,517 42
2. A CAISSE, F. 2,476 58. Suivant le livre de caisse remis comp-
    tant pour solde................................. 2,476 58
6. A INTÉRÊTS GÉNÉRAUX, F. 6, pour agio sur le solde. Remis
    comptant.. 6   »
                                                       —————————
                                                       F. 25,000 »

CAHIER DE NOTES N° 177. — Toute la marchandise qui devait composer la cargaison du navire *Victor-et-Caroline* ayant été achetée et la facture du coût et
frais en ayant été dressée, on en débite l'armement d'après le livre de factures.

———————————————————— 14 ————————————————————

12. ARMEMENT du navire *Victor-et-Caroline* A DIVERS, F. 52,095 20, suivant fac-
—   ture de ce jour, pour le coût et frais des marchandises ci-après, composant
       la cargaison dudit navire, capitaine Drareg, en destination pour Saint-
       Pierre (Martinique), à l'adresse et consignation de Bontems, dudit lieu.
       (On peut détailler ici, si l'on veut, les marchandises ou les porter ci-après comme elles sont
       portées.)
7. A MARCHANDISES GÉNÉRALES, F. 50,200. Pour le coût de
        200 barriques vin rouge............ F. 12,000 ⎫
         60 barriques fromage de Hollande..   13,200 ⎬ F. 50,200 »
        400 caisses savon recuit...........   25,000 ⎭
6. A DÉPENSES GÉNÉRALES, F. 873 72, pour les frais....... 873 72
6. A PROVISIONS, F. 1,201 48, pour notre commission...... 1,021 48
                                                       —————————
                                                       F. 52,950 20

CAHIER DE NOTES N° 178. — Il nous est dû une provision pour l'achat du navire
Victor-et-Caroline qu'il convient de passer particulièrement plutôt que dans la
facture du coût et frais de la marchandise, et dont on doit débiter l'armement à
droiture.

15 Juin 18..

12. Armement du navire *Victor-et-Caroline* a provisions, F. 600, pour notre
— commission à 2 p. cent sur F. 30,000, coût dudit navire...... F. 600
6.

CAHIER DE NOTES N° 179. — On passe à droiture dans le débit de l'armement les diverses provisions à l'usage du navire.

16

12. Armement du navire *Victor-et-Caroline* a caisse, F. 3,000. Suivant le
— livre de caisse acheté de Roure divers sacs de légumes, biscuits et poteries
2. devant servir à l'avitaillement et usage dudit navire........ F. 3,000

Pour ne pas entrer dans un détail trop minutieux j'ai compris dans un seul article tous les achats faits pour l'avitaillement et usage du navire, ainsi que les frais faits pour le radoub du navire, journées d'ouvriers, et autres, comme au N° 173. Tous ces objets sont passés au livre de caisse au fur et à mesure qu'on les paie, et on doit avoir soin de les détailler tels quels en passant l'article sur le journal.

D. Pourquoi ne pas passer les achats ci-dessus dans la facture de la marchandise?

R. Ces provisions, comme il a été dit à l'article N° 106, n'étant pas une marchandise qui se vende, ne doit pas entrer dans une facture de marchandises, puisqu'elle doit servir pour l'usage du navire et doit être portée séparément au débit de l'armement; il en est de même de l'assurance d'entrée et de sortie. On trouvera que je me répète souvent dans l'explication des articles; mais je me suis décidé à faire ces répétitions pour ne pas obliger l'élève à feuilleter ce Cours pour chercher le raisonnement qui aurait rapport à l'article, comme je le dis dans mon avant-propos.

Tous les objets qui composent un armement de navire doivent être classés séparément pour que l'on puisse voir dans un seul coup d'œil si l'on n'a rien oublié.

CAHIER DE NOTES N° 180. — D'après la note copiée au livre de factures on passe sur le journal l'assurance d'entrée sur le corps et la cargaison du navire *Victor-et-Caroline.*

17

12. Armement du navire *Victor-et-Caroline* a divers, F. 3,046, suivant note
— de ce jour, pour assurance d'entrée à Saint-Pierre (Martinique) sur corps
et cargaison dudit navire, capitaine Drareg.
4. A assurances générales, F. 2,616, pour la prime sur F. 86,000, à 3 p. cent,
et police... F. 2,616
6. A provisions, F. 430, pour notre commission............. 430

F. 3,046

On peut, si l'on veut, comme je l'ai pratiqué aux articles N° 135, 136, ne pas passer la commission sur l'assurance dans le compte de *provisions,* mais la laisser dans le compte d'*assurances générales.* Quand on règlerait ce compte, le solde en bénéfice qui en résulterait proviendrait en partie de cette provision, et servirait à diminuer les pertes et avaries que ce compte pourrait présenter, surtout si l'on était dans le cas de garder pour soi quelque risque d'assurance. Ces deux manières sont également bonnes et le choix en est indifférent.

CAHIER DE NOTES N° 181. — D'après ce qui a été dit au N° 136 on solde l'assurance ci-dessus en ouvrant un compte à *assureurs divers* pour ceux qui l'ont signée.

4.   ASSURANCES GÉNÉRALES A ASSUREURS DIVERS, F. 2,580, suivant police du 17
—   juin, notaire Paul, pour l'assurance faite sur corps et cargaison du navire
12.   *Victor-et-Caroline*, capitaine Drareg, d'entrée à Saint-Pierre (Martini-
      que) sur F. 86,000, à 3 p. cent.

BOREL, assureur de F. 10,000	F. 300	
NÉGREL, *id.* 20,000	600	F. 2,580
GRIMAUD, *id.* 30,000	900	
JEAN, *id.* 26,000	780	

En ouvrant ce compte d'*assureurs divers* on voit que j'ai soldé la police d'assurance à l'exception de F. 30 pour les frais d'enregistrement, qui restent dans ce
compte d'*assurances générales* et qui appartiennent au notaire, qui en fait un
reçu à part si on les lui paie; sinon ces F. 30 lui seront comptés lorsqu'il remettra
la police acquittée.

On pourrait, si l'on voulait, dans l'article N° 180, au lieu de créditer les *assurances générales* de F. 2,616 pour la prime de l'assurance, en créditer à droiture
les assureurs divers en détaillant leurs noms comme en l'article N° 181, et le
notaire Paul pour les F. 30 de la police et enregistrement; alors on supprimerait
le N° 181, et les deux articles N° 180 et 181 n'en feraient qu'un seul.

CAHIER DE NOTES N° 182. — Si on voulait payer soi-même la police aux divers
assureurs d'après l'article ci-dessus, on débiterait ce compte d'*assureurs divers*
au fur et à mesure qu'on en trouverait le paiement dans le livre de caisse. Je suppose ce cas dans l'article ci-après.

Jean et Nègre sont venus séparément présenter leur compte de primes d'assurance sur le navire *Victor-et-Caroline*, et en ont été payés d'après le livre de
caisse.

19

12.   ASSUREURS DIVERS A CAISSE, F. 1,380. Suivant le livre de caisse payé aux
—   suivans la prime sur le navire *Victor-et-Caroline*, capitaine Drareg, d'en-
2.   trée à Saint-Pierre (Martinique), police de Paul, du 17 juin 18.. :

JEAN, assureur de F. 26,000, à 3 p. cent	F. 780	
NÉGREL, assureur de F. 20,000, *id.*	600	F. 1,380

CAHIER DE NOTES N° 183. — Paul, notaire d'assurance, d'après l'intention que
nous lui avons manifestée de payer nous-mêmes aux assureurs la police du 17 juin
nous a présenté son compte d'enregistrement de ladite police, et il en a été payé
en F. 30.

20

4.   ASSURANCES GÉNÉRALES A CAISSE, F. 30. Suivant le livre de caisse payé à
—   Paul, notaire d'assurance, pour frais d'enregistrement de la police du 17
2.   juin d'entrée à Saint-Pierre (Martinique), capitaine Drareg..... F. 30

Cet article doit être passé au débit du compte d'*assurances générales*, attendu
que ce compte en avait été crédité dans l'article N° 180 en F. 2,616.

CAHIER DE NOTES N° 184. — Tous les articles d'achat et frais concernant l'armement du navire *Victor-et-Caroline* ayant été passés, il ne reste plus qu'à
trouver de combien d'actions sera composé cet armement.

D. Comment trouver ce résultat?

R. On ouvre le grand-livre, et on additionne le débit du compte d'armement,
qui se monte à F. 92,841 20, donnant 20 actions à raison de F. 4,642 06 l'une,

de sorte que l'on débite les actionnaires des actions qu'ils prennent sur ledit navire par le crédit de l'armement.

Si on voulait fixer les actions par un nombre sans fraction, tel que F. 4,000 ou 5000, alors l'armateur serait forcé de se charger du solde en sus de la quantité d'actions qu'il garderait pour son compte.

Pour trouver la fixation de l'action avec fraction on doit diviser le débit du compte d'armement par le nombre d'actions auquel on désire faire monter l'armement, et le résultat sera le montant de l'action.

Par exemple, par le compte ci-dessus le montant de l'armement est F. 92,841 20; on veut le fixer à 20 actions : on doit diviser par 20 la somme de F. 92,841 20, et on aura F. 4,642 06 par action.

———————— 21 Juin 18.. ————————

DIVERS A ARMEMENT du navire *Victor-et-Caroline*, F. 92,841 20, pour le montant de l'armement et mise en mer du navire *Victor-et-Caroline*, capitaine Drareg, en destination pour les îles françaises d'Amérique, formant 20 actions de F. 4,642 06, dont les suivans se sont chargés.

13. ACTIONNAIRES du navire *Victor-et-Caroline*, F. 55,704 72, savoir :

BADIN, pour 5 actions............	F. 23,210 30	
CASSARD, pour 4 actions..........	18,568 24	F. 55,704 72
BELIN, pour 3 actions............	13,926 18	

13. INTÉRÊT au navire *Victor-et-Caroline*, F. 37,136 48, pour
—   le montant de 8 actions dont nous nous chargeons...... 37,136 48
12.

F. 92,841 20

D. Une personne qui prendrait une ou plusieurs actions sur un armement ne pourrait-elle pas payer le montant de ses actions en marchandises ?

R. Tout dépend des accords entre l'armateur et l'actionnaire. Dans ce cas si la marchandise proposée par l'actionnaire se trouvait au gré et à la convenance de l'armateur, alors elle lui serait achetée sur facture, et on lui en tiendrait compte à valoir sur les actions qu'il prendrait, et cette marchandise alors ferait nombre avec celles achetées pour compte dudit armement.

CAHIER DE NOTES N° 185. — Les actions à prendre sur le navire *Victor-et-Caroline* ayant été fixées, les actionnaires qui avaient déjà donné un à compte sur celles qu'ils devaient prendre les soldent par du comptant, que l'on trouve porté sur le livre de caisse.

———————— 22 ————————

2. CAISSE A ACTIONNAIRES du navire *Victor-et-Caroline*, F. 28,704 72. Sui-
—   vant le livre de caisse reçu des suivans pour solde de leurs actions :

13. De BADIN......................	F. 11,210 30	
De CASSARD	9,568 24	F. 28,704 72
De BELIN.....................	7,926 18	

CAHIER DE NOTES N° 186. — Le capitaine Drareg ayant eu besoin de quelque argent, soit pour lui, soit en avance pour l'équipage, nous le lui avons avancé et passé au crédit de la caisse.

———————— 23 ————————

13. LE CAPITAINE DRAREG, s/c., A CAISSE, F. 2,000, suivant le livre de caisse
—   à lui remis comptant pour en tenir compte au retour de son voyage,
2.   ci.. F. 2,000

CAHIER DE NOTES N° 187. — Par le débit de la caisse nous avons reçu F. 1,000 pour le passage de deux personnes pour la Martinique.

24 *Juin* 18..

2.   CAISSE A DÉSARMEMENT A MARSEILLE du navire *Victor-et-Caroline*, F. 1,000.
—   Suivant le livre de caisse reçu pour le passage aux îles de deux personnes
14.   à F. 500 l'une. . . . . F. 1,000

D. Pourquoi passez-vous cet article dans un compte de désarmement à Marseille au lieu de l'avoir passé dans le compte de l'armement avant d'en avoir
formé les actions?

R. L'armement ne doit avoir qu'un débit formé par les achats et les frais, et
cette somme de F. 1,000, étant un bénéfice, ne peut pas y être portée; on ne
doit en donner compte qu'au retour du voyage, ensemble avec ce qui aura été
reçu et payé pour le navire, de sorte que l'on est obligé d'ouvrir d'avance un
compte de *désarmement à Marseille* dans lequel cette somme de F. 1,000 reçue
pour deux passagers doit figurer.

D. Si les passagers ne payaient pas à Marseille leur passage aux îles, dans
quel compte les passeriez-vous lorsqu'ils effectueraient ce paiement?

R. Ce serait dans le compte de *désarmement aux îles* s'ils payaient à leur
arrivée, puisqu'ils paieraient en monnaie étrangère; et s'il arrivait que les passagers donnassent un à compte à Marseille et le solde aux îles, ce serait dans le
compte de *désarmement à Marseille* pour celui reçu ici, et *désarmement aux
îles* pour le solde lorsque le capitaine ou le correspondant en donnerait compte.

Désarmement et Armement aux Îles.

CAHIER DE NOTES N° 188. — En se rappelant ce que j'ai dit au N° 25 au sujet
des comptes de vente remis par les amis on opèrera de même pour celui-ci, qui
sera passé au journal conformément aux N° 109 et 138 du 1ᵉʳ et 2ᵉ armement, en
ayant attention de faire autant d'articles sur le journal que l'on recevra de comptes
de vente ou de factures d'achat de ses correspondans.

25

11.   BONTEMS, de Saint-Pierrre (Martinique), N/C., A DÉSARMEMENT ET ARMEMENT
—   AUX ÎLES du navire *Victor-et-Caroline*, F. 20,000, valeur de L. 33,333
14.   6 s. 6 d. Suivant compte de vente par sa lettre du. . . . . ., net produit de
      200 bques. vin rouge de notre envoi. L. 33,333 6 s. 6 d.   F. 20,000

Au lieu d'ouvrir un compte séparé au désarmement et armement aux îles, je les
ai mis ensemble, ce qui revient au même, ayant soin de présenter le titre de ce
compte par *désarmement* avant *armement*, parce qu'on est forcé de désarmer le
navire avant de l'armer en retour.

Pour réduire en francs les livres des colonies on doit déduire les deux cinquièmes, et pour réduire les francs
en livres des colonies on ajoute les deux tiers; cependant à présent les livres des colonies sont comme des
francs.

Exemple :

100	livres des colonies,		60	francs de France,	
40	les 2/5 à déduire,		40	les 2/3 à ajouter,	
60	de France.		100	livres des colonies.	

CAHIER DE NOTES N° 189. —

28

11.   BONTEMS, de Saint-Pierre (Martinique), A DÉSARMEMENT ET ARMEMENT AUX
—   ÎLES du navire *Victor-et-Caroline*, F. 13,333 34, valeur de L. 22,222 5 s.
14.   Suivant compte de vente par sa lettre du. . . . ., net produit de 60 barriques
      fromage de notre envoi. . . . . L. 22,222 5 s.   F. 13,333 34

CAHIER DE NOTES N° 190. —

—————————————— 27 *Juin* 18.. ——————————————

11. BONTEMS, de Saint-Pierre (Martinique), N/C., A DÉSARMEMENT ET ARMEMENT
— AUX ÎLES du navire *Victor-et-Caroline*, F. 21,333 34, valeur de L. 35,555
14. 11 s. Suivant compte de vente par sa lettre du....., net produit de 400
caissons savon reçuit de notre envoi... L. 35,555 11 s.   F. 21,333 34

CAHIER DE NOTES N° 191. — Bontems, de Saint-Pierre (Martinique), ayant vendu
la marchandise que nous lui avions adressée, a acheté 100 bques. sucres assortis
pour nous les expédier par le navire *Victor-et-Caroline*, et nous en remet la facture d'achat et connaissement, ainsi que de 100 bques. café qu'il nous a achetées et
qu'il a chargées sur le navire *le Prudent*, cap. Martin, pour diviser nos risques.

—————————————————— 28 ——————————————————

14. DÉSARMEMENT ET ARMEMENT AUX ÎLES du navire *Victor-et-Caroline* A
— BONTEMS, de Saint-Pierre (Martinique), N/C., F. 32,000, valeur de
11. L. 53,333 6 s. Suivant facture par sa lettre du...., pour le coût et frais de
100 barriques sucre brut assorti, chargées sur le navire *Victor-et-Caro-*
line, capitaine Drareg................ L. 53,333 6 s.   F. 32,000

CAHIER DE NOTES N° 192. —

—————————————————— 29 ——————————————————

14. DÉSARMEMENT ET ARMEMENT AUX ÎLES du navire *Victor-et-Caroline* A
— BONTEMS, de Saint-Pierre (Martinique), N/C., F. 20,000, valeur de
11. L. 33,333 6 s. 6 d. Suivant facture par sa lettre du...., pour le coût et
frais de 100 barriques café qu'il a chargées pour N/c. sur le navire *le Pru-*
dent, capitaine Martin............... L. 33,333 6 s. 6 d.   F. 20,000

CAHIER DE NOTES N° 193. — Après avoir reçu les deux connaissemens des achats
ci-dessus nous sommes censés avoir fait de suite assurer le montant des 100
barriques café qu'ils nous portent, et, trouvant dans le livre de factures ces deux
notes d'assurance, on les passe comme ci-après.

—————————————————— 30 ——————————————————

14. DÉSARMEMENT A MARSEILLE du navire *Victor-et-Caroline* A DIVERS, F. 2,830,
— suivant note de ce jour, pour assurance de sortie de Saint-Pierre (Martinique) sur corps et facultés en 100 barriques sucre à bord du navire
Victor-et-Caroline, capitaine Drareg.
4. A ASSURANCES GÉNÉRALES, F. 2,480, pour la prime sur F. 70,000, à 3 1/2
p. cent, et police.. F. 2,480
6. A PROVISIONS, F. 350, pour notre commission..............   350
                                                          ——————————
                                                          F. 2,830

CAHIER DE NOTES N° 194. —

—————————————— 1ᵉʳ *Juillet* 18.. ——————————————

14. DÉSARMEMENT A MARSEILLE du navire *Victor-et-Caroline* A DIVERS, F. 1,250,
— suivant note de ce jour, pour assurance de Saint-Pierre (Martinique) à Marseille sur facultés en cafés chargés à bord du navire *le Prudent*, cap. Martin.
4. A ASSURANCES GÉNÉRALES, F. 1,100, pour la prime sur F. 30,000, à 3 1/2
p. cent, et police.. F. 1,100
6. A PROVISIONS, F. 150, pour notre commission..............   150
                                                          ——————————
                                                          F. 1,250

On voit par les deux articles ci-dessus que j'ai passé au compte du désarmement à Marseille les deux assurances, attendu que, devant rendre compte à Marseille aux actionnaires, toutes les opérations qui se feront de l'expédition du navire
doivent entrer dans ce compte.

CAHIER DE NOTES N° 195. — Le capitaine Drareg ayant remis à Bontems, de
Saint-Pierre (Martinique), une somme de L. 10,000, celui-ci nous en donne avis
par sa lettre du......, et c'est d'après cette lettre qu'on doit passer l'article en
débitant Bontems par le crédit du capitaine.

———————————————————— 2 *Juillet* 18.. ————————————————

11. BONTEMS, de Saint-Pierre (Martinique), N/C., AU CAPITAINE DRAREG, N/C.,
—   F. 6,000, valeur de L. 10,000. Suivant la lettre du débiteur du......,
14.   pour autant qu'il a reçu du créditeur......... L. 10,000   F. 6,000

CAHIER DE NOTES N° 196. — Par une autre lettre de Bontems, de Saint-Pierre
(Martinique), celui-ci nous prévient avoir remis au capitaine Drareg une somme
de L. 3,500: on doit l'en créditer par le débit du capitaine.

———————————————————— 3 ————————————————————

14. LE CAPITAINE DRAREG, N/C., A BONTEMS, de Saint-Pierre (Martinique), N/C.,
—   F. 2,100, valeur de L. 3,500. Suivant lettre du créditeur du......, pour
11.   autant qu'il a compté au débiteur............ L. 3,500   F. 2,100

Si dans les lettres de Bontems ou du capitaine il était dit que l'argent donné
ou reçu par l'un et par l'autre était pour compte du navire, il ne faudrait pas y
avoir égard et ne pas le passer encore au compte du désarmement à Marseille; il
convient d'attendre que le capitaine remette son compte ou qu'il donne l'emploi de ces sommes pour les passer en écritures, sans quoi il pourrait en résulter
un double emploi.

CAHIER DE NOTES N° 197. — Bontems, de Saint-Pierre (Martinique), nous
remet l'extrait de notre compte-courant, et l'accompagne par une remise de
F. 6,566 68 sur Pagès, de Marseille, faisant L. 9,944 10 s.

———————————————————— 4 ————————————————————

3. EFFETS A RECEVOIR A BONTEMS, de Saint-Pierre (Martinique), N/C.,
—   F. 6,566 68, valeur de L. 10,944 10 s. Suivant sa lettre du...., sa remise
11.   sur Pagès à 31 jours de vue, pour solde.. F. 10,944 10 s.   F. 6,566 68

CAHIER DE NOTES N° 198. — Les 100 barriques café et les 100 barriques sucre
ayant été vendues, on les passe en écritures.

———————————————————— 5 ————————————————————

DIVERS A MARCHANDISES GÉNÉRALES, F. 110,000. Suivant le livre d'achats et
ventes vendu à Roche du compte du navire *Victor-et-Caroline :*
    110 bqs. café, net K. 40,000, à F. 150 le cent... F. 60,000
    100 bqs. sucre, net K. 41,666 7, à F. 120 le cent.   50,000
                               F. 110,000

2. CAISSE, F. 70,000. Suivant le livre de caisse reçu comptant... F. 70,000
3. EFFETS A RECEVOIR, F. 40,000. Reçu pour solde ses billets
—   F. 20,000 fin juillet. }
7.   20,000 fin août.. } 40,000
                               F. 110,000

CAHIER DE NOTES N° 199. — Ayant touché le montant de la marchandise vendue pour compte du navire *Victor-et-Caroline*, nous commençons par faire une répartition aux actionnaires dudit navire que l'on trouve passée dans le livre de caisse.

———————————— 6 *Juillet* 18.. ————————————

13. ACTIONNAIRES du navire *Victor-et-Caroline* A CAISSE, F. 26,640. Suivant le
—   livre de caisse,
2.   BADIN, à lui compté à valoir sur ses actions. F. 11,100 ⎫
         CASSARD   *id.*   *id.*........   8,880 ⎬ F. 26,640
         BELLIN   *id.*   *id.*........   6,660 ⎭

CAHIER DE NOTES N° 200. — Le compte de vente des sucres et cafés ayant été dressé dans le livre des factures, on doit le passer en écritures dans le journal comme ci-après.

———————————— 7 ————————————

7.   MARCHANDISES GÉNÉRALES A DIVERS, F. 110,000, suivant compte de vente de
—   ce jour, pour le montant des marchandises ci-après d'envoi de Bontems, de
        Saint-Pierre (Martinique), pour compte du navire *Victor-et-Caroline* :
            100 barriques sucre reçues par ledit navire,
            100 barriques café reçues par le navire *le Prudent*,
            capitaine Martin.
14. A DÉSARMEMENT A MARSEILLE, F. 94,433 34, pour le net
        produit.. F. 94,433 34
6.   A DÉPENSES GÉNÉRALES, F. 13,366 66, pour les frais....   13,366 66
6.   A PROVISIONS, F. 2,200, pour notre commission........   2,200
                                                          ——————————————
                                                          F. 110,000   »

CAHIER DE NOTES N° 201. — Le capitaine Drareg ayant remis tous ses comptes de frais et débours, soit aux îles, soit dans sa traversée, on doit les passer comme ci-après.

J'ai détaillé dans le livre de factures les divers comptes séparés tels qu'un capitaine devrait les donner; mais comme il arrive toujours qu'un capitaine n'en donne qu'un seul, c'est au teneur de livres à séparer et classer dans les comptes qui les concernent tous les articles qu'il y trouve, et ouvrir au capitaine deux comptes, s'il y a lieu, l'un en monnaies étrangères, et l'autre en francs.

———————————— 8 ————————————

14. LE CAPITAINE DRAREG, N/C., A DÉSARMEMENT ET ARMEMENT AUX ÎLES du navire
—   *Victor-et-Caroline*, F. 4,000, valeur de L. 6,666 13 s. Suivant son
14.   compte N° 1, pour nolis exigé aux îles sur les marchandises chargées à
        Marseille pour compte de divers........ L. 6,666 13 s.   F. 4,000

CAHIER DE NOTES N° 202. —

———————————— 9 ————————————

14. DÉSARMEMENT ET ARMEMENT AUX ÎLES du navire *Victor-et-Caroline* AU CAPI-
—   TAINE DRAREG, N/C., F. 4,666 68, valeur de L. 7,777 16 s. Suivant ses divers
14.   comptes, pour frais et débours payés aux îles pour compte du navire :
            Salaires à l'équipage, N° 2......... L. 3,000   »
            Frais de radoub et autres, N° 3....   2,777 16 s.
            Avitaillement pour le retour, N° 4... 2,000   »
                                                 ——————————————
                                                 L. 7,777 16 s.   F. 4,666 68

CAHIER DE NOTES N° 203. —

——————————————— 10 *Juillet* 18.. ———————————————

14. LE CAPITAINE DRAREG, N/C., A LUI-MÊME, S/C., F. 4,566 68, valeur de
—   L. 7,611 3 s. Suivant l'extrait de N/c., solde qui lui reste dû et que nous
13.   portons au crédit de son compte....... L. 7,611 3 s.   F. 4,566 68

CAHIER DE NOTES N° 204. — Le capitaine Drareg nous remet ses comptes en francs
pour ce qu'il a exigé et payé dans cette monnaie, dont on doit faire écriture dans
le compte du désarmement à Marseille, qui est le compte qu'on doit présenter aux
actionnaires et celui dans lequel on trouvera le résultat de l'expédition.

——————————————— 11 ———————————————

14. DÉSARMEMENT A MARSEILLE du navire *Victor-et-Caroline* AU CAPITAINE
—   DRAREG, s/c., F. 600, suivant son compte n° 5, pour avarie faite en route,
13.   ci...,... F. 600

CAHIER DE NOTES N° 205.

——————————————— 12 ———————————————

14. DÉSARMEMENT A MARSEILLE du navire *Victor-et-Caroline* AU CAPITAINE
—   DRAREG, s/c., F. 3,000. Suivant son compte n° 6, pour salaires payés à
13.   Marseille à l'équipage................................. F. 3,000

CAHIER DE NOTES N° 206. —

——————————————— 13 ———————————————

13. LE CAPITAINE DRAREG, s/c., A DÉSARMEMENT A MARSEILLE du navire *Victor-*
—   *et-Caroline*, F. 4,500. Suivant son compte n° 7, pour nolis exigé à Mar-
`14.   seille sur marchandises chargées aux îles pour compte de divers. F. 4,500

CAHIER DE NOTES N° 207. — Ayant été d'accord avec le capitaine Drareg que
nous lui paierions à Marseille son traitement pour l'aller et retour, ainsi qu'une
gratification, on doit passer :

——————————————— 14 ———————————————

14. DÉSARMEMENT A MARSEILLE du navire *Victor-et-Caroline* AU CAPITAINE
—   DRAREG, s/c., F. 3,000, pour autant dont nous le créditons, savoir :
13.   Pour ses honoraires pour l'aller et retour..... F. 2,400 } F. 3,000
       Gratification.......................... 600 }

CAHIER DE NOTES N° 208. — Le désarmement à Marseille du navire *Victor-et-*
Caroline étant fini, et n'ayant plus qu'à donner compte aux actionnaires du résultat
de son voyage, nous vendons ce navire au capitaine Drareg pour la somme de
F. 25,000, que nous portons à son débit.

——————————————— 15 ———————————————

13. LE CAPITAINE DRAREG, s/c., A DÉSARMEMENT A MARSEILLE du navire *Victor-*
—   *et-Caroline*, F. 25,000. A lui vendu ledit navire avec tous ses agrès et
14.   apparaux .... F. 25,000

CAHIER DE NOTES N° 209. — Le capitaine Drareg reste nous devoir en compte-
courant un solde de F. 20,333 32 qu'il nous a payé et qui se trouve passé sur le
livre de caisse.

————————— 16 *Juillet* 18.. —————————

2. CAISSE AU CAPITAINE DRAREG, s/c., F. 20,333 32. Suivant le livre de caisse
—   reçu comptant pour solde de son compte.............. F. 20,333 32
13.

CAHIER DE NOTES N° 210. — Tous les navires que nous avions fait assurer étant
arrivés à leur destination, le notaire d'assurances qui était chargé de nous faire
ces assurances et à qui nous en avions remis le montant nous rapporte les polices
d'assurance soldées et clôturées : on doit les passer comme ci-après, les trouvant
dans le livre de caisse.

————————————————— 17 —————————————————

4. ASSURANCES GÉNÉRALES A CAISSE, F. 8,479 90. Suivant le livre d'assurances
—   payé à Paul, notaire d'assurances, les primes ci-après :
2.   D'entrée à Livourne, cap. Chéri, sur F. 6,200. F.   65   »
        D'entrée à Livourne, cap. Florent, sur 79,000.   820   »
        D'entrée à Naples, cap. Mayon, sur 3,642...   56   »
        De sortie de Londres, cap. Jones, sur 5,000.   53   »
        D'entrée à Rouen, cap. Amic, sur 5,945.....   118 90
        D'entrée à Rouen, cap. Henriqués, sur 10,000.   206   »
        D'entrée à Constantin., c. Florent, sur 73,000.   1,125   »   } F. 8,479 90
        De sortie de Constant., c. Florent, sur 85,000.   1,524   »
        De Smyrne à Marseille, c. Florent, sur 25,000.   389   »
        De Smyrne à Marseille, c. Florent, sur 70,000.   543   »
        De la M/^{que} à Marseille, c. Drareg, sur 70,000. 2,480   »
        De la M/^{que} à Marseille, c. Martin, sur 30,000. 1,100   »

CAHIER DE NOTES N° 211. — Par l'article 181 il a été ouvert un compte d'*assureurs divers* pour une police d'assurance du 17 juin, notaire Paul : il en est resté
deux assureurs à payer, qui l'ont été à présent d'après le livre de caisse.

————————————————— 18 —————————————————

12. ASSUREURS DIVERS A CAISSE, F. 1,200. Suivant le livre de caisse payé les
—   primes d'assurance ci-après d'entrée à Saint-Pierre (Martinique), police
2.   de Paul du 17 juin 18.., sur le navire *Victor-et-Caroline*, capitaine
        Drareg :
            Borel, prime sur F. 10,000................... F. 300   }
            Grimaud, prime sur F. 30,000............... 900   } F. 1,200

CAHIER DE NOTES N° 212. — Avant de dresser le compte de désarmement à Marseille du navire *Victor-et-Caroline* on doit jeter un coup d'œil sur le grand-livre
pour voir si tous les comptes qui ont du rapport avec ce compte sont passés et
soldés; mais trouvant que dans le compte du *désarmement et armement aux îles*
il manque au débit une somme de L. 3,333 7 s., soit F. 2,000, qui provient de ce
que Bontems ne nous a pas acheté des marchandises en retrait pour la valeur de
ce qu'il a vendu, on doit porter ce solde dans le compte du *désarmement à
Marseille,* puisque ce compte de *désarmement et armement aux îles* le représente, et que l'on doit donner compte de ce surplus aux actionnaires.

————————————————— 19 —————————————————

14. DÉSARMEMENT ET ARMEMENT AUX ÎLES du navire *Victor-et-Caroline* A DÉSAR-
—   MEMENT A MARSEILLE dudit navire, F. 2,000, valeur de L. 3,333 7 s., solde
14.   porté au crédit du désarmement à Marseille.. F. 3,333 7 s.   F. 2,000

D. Si Bontems, au lieu d'envoyer moins de marchandises, en avait envoyé davantage, comment le passeriez-vous?

R. Ce surplus lui appartiendrait particulièrement; et quand on dresserait le compte de vente de la cargaison on aurait l'attention d'en dresser un autre à part pour le lui remettre, et on le créditerait du net produit dans son compte particulier.

CAHIER DE NOTES N° 213. — N'ayant plus rien à passer dans le compte du désarmement à Marseille du navire *Victor-et-Caroline*, on doit rendre compte aux actionnaires du résultat de l'expédition. A cet effet on a recours au grand-livre : on ouvre le compte du désarmement à Marseille dans lequel on a passé toutes les opérations, on en dresse le compte-courant pour le soumettre aux actionnaires, et le solde qui en résultera et qui représente la totalité des actions avec bénéfice ou perte devra être partagé aux actionnaires au prorata de leurs actions.

Pour connaître à quelle somme l'action sera portée on doit opérer comme à l'article N° 184. Si l'on avait fixé les actions par un nombre sans fractions en portant le solde au compte de l'armateur en sus des actions qu'il garde, on opèrera de même; mais comme dans ce même article N° 184 les actions ont été fixées avec fractions il convient de le faire de même, de sorte que l'on doit diviser le solde du désarmement à Marseille, qui est F. 116,253 34, par le nombre d'actions, qui est 20, et l'on aura pour résultat F. 5,812 66 3/4, qui sera le montant auquel l'action sera portée, et dont on doit donner compte aux actionnaires; en sorte qu'il reviendra

A Badin, pour 5 actions......................	F. 29,063 34
A Cassard, pour 4 actions....................	23,250 66
A Bellin, pour 3 actions.....................	17,438 »
A nous-mêmes, pour 8 actions................	46,501 34
	F. 116,253 34

——————————— 20 *Juillet* 18.. ———————————

14. DÉSARMEMENT A MARSEILLE du navire *Victor-et-Caroline* A DIVERS,
— F. 116,253 34, net produit du désarmement à Marseille dudit navire, expédié aux îles françaises de l'Amérique, capitaine Drareg, et solde de ce compte, qui fait monter l'action à F. 5,812 66 3/4, que nous portons au compte des actionnaires.

13. A ACTIONNAIRES du navire *Victor-et-Caroline*, F. 69,752, savoir :
    BADIN, pour 5 actions............ F. 29,063 34 ⎞
    CASSARD, pour 4 actions......... 23,250 66 ⎬ F. 69,752 »
    BELLIN, pour 3 actions.......... 17,438 » ⎠

13. A INTÉRÊT au navire *Victor-et-Caroline*, F. 46,051 34,
    pour le montant de nos 8 actions.................... 46,501 34
                                   F. 116,253 34

En même temps que l'on donne compte aux actionnaires du résultat du désarmement à Marseille du navire *Victor-et-Caroline* on doit aussi leur faire connaître par un compte détaillé le résultat des opérations aux îles, ainsi que tous les comptes du capitaine.

CAHIER DE NOTES N° 214. — Pour terminer tout-à-fait cet armement par actions il reste à payer aux actionnaires le solde qui leur est dû, ainsi qu'à solder par *profits et pertes* notre intérêt à cet armement.

————————— 21 *Juillet* 18.. —————————

13.   ACTIONNAIRES du navire *Victor-et-Caroline* A CAISSE, F. 43,112. Suivant le
—   livre de caisse payé aux suivans :
2.   A BADIN, solde de ses 5 actions . . . . F. 17,963 34
         A CASSARD, *id.* de ses 4 actions . . . . 14,370 66   } F. 43,112
         A BELLIN, *id.* de ses 3 actions . . . . 10,778 »

CAHIER DE NOTES No 215. —

————————————— 22 —————————————

13.   INTÉRÊT au navire *Victor-et-Caroline* A PROFITS ET PERTES, F. 9,364 86,
—   pour bénéfice sur ce compte et pour solde . . . . F. 9,364 86
8.

CAHIER DE NOTES No 216. — En ayant le livre de caisse sous les yeux, on voit
que les dépenses générales y ont été portées pour frais faits jusqu'à ce jour; on
doit s'y conformer et en former un article sur le journal.

————————————— 23 —————————————

6.   DÉPENSES GÉNÉRALES A CAISSE, F. 16,400. Suivant le livre de caisse, pour
—   frais de commerce faits jusqu'à ce jour . . . . F. 16,400
2.

CAHIER DE NOTES No 217. — Ayant en caisse des fonds disponibles et voulant
les faire valoir, nous prenons de Maubert des effets sur la place, suivant la négociation qui en a été faite.

————————————— 24 —————————————

3.   EFFETS A RECEVOIR A DIVERS, F. 21,000. Suivant note de négociation de
—   ce jour pris de Maubert :
     F.   8,000
         7,000   } Billets de Nègre fin août.
         6,000

     F. 21,000

2.   A CAISSE, F. 20,895. Suivant le livre de caisse remis comptant
       pour le net . . . . F. 20,895
6.   A INTÉRÊTS GÉNÉRAUX, F. 105, pour agio 105

       F. 21,000

D. D'où vient que vous ouvrez un compte à *intérêts généraux*, au lieu de
porter le net à droiture dans le compte d'*effets à recevoir*, comme on le pratique
dans celui d'*effets sur France?*

R. Le compte d'*effets à recevoir* est un compte qui se solde par lui-même; et
comme il représente des fonds que l'on devrait avoir en caisse, l'agio que ces
effets gagnent ou perdent sont le surplus ou le besoin d'argent que l'on a, et alors
cet agio que l'on gagne ou que l'on perd doit se passer séparément, et se trouve
dans le même cas que le solde des intérêts dans un compte-courant, qui n'est que
l'avance des fonds que l'on se fait de part et d'autre, et qui est passé dans un
compte d'*intérêts généraux.* Ce compte est indispensable à ouvrir, par la raison
que l'on doit désirer connaître particulièrement ce que son argent aura rapporté
dans le courant de l'année; et on ne doit pas le confondre dans le compte de *profits et pertes,* malgré que tous les *comptes généraux* se soldent par celui-là; car
le compte de *profits et pertes* ne doit être composé que des pertes et des bénéfices
nets, et des différences dans les comptes-courans.

Dans ce compte d'*intérêts généraux* en F. 105 de l'article ci-dessus, le courtage payé au courtier, qui devait être passé au compte de *dépenses générales*, a été déduit, attendu que, n'étant pas frais de commerce direct et n'étant occasioné que par la négociation de ces effets, il convient mieux de le déduire de l'agio.

Quant à la perte ou bénéfice qu'un effet sur France supporte, on ne doit pas passer cette perte ou ce bénéfice dans le compte d'*intérêts généraux* : l'effet doit être regardé comme une marchandise que l'on achète ou que l'on vend, suivant la convenance du change. On pourrait le solder de suite en faisant entrer la perte ou le bénéfice dans le compte de *profits et pertes ;* mais, pour ne pas trop multiplier les écritures, on ne doit porter que le net de l'effet en écritures ; et quand on viendra à arrêter ce compte et le solder, on passera dans le compte de *profits et pertes* le solde qui en résultera, comme je l'ai pratiqué au bilan, article N° 233.

Je donne dans le grand-livre, au compte d'*effets sur France,* une manière de confrontation pour connaître si les additions de ce compte du brut et du net sont justes. On pourra l'employer si l'on veut ; mais, en cas contraire, quand le bilan des écritures vient juste au centime et que tous les effets sortent, c'est une preuve qu'il n'y a pas d'erreur.

Assurance isolée.

CAHIER DE NOTES N° 218. — Girondi, de Gênes, nous donne ordre de lui faire assurer une somme de F. 20,000, de sortie de Gênes à Agde, sur le brigantin *le Désiré,* capitaine Vien. Du moment que cette assurance est remplie et copiée sur le livre de factures, on doit l'en débiter à droiture.

—————————————— 25 *Juillet* 18.. ——————————————

7.　GIRONDI, de Gênes, s/c., A DIVERS, F. 310, suivant note de ce jour, pour
—　　assurance de sortie de Gênes à Agde sur facultés en huile chargées à bord
　　du brigantin *le Désiré,* capitaine Vian.
4.　A ASSURANCES GÉNÉRALES, F. 210, pour la prime sur F. 20,000, à 1 p. cent,
　　et police... F. 210
6.　A PROVISIONS, F. 100, pour notre commission............... 100
　　　　　　　　　　　　　　　　　　　　　　　　　　　　　　　　　　F. 310

On voit par l'article ci-dessus que la commission sur l'assurance est passée à part. Je ne reviendrai pas sur ce que j'en ai dit à l'article N° 136 ; mais ce que je recommande c'est que, si l'on adopte la manière de passer la commission dans le compte d'*assurances générales,* il faut continuer de la passer dans ce compte jusqu'à l'époque d'un bilan, et en recommençant de nouvelles écritures on sera libre d'adopter l'autre manière.

CAHIER DE NOTES N° 219. — Avant de solder la caisse il se trouve au débit un billet de Roche au 31 juillet, encaissé.

—————————————————— 31 ——————————————————

2.　CAISSE A EFFETS A RECEVOIR, F. 20,000. Suivant le livre de caisse encaissé un
—　　billet de Roche au 31 juillet......................... F. 20,000
3.

CAHIER DE NOTES N° 220. —

—————————————————— 31 ——————————————————

2.　CAISSE COMPTE NOUVEAU A ELLE-MÊME COMPTE VIEUX, F. 46,347 40, solde de
—　　notre caisse réglée ce jour débiteur à nouveau, ou, ce qui est la même
2.　chose, *solde en caisse ce jour*..................... F. 46,347 40

Avant de finir cette première partie et avant de passer à la manière de faire un bilan et transport d'écritures, je suis bien aise de faire connaître quelques cas particuliers qui se rencontrent, et que je ne mettrai pas en Cours pour éviter une répétition des précédentes opérations, mais que je supposerai afin de faire connaître la manière de les passer en écritures.

Pacotille remise à un Capitaine.

On commence par débiter la marchandise achetée pour en former sa pacotille par le crédit de la caisse, qui la paie.

On dresse une facture de cette marchandise avec les frais qu'elle a occasionés ; on en débite un compte intitulé *Pacotille en mains du capitaine ****, qui devra à la marchandise, aux frais et à l'assurance, si l'on en fait une.

Le capitaine vend la pacotille, il en remet un compte de vente ; on le débite du net produit par le crédit de ce compte de *pacotille en mains du capitaine ****.

Le capitaine en retour apporte ou envoie une marchandise ; cette marchandise doit être portée dans ce même compte de *pacotille en mains du capitaine ****, et ce compte devra au capitaine pour l'achat.

Les frais que cette marchandise fera seront portés dans ce compte, soit ceux faits par nous, soit ceux faits par le capitaine, ainsi que le nolis.

Cette marchandise en retour sera créditée lorsqu'elle sera vendue dans le compte de *pacotille en mains du capitaine ****, et ce compte sera soldé par *profits et pertes*.

On pourrait ouvrir un compte particulier à cette marchandise en retour, mais il vaut mieux mettre dans un seul compte et la pacotille envoyée et la marchandise de retour en provenant pour connaître au juste ce que cette pacotille aura rendu, car elle pourrait donner du bénéfice à la vente au lieu de sa destination, et la marchandise de retour pourrait donner de la perte ; et en les confondant ensemble dans le même compte on en connaîtra le produit réel.

Marchandise expédiée à un ami pour son compte, et laissée par lui pour notre compte.

Ce cas arrive très souvent. Nous supposons que Martin, de Bordeaux, nous a donné une commission de lui expédier 50 caisses savon pâle.

Nous en avons dressé une facture qui a monté à F. 9,450, frais et commission compris, et dont nous l'avons débité.

Pour nous en rembourser par appoint nous avons fait traite sur lui à 60 jours de date de F. 9,562, y compris la perte à 1 p. cent, le courtage et le timbre, dont nous l'avons crédité du net en F. 9,450, ce qui balance par appoint le montant de notre facture.

Martin n'accepte pas notre traite, refuse les 50 caisses savon, et les laisse pour notre compte : nous donnons de suite ordre à Vidal, de Bordeaux, de les retirer, de les vendre pour notre compte, et de payer notre traite de F. 9,562.

Pour passer écriture de cela on commence par créditer Martin, de Bordeaux, par le débit de *marchandises de N/c. chez divers* de F. 9,450, montant de notre facture, que nous annulons par ce moyen, et dont nous nous chargeons.

Marchandises de N/c. chez divers à Martin, de Bordeaux, s/c., F. 9,450, pour annuler la facture de 50 caisses savon du. . . . . ., qu'il a laissées pour N/c., et que nous avons fait retirer par Vidal, de ladite ville, pour vendre pour
N/c. . . . . F. 9,450

On créditera Vidal, de Bordeaux, dans n/c., de F. 9,562, pour le montant de notre traite sur Martin, qu'il doit payer à son échéance, savoir : F. 9,450 par le débit de Martin pour le net de ladite traite, dont il avait été crédité, et F. 112 par le débit de *marchandises de n/c. chez divers.*

D. Pourquoi ne pas porter dans le compte des *effets sur France* cette somme de F. 112 au lieu de *marchandises de n/c. chez divers?*

R. Parce que du moment que nous avons fourni la traite de F. 9,562 nous sommes censés la négocier au même change que nous avons passé à notre ami, ce qui nous fait rentrer dans nos débours, et par là les *effets sur France* sont balancés. La marchandise, par conséquent, doit être grevée de tous les frais qu'elle fera et de ceux qui seront faits à son occasion, qui en faisaient partie dans le principe.

Divers à Vidal, de Bordeaux, n/c., F. 9,562, valeur de F. 9,562, pour notre traite sur Martin, de Bordeaux, du....., à 60 jours de date, que celui-ci n'a pas voulu payer et à laquelle le créditeur est intervenu pour l'honneur de notre signature.

Martin, de Bordeaux, s/c., F. 9,450, pour sortir de son crédit notre traite sur lui de F. 9,562 ci-dessus................................. F. 9,450

Marchandises de n/c. chez divers, F. 112, pour les frais à notre traite ci-dessus... 112

F. 9,562

Quand Vidal, de Bordeaux, qui a retiré la marchandise pour n/c. et qui a payé notre traite, aura vendu cette marchandise on le débitera du net produit.

Vidal, de Bordeaux, n/c., à marchandises de n/c. chez divers, F......, valeur de F...... Suivant compte de vente par sa lettre du....., net produit de 50 caisses savon retirées de chez Martin pour n/c.......... F. ......

Le compte de Vidal restera débiteur ou créditeur de la différence.

Marchandise du compte d'ami qui a donné une perte à la vente.

Supposons que Marin, de Palerme, nous ait envoyé 100 caisses citrons pour vendre pour son compte.

Les frais à ces 100 caisses citrons à la réception et à la vente ont monté à F. 1,200, et la vente seulement à F. 1,000 : il y aurait une perte de F. 200 pour l'ami qui aurait expédié ces citrons.

La facture serait ainsi conçue :

Compte de vente et net produit de 100 caisses citrons d'envoi de....., etc.

100 caisses citrons vendues à F. 10........................ F. 1,000

Frais à déduire.

Nolis, droits, etc................................ F. 1,184) F. 1,200
Commission.................................. 16)

Au débit de M. Marin......... F. 200

Cette facture doit se passer sur le journal de la manière suivante :
Divers à divers, F. 1,200, suivant compte de vente de ce jour.

Marchandises générales, F. 1,000, pour le montant de 100 caisses citrons du compte de Marin, de Palerme, et de son envoi par....., etc.. F. 1,000

Marin, de Palerme, s/c., F. 200, pour solde des frais dont nous le débitons.. 200

F. 1,200

*A dépenses générales, F. 1,184, pour frais à la réception et à la
vente des 100 caisses citrons ci-dessus*.......................... F. 1,184
A provisions, F. 16, pour notre commission..................   16
                                                                        ―――――――
                                                                        F. 1,200

Marchandise vendue par un ami pour n/c., et dont l'acheteur a fait faillite.

Si l'on a expédié à un ami une marchandise pour vendre pour n/c., et que la
personne à qui il aurait vendu cette marchandise à deux mois de terme et sans
sa garantie vînt à manquer dans l'intervalle du paiement, cet ami qui en a été
débité lorsqu'il a donné compte de vente devra être crédité du montant de la
marchandise vendue, ainsi que des frais de justice et autres qu'il aura faits à ce
sujet, et son débiteur sera le compte de DÉBITEURS FAILLIS OU DOUTEUX, que l'on
sera forcé d'ouvrir.

S'il avait garanti il n'y aurait rien à passer à son compte, il aurait été bien
débité par le compte de vente remis : ce serait à lui de s'entendre avec le failli.

Je terminerai cette première partie par la manière de faire un transport d'écritures d'un grand-livre dans un autre, et à cet effet on est obligé de faire un bilan
et d'opérer comme ci-après.

Manière d'opérer pour arrêter les écritures et faire un bilan.

Du moment que l'on a fixé le jour où les écritures doivent être arrêtées, la
caisse doit être soldée à nouveau, ce qui est de nécessité.

1° On prend ensuite le livre de factures et l'on passe sur le journal toutes les
factures qui jusqu'à cette époque n'auraient pas été passées.

2° On porte dans un compte nouveau de *divers particuliers* toutes les négociations à payer ou à recevoir qui auraient été faites jusqu'au jour où l'on arrête les
écritures et qui n'auraient pas été passées.

3° On porte également dans ce *compte de divers particuliers nouveau* tous
les achats et toutes les ventes faites jusqu'à cette époque qui n'auraient pas été
passées.

4° D'après les lettres reçues ou répondues jusqu'au jour fixé pour le bilan, on
débite ou on crédite les amis des objets à passer en écritures qui se trouveraient
dans les lettres reçues ou répondues.

Tous ces articles passés au journal et rapportés sur le grand-livre, on met
comme ci-après sur une feuille de papier en débit et en crédit les additions de
tous les comptes ouverts sur le grand-livre qui ne soldent pas, et on porte eu
dedans et en petits chiffres les additions lorsque le bilan sera venu juste, comme
on peut le voir sur le grand-livre.

Bilan Préparatoire, autrement dit d'Addition.

. . . .	Fonds capital....................	F. 30,000	»
F. 34,001 67	Marchandises de n/c. chez divers......	35,344	»
8,612 56	Intérêt à diverses marchandises........	9,543	50
46,347 40	Caisse....................	. . . .	
259,720 56	Effets à recevoir....................	212,153	90
20,803 81	Effets sur l'étranger..................	20,821	91
F. 369,489 02	.... *A reporter*	F. 307,863	31

F. 369,489 02	. . . . *Report*	F. 307,863 31
11,089 90	Assurances générales.	12,175 90
16,409 90	Savons de n/c. chez divers.	16,050 »
6,244 86	Lorenzo, de Livourne, s/c.	5,950 »
4,279 27	Carri, de Gênes, s/c.	4,379 32
32,831 02	Dépenses générales. . . . . : .	31,935 57
. . . .	Provisions.	7,692 19
34 33	Intérêts généraux.	463 87
80,292 86	Effets sur France.	73,042 36
37,454 »	Carrel, de Paris, n/c.	38,360 »
3,990 »	Mariani, de Naples, n/c.	4,000 »
3,642 »	Mariani, de Naples, s/c.	3,406 90
3,617 64	Girondi, de Gênes, s/c.	4,150 »
3,547 87	Girondi, de Gênes, n/c.	3,529 24
6,000 »	Wilson, de Londres, n/c.	5,000 »
5,093 21	Wilson, de Londres, s/c.	5,393 50
14,743 73	Carrel, de Paris, s/c.	14,492 50
4,116 26	Profits et pertes.	62,056 21
7,500 »	Taurel, en ville.	10,385 »
9,950 »	Monier, de Rouen, s/c.	10,000 »
F. 620,325 87		**F. 620,325 87**

Si par hasard les additions ne balançaient pas, ce qui arrive quelquefois, alors on est obligé de pointer les articles du journal sur le grand-livre pour trouver son erreur : cette opération devient très longue et indispensable.

On trouvera à la fin du journal une méthode que je me suis faite pour trouver une balance juste sans avoir besoin de pointer le grand-livre sur le journal. Cette méthode est infaillible pour faire trouver les erreurs d'additions ou omissions, soit sur le journal, soit sur le grand-livre, qui empêchent un bilan de venir juste.

Le bilan venant juste d'après l'exemple du bilan préparatoire ci-dessus, on pose dans le grand-livre en petits chiffres les additions du débit et du crédit à côté et en dedans de la dernière somme du compte additionné, ce qui prouve qu'elles sont justes. On prend ensuite tous les comptes les uns après les autres comme ci-après, et on les solde par un compte nouveau ou par *profits et pertes*.

Marchandises de n/c. chez divers.

CAHIER DE NOTES N° 221. — Si dans ce compte il y avait quelque marchandise qui ne fût pas vendue, on la porterait à compte nouveau pour la même somme dont elle serait débitée, et la différence qu'il y aurait du débit au crédit serait un bénéfice ou une perte, et on le solderait par *profits et pertes*.

——————————— 31 *Juillet* 18.. ———————————

1. MARCHANDISES DE N/C. CHEZ DIVERS A PROFITS ET PERTES, F. 1,342 33, pour
—   bénéfice sur ce compte et pour solde. . . . . F. 1,342 33
8.

Quand on fait un bilan tous les articles se passent sous la même date.

Intérêt à diverses marchandises.

CAHIER DE NOTES N° 222. — Il en est de ce compte comme de celui de *marchandises de n/c. chez divers* : s'il y avait quelque marchandise qui ne fût pas vendue on la porterait à nouveau, et on solderait le compte par *profits et pertes*.

2.   Intérêt a diverses marchandises a profits et pertes, F. 927 94, pour
—   bénéfice sur ce compte et pour solde................... F. 927 94
8.

Effets à recevoir.

Cahier de notes n° 223. — Comme il y a dans ce compte divers effets qui ne
sont pas sortis, et reconnus tels d'après la vérification faite avec le portefeuille du
négociant, on les porte à nouveau.

———————————— 31 ————————————

3.   Effets a recevoir compte nouveau a eux-mêmes compte vieux,
—   F. 47,566 68, pour transport à nouveau des effets ci-après sur la place
3.   existant en portefeuille :

F. 6,566 68	A 31 jours de vue sur Pagès.....	
20,000 »	Fin août, billet de Roche........	
8,000 »		F. 47,566 68
7,000 »	Fin août, billets de Nègre.......	
6,000 »		

Ce compte doit balancer ; cependant, s'il y avait une différence, elle ne pourrait provenir que d'agios qu'on aurait laissés dans ce compte, et on le solderait
par *intérêts généraux ;* s'il y avait une différence en centimes seulement, on le
solderait par *profits et pertes.*

Effets sur l'étranger.

Cahier de notes n° 224. — S'il y avait des effets qui existassent en portefeuille
on les porterait à nouveau, et on solderait le compte par *profits et pertes.*

———————————— 31 ————————————

4.   Effets sur l'étranger a profits et pertes, F. 18 10, pour bénéfice sur ce
—   compte et pour solde............................. F. 18 10
8.

Dans tous les *comptes généraux,* tels qu'*effets, marchandises, dépenses,
provisions,* etc., quand après avoir porté à nouveau, les objets qui y doivent
figurer, le crédit se trouve plus fort que le débit, ce plus devient un bénéfice ; et,
par contraire, quand le débit est plus fort que le crédit, ce moins au crédit est
une perte, et on balancera le compte par *profits et pertes.*

Assurances générales.

Cahier de notes n° 225. — Il y a dans ce compte au crédit une assurance qui
n'est pas encore payée ; on doit la porter à nouveau, et le solde de ce compte
doit être passé à *profits et pertes.*

Ce solde ordinairement provient de la commission qu'on aura laissée dans ce
compte ou d'un risque que le négociant aura voulu courir.

———————————— 31 ————————————

4.   Assurances générales compte vieux a elles-mêmes compte nouveau,
—   F. 210, pour transport à nouveau de l'assurance de Gênes à Agde sur
4.   capitaine Vian, sur F. 20,000, et police................. F. 210

––––––––––––––––––––––––– 31 *Juillet* 18.. –––––––––––––––––––––––

4. ASSURANCES GÉNÉRALES A PROFITS ET PERTES, F. 876, pour bénéfice sur ce
—   compte et pour solde... F. 876
8.

Ce bénéfice provient de la commission laissée dans ce compte.

Savons de N/C. *chez divers.*

CAHIER DE NOTES N° 227. — Ce compte doit être soldé par *profits et pertes*,
puisqu'il n'y a rien à porter à nouveau.

––––––––––––––––––––––––––––– 31 –––––––––––––––––––––––––––––

8. PROFITS ET PERTES A SAVONS de N/C. chez divers, F. 359 90, pour perte sur
—   ce compte et pour solde.......................... F. 359 90
3.

     LORENZO, de Livourne, s/c.
     CARRI, de Gênes, s/c.
     MARIANI, de Naples, s/c.
     GIRONDI, de Gênes, s/c.
     WILSON, de Londres, s/c.
     CARREL, de Paris, s/c.
     TAUREL, en ville, s/c.
     MONIER, de Rouen, s/c.

Ces huit comptes n'ayant pas été remis, on ne doit pas les solder sur le grand-
livre; on en portera seulement le solde dans le bilan.

Si dans un de ces comptes qu'on n'aurait pas encore remis les additions du débit
et du crédit étaient assez conséquentes pour désirer de les arrêter, on pourrait en
former le solde et le porter à nouveau, seulement dans le grand-livre, en mettant
dans le raisonnement *Solde porté à nouveau (sans écritures):* cela ferait rappeler
que le compte n'a pas été remis et qu'on devra le prendre depuis le solde arrêté.

Dépenses générales.

CAHIER DE NOTES N° 228, 229. — Avant de solder ce compte on portera à nouveau les frais qui n'auront pas été payés et qui auront été passés dans les factures
remises; ce sont ordinairement les comptes de portefaix, de courtiers, d'emballeurs, etc., que nous supposons s'élever à la somme de F. 500, ainsi que F. 400
pour appointemens de commis s'ils n'ont pas été payés, et qu'on pourrait rendre
créanciers séparément.

––––––––––––––––––––––––––––– 31 –––––––––––––––––––––––––––––

6. DÉPENSES GÉNÉRALES compte vieux A ELLES-MÊMES compte nouveau,
—   F. 900, pour transport à nouveau de divers comptes de courtage, appoin-
6.   temens de commis, portefaix, emballeurs, et autres frais qui restent à
     payer... F. 900

Par l'article ci-dessus on voit que les dépenses générales sont débitées dans le
compte vieux et créditées dans le *compte nouveau,* ce qui n'aurait pas lieu si l'on
avait payé ces divers comptes avant la clôture des écritures; alors ç'aurait été la
caisse qui aurait pris la place des *dépenses générales compte nouveau.* Cela n'est
que différé, car, lorsque ces comptes seront payés séparément, les dépenses générales, qui en ont été créditées en *compte nouveau,* en seront débitées par le crédit
de la *caisse* et de cette manière balanceront le crédit.

S'il restait en magasin des marchandises pour compte d'amis ou en participation dont on n'aurait pas donné compte de vente, et sur lesquelles on aurait payé des frais, on est obligé de porter ces frais en compte nouveau en disant :

Dépenses générales compte nouveau à elles-mêmes compte vieux, F. . . . . . ., pour porter à nouveau divers frais payés sur marchandises dont les comptes n'ont pas encore été remis . . . . F. . . . . . .

et d'après cet article les dépenses générales qui sont débitées à nouveau seront créditées lors de la rémission des comptes de vente des marchandises.

Cela fait, la différence qui résultera des additions du débit au crédit proviendra des frais de bureau, port de lettres, appointemens des commis, et se passera par *profits et pertes*. Ce compte ne doit pas donner de bénéfice.

8.   Profits et pertes a dépenses générales, F. 1,795 45, pour solde de ce
—   compte . . . . F. 1,795 45
6.

Provisions.

Cahier de notes n° 230. — Ce compte se solde par *profits et pertes*.

———————————— 31 *Juillet* 18.. ————————————

6.   Provisions a profits et pertes, F. 7,692 19, pour solde de ce compte,
—   ci. . . . . F. 7,692 19
8.

Intéréts généraux.

Cahier de notes n° 231. — Ce compte se solde par *profits et pertes*.

———————————————— 31 ————————————————

6.   Intéréts généraux a profits et pertes, F. 429 54, pour bénéfice sur ce
—   compte et pour solde . . . . F. 429 54
8.

Observations sur le compte de marchandises générales qui se soldent par elles-mémes dans ce Cours.

S'il restait en magasin quelques marchandises de notre compte on les ferait sortir à compte nouveau en disant :

Marchandises générales compte nouveau à elles-mémes compte vieux, F. . . . . . ., pour transport à nouveau des marchandises ci-après existant en magasin (les détailler) . . . . F. . . . . .

Si sur les marchandises reçues pour compte d'amis il y en avait une partie ou la totalité dont on aurait touché le montant et dont on n'aurait pas remis compte de vente, on les porterait à nouveau en disant :

Marchandises générales compte vieux à elles-mémes compte nouveau, F. . . . . ., pour transport à nouveau des marchandises ci-après vendues, dont les comptes n'ont pas encore été remis (les détailler) . . . . F. . . . . .

de sorte que la quantité des marchandises, étant portée au crédit dans un compte nouveau, balancera lorsqu'on en remettra le compte de vente.

Si d'après cela il restait un solde, on le passerait à *profits et pertes*.

Effets sur France.

Cahier de notes n° 232, 233. — Il y a dans ce compte un effet de F. 8,000 sur Paris qui est censé exister en portefeuille ; on doit le porter à nouveau en lui faisant supporter une perte au cours du jour, qui sera 1/8 pour cent, et le solde qui résultera des additions se passera à *profits et pertes*.

———————————————— 31 *Juillet* 18.. ————————————————

5.   Effets sur France compte nouveau a eux-mêmes compte vieux, F. 7,990,
—   pour transport à nouveau d'une traite sur Paris de F. 8,000 du 24 avril,
5.   à 100 jours, à 1/8 de perte........................... F. 7,990

———————————————— 31 ————————————————

5.   Effets sur France a profits et pertes, F. 739 50, pour bénéfice sur ce
—   compte et pour solde............................. F. 739 50
8.

Carrel, de Paris, n/c.

cahier de notes n° 234, 235. — Pour solder un *notre compte* nous supposons que Carrel, de Paris, nous a remis l'extrait de notre compte-courant qui présente un solde à son crédit à nouveau de F. 876. Comme ce sont des francs dans les deux colonnes on portera la même somme dans la nôtre, et, la colonne de Carrel balançant, on passera à *profits et pertes* les F. 30 de différence qui est au débit, dans notre colonne seulement.

Pour connaître le résultat des profits et pertes dans les *notre compte*, on posera sur son cahier à chiffrer les quatre additions du compte telles qu'elles se présentent sur le grand-livre. On commencera par solder la colonne de l'ami en donnant à ce solde, si c'est en monnaie étrangère, une évaluation au change du jour que l'on portera dans notre colonne qui est en francs, et la différence qu'il y aura dans notre colonne se portera dans le compte de *profits et pertes*. (*Voyez* à l'article N° 296 la manière de solder un *notre compte* plus détaillée.)

———————————————— 31 ————————————————

7.   Carrel, de Paris, n/c. vieux, a lui-même, n/c. nouveau, F. 876, valeur de
—   F. 876, suivant l'extrait de n/c. reçu le....., solde créditeur à nouveau,
7.   ci.. F. 876   F. 876

———————————————— 31 ————————————————

7.   Carrel, de Paris, n/c., a profits et pertes, F. 30, pour différence sur
—   le change dans notre colonne et pour solde................. F. 30
8.

Mariani, de Naples, n/c.

cahier de notes n° 236, 237. On opère pour ce compte de la même manière que pour celui de Carrel, de Paris. Mariani, de Naples, nous remet l'extrait de notre compte dont le solde est D. 10 à son débit nouveau : on doit donner à ce solde une évaluation au change du jour, qui est F. 4 10 pour un ducat, faisant F. 41 que l'on portera dans la colonne des francs, et la différence qui sera dans notre colonne en F. 51 se passera à *profits et pertes*.

———————————————— 31 ————————————————

8.   Mariani, de Naples, n/c. nouveau, a lui-même, n/c. vieux, F. 41, valeur à
—   F. 4 10 de F. 41. Suivant l'extrait de n/c. reçu par sa lettre du.....,
8.   solde débiteur à nouveau........................ D. 10   F. 41

———————————————— 31 ————————————————

8.   Mariani, de Naples, n/c., a profits et pertes, F. 51, pour différence sur
—   le change dans notre colonne et pour solde................. F. 51
8.

Girondi, de Gênes, n/c.

cahier de notes n° 238. — Ce compte étant soldé dans sa colonne, la différence de F. 18 63 qui se trouve dans le nôtre doit se solder par *profits et pertes*.

——————————— 31 *Juillet* 18.. ———————————

8.   PROFITS ET PERTES A GIRONDI, de Gênes, N/c., F. 18 63, pour différence sur
—   le change dans notre colonne et pour solde................ F. 18 63
4.

Wilson, de Londres, N/C.

CAHIER DE NOTES Nº 239, 240. — Ce compte présente un solde de St. 37 62 qui,
évaluées à F. 26 pour une livre sterling, donne F. 978 12 que l'on passera dans la
colonne des francs.

——————————— 31 ———————————

8.   WILSON, de Londres, N/c. nouveau, A LUI-MÊME, N/c. vieux, F. 978 12, va-
—   leur à F. 26 de L. 37 62. Suivant l'extrait de N/c. reçu par sa lettre
8.   du....., solde débiteur à nouveau......... L. 37 62   F. 978 12

Les additions de notre colonne présentant une différence de F. 21 88, on la
passe par *profits et pertes.*

——————————— 31 ———————————

8.   PROFITS ET PERTES A WILSON, de Londres, N/c., F. 21 88, pour différence
—   sur le change dans notre colonne et pour solde............ F. 21 88
8.

Profits et pertes.

CAHIER DE NOTES Nº 241. — Tous les comptes soldés et les différences portées
dans le compte de *profits et pertes,* on additionne ce compte, et, trouvant au
crédit une somme de F. 67,850 79 de plus qu'au débit, qui est le bénéfice net,
on la porte à nouveau comme ci-après.

——————————— 31 ———————————

8.   PROFITS ET PERTES compte vieux à EUX-MÊMES compte nouveau,
—   F. 67,850 69, pour bénéfice net qu'il a plu à Dieu nous donner dans notre
8.   commerce jusqu'à ce jour et pour solde que nous portons à nouveau,
         ci....................................... F. 67,850 69

Au lieu de porter le bénéfice net dans un compte nouveau, on peut le porter
en augmentation de fonds capital à la volonté du négociant, s'il n'est pas désigné
dans le contrat de société.

Si par arrangement ou convenance on avait cédé à quelqu'un un intérêt sur le
bénéfice net, alors on serait obligé de laisser le bénéfice en compte nouveau
jusqu'à une entière liquidation, parce que la personne qui aurait cet intérêt ne
doit être reconnue de sa portion de bénéfice que lorsqu'il n'y aura plus de risques
à courir. Cependant si on voulait l'en faire jouir de suite à tous les bilans que l'on
ferait, alors, avant de partager le bénéfice dans le compte des associés ou en augmentation de fonds capital, on déduirait cet intérêt du bénéfice net, et le solde
serait porté dans le compte des associés ou porté en augmentation de fonds
capital.

Le bilan définitif étant dressé, et le grand-livre étant rempli de manière à ne
pouvoir plus s'en servir pour les nouvelles écritures, on doit faire un bilan de
sortie avant de commencer un nouveau journal et grand-livre; de sorte que pour
clorre tous les comptes on doit rendre tous les débiteurs créanciers et tous les
créanciers débiteurs par le bilan de sortie et par un article passé sur le journal
comme ci-après.

CAHIER DE NOTES N° 241. —

14.   BILAN DE SORTIE DU GRAND-LIVRE N° 1 A DIVERS, F. 103,704 39, savoir :

2.   A CAISSE, solde porté au grand-livre N° 2............. F.   46,347 40
3.   A EFFETS A RECEVOIR,   id....................   47,566 68
1.   A LORENZO, de Livourne, s/c., solde porté au grand-livre N° 2.   294 86
5.   A EFFETS SUR FRANCE,   id................   7,990 »
8.   A MARIANI, de Naples, N/c.   id........... D. 10   41 »
4.   A MARIANI, de Naples, s/c.   id................   235 10
8.   A WILSON, de Londres, N/c.   id........ L. 37 62   978 12
9.   A CARREL, de Paris, s/c.   id................   251 23
                                                          F. 103,704 39

DIVERS A BILAN DE SORTIE DU GRAND-LIVRE N.° 1, F. 103,704 39, savoir :

1.   FONDS CAPITAL, solde porté au grand-livre N° 2.......... F.   30,000 »
4.   ASSURANCES GÉNÉRALES,   id....................   210 »
2.   CARRI, de Gênes, s/c.,   id....................   100 05
6.   DÉPENSES GÉNÉRALES,   id....................   900 »
7.   CARREL, de Paris, N/c.,   id........... F. 876   876 »
7.   GIRONDI, de Gênes, s/c.,   id....................   532 36
7.   WILSON, de Londres, s/c.,   id....................   300 29
9.   TAUREL, en ville, s/c.,   id....................   2,885 »
8.   MONIER, de Rouen, N/c.,   id........... F. 50   50 »
8.   PROFITS ET PERTES,   id....................   67,850 69
                                                          F. 103,704 39
14.

Tous les comptes que l'on fait sortir du grand-livre N° 1 peuvent se solder sans raisonnement sur le journal, comme je l'ai pratiqué ; mais il n'en sera pas de même au bilan d'entrée au grand-livre N° 2 : il faut que chaque compte soit détaillé, par la raison que, ne devant plus recourir au grand-livre N° 1, il est nécessaire de savoir ce que c'est que le solde que l'on porte dans le grand-livre N° 2, surtout aux comptes d'*effets*, de *marchandises*, et autres comptes susceptibles d'un détail.

Quand il n'y a pas de sortie du grand-livre et que ce n'est qu'un simple bilan fait toutes les années, on le dresse et on le copie au journal après le solde de *profits et pertes*, qui est le dernier article qui y est passé pour clore les écritures jusqu'au jour. Les associés doivent le signer, et le teneur de livres doit en faire un extrait détaillé pour chacun d'eux s'ils le désirent, dans lequel sera porté à la fin un compte séparé de *profits et pertes* pour leur faire connaître d'où provient le bénéfice ou la perte qui en résulte, comme ci-après.

Compte de profits et pertes.

Bénéfice sur 100 barriques coton...................... F.   3,760 »
La demie du bénéfice sur 20 barriques huile en participation
    avec Taurel....................................   385 »
Bénéfice fait dans notre fabrication de savon............   21,188 »
   Id.   sur le corps du 1er voyage du navire *l'Annette* à
           Constantinople...........................   16,941 »
   Id.   sur le 2e voyage du navire *l'Annette* à Livourne..   9,091 67
   Id.   sur la cargaison dudit,   id........   1,325 78
                        A reporter............... F. 52,691 45

Report.	F. 52,691	45
Bénéfice sur notre intérêt au navire *Victor-et-Caroline*	9,364	86
Id. sur les marchandises de ℵ/c. chez divers.	1,342	33
Id. sur intérêt à diverses marchandises.	927	94
Id. sur les effets sur l'étranger.	18	10
Id. sur les assurances générales.	876	»
Id. sur les effets sur France	739	50
Solde du compte de provisions.	7,692	19
Id, du compte d'*intérêts généraux*.	429	54

Différence sur divers comptes du débit compensée avec ceux

    du crédit. 40 39

                                                    F. 74,122 30

A déduire :

Perte sur la cargaison du 1er voyage du navire *l'Annette*

    à Constantinople. . . . . F. 2,635   »

Id. sur les marchandises invendues du 2ᵉ

    voyage du navire *l'Annette*. . . . . 1,481 26   F.   6,271 61

Id. sur les savons de ℵ/c. chez divers. . 359 90

Solde du compte de dépenses générales. . . 1,795 45

  Solde correspondant à celui du grand-livre. . . . . F. 67,850 69

FIN DE LA PREMIÈRE PARTIE.

SECONDE PARTIE.

Avant de traiter la banque on doit commencer par le bilan d'entrée, qui remettra à leur place les débiteurs et les créanciers du grand-livre N° 1 ; de sorte que le bilan d'entrée devra aux créanciers et les débiteurs devront au bilan d'entrée.

CAHIER DE NOTES N° 241. — Quand on fait le bilan d'entrée, pour ne pas recourir au grand-livre qu'on a terminé, on doit avoir soin de bien détailler pour les comptes généraux, susceptibles d'avoir un détail, tout ce qui existe dans les *marchandises*, les *effets*, etc. — Quant aux *comptes-courans*, il suffit du solde de ceux qui sont soldés à nouveau par *comptes-courans* remis, et ceux qui ne le sont pas on sera toujours obligé de les extraire de l'ancien grand-livre si on les remet, ou de les vérifier quand on les recevra, de sorte qu'on peut se fixer au raisonnement mis dans ce Cours.

—————————————— 1ᵉʳ *Août* 18.. ——————————————

1. BILAN D'ENTRÉE A DIVERS, F. 103,704 39, savoir :

—

1.	A FONDS CAPITAL, F. 30,000, montant de notre fonds capital..	F. 30,000 »
2.	A ASSURANCES GÉNÉRALES, F. 210, pour assurance de Gênes à Agde, sur capitaine Vian, sur F. 20,000............	210 »
1.	A CARRI, de Gênes, s/c., F. 100 05, solde au grand-livre N° 1.	110 05
2.	A CARREL, de Paris, n/c., F. 876, valeur de F. 876, solde du précédent compte du grand-livre N° 1, F. 876.....	876 »
1.	A TAUREL, en ville, s/c., F. 2,885, solde au grand-livre N° 1.	2,885 »
1.	A GIRONDI, de Gênes, s/c., F. 532 36, *id*...........	532 36
4.	A VILSON, de Londres, s/c., F. 300 29, solde au grand-livre N° 1...................................	300 29
2.	A MONIER, de Rouen, n/c., F. 50, valeur de F. 50, solde du précédent compte au grand-livre N° 1, F. 50........	50 »
3.	A DÉPENSES GÉNÉRALES, F. 900, pour divers comptes qui restaient à payer le 31 juillet dernier...............	900 »
4.	A PROFITS ET PERTES, F. 67,850 79, pour le bénéfice net fait jusqu'au 31 juillet dernier......................	67,850 69
		F. 103,704 39

—————————————————————— 1ᵉʳ ——————————————————————

	DIVERS A BILAN D'ENTRÉE, F. 103,704 39, savoir :	
3.	Caisse, F. 46,347 40, pour argent en caisse...........	F. 46,347 40
3.	Lorenzo, de Livourne, s/c., F. 294 86, solde au grand-livre N° 1.................................	294 86
1.	Mariani, de Naples, s/c., F. 235 10, *id*........	235 10
2.	Carrel, de Paris, s/c., F. 251 23, *id*........	251 23
	A reporter............	F. 47,128 59

	Report................. F.	47,128 59

2. **Mariani**, de Naples, ɴ/ᴄ., F. 41, valeur de D. 10, solde
du précédent compte au grand-livre N° 1..... D. 10. · 41

2. **Vilson**, de Londres, ɴ/ᴄ., F. 978 12, valeur de St. 37 62,
solde du précédent compte au grand-livre N° 1, St. 37 62. · 978 12

4. **Effets en portefeuille**, F. 55,556 68, pour les effets
— ci-après en portefeuille :

1. F. 8,000 » du 24 avril, à 100 jours, sur Paris,
à 1/8 perte............ F. 7,990 »

6,566 68 à 31 jours de vue , sur
Pagès ....

20,000 » au 31 août, billet de Roche.

8,000 »

7,000 » *id.* billets de Négre.

6,000 »

47,566 68

F. 55,556 68

F. 103,704 39

Le titre d'*effets en portefeuille*, qui remplace dans cette seconde partie les comptes d'*effets à recevoir*, d'*effets sur France* et d'*effets sur l'étranger*, doit être employé de préférence dans la banque, attendu que très souvent dans les notes de négociation les agens de change peuvent comprendre les trois classes et ne former qu'une seule perte, que le teneur de livres serait obligé de séparer, pour les faire supporter au compte qui lui serait propre; un correspondant pourrait aussi faire des remises sur différentes places qui seraient dans le cas d'être divisées, de sorte qu'en les rassemblant dans un seul compte, on n'est pas dans le cas de partager le titre qu'on a sous les yeux: d'ailleurs, comme ces trois comptes réunis peuvent se solder par *profits et pertes*, il convient de ne former qu'un seul *profits et pertes* lorsqu'on règlera le compte.

On verra dans le grand-livre de ce Cours la manière que j'ai employée pour passer ces trois comptes dans un seul.

Il vaut mieux employer le titre d'*effets en portefeuille*, et on doit le préférer à celui de *traites et remises*, que la routine a consacré. Dans ce compte de *traites et remises* plusieurs teneurs de livres confondent les traites et billets à payer et les effets à recevoir, ce qui peut devenir confusion , puisque les effets à payer doivent être classés à part.

On pourrait, si on le veut, supprimer le compte de bilan d'entrée, et mettre ensemble les débiteurs qui devraient aux créanciers, et en établissant son article par le mot de *divers à divers*.

Si on voulait mettre en parties doubles des écritures tenues en parties simples on se ferait donner la note de l'argent en caisse, l'état des effets en portefeuille, des marchandises existantes, soit en magasin, soit chez divers, celles sur lesquelles on aurait un intérêt, l'état des débiteurs et des créanciers : de tous ces objets on formerait son article sur le journal par le mot de *divers à divers;* et comme le débit serait plus fort que le crédit, le solde qui manquerait au crédit serait porté dans un *compte en suspens* qui remplacerait momentanément le fonds capital.

Ce compte en suspens ne serait employé que parce qu'il pourrait y avoir quelque débiteur ou quelque créancier oubliés, des soldes de compte qui ne seraient pas justes. Ces omissions diminueraient ou augmenteraient le fonds capital si on ouvrait de suite ce compte, ce qui serait désagréable; au lieu qu'au bout de six mois à peu près ou à l'époque d'un bilan on serait fixé sur la régularité de tous les comptes, et on solderait ce compte en suspens par celui de fonds capital.

Avant de commencer les articles de banque, et pour ne pas avoir trop de comptes ouverts et n'avoir absolument que ceux que l'on doit employer dans ce Cours,

j'engage l'élève à solder comme je vais opérer ci-après tous ceux avec lesquels il
ne voudra pas travailler; de sorte que je ne vais laisser que les comptes de
        Carrel, de Paris, s/c. et n/c.,
        Wilson, de Londres, s/c. et n/c.,
et les comptes généraux indispensables, et je vais solder tous les autres.

On passera les articles sur le journal d'après le cahier de notes sans avoir
besoin de mettre le sujet de l'article, ce qui ne serait qu'une répétition du cahier
de notes.

CAHIER DE NOTES N° 242. —

——————————————— 3 *Août* 18.. ———————————————

2.   ASSURANCES GÉNÉRALES A CAISSE, F. 210. Suivant le livre de caisse payé à
—   Poncel, notaire, pour assurance de Gênes à Agde, capitaine Vian, sur
3.   F. 20,000, et police.. F. 210

CAHIER DE NOTES N° 243. —

——————————————— 8 ———————————————

1.   TAUREL, en ville, A CAISSE, F. 2,885. Suivant le livre de caisse à lui payé
—   pour solde... F. 2,885
3.

CAHIER DE NOTES N° 244. —

——————————————— 11 ———————————————

2.   MONIER, de Rouen, n/c., A CAISSE, F. 50, valeur de F. 50. Suivant le livre
—   de caisse, pour autant payé à David pour solde de n/c., F. 50.. F. 50
3.

CAHIER DE NOTES N° 245. —

——————————————— 12 ———————————————

3.   DÉPENSES GÉNÉRALES A CAISSE, F. 900. Suivant le livre de caisse payé pour
—   divers comptes de portefaix, emballeurs, courtage, etc....... F. 900
3.

CAHIER DE NOTES N° 246. —

——————————————— 13 ———————————————

1.   GIRONDI, de Gênes, s/c., A CAISSE, F. 532 36. Suivant le livre de caisse payé
—   son mandat sur nous à présentation, ordre Paulin........ F. 532 36
3.

CAHIER DE NOTES N° 247. — Mariani, de Naples, se trouvant créancier dans
n/c. d'une somme de D. 10 faisant F. 41, on doit les porter dans s/c. pour n'en
faire qu'un seul.

——————————————— 15 ———————————————

1.   MARIANI, de Naples, s/c., A LUI-MÊME, n/c., F. 41, valeur de D. 10, solde
—   de n/c. porté dans le sien....................... D. 10   F. 41
2.

CAHIER DE NOTES N° 248. —

——————————————— 23 ———————————————

4.   EFFETS EN PORTEFEUILLE A MARIANI, de Naples, s/c., F. 276 10, notre
—   traite sur lui de D. 66 53, à 60 jours de date, à F. 4 15, pour solde,
1.   ci.. F. 276 10

CAHIER DE NOTES N° 249. —

——————————————————— 24 *Août* 18.. ———————————————

3.   CAISSE A LORENZO, de Livourne, s/c., F. 294 86. Suivant le livre de caisse
—   reçu de Philippe pour s/c.......................... F. 294 86
3.

CAHIER DE NOTES N° 250. —

————————————————————————— 26 ———————————————————

1.   CARRI, de Gênes, s/c., A EFFETS A PAYER, F. 100 05. Suivant sa lettre du.....,
—   sa traite sur nous au 10 octobre..................... F. 100 05
8.

BANQUE.

COMPTE-COURANT DE L'AMI CHEZ NOUS,

SOIT SON COMPTE.

D. Comment connaît-on si l'article que l'on doit passer sur le journal est pour
son compte ou pour *notre compte ?*

R. C'est *son compte* lorsque nous achetons et nous vendons dans notre monnaie, lorsque nous prenons ou négocions un effet à payer ou à recevoir dans
notre monnaie.

Je renvoie à l'article 20 pour connaître à distinguer *son compte* et *notre compte :* d'ailleurs les lettres reçues
et répondues ne manquent pas de le désigner, et on y fera attention quand on passera son article sur le journal.

D. Y a-t-il beaucoup d'articles différens pour établir un *son compte en banque ?*

R. Il y en a quatre, qui sont :

1° Lorsque l'ami commence par nous faire des remises ;
2° Lorsque nous lui en faisons ;
3° Lorsque l'ami fait traite sur nous ;
4° Lorsque nous faisons traite sur lui.

J'ouvre deux comptes, l'un à Paris et l'autre à Londres, et je les fais passer séparément en écritures pour
que l'élève puisse mieux comprendre ; cependant je ne me fixerai pas à suivre exactement les quatre articles ci-
dessus dans l'ordre auquel ils sont classés, et je passerai les articles sans répéter le motif : il suffit que le cahier
de notes le donne, puisqu'il sert de guide.

CAHIER DE NOTES N° 251. — L'élève en passant les articles sur le journal
devra fixer les dates des lettres, par rapport aux époques à mettre dans le compte-
courant, suivant la distance des villes qu'il choisira.

————————————————————————— 27 ———————————————————

4.   EFFETS EN PORTEFEUILLE A CARREL, de Paris, s/c., F. 8,500. Sa remise par
—   sa lettre du 20 août sur Blanc au 25 septembre........... F. 8,500
2.   (25 septemb.)

On doit toujours mettre l'époque ou la valeur du jour qui doit fixer les intérêts sur la somme ou en dedans de l'article.

D. Comment connaître cette valeur ou cette époque ?

R. Quand l'ami nous fait une remise pour son compte, l'époque ou la valeur
fixée est le jour qu'on doit l'encaisser ou qu'on la négocie ;

Quand c'est une remise que nous faisons, c'est le jour qu'on la fait ;

Quand c'est une traite que l'ami fait sur nous, c'est le jour que nous devons
la payer ;

10

Quand c'est une traite que nous faisons sur l'ami, c'est le jour que nous la faisons; mais cette fixation de valeur n'est employée que dans le cas qu'on ne la trouverait pas fixée dans la correspondance.

Au reste, les lettres reçues ou répondues donnent assez ordinairement cette époque ou cette valeur.

CAHIER DE NOTES N° 252. —

—————————————————— 28 *Août* 18.. ——————————————————

2.   CARREL, de Paris, s/c., A EFFETS EN PORTEFEUILLE, F. 7,990. Notre remise
—   par notre lettre de ce jour de F. 8,000, du 24 avril, à 100 jours de date,
4.   sur Paris, à 1/8 p. cent de perte........................ F. 7,990
                                                                       (28 août.)

CAHIER DE NOTES N° 253. —

—————————————————— 30 ——————————————————

2.   CARREL, de Paris, s/c., A EFFETS A PAYER, F. 10,900. Suivant sa lettre du
—   25 août, sa traite sur nous au 5 octobre................. F. 10,900
4.   (5 octobre.)

CAHIER DE NOTES N° 254. —

—————————————————— 31 ——————————————————

DIVERS A EFFETS EN PORTEFEUILLE, F. 34,566 68. Remis en paiement à Victor :
       F.   8,000   »   billet de Nègre fin août.
           20,000   »   billet de Roche   *id.*
            6,566 68   à 31 jours de vue, sur Pagès.
       ——————————————
       F. 34,566 68

5.   EFFETS EN PORTEFEUILLE , F. 30,992 80. Suivant note de négociation de
       ce jour pris de Victor :
           P. 2,100   à 45 jours de date, sur Livourne, à F. 5 20)
           F. 5,060)   )
               7,300)   } F. 30,992 80
               4,000 } à 60 jours de date, sur Paris, à 7/8 perte   )
               3,950)   )
3.   CAISSE, F. 3,573 88. Suivant le livre de caisse reçu comptant
—   pour excédant du paiement........................ 3,573 88
4.   ——————————————
                                                           F. 34,566 68

Comme je l'ai déjà dit au n° 31, on doit mettre le raisonnement du seul créancier à la suite de sa somme, et ne citer le titre qu'au compte qui donne matière à passer l'article, de manière que les effets donnés à Victor, présentant une somme plus forte que celle de ses débiteurs, doivent avoir un raisonnement détaillé, et qu'on ne doit citer le titre, qui est la note de négociation, qu'aux effets que l'on prend de Victor.

CAHIER DE NOTES N° 255. —

—————————————————— 31 ——————————————————

3.   CAISSE A EFFETS EN PORTEFEUILLE, F. 13,000. Suivant le livre de caisse
—   encaissé :
4.   Billets de Nègre fin août............. { F. 6,000 } F. 13,000
                                                  {   7,000 }

——————————————— 3 *Septembre* 18.. ———————————————

5.   EFFETS EN PORTEFEUILLE A CARREL, de Paris, s/c., F. 9,850 50. Notre traite
—   sur lui de F. 9,900 de ce jour, payable au 15 octobre prochain, à 1/2 pour
2.   cent de perte................................... F. 9,850 50
                                                              (3 septemb.)

CAHIER DE NOTES N° 257. —
——————————————————— 10 ———————————————————

2.   CARREL, de Paris, s/c., A EFFETS EN PORTEFEUILLE, F. 11,004. Notre remise
—   par notre lettre de ce jour de P. 2,100, du 31 août, à 45 jours de date, sur
4.   Livourne, à F. 5 24................................ F. 11,004
                                                              (10 septemb.)

CAHIER DE NOTES N° 258. — Carrel, de Paris, nous remet pour négocier pour
s/c. une traite de P. 3,000 sur Gênes : malgré que cette remise ne soit pas négociée, pour ne pas laisser cet article en suspens on doit toujours créditer Carrel
de cette remise, et laisser en blanc la somme en francs jusqu'à ce qu'on l'ait négociée et qu'on en trouve la négociation dans le copie de lettres; alors on remplira
le blanc de l'article et on y mettra la valeur.

Il y a des teneurs de livres qui ne passent pas de suite les remises, les tiennent
en suspens, et n'en créditent l'ami qu'après la négociation. Cela peut être cause
qu'on peut en oublier quelqu'une, surtout si ces remises étaient souvent répétées;
ce qui n'arrivera pas quand on en créditera de suite l'ami en laissant en blanc la
somme, parce que, l'article une fois passé d'après la lettre d'avis et la somme
laissée en blanc, quand on viendra pour dresser le compte-courant on sera forcé
de remplir ce blanc d'après la lettre qui en aura donné la négociation, ou d'en
donner la négociation si on l'avait oubliée tout-à-fait. Si, par hasard, on avait
donné la négociation d'une partie des remises faites, cette négociation donnée serait
inscrite sur le journal, et il n'y aurait plus que l'autre partie à donner la négociation, et l'article resterait toujours en blanc jusqu'à entière négociation. D'ailleurs,
en ne laissant rien en suspens on pourra dans tous les temps connaître sa véritable
situation avec son correspondant, malgré que la somme soit restée en blanc; ce
qui ne pourrait pas se connaître si le teneur de livres gardait à part soi les traites
ou remises à donner négociation sans les passer dans le compte du correspondant.
——————————————————— 12 ———————————————————

5.   EFFETS EN PORTEFEUILLE A CARREL, de Paris, s/c., F. 13,800. Sa remise par
—   sa lettre du 6 septembre de P. 3,000, du 20 août, à 45 jours de date, sur
2.   Gênes, à F. 4 60................................. F. 13,800
                                                              (20 septemb.)

D'après ce qui a été dit ci-dessus, la somme en francs de cet article reste en
blanc dans notre colonne jusqu'à ce que la lettre qui en donne la négociation, qui
se trouve sous la date du 20 septembre, se présente. Alors on remplira la somme
en francs et la valeur désignée par la lettre.

CAHIER DE NOTES N° 259. —
——————————————————— 15 ———————————————————

2.   CARREL, de Paris, s/c., A EFFETS EN PORTEFEUILLE, F. 7,890 40. Nos remises
—   par notre lettre de ce jour de
5.   F. 4,000
               3,950
           ————————
           F. 7,950   du 31 août, à 60 jours, sur Paris, à 3/4 perte. F. 7,890 40
                                                              (15 septemb.)

CAHIER DE NOTES N° 260. —

———————————————————— 18 *Septembre* 18.. ————————————————————

5.   EFFETS EN PORTEFEUILLE A CARREL, de Paris, s/c., F. 7,326. Notre traite
—   sur lui de F. 7,400, du 18 septembre, à 100 jours de date, à 1 pour cent
2.   perte.. F. 7,326
                                                                        (18 septemb.)

CAHIER DE NOTES N° 261. —

———————————————————————— 19 ————————————————————————

5.   EFFETS EN PORTEFEUILLE A CARREL, de Paris, s/c., F. 17,200. Ses remises
—   par sa lettre du 12 septembre :
2.   F.   8,200   au 31 octobre, sur Durand.
                 9,000   au 10 novembre, sur Agnel.

        F. 17,200   F. 17,200

Ces deux remises sont valeur à l'échéance, à moins que l'on ne voulût les négocier; il en est de même de toutes les remises sur place qu'on ne négociera pas.

CAHIER DE NOTES N° 262. —

———————————————————————— 25 ————————————————————————

2.   CARREL, de Paris, s/c., A EFFETS A PAYER, F. 8,825. Suivant sa lettre du 20
—   septembre, sa traite sur nous au 12 novembre............. F. 8,825
8.   (12 novemb.)

CAHIER DE NOTES N° 263. —

———————————————————————— 29 ————————————————————————

3.   CAISSE A EFFETS EN PORTEFEUILLE, F. 8,500. Suivant le livre de caisse encaissé
—   une traite sur Blanc au 25 septembre.................... F. 8,500
5.

CAHIER DE NOTES N° 264. —

———————————————————————— 30 ————————————————————————

5.   EFFETS EN PORTEFEUILLE A DIVERS, F. 13,300. Suivant note de négociation
—   de ce jour pris de Théodore deux effets sur Londres de
        St. 300 }
            250 } à 60 jours de date, à F. 24 18 1/6, payables sur Paris.
5.   A EUX-MÊMES, F. 7,300. Remis en paiement F. 7,300, du 31
        août, à 60 jours, sur Paris, au pair.................... F.   7,300
3.   A CAISSE, F. 6,000. Suivant le livre de caisse solde remis
        comptant... 6,000
                                                                F. 13,300

CAHIER DE NOTES N° 265. —

———————————————————————— 2 *Octobre* 18.. ————————————————————————

2.   CARREL, de Paris, s/c., A EFFETS EN PORTEFEUILLE, F. 282 75. Notre remise
—   par notre lettre de ce jour de D. 66 53, du 23 août, à 60 jours, sur Naples,
5.   à F. 4 25 .... F. 282 75
                                                                 (2 octobre.)

CAHIER DE NOTES N° 266. — Ayant dressé dans le livre de comptes-courans celui
de Carrel, de Paris (compte-courant N° 1), on le passe en écritures au journal.
Carrel, de Paris, par ce compte-courant, doit la commission de banque, le courtage et les ports de lettres.

———————————————— 15 *Octobre* 18.. ————————————————

2. CARREL, de Paris, s/c., A DIVERS, F. 212 60, savoir :
—   A PROVISIONS, F. 148 06, pour notre provision de banque... F. 148 06
3.
3. A DÉPENSES GÉNÉRALES, F. 64 54, pour courtage et port de lettres,
    ci 64 54
                                                                    ——————————
                                                                    F. 212 60
                                                                    ══════════

Pour connaître la manière de chiffrer les intérêts et remplir les frais qui doivent entrer dans un compte-courant, voyez ce que j'en dis au livre de comptes-courans, N° 21.

CAHIER DE NOTES N° 267. — D'après le même compte-courant nous devons les
intérêts à Carrel, de Paris, et une somme de F. 9,324 57 en compte nouveau.

———————————————————— 15 ————————————————————

3. INTÉRÊTS GÉNÉRAUX A CARREL, de Paris, s/c., F. 4 05, solde des intérêts en
—   sa faveur... F. 4 05
2.   ══════════

CAHIER DE NOTES N° 268. —

———————————————————— 15 ————————————————————

2. CARREL, de Paris, s/c. vieux, A LUI-MÊME, s/c. nouveau, F. 9,324 57. Sui-
—   vant l'extrait de s/c. à lui remis ce jour solde créditeur à nouveau, valeur
2.   31 octobre... F. 9,324 57
                                                                        ══════════

CAHIER DE NOTES N° 269. —

———————————————————— 16 ————————————————————

5. EFFETS EN PORTEFEUILLE A DIVERS, F. 13,895. Reçu en paiement de Martin :
—   F. 8,000 }
            6,000 } billets de Colin au 30 novembre.
        ——————————
        F. 14,000   à 1/2 pour cent perte par mois. F. 13,895

5. A EUX-MÊMES, F. 13,860. Suivant note de négociation de ce jour
        négocié à Martin :
            P. 3,000, du 20 août, à 45 jours, sur Gênes, à F. 4 62,
                valeur comptant.. F. 13,860
3. A CAISSE, F. 35. Suivant le livre de caisse rendu comptant
        pour excédant du paiement...................................   35
                                                                        ——————————
                                                                        F. 13,895
                                                                        ══════════

CAHIER DE NOTES N° 270. —

———————————————————— 17 ————————————————————

5. EFFETS EN PORTEFEUILLE A DIVERS, F. 11,820. Reçu en paiement de Barbier
—   un effet sur Paris de F. 12,000, du 17 octobre, à 90 jours, à 1/2 de
        perte.
5. A EUX-MÊMES, F. 9,887 63. Suivant note de négociation de ce jour négocié
        à Barbier un effet sur Paris de F. 9,900 au 15 octobre, à 1/8 p. cent de
        perte, payable en un effet sur la même place.......... F. 9,887 63
3. A CAISSE, F. 1,932 37. Suivant le livre de caisse rendu comp-
        tant pour excédant du paiement....................... 1,932 37
                                                                    ——————————
                                                                    F. 11,820 »
                                                                    ══════════

On verra par les deux articles ci-dessus que l'on ne doit citer le titre qu'au
compte qui a donné lieu à les passer.

CAHIER DE NOTES N° 271. —

———————————————————————— 18 *Octobre* 18. . ————————————

5.   EFFETS EN PORTEFEUILLE A WILSON, de Londres, s/c., F. 7,500. Sa remise
—   par sa lettre du 1ᵉʳ octobre sur Aymon, au 30 novembre. . . . F. 7,500
4.   (30 novemb.)

CAHIER DE NOTES N° 272. —

———————————————————————— 23 ————————————————————————

4.   WILSON, de Londres, s/c., A EFFETS EN PORTEFEUILLE, F. 6,125. Notre
—   remise par notre lettre de ce jour de St. 250, du 30 septembre, à 60
5.   jours de date, sur Londres, à F. 24 50. . . . . F. 6,125
                                                                    (23 octobre.)

CAHIER DE NOTES N° 273. —

———————————————————————— 25 ————————————————————————

4.   WILSON, de Londres, s/c., A EFFETS A PAYER. F. 11,000. Suivant sa lettre
—   du 10 octobre, sa traite sur nous à son ordre au 25 novembre. F. 11,000
8.   (25 novemb.)

CAHIER DE NOTES N° 274. —

———————————————————————— 28 ————————————————————————

5.   EFFETS EN PORTEFEUILLE A WILSON, de Londres, s/c., F. 9,900. Notre traite
—   sur lui de St. 400, à 50 jours de date, à notre ordre, à F. 24 75. F. 9,900
4.   (28 octobre.)

CAHIER DE NOTES N° 275. —

———————————————————————— 31 ————————————————————————

4.   WILSON, de Londres, s/c., A EFFETS EN PORTEFEUILLE, F. 7,500. Notre
—   remise par notre lettre de ce jour en un effet sur Londres de St. 300, du
5.   30 septembre, à 60 jours de date, à F. 25. . . . . F. 7,500
                                                                    (31 octobre.)

CAHIER DE NOTES N° 276. —

———————————————————————— 31 ————————————————————————

4.   WILSON, de Londres, s/c., A EFFETS A PAYER, F. 9,850. Suivant sa lettre du
—   15 octobre, sa traite sur nous à son ordre au 30 novembre. . . F. 9,850
8.   (30 novemb.)

CAHIER DE NOTES N° 277. —

———————————————————————— 31 ————————————————————————

3.   CAISSE A EFFETS EN PORTEFEUILLE, F. 13,200. Suivant le livre de caisse
—   encaissé une traite sur Durand au 31 octobre :
5.   de Marius, pour un effet sur Paris du 31 août. F. 8,200)
        à 60 jours, au pair. . . . .   5,000) F. 13,200

CAHIER DE NOTES N° 278. —

———————————————————————— 4 *Novembre* 18. . ————————————

5.   EFFETS EN PORTEFEUILLE A WILSON, de Londres, s/c., F. 10,098. Sa remise
—   par sa lettre du 25 octobre en un effet sur Paris de F. 10,200, du 10 octo-
4.   bre, à 100 jours, à 1 p. cent de perte. . . . . F. 10,098
                                                                    (12 novemb.)

En passant cet article sur le journal on se rappellera qu'on doit laisser en blanc
la colonne des francs et ne la remplir que lorsqu'on en trouve la négociation sur
le copie de lettres (article N° 258).

CAHIER DE NOTES N° 279. —

—————————————————, 10 *Novembre* 18.. —————————

3. CAISSE A EFFETS EN PORTEFEUILLE, F. 9,000. Suivant le livre de caisse
—   encaissé une traite sur Aguel au 10 novembre............. F. 9,000
5.

CAHIER DE NOTES N° 280. —

————————————————— 12 ————————————————

8. EFFETS A PAYER A CAISSE, F. 19,825 05. Suivant le livre de caisse payé :
—   A David traite de Carri au 10 octobre. F.   100 05)
3.   A Niel traite de Carrel au 5 dit......   10,900 » } F. 19,825 05
        A Hugon traite dudit au 12 novembre.   8,825 »)

CAHIER DE NOTES N° 281. —

————————————————— 15 ————————————————

3. INTÉRÊTS GÉNÉRAUX A WILSON, de Londres, s/c., F. 4 50, solde des intérêts
—   en sa faveur............................... F. 4 50
4.

CAHIER DE NOTES N° 282. —

————————————————— 15 ————————————————

4. WILSON, de Londres, s/c., A DIVERS, F. 137 84.

3. A PROVISIONS, F. 96 12, pour notre provision de banque à 1/4
        sur F. 38,448......................... F.   96 12
3. A DÉPENSES GÉNÉRALES, F. 41 72, pour courtage et port de
        lettres 41 72
                                                    ————————
                                                    F. 137 84

CAHIER DE NOTES N° 283. —

————————————————— 15 ————————————————

4. WILSON, de Londres, s/c. nouveau, A LUI-MÊME, s/c. vieux, F. 6,810 05.
—   Suivant l'extrait de s/c. remis par notre lettre du....., solde débiteur
4.   à nouveau, valeur du 30 novembre.................. F. 6,810 05

COMPTES-COURANS CHEZ NOS AMIS,

SOIT NOTRE COMPTE.

D. Qu'entend-on par *notre compte?*

R. C'est lorsque l'ami achète et vend dans sa monnaie une marchandise, et
lorsque nous lui faisons des remises dans sa monnaie ; c'est lorsqu'il encaisse dans
sa monnaie, qu'il nous fait des remises qu'il a prises et payées dans sa monnaie.

D. Y a-t-il beaucoup d'articles qui doivent composer ce compte ?

R. Il y en a quatre comme dans *son compte* et ils se trouvent les mêmes, à la
différence que c'est nous qui commençons à faire des remises et à faire traite sur
notre ami.

Pour ne pas interrompre la suite des écritures dans *notre compte* je me bor-
nerai à dire que *notre compte* doit avoir sur le journal et sur le grand-livre deux
colonnes, celle de notre ami et la nôtre ; que la somme qui nous concerne, et
qui se trouve dans la colonne en dehors de l'article sur le journal, doit correspondre avec celle qui est immédiatement après le créancier de l'article, et que

celle qui concerne l'ami est celle qui est en dedans à côté de la nôtre, qui se trouve en dehors, et doit correspondre avec celle qui est après le mot *valeur à* . . . . . *de* . . . . ; ou, pour mieux dire, les deux plus rapprochées sont à l'ami, et les deux plus éloignées sont les nôtres.

Le cahier de notes indiquera les articles à passer sur le journal sans que je le répète en passant l'article ; ainsi on aura soin de l'avoir toujours sous les yeux.

CAHIER DE NOTES N° 284. —

——————————————— 16 *Novembre* 18 . . ———————————

2.   CARREL, de Paris, N/c., A EFFETS EN PORTEFEUILLE, F. 11,895, valeur à 7/8
—   de F. 12,000, faisant F. 11,920. Suivant sa lettre du 26 novembre, notre
5.   remise ce jour sur Paris du 17 octobre, à 90 jours de date,

ci. . . . . F. 11,920   F. 11,895

                                   (26 novemb.)

D. Comment savoir la valeur à mettre dans la colonne de l'ami lorsqu'elle n'est pas désignée dans les lettres ?

R. C'est le contraire de son compte :

Quand l'ami nous fait une remise, c'est valeur du jour qu'il la fait ;

Quand il fait traite sur nous, c'est également le jour qu'il la fait ;

Quand nous lui remettons quelque effet, c'est le jour qu'il l'encaisse ou qu'il le négocie ;

Quand nous faisons traite sur lui, c'est le jour qu'il paie cette traite.

On se rappellera que pour les *notre compte* il y a toujours après notre somme celle de l'ami après ces mots *valeur à* (change) *de* (monnaie de l'ami).

Pour passer en écritures les articles de banque comme ils doivent l'être on doit réduire toutes les remises faites ou reçues de part et d'autre au change ou à la perte du jour, comme on peut voir dans l'article ci-dessus. Carrel nous remet F. 12,000 qui coûtent chez lui F. 11,920 et chez nous F. 11,896, de sorte que le brut de l'effet sera au milieu des deux sommes réduites.

On voudra bien observer encore que, quand on fera une remise à l'ami pour N/c. susceptible d'être négociée par lui, on doit laisser en blanc la colonne de l'ami pour la remplir lorsqu'il en donnera la négociation ; c'est la même chose que dans son compte, à la différence que c'est notre colonne qui reste en blanc quand c'est *son compte,* et que c'est la sienne qui reste en blanc quand c'est *notre compte.*

Voici un exemple d'une remise faite à l'ami pour N/c. laissée en blanc jusqu'à l'avis de la négociation :

Carrel, de Paris, N/c., *à effets en portefeuille,* F. 11,895, *valeur à 5/8 de* F. 12,000, *faisant F.* . . . . . *Suivant sa lettre du* . . . . ., *notre remise sur Paris du* 17 *octobre, à 90 jours de date* . . . . *F.*   *F.* 11,875

De sorte que l'on remplira ces blancs lorsqu'on en recevra la négociation.

Dans les *notre compte* notre colonne ne doit jamais rester en blanc ; car dès que l'ami fait une remise dans quelque monnaie que ce soit on doit, de suite qu'on la passe en écritures, lui donner l'évaluation au change du jour.

CAHIER DE NOTES N° 285. —

——————————————————— 17 ———————————————————

5.   EFFETS EN PORTEFEUILLE A CARREL, de Paris, N/c., F. 9,000, valeur de
—   F. 8,955. Suivant sa lettre du 12 novembre, sa remise sur Blanc au 25
2.   décembre . . . . F. 8,955   F. 9,000

                                   (12 novemb.)

CAHIER DE NOTES N° 286. —
—————————— 20 *Novembre* 18. : ——————————

5.   EFFETS EN PORTEFEUILLE A CARREL, de Paris, N/C., F. 5,556, valeur de
—   F. 5,600, notre traite sur lui du 20 novembre, au 15 janvier prochain,
2.   ci. . . . . F. 5,600   F. 5,556
                                                           (15 janvier.)

Les traites que nous faisons sur notre ami pour notre compte sont sujettes à
être réduites dans notre colonne et on les passe comme si on les négociait de suite ;
celles que l'ami fait sur nous ne sont pas sujettes à être réduites.

CAHIER DE NOTES N° 287. —
—————————————— 25 ——————————————

2.   CARREL, de Paris, N/C., A EFFETS A PAYER, F. 4,000, valeur de F. 4,000. Sui-
—   vant sa lettre du 20 novembre, sa traite sur nous au 31 décembre,
8.   ci. . . . . F. 4,000   F. 4,000
                                                           (20 novemb.)

CAHIER DE NOTES N° 288. —
—————————————— 25 ——————————————

8.   EFFETS A PAYER A CAISSE, F. 11,000. Suivant le livre de caisse payé à David
—   une traite sur nous de Wilson au 25 novembre. . . . . F. 11,000
3.

CAHIER DE NOTES N° 289. —
—————————————— 28 ——————————————

    DIVERS A EFFETS EN PORTEFEUILLE, F. 21,553 75. Remis en paiement à Magnan :
        F. 7,500   au 30 novembre, sur Aymon.
            6,000 }
            8,000 }   *id.*   billets de Colin.

        ————————
        F. 21,500   à 1/4 pour cent de perte. . . . . F. 21,553 75

5.   EFFETS EN PORTEFEUILLE, F. 20,400. Suivant note de négociation de ce jour
        pris de Magnan :
        St. 200 }
            450 }   A 50 jours, sur Londres, à F. 25 50, payables
            150 }   au 15 décembre. F. 20,400   »
3.   CAISSE, F. 1,150 85. Suivant le livre de caisse reçu comp-
        tant pour excédant du paiement. 1,150 85
3.   INTÉRÊTS GÉNÉRAUX, F. 2 90, pour agio sur le solde reçu
—   comptant pour excédant. 2 90
5.   ————————
                                                           F. 21,553 75

On ne passe dans le compte d'*intérêts généraux* dans l'article précédent que
l'agio supporté pour le comptant reçu pour excédant, sans y comprendre celui que
les effets remis en paiement ont donné.

Dans la banque, comme c'est l'argent du banquier qui forme son commerce,
tous les comptes d'effets se soldent par *profits et pertes*, et il n'y a pas de distinction pour les effets à recevoir, comme dans la première partie : les effets doivent
être regardés comme une marchandise, et l'on ne doit passer que le net produit ;
mais l'agio perçu sur l'argent reçu ou donné doit être classé à part dans le compte
d'*intérêts généraux*.

CAHIER DE NOTES N° 290. — Par cet article nous remettons à Carrel, de Paris, pour notre compte St. 400 sur Londres. Comme il n'y a pas de somme en francs dans la lettre qui portera cette remise, on lui donnera, en passant l'article sur le journal, une évaluation au cours du jour que nous supposons être F. 25, ce qui donnera F. 10,000.

—————————— 29 *Novembre* 18.. ——————————

2. CARREL, de Paris, N/C., A EFFETS EN PORTEFEUILLE, P. 10,000, valeur à F. 25
—   de St. 400, faisant F. 10,400. Suivant sa lettre du 7 décembre, notre remise
5.   ce jour sur Londres du 28 octobre, à 60 jours de date, .
        ci. . . . . F. 10,400   P. 10,000
                                  (10 décemb.)

CAHIER DE NOTES N° 291. —

———————————————— 30 ————————————————

5. EFFETS EN PORTEFEUILLE A CARREL, de Paris, N/C., F. 8,208 50, valeur de
—   F. 8,250. Notre traite sur lui à 30 jours de date. F. 8,250   F. 8,208 50
2.

CAHIER DE NOTES N° 292. —

———————————————— 30 ————————————————

8. EFFETS A PAYER A CAISSE, F. 9,850. Suivant le livre de caisse payé à Abel une
—   traite de Wilson sur nous au 30 novembre. . . . . F. 9,850
3.

CAHIER DE NOTES N° 293. —
——————————— 12 *Décembre* 18.. ———————————

2. CARREL, de Paris, S/C., A LUI-MÊME, N/C., F. 9,324 57, valeur de F. 9,324 57,
—   solde de s/c. porté dans le nôtre, valeur 31 octobre,
2.   ci. . . . . F. 9,324 57   F. 9,324 57

CAHIER DE NOTES N° 294. —

———————————————— 13 ————————————————

2. CARREL, de Paris, N/C., A EFFETS EN PORTEFEUILLE, F. 7,363, valeur de
—   F. 7,400, faisant F. 7,381 50. Suivant sa lettre du 21 décembre, notre remise
5.   ce jour sur Paris du 18 septembre, à 100 jours. F. 7,381 50   F. 7,363
                                  (21 décemb.)

CAHIER DE NOTES N° 295. —

———————————————— 14 ————————————————

5. EFFETS EN PORTEFEUILLE A CARREL, de Paris, N/C., F. 10,500, valeur à
—   F. 5 25 de P. 2,000, faisant F. 10,200. Suivant sa lettre du 9 décembre,
2.   sa remise sur Livourne du 8 décembre, à 40 jours de date,
        ci. . . . . F. 10,200   F. 10,500
                                  (10 décemb.)

D'après tous les articles de *son compte* et de *notre compte* passés jusqu'ici on aura vu que l'on doit laisser en blanc dans la colonne des francs toutes les remises qu'un ami nous fait pour négocier pour son compte, que l'on remplirait lorsqu'on lui en donnerait la négociation; et que par la même raison on doit laisser en blanc toutes celles que nous lui faisons pour négocier pour notre compte, que l'on remplirait lorsqu'il en donnerait la négociation.

Si l'on veut, au lieu de laisser les remises en blanc, on peut les passer de suite au pair dans l'une ou l'autre colonne ; mais, lorsqu'on en donnerait ou qu'on recevrait l'avis de la négociation, on ferait un article particulier de cette perte sur le journal.

CAHIER DE NOTES Nº 296. — Par cet article il est dit que Carrel, de Paris, nous remet l'extrait de notre compte.

D. Quelle est la manière d'opérer et passer sur le journal l'extrait du compte-courant que Carrel, de Paris, nous remet ?

(Ce compte est copié au livre de comptes-courans, N° 3.)

R. Du moment qu'on a reçu l'extrait de notre compte et qu'on veut en faire écriture on pointe les articles de cet extrait avec ceux rapportés sur le grand-livre pour se convaincre s'il n'y aurait pas d'omissions sur le compte remis ou sur le grand-livre, et ce qui ne serait pas pointé sur l'un ou sur l'autre serait une omission que l'on serait obligé de chercher. A cet effet on aurait recours à la correspondance, et on la relirait pour connaître si les articles omis d'un côté ou de l'autre ne seraient pas un double emploi ou une omission.

Les erreurs ou omissions étant reconnues, on doit les porter en compte nouveau pour ne rien changer au solde du compte-courant remis. Si par cas ces erreurs ou omissions étaient dans notre grand-livre, on les corrigerait ou on en ferait un article particulier pour que le solde de ce compte dans nos écritures vînt égal à celui de l'extrait remis.

Tous les articles d'accord et le calcul des intérêts reconnu juste, on fait sur son cahier de chiffres les quatre additions du compte dans le grand-livre comme ci-après :

DÉBIT.		CRÉDIT.	
Colonne de l'ami.	Notre colonne.	Colonne de l'ami.	Notre colonne.
F. 33,701 50	F. 33,258	F. 43,205 57	F. 43,465 07

On ajoute ensuite les frais et autres articles que l'extrait du compte-courant porte, qui ne sont pas encore passés dans le journal, ainsi que le solde à porter à nouveau :

F. 33,701 50	additions	F. 33,258 »	F. 43,205 57	additions	F. 43,465 07
9,765 10	solde	9,765 10	94 91	intérêt	94 91
			166 12	provisions, courtage, etc.	166 12
F. 43,466 60		F. 43,023 10	F. 43,466 60		F. 43,726 10
	différence	703 »			
		F. 43,726 10			

Les sommes prises dans l'extrait de notre compte sont passées également dans les deux colonnes, attendu que ce sont des francs ; mais, si la colonne de l'ami était en monnaie étrangère, on lui donnerait une évaluation au change du jour que l'on porterait dans la nôtre, et la différence dans notre colonne en la soldant serait portée au compte de *profits et pertes*.

Ce compte ainsi soldé d'après le tableau ci-dessus et d'accord avec l'extrait remis, on en passe écriture sur le journal.

Pour connaître la manière de chiffrer les intérêts et remplir les frais qui entrent dans un compte-courant, voyez ce que j'en dis dans le livre de comptes-courans, N° 1, 2, 3.

———————————— 26 *Décembre* 18.. ————————————

       DIVERS A CARREL, de Paris, n/c., F. 261 03.

3.   INTÉRÊTS GÉNÉRAUX, F. 94 91, valeur de F. 94 91, solde des intérêts en sa

      faveur.. F.   94 91   F.   94 91

3.   DÉPENSES GÉNÉRALES, F. 166 12, valeur de

      F. 166 12, pour commission de banque, cour-

2.   tage et ports de lettres..................   166 12   166 12

                                       F. 261 03   F. 261 03

D. Pourquoi passez-vous la provision de banque de l'ami dans le compte de *dépenses générales,* au lieu d'en débiter le compte de *provisions?*

R. On ne doit porter dans le compte de *provisions* que celles qu'on nous alloue ou que nous bonifions sur celles déjà passées; mais celle que l'ami passe sur son compte, ne nous étant pas personnelle, doit être considérée comme frais de commerce et portée par conséquent dans ce compte.

CAHIER DE NOTES N° 297. —

————————————————— 26 —————————————————

2.   CARREL, de Paris, n/c., A EFFETS A PAYER, F. 9,765 10, valeur de F. 9,765 10.

—   Suivant l'extrait de n/c. reçu par sa lettre du 20 décembre, sa traite sur

8.   nous au 31 janvier pour solde.......... F. 9,765 10   F. 9,765 10

CAHIER DE NOTES N° 298. — D'après les quatre additions de colonne (art. 296) on voit que celle de Carrel solde, et que la nôtre présente une différence de F. 703 qui provient de l'évaluation et négociation de diverses remises faites de part et d'autre, que l'on passe par *profits et pertes :* cette différence ne regarde que nous, puisqu'elle figure seulement dans notre colonne.

————————————————— 26 —————————————————

2.   CARREL, de Paris, n/c., A PROFITS ET PERTES, F. 703, pour différence sur le

—   change dans notre colonne, et pour solde.................. F. 703

4.

Je le répète encore : si, par cas, on avait omis des articles ou commis quelque erreur dans l'extrait du compte à nous remis, pour ne rien changer au solde dudit compte on porterait ces omissions ou ces erreurs dans le compte nouveau, ayant soin d'en prévenir l'ami en lui envoyant le relevé. De même, si nous avions passé dans nos écritures des articles, soit au débit, soit au crédit, qui ne fussent pas portés dans l'extrait du compte remis, on les porterait à nouveau compte.

Si nous avions omis des articles qui eussent été portés dans l'extrait du compte remis, ou s'il y avait une différence dans les sommes, avant de les passer en écritures sur le journal on se convaincrait que ces omissions ou erreurs existent, soit par les lettres reçues, soit par nos réponses, et alors on les passerait ou on les rectifierait dans les écritures avant de solder le compte, ou on les porterait à nouveau si c'était l'ami qui les eût faites, pour ne rien changer au solde.

Pour que l'élève puisse mieux comprendre la manière de solder les *notre compte* je vais répéter le même compte, mais avec un correspondant étranger. Les articles se suivront, ayant fait connaître dans le compte de Carrel tous les cas qui pouvaient exiger une explication, et je renvoie à ce compte.

CAHIER DE NOTES N° 299. —

————————————————— 27 —————————————————

4.   MARTINI, de Naples, n/c., A EFFETS EN PORTEFEUILLE, P. 10,149, valeur à

—   1/2 de F. 10,200, faisant D. 2,400. Suivant sa lettre du 27 décembre, notre

5.

remise ce jour sur Paris du 20 octobre, à 100 jours..... D. 2,400   F. 10,149
                                                         (51 décemb.)

CAHIER DE NOTES N° 300. —
—————————— 28 *Décembre* 18.. ——————————
5.   EFFETS EN PORTEFEUILLE A MARTINI, de Naples, N/c., F. 8,460, valeur à
—   F. 4 23 de D. 2,000. Notre traite sur lui du 28 décembre, à 40 jours de
4.   date .... D. 2,000   F. 8,460
                                                (9 février.)

CAHIER DE NOTES N° 301. —
—————————————— 29 ——————————————
4.   MARTINI, de Naples, N/c., A EFFETS A PAYER, F. 6,200, valeur de D. 1,458 60.
—   Suivant sa lettre du 16 décembre, sa traite sur nous au 31 janvier,
8.   ci .... D. 1,458 60   F. 6,200
                                                (16 décemb.)

CAHIER DE NOTES N° 302. —
—————————————— 30 ——————————————
5.   EFFETS EN PORTEFEUILLE A DIVERS, F. 9,752. Suivant note de négociation de
—   ce jour pris de Gonel un effet sur Naples de D. 2,300, à 60 jours de date,
     à F. 4 24.
5.   A EUX-MÊMES, F. 8,250. Remis en paiement F. 8,250, du 30 novembre, à 30
     jours de date, sur Paris, au pair....................... F.   8,250
3.   A CAISSE, F. 1,502. Suivant le livre de caisse, solde payé comptant.   1,502
                                                                    F. 9,752

CAHIER DE NOTES N° 303. —
—————————————— 30 ——————————————
3.   CAISSE A EFFETS EN PORTEFEUILLE, F. 9,000. Suivant le livre de caisse encaissé
—   une traite sur Blanc au 25 décembre.................... F. 9,000
5.

CAHIER DE NOTES N° 304. —
—————————————— 31 ——————————————
5.   EFFETS EN PORTEFEUILLE A DIVERS, F. 24,563. Suivant note de négociation
—   de ce jour pris de Noyane :
        F.   5,000 ⎫
             9,000 ⎪
             3,000 ⎬ à 100 jours de date, sur Paris.
             8,000 ⎭
        F. 25,000   à 1 3/4..................... F. 24,563
5.   A EUX-MÊMES, F. 16,186. Remis en paiement :
        P. 2,000, du 8 décembre, à 40 jours, sur Livourne, à
             F. 5 30.................... F. 10,600 ⎫
        F. 5,600 au 15 janvier, sur Paris, à 1/4 perte   5,586 ⎬ F. 16,186
3.   A CAISSE, F. 8,377. Suivant le livre de caisse remis comptant
     pour solde 8,377
                                                          F. 24,563

CAHIER DE NOTES N° 305. —

——————————————— 31 *Décembre* 18.. ———————

4.   MARTINI, de Naples, N/C., A EFFETS EN PORTEFEUILLE, F. 9,752, valeur à
—   F. 4 24 de D. 2,300. Notre remise par notre lettre de ce jour sur Naples,
5.   du 30 décembre, à 60 jours de date.......... D. 2,300   F. 9,752
                                                  (30 janvier.)

CAHIER DE NOTES N° 306. —

————————————————————— 31 ———————————————

5.   EFFETS EN PORTEFEUILLE A MARTINI, de Naples, N/C., F. 7,300, valeur de
—   D. 1,758. Suivant sa lettre du 18 décembre, sa remise sur Mozart au
4.   25 janvier............................... D. 1,758   F. 7,300
                                               (18 décemb.)

CAHIER DE NOTES N° 307. —

————————————————————— 31 ———————————————

2.   EFFETS A PAYER A CAISSE, F. 4,000. Suivant le livre de caisse payé à Paul
—   une traite de Carrel au 31 décembre.................... F. 4,000
3.

CAHIER DE NOTES N° 308. — Martini, de Naples, nous ayant remis l'extrait de
notre compte N° 4, on le vérifiera de la manière que je l'ai dit (article N° 296).
On pose les quatre additions de son compte d'après le grand-livre sur son cahier
de chiffres, et on y ajoute les intérêts et autres frais, ainsi que le solde, tels que
l'extrait du compte les donne, qu'on évaluera au même change.

Exemple :

Colonne de l'ami.	Notre colonne.		Colonne de l'ami.		Notre colonne.
D. 6,158 60	F. 26,101 »		D. 3,758 »		F. 15,760 »
18 »	76 50	intérêt	25 35	frais	106 50
			2,393 25	solde	10,170 25
D. 6,176 60	F. 26,177 50		D. 6,176 60		F. 26,036 75
				différence	140 75
					F. 26,177 50

D'après le tableau ci-dessus on passe les articles sur le journal.

————————————————————— 31 ———————————————

4.   MARTINI, de Naples, N/C., A INTÉRÊTS GÉNÉRAUX, F. 76 50, valeur de
—   D. 18, solde des intérêts en notre faveur........ D. 18   F. 76 50
3.

CAHIER DE NOTES N° 309. —

——————————————— 31 *Janvier* 18.. ———————

3.   DÉPENSES GÉNÉRALES A MARTINI, de Naples, N/C., F. 106 50, valeur de
—   D. 25 35, pour sa provision de banque, courtage et port de lettres,
4.   ci................................... D. 25 35   F. 106 50

CAHIER DE NOTES N° 310. —

————————————————————— 31 ———————————————

4.   MARTINI, de Naples, N/C. nouveau, A LUI-MÊME, N/C. vieux, F. 10,170 25,
—   valeur de D. 2,393 25. Suivant l'extrait de N/C. reçu par sa lettre du....,
4.   solde débiteur à nouveau, valeur 10 février. D. 2,393 25   F. 10,170 25

CAHIER DE NOTES N° 311. — La colonne de l'ami soldée, il y a dans celle en francs une différence de F. 140 75 que l'on passe à *profits et pertes.*

——————————————— 31 *Janvier* 18.. ———————————————

4.   PROFITS ET PERTES A MARTINI, de Naples, N/c., F. 140,75, pour différence
—   sur le change dans notre colonne, et pour solde.......... F. 140,75
4.

CAHIER DE NOTES N° 312. —

————————————————— 31 —————————————————

3.   CAISSE compte nouveau A ELLE-MÊME compte vieux, F. 36,968 21, solde de
—   notre caisse réglée ce jour débiteur à nouveau........ F. 36,968 21
3.

COMPTES A DEMI EN BANQUE.

On se fait une idée pénible des comptes à demi en banque ; ce n'est autre chose qu'un *notre compte* dont la différence du débit au crédit de notre colonne ou de celle de notre ami se solde par la demie à chacun.

D. Combien y a-t-il de manières de solder les comptes à demi en banque ?

R. Trois :

La première est lorsque l'ami remet le premier sa colonne soldée et que nous soldons la nôtre par la moitié pour chacun ;

La seconde est lorsque nous remettons les premiers notre colonne soldée et que l'ami nous remet ensuite la sienne soldée par la moitié pour chacun ;

La troisième est lorsque l'un ou l'autre remet les deux colonnes ensemble soldées par le bénéfice ou la perte, la moitié pour chacun.

Pour bien faire comprendre ces trois manières j'ouvrirai un compte-courant à trois correspondans qui présenteront chacun une manière, et lorsque les comptes seront soldés, le solde de chacun des trois comptes sera soldé séparément par les trois manières.

Pour ne pas revenir sur ce que j'ai dit dans les *notre compte* je passerai les articles de suite au journal d'après le cahier de notes.

PREMIÈRE PARTIE.

CAHIER DE NOTES N° 313.

————————————————— 1ᵉʳ *Février* 18.. —————————————————

3.   CAISSE A EFFETS EN PORTEFEUILLE, F. 7,300. Suivant le livre de caisse
—   encaissé une traite sur Mozart au 25 janvier.............. F. 7,300
5.

CAHIER DE NOTES N° 314. —

————————————————— 1ᵉʳ —————————————————

5.   EFFETS EN PORTEFEUILLE A ERARD, de Paris, compte à demi en banque,
—   F. 10,000, valeur de F. 9,900. Suivant sa lettre du 25 janvier, sa remise
8.   sur Petit au 25 mars..................... F. 9,900   F. 10,000
                                                    (25 janvier.)   (25 mars.)

CAHIER DE NOTES N° 315. —

————————————————— 2 —————————————————

5.   EFFETS EN PORTEFEUILLE A CAISSE, F. 9,500. Suivant note de négociation de
—   ce jour pris de Roux P. 2,000, du 2 février, à 40 jours de date, sur Gênes,
3.   à F. 4 75 .... F. 9,500

CAHIER DE NOTES N° 316. —

———————————— **3 *Janvier* 18..** ————————————

8.   ERARD, de Paris, compte à demi en banque, A EFFETS EN PORTEFEUILLE,
—   F. 9,500, valeur de P. 2,000, faisant F. 9,600. Suivant sa lettre du 11
5. ·   février, notre remise ce jour sur Gênes du 2 février, à 60 jours de date,
     ci . . . . F. 9,600   F. 9,500
                                                 (21 mars.)   (3 février.)

Comme je l'ai dit plus avant, on doit préférer la manière de laisser en blanc la colonne de l'ami dans l'article ci-dessus, au lieu d'en tenir en suspens tout l'article, attendu que si l'ami oubliait d'en donner la négociation on pourrait le lui rappeler, l'article étant passé et la somme étant en blanc. Il en est de même pour les remises que l'ami nous fait et que nous ne négocions pas de suite.

CAHIER DE NOTES N° 317. —

——————————————— **4** ———————————————

8.   ERARD, de Paris, compte à demi en banque, A EFFETS EN PORTEFEUILLE,
—   F. 8,910, valeur de F. 9,000, faisant F. 8,955. Suivant sa lettre du 11
5.   février, notre remise de ce jour sur Paris, du 31 décembre, à 100 jours,
     ci . . . . F. 8,955   F. 8,910
                                                 (11 mars.)   (4 février.)

CAHIER DE NOTES N° 318. —

——————————————— **5** ———————————————

5.   EFFETS EN PORTEFEUILLE A ERARD, de Paris, compte à demi en banque,
—   F. 5,970, valeur à 1/2 pour cent de F. 6,000, notre traite sur lui à 30
8.   jours de date . . . . F. 6,000   F. 5,970
                                                 (5 mars.)   (5 février.)

CAHIER DE NOTES N° 319. —

——————————————— **10** ———————————————

8.   ERARD, de Paris, compte à demi en banque, A EFFETS A PAYER, F. 8,300,
—   valeur de F. 8,280. Suivant sa lettre du 8 février, sa traite sur nous au 29
8.   février . . . . F. 8,280   F. 8,300
                                                 (5 février.)   (29 février.)

CAHIER DE NOTES N° 320. —

——————————————— **11** ———————————————

8.   ERARD, de Paris, compte à demi en banque, A EFFETS EN PORTEFEUILLE,
—   F. 8,600, valeur à F. 4 30 de D. 2,000, faisant F. 8,540. Suivant sa lettre
5.   du 16 février, notre remise sur Naples du 28 décembre, à 40 jours de
     date . . . . F. 8,540   F. 8,600
                                                 (20 février.)   (11 février.)

CAHIER DE NOTES N° 321. —

——————————————— **11** ———————————————

8.   EFFETS A PAYER A CAISSE, F. 15,965 10. Suivant le livre de caisse payé à
—   Brun :
3.   Traite sur nous de Martini au 31 janvier. F. 6,200 »   }   F. 15,965 10
           Id.   de Carrel   *id.* . . . .   9,765 10 }

CAHIER DE NOTES N° 322. —

———————————————— 20 *Février* 18.. ————————————————

5. EFFETS EN PORTEFEUILLE A ERARD, de Paris, compte à demi en banque,
— F. 15,000, valeur de F. 14,900. Suivant sa lettre du 16 courant, sa remise
8. sur Mathieu fin mars.............................. F. 14,900 F. 15,000
(1er mars.) (31 mars.)

CAHIER DE NOTES N° 323. — Erard, de Paris, nous ayant remis l'extrait de sa
colonne de compte à demi en banque (livre des comptes-courans, N° 5), on opère
de la même manière que pour les *notre compte* (article N° 296), c'est-à-dire que l'on
pointe les sommes du débit et du crédit de cet extrait avec les sommes de ses colonnes
dans notre grand-livre, et, les ayant trouvées d'accord, on en passe écriture sur le
journal après en avoir dressé un tableau comme ci-après sur son cahier de chiffres.

On y joint également les frais et les intérêts d'après le compte-courant de notre
colonne, que nous lui remettons soldée.

Tableau de la première manière d'un compte à demi en banque soldé.

Additions du grand-livre.

DÉBIT.				CRÉDIT.			
Colonne de l'ami.		Notre colonne.		Colonne de l'ami.		Notre colonne.	
F. 35,375 »	additions	F. 35,310 »		F. 30,800 »	additions	F. 30,970 »	
69 50	intérêt			60 44	courtage		
	intérêt	223 50		4,584 06	solde	4,584 06	
	courtage	33 10			perte	12 54	
F. 35,444 50		F. 35,566 60		F. 35,444 50		F. 35,566 60	

Pour dresser ce tableau voici la manière d'opérer : après avoir posé sur son
cahier de chiffres les quatre additions de ce compte qui se trouvent dans notre
grand-livre, on prend l'extrait de la colonne de l'ami et on passe le solde des
intérêts qui se trouve à notre crédit chez lui dans le débit de sa colonne chez
nous en F. 69 50 seulement; ensuite, le courtage en F. 60 44 qui se trouve à notre
débit dans ledit extrait, on le passe à la colonne de son crédit chez nous seulement; vient ensuite le solde, qui est F. 4,584 06 à notre débit dans ledit extrait;
on le passe à son crédit chez nous dans les deux colonnes, ce qui le rend débiteur
à nouveau; cela fait, on prend l'extrait de notre colonne soldée et on passe seulement à son débit les intérêts en F. 223 50 et le courtage en F. 33 10; on additionne les quatre colonnes, et, la sienne balançant, la différence qui se trouve au
crédit de la nôtre en F. 12 54, qui est une perte, se supporte par les deux comptes,
la moitié pour chacun.

D'après ce tableau, il ne sera pas difficile d'en passer écriture sur le journal ;
on verra que les sommes qui sont seulement dans sa colonne ne portent pas la
partie double et seront un article de partie simple.

———————————————————— 20 ————————————————————

8. DOIT ERARD, de Paris, compte à demi en banque, sa colonne.
— Solde des intérêts en notre faveur dans sa colonne. F. 69 50 F. .. ..

CAHIER DE NOTES N° 324. —

———————————————————— 20 ————————————————————

AVOIR ERARD, de Paris, compte à demi en banque, sa colonne.
— Pour courtages.......................... F. 60 44 F. .. ..
8.

On se rappellera que dans les comptes à demi en banque les frais portés dans la colonne de l'ami ne se passent chez nous qu'en parties simples, comme ci-dessus dans sa colonne, et les frais compris dans notre colonne ne se passent que dans la nôtre, mais en parties doubles.

CAHIER DE NOTES N° 324. —

———————————————— 20 *Février* 18.. ————————————————

8.   ERARD, de Paris, compte à demi en banque nouveau A LUI-MÊME compte
—   à demi en banque vieux, F. 4,584 06, valeur de F. 4,584 06. Suivant
8.   l'extrait de sa colonne reçu par sa lettre du....., solde débiteur à nou-
    veau, valeur 31 mars.................... F. 4,584 06   F. 4,584 06

Le solde est débiteur et doit être passé dans les deux colonnes comme dans les *notre compte*.

CAHIER DE NOTES N° 326. — Les frais qui nous concernent et qui ne sont passés que dans notre colonne d'après le tableau se passent comme si c'était un *son compte*, et ne portent pas le raisonnement de *valeur de* F......, qui n'est que pour les *notre compte*.

———————————————— 20 ————————————————

8.   ERARD, de Paris, compte à demi en banque, A DIVERS, F. 256 60, suivant
—   l'extrait de notre colonne (compte-courant N° 6).
3.   A INTÉRÊTS GÉNÉRAUX, F. 223 50, solde des intérêts en notre faveur dans
    notre colonne..................................... F. 223 50
3.   A DÉPENSES GÉNÉRALES, F. 33 10, pour courtage.......... 33 10
                                 F. 256 60

CAHIER DE NOTES N° 327. — Il ne reste plus qu'à passer la perte qui résulte de ce compte à demi en banque, que l'on porte dans les deux comptes, c'est-à-dire que la demie qui concerne l'ami est portée à compte nouveau, et que la nôtre est portée au compte de *profits et pertes*, ou, ce qui est mieux, à un compte intitulé *Comptes en banque*, où l'on mettra tous les bénéfices et toutes les pertes des comptes à demi ou à tiers en banque que l'on aura avec ses amis, afin de connaître spécialement ce que ces comptes auront donné dans le courant de l'année de perte ou de bénéfice.

———————————————— 20 ————————————————

    DIVERS A ERARD, de Paris, compte à demi en banque, F. 12 54, pour perte
    sur ce compte et pour solde.
8.   ERARD, de Paris, compte à demi en banque nouveau, F. 6 27, valeur de
    F. 2 27, pour sa demie de perte.............. F. 6 27   F. 6 27
6.   COMPTE EN BANQUE, F. 6 27, pour notre demie............. 6 27
8.   F. 12 54

Preuve du solde de la première manière d'un compte à demi en banque par la deuxième manière.

Nous supposons remettre les premiers notre colonne du compte à demi en banque à notre ami pour qu'il la solde.

Les frais dans notre colonne sont les mêmes; il n'y a que le solde qui est F. 4,596 60, au lieu de F. 4,584 06, comme ci-après.

Additions du grand-livre.

	DÉBIT.			CRÉDIT.	
Colonne de l'ami.		Notre colonne.	Colonne de l'ami.		Notre colonne.
F. 35,375　»		F. 35,310　»	F. 30,800　»		F. 30,970　»
	intérêt	223 50	4,596 60	solde	4,596 60
	courtage	33 10			
		F. 35,566 60			F. 35,566 60
69 50	intérêt		60 44	courtage	
12 54	perte				
F. 35,457 04			F. 35,457 04		

Preuve du solde.

Solde de la première manière au débit nouveau............ F. 4,584 06
La demie de perte au débit nouveau.................... 6 27

　　　　　　　　　　　　　　　　　　　　　　　　　 F. 4,590 33

Solde de la deuxième manière au débit nouveau.......... F. 4,596 60
D'après le tableau ci-dessus, à déduire la demie de perte, dont
　il faut créditer le compte nouveau de l'ami.............. 6 27

　　　　Somme égale du débit de la première manière.... F. 4,590 33

Preuve du solde de la première manière du compte à demi en banque par la troisième manière.

Additions du grand-livre.

	DÉBIT.			CRÉDIT.	
Colonne de l'ami.		Notre colonne.	Colonne de l'ami.		Notre colonne.
F. 35,375　•		F. 35,310　»	F. 30,800　»		F. 30,970　»
69 50	intérêt		60 44	intérêt	
	intérêt	223 50	F. 30,860 44		
	courtage	33 10	4,584 06	solde supp.	4,584 06
F. 35,444 50			F. 35,444 50		F. 35,554 06
				perte supp.	12 54
					F. 35,566 60
6 27	la 1/2 perte réelle			la 1/2 perte réelle	6 27
					F. 30,976 27
			4,590 33	solde réel	4,590 33
F. 35,450 77		F. 35,566 60	F. 35,450 77		F. 35,566 60

De sorte que le solde de la première et de la deuxième manière correspond parfaitement au solde réel de la troisième manière en F. 4,590 33, dans lequel la perte est comprise.

Explication et manière de dresser le tableau ci-dessus de la troisième manière.

Après avoir mis sur son cahier de chiffres les quatre additions du grand-livre comme en l'article N° 323, on porte dans les quatre colonnes respectives les frais qui les compètent tant en débit qu'en crédit. Cela fait, on commence par solder la colonne de l'ami d'après la première manière, dont on suppose que l'extrait a été remis en premier, qui se trouve F. 4,584 06 que l'on porte dans les deux colonnes au crédit, et que l'on souligne (cette somme n'étant pas le véritable solde); la colonne de l'ami soldée donne dans la nôtre une perte de F. 12 54 que l'on souligne également, et dont on porte la demie, qui est F. 6 27, dans notre colonne du crédit, et l'autre demie en F. 6 27 dans la colonne du débit de l'ami. Après cela on additionne toutes les sommes qui ne sont pas soulignées dans les quatre colonnes, qui doivent être balancées par le solde réel qui sera au crédit des deux colonnes en F. 4,590 33, somme égale aux deux précédentes manières.

DEUXIÈME MANIÈRE.

CAHIER DE NOTES N° 328. —
———————————— 21 *Février* 18.. ————————————

5.   EFFETS EN PORTEFEUILLE A LUPTON, de Londres, compte à demi en banque,
—   F. 9,000, valeur de St. 400. Suivant sa lettre du 5 février, sa remise sur
7.   Pacard au 15 avril......................... L. 400   F. 9,000
                                                   (5 février.)   (15 avril.)

CAHIER DE NOTES N° 329. —
———————————— 22 ————————————

7.   LUPTON, de Londres, compte à demi en banque, A EFFETS EN PORTEFEUILLE,
—   F. 5,985, valeur à 1/4 de F. 6,000, faisant St. 240. Suivant sa lettre du
5.   1ᵉʳ mars, notre remise ce jour sur Paris du 5 février, à 30 jours,
         ci.. St. 240   F. 5,985
                                                      (1ᵉʳ mars.)   (22 février.)

CAHIER DE NOTES N° 330. —
———————————— 23 ————————————

5.   EFFETS EN PORTEFEUILLE A LUPTON, de Londres, compte à demi en banque,
—   F. 18,937 50, valeur à F. 25 25 de St. 750. Notre traite sur lui à 50
7.   jours de date......................... St. 750   F. 18,937 50
                                              (15 avril.)   (23 février.)

CAHIER DE NOTES N° 331. —
———————————— 24 ————————————

7.   LUPTON, de Londres, compte à demi en banque, A EFFETS EN PORTEFEUILLE,
—   F. 20,800, valeur à F. 26 de St. 800. Nos remises ce jour sur Londres de
5.   St. 450 ⎫
          150 ⎬ du 28 novembre, à 50 jours...... St. 800   F. 20,800
          200 ⎭   (28 février.)   (24 février.)

CAHIER DE NOTES N° 332. —

—————————————————— 25 *Février* 18.. ——————————

7.   LUPTON, de Londres, compte à demi en banque, A EFFETS A PAYER, F. 7,000,
—   valeur de St. 269 23. Suivant sa lettre du 10 février, sa traite sur nous
8.   au 31 mars........................... St. 269 23   F. 7,000
                                              (25 février.)   (51 mars.)

CAHIER DE NOTES N° 333. —

—————————————————————— 29 ——————————————————

5.   EFFETS EN PORTEFEUILLE A LUPTON, de Londres, compte à demi en banque,
—   F. 11,000, valeur de L. 431 37. Suivant sa lettre du 15 février, sa remise
7.   sur Renard au 25 mars.................. L. 431 37   F. 11,000
                                              (25 février.)   (23 mars.)

CAHIER DE NOTES N° 334. —

—————————————————————— 29 ——————————————————

8.   EFFETS A PAYER A CAISSE, F. 8,300. Suivant le livre de caisse payé à Silvi
—   une traite d'Erard sur nous au 29 février................. F. 8,300
3.

CAHIER DE NOTES N° 335. — Par le cahier de notes il est dit que nous remettons les premiers à Lupton, de Londres, notre colonne du compte à demi en
banque.

On prend le livre des comptes-courans, où ce compte est dressé (N° 7), et,
trouvant qu'il doit les intérêts et le courtage, on l'en débite, et on le crédite à
nouveau du solde en F. 5,063 52.

—————————————————— 10 *Mars* 18.. ——————————

7.   LUPTON, de Londres, compte à demi en banque, A DIVERS, F. 88 98, sui-
—   vant l'extrait de notre colonne.
3.   A INTÉRÊTS GÉNÉRAUX, F. 43 25. Solde des intérêts en notre faveur. F. 43 25
3.   A DÉPENSES GÉNÉRALES, F. 45 73, pour courtage............   45 73
                                                              F. 88 98

CAHIER DE NOTES N° 336. —

—————————————————————— 10 ——————————————————

7.   LUPTON, de Londres, compte à demi en banque vieux A LUI-MÊME compte
—   nouveau, F. 5,063 52, valeur à F. 25 de St. 202 54. Suivant l'extrait
7.   remis par notre lettre du....., solde de notre colonne créditeur à nou-
        veau.............................. St. 202 54   F. 5,063 52
                                              (15 avril.)   (15 avril.)

Quand on remet le premier sa colonne du compte à demi en banque, celle de
l'ami reste en blanc, pour le solde que l'on trouve dans l'extrait qu'on lui remet,
sur le journal et sur le grand-livre jusqu'à la réception de l'extrait de sa colonne
soldée par *profits et pertes*, dans lequel extrait on connaîtra la valeur qu'il aura
donnée à notre solde, qui est St. 202 54, que l'on aura le soin de remplir sur
le journal et sur le grand-livre. On fera aussi attention de donner la même évaluation à la demie de la perte ou du bénéfice à nouveau que ce compte aura produit. Dans ce Cours le change est censé avoir été fixé à F. 25 pour une livre sterling.

On soldera ce compte sur le grand-livre dans notre colonne seulement, et on
laissera la colonne de l'ami non soldée jusqu'à la réception de la sienne soldée.

CAHIER DE NOTES N° 337. —

————————— 25 *Mars* 18.. —————————

3.   CAISSE A EFFETS EN PORTEFEUILLE, F. 21,000. Suivant le livre de caisse
—   encaissé :

5.   Traite sur Petit au 25 mars............. F. 10,000 }
         Id.   sur Renard   *id.*................   11,000 } F. 21,000

CAHIER DE NOTES N° 338. — Lupton, de Londres, nous ayant remis sa colonne
du compte à demi en banque soldée (compte-courant N° 8), pour la passer en
écritures l'on opère comme à la première manière, c'est-à-dire que l'on met
sur son cahier de chiffres les quatre additions du grand-livre comme ci-après.

Tableau de la deuxième manière d'un compte à demi en banque.
Additions du grand-livre.

DÉBIT.			CRÉDIT.	
Colonne de l'ami.		Notre colonne.	Colonne de l'ami.	Notre colonne.
St. 1,309 23		F. 33,785 »	St. 1,581 37	F. 38,937 50
	intérêt	43 25		
	courtage	45 73		
202 54	solde à F. 25	5,063 52	1 34 courtage	
		F. 38,937 50		F. 38,937 50
1 03	intérêt			
34 95	». 1/2 perte			
34 96	1/2 de Lupt.			
St. 1,582 71			St. 1,582 71	

Pour passer en écritures sur le journal la colonne de Lupton on se rappellera
que tout ce qui est frais et qui n'a pas d'évaluation par un change dans notre
colonne, se passe par des articles en parties simples comme ci-après.

————————————— 31 —————————————

7.   DOIT LUPTON, de Londres, compte à demi en banque, sa colonne.
—   Solde des intérêts en notre faveur........... St. 1 03   F. .... ..

CAHIER DE NOTES N° 339. —

————————————— 31 —————————————

AVOIR LUPTON, de Londres, compte à demi en banque, sa colonne.
—   Pour courtage....................... St. 1 34   F. .... ..
7.

CAHIER DE NOTES N° 340. — La perte ou le bénéfice qui provient de la colonne
soldée par l'ami est encore passé en parties simples en totalité; mais la demie
du bénéfice ou de la perte qui nous concerne, et qui doit être portée à nouveau,
est en parties doubles comme ci-après.

————————————— 31 —————————————

7.   DOIT LUPTON, de Londres, compte à demi en banque, sa colonne.
—   Suivant l'extrait de sa colonne, pour perte sur ce compte et pour solde,
      ci .... St. 69 91   F. ....

CAHIER DE NOTES N° 341. —

————————————— 31 —————————————

6.   COMPTE EN BANQUE A LUPTON, de Londres, compte à demi en banque nou-
—   veau, F. 873 87, valeur à F. 25 de St. 34 95, pour la demie de perte
7.   sur le précédent compte, valeur 15 avril..... St. 34 95   F. 873 87

*Preuve du solde de la deuxième manière du compte à demi en banque
par la première manière.*

On suppose toujours que l'ami est le premier à remettre sa colonne.

Additions du grand-livre.

DÉBIT.				CRÉDIT.		
Colonne de l'ami.		Notre colonne.		Colonne de l'ami.		Notre colonne.
St. 1,309 23		F. 33,785 »		St. 1,581 37		F. 38,937 50
1 03	intérêt			1 34	courtage	
272 45	solde à F. 25	6,811 25				
St. 1,582 71				St. 1,582 71		
	intérêt	43 25			perte	1,747 73
	courtage	45 73		la 1/2 873 87		
		F. 40,685 23				F. 40,685 23

Preuve du solde.

Solde de la deuxième manière au crédit à nouveau.

	St.	F.
D'après le tableau (article 338) le solde est...	202 54	5,063 52
À ajouter la demie de la perte dans ce compte, dont il doit être crédité à nouveau..........	34 95	873 87
	St. 237 49	F. 5,937 39

Solde de la première manière au crédit à nouveau.

	St.	F.
D'après le tableau ci-dessus................	272 45	6,811 25
À déduire la demie de la perte dont il serait débité à nouveau............................	34 96	873 86
Somme égale à la deuxième manière..........	St. 237 49	F. 5,937 39

*Preuve du solde de la deuxième manière du compte à demi en banque
par la troisième manière.*

Additions du grand-livre.

DÉBIT.				CRÉDIT.		
Colonne de l'ami.		Notre colonne.		Colonne de l'ami.		Notre colonne.
St. 1,309 23		F. 33,785 »		St. 1,581 37		F. 38,937 50
1 03	intérêt			1 34	courtage	
	intérêt	43 25				
	courtage	45 73				
St. 1,310 26				St. 1,582 71		
272 45	solde supposé	6,811 25			perte supposée	1,747 73
St. 1,582 71		F. 40,685 23				F. 40,685 23
34 96	la 1/2 de perte de l'ami			n. 1/2 de perte		873 86
237 49	solde réel	5,937 38				
St. 1,582 71		F. 39,811 36		St. 1,582 71		F. 39,811 36

De sorte que le solde de la première et de la deuxième manière correspond parfaitement avec le solde réel ci-dessus, qui est St. 237 49, soit F. 5,937 38.

Je vais encore enseigner la manière de dresser le tableau ci-dessus de la troisième manière pour qu'un élève le comprenne mieux.

Après avoir posé les quatre additions du grand-livre comme dessus, on ajoute les frais dans les deux colonnes tant au débit qu'au crédit de notre colonne et de celle de l'ami. Cela fait, on suppose que l'ami nous remet le premier sa colonne dont le solde est St. 272 45, qui, au change de F. 25, fait F. 6,811 25 que l'on pose dans les deux colonnes du débit et que l'on souligne. Par ce solde la colonne de l'ami se trouve soldée; la nôtre par le solde ajouté au débit que l'on souligne donne une différence au crédit de F. 1,747 73 qui est une perte que l'on souligne encore, ainsi que l'addition que cette somme procure égale au débit que l'on a souligné. On prend la moitié de cette somme de F. 1,747 73, qui est une perte, et qui est F. 873 86, que l'on pose dans la colonne en francs du crédit; reste l'autre demie de F. 1,747 73, à laquelle on donne une évaluation à F. 25 pour en faire des livres sterlings que l'on pose dans la colonne du débit de l'ami en St. 34 96. Cela fait, on forme le solde réel dans les deux colonnes en additionnant toutes les sommes qui ne sont pas soulignées.

Pour connaître si les calculs ont été bien faits, quand on a fait le solde des deux colonnes on multiplie le solde en monnaie étrangère par le change, et le résultat doit être le solde en francs, sinon il y a erreur dans le calcul.

CAHIER DE NOTES N° 342. —

——————————————— 31 *Mars* 18.. ———————————

8.   EFFETS A PAYER A CAISSE, F. 7,000. Suivant le livre de caisse payé à Tiran
—   une traite de Lupton au 31 mars......................... F. 7,000
3.

TROISIÈME MANIÈRE.

CAHIER DE NOTES N° 343. —

——————————————— 1er *Avril* 18.. ———————————

5.   EFFETS EN PORTEFEUILLE A SERGY, de Livourne, compte à demi en banque,
—   F. 5,000, valeur de P. 990 10. Suivant sa lettre du 25 mars, sa remise sur
8.   Pinel fin avril........................... P. 990 10   F. 5,000
                                             (25 mars.)   (30 avril.)

CAHIER DE NOTES N° 344. —

————————————————————— 1 ————————————————————

     DIVERS A EFFETS EN PORTEFEUILLE, F. 19,125. Remis en paiement à Baltha-
     zard un effet sur Londres de St. 750, du 25 février, à 50 jours de date, à
     F. 25 50.
5.   EFFETS EN PORTEFEUILLE, F. 17,675. Suivant note de négociation de ce jour
     pris de Balthazard deux effets sur Livourne de

     P. 1,500 }
        2,000 } du 18 mars, à 45 jours, à F. 5 05......... F. 17,675

3.   CAISSE, F. 1,450. Suivant le livre de caisse reçu comptant pour
—   excédant... 1,450
8.   F. 19,125

CAHIER DE NOTES N° 345. —

—————————————————— 2 *Avril* 18.. ——————————————

3. CAISSE A EFFETS EN PORTEFEUILLE, F. 15,000. Suivant le livre de caisse
—   encaissé une traite sur Mathieu au 31 mars............... F. 15,000
5.

CAHIER DE NOTES N° 346. —

—————————————————— 10 ——————————————

8. SERGY, de Livourne, compte à demi en banque, A EFFETS EN PORTEFEUILLE,
—   F. 7,575, valeur à F. 5 05 de P. 1,500. Notre remise par notre lettre de
5.   ce jour sur Livourne du 18 mars, à 45 jours de date. P. 1,500   F. 7,575
                                                           (3 mai.)   (10 avril.)

CAHIER DE NOTES N° 347. —

—————————————————— 15 ——————————————

3. CAISSE A EFFETS EN PORTEFEUILLE, F. 9,000. Suivant le livre de caisse encaissé
—   une traite sur Pacard au 15 avril..................... F. 9,000
5.

CAHIER DE NOTES N° 348. —

—————————————————— 15 ——————————————

5. EFFETS EN PORTEFEUILLE A SERGY, de Livourne, compte à demi en banque,
—   F. 7,880, valeur à 1 1/2 de F. 8,000, faisant P. 1,584 12. Suivant sa
8.   lettre du 7 avril, sa remise sur Paris du 7 avril, à 60 jours de date,
      ci................................. F. 1,584 12   F. 7,880
                                          (7 avril.)   (20 avril.)

CAHIER DE NOTES N° 349. —

—————————————————— 18 ——————————————

8. SERGY, de Livourne, compte à demi en banque, A EFFETS EN PORTEFEUILLE,
—   F. 10,175, valeur à F. 5 08 3/4 de P. 2,000. Notre remise par notre lettre
5.   de ce jour sur Livourne du 18 mars, à 45 jours de date,
      ci................................. P. 2,000   F. 10,175
                                          (3 mai.)   (18 avril.)

CAHIER DE NOTES N° 350. —

—————————————————— 19 ——————————————

5. EFFETS EN PORTEFEUILLE A SERGY, de Livourne, compte à demi en banque,
—   F. 13,125, valeur à F. 5 25 de P. 2,500. Notre traite sur lui du 19 avril,
8.   à 45 jours de date........................ P. 2,500   F. 13,125
                                                (4 juin.)   (19 avril.)

CAHIER DE NOTES N° 351. —

—————————————————— 21 ——————————————

8. SERGY, de Livourne, compte à demi en banque, A EFFETS A PAYER, F. 8,000,
—   valeur de P. 1,584 75. Suivant sa lettre du 12 avril, sa traite sur nous
8.   fin avril............................... P. 1,584 75   F. 8,000
                                              (12 avril.)   (30 avril.)

Quand on voudra remettre le compte-courant du compte à demi en banque
par la troisième manière, on posera sur son cahier de chiffres les quatre additions,
et on opèrera comme à la preuve de la seconde manière par la troisième (article

341), c'est-à-dire que l'on supposera le compte remis par l'ami ; on passera les frais de part et d'autre, on en formera le solde dans sa colonne en P. 10 84, évaluées en francs dans la nôtre en F. 54 20 au change de F. 5, qui en donnera le bénéfice en F. 263 22 (tout cela souligné et supposé) : ce bénéfice souligné de F. 263 22 sera partagé, la moitié pour nous en F. 131 61 que l'on posera sous ce bénéfice supposé, et l'autre moitié de F. 131 61, qu'on évaluera au change de F. 5 donné au solde, sera portée dans la colonne de l'ami en P. 26 32. On additionnera les sommes des quatre colonnes qui ne seront pas soulignées, et on en établira le solde réel dans les deux colonnes en P. 15 48 et F. 77 41. Pour preuve que le solde devra être juste, l'on fera le solde seulement dans la colonne de l'ami, que l'on multipliera par le change, qui doit donner dans la colonne en francs la même somme qui manque et qui doit être le solde.

J'ai voulu répéter l'explication de cette opération, attendu que ce compte présente un bénéfice, et que celui expliqué à la page 344 présente une perte.

Additions du grand-livre.

DÉBIT — Colonne de l'ami.		Notre colonne.	CRÉDIT — Colonne de l'ami.		Notre colonne.
P. 5,084 75		F. 25,750 »	P. 5,074 22		F. 26,005 »
5 38	intérêt		5 07	courtage	
	intérêt	7 11			
	courtage	38 87			
P. 5,090 13		F. 25,795 98	P. 5,079 29		
	bénéfice supposé	~~263 22~~	~~10 84~~	solde à F. 5 supposé	~~54 20~~
		F. ~~26,059 20~~	P. ~~5,090 13~~		F. ~~26,059 20~~
	la demie du bénéfice	131 61	26 32	la demie du bénéfice	
		F. 25,927 59			
15 48	solde à F. 5	77 41			
P. 5,105 61		F. 26,005 »	P. 5,105 61		F. 26,005 »

Preuve du solde de la troisième manière du compte à demi en banque par la première.

Additions du grand-livre.

DÉBIT — Colonne de l'ami.		Notre colonne.	CRÉDIT — Colonne de l'ami.		Notre colonne.
P. 5,084 75		F. 25,750 »	P. 5,074 22		F. 26,005 »
5 38	intérêt		5 07	courtage	
	intérêt	7 11	10 84	solde	54 20
	courtage	38 87			
P. 5,090 13		F. 25,795 98	P. 5,090 13		
	bénéfice	263 22			
		F. 26,059 20			F. 26,059 20

Preuve du solde.

La demie du bénéfice au crédit de l'ami à nouveau. P. 26 32   F. 131 61
A déduire le solde dont il est débité à nouveau.... 10 84   54 20

Somme égale au solde de la troisième manière ci-dessus. P. 15 48   F. 77 41

Preuve du solde de la troisième manière du compte à demi en banque par la deuxième.

Additions du grand-livre.

	DÉBIT.		CRÉDIT.	
Colonne de l'ami.		Notre colonne.	Colonne de l'ami.	Notre colonne.
P. 5,084 75		F. 25,750 »	P. 5,074 22	F. 26,005 »
	intérêt	7 11		
	courtage	38 87		
41 80	solde	209 02		
		F. 26,005 »		
5 38	intérêt		5 07	courtage
			52 64	bénéfice
P. 5,131 93			P. 5,131 93	

Preuve du solde.

Solde de la deuxième ou crédit de l'ami à nouveau.	P. 41 80	F. 209 02
A déduire la demie du bénéfice dont il doit tenir compte......	26 32	131 61
Somme égale au solde de la troisième manière.....	P. 15 48	F. 77 41

CAHIER DE NOTES N° 352, 353. — Par cet article on est censé remettre à Sergy, de Livourne, l'extrait du compte-courant à demi en banque avec les deux colonnes que l'on trouve dressé au livre des comptes-courans, N° 9, et on en passe écriture sur le journal comme ci-après suivant le compte-courant, en ayant sous les yeux le premier tableau qu'on en a fait, qui doit faciliter à le passer.

—————————— 30 *Avril* 18.. ——————————

8. Doit Sergy, de Livourne, compte à tiers en banque, sa colonne.
— Solde des intérêts en notre faveur............ P. 5 38 F. ....

————————— 30 —————————

Avoir Sergy, de Livourne, compte à tiers en banque, sa colonne.
— Pour courtage.......................... P. 5 07 F. ....
8.

CAHIER DE NOTES N° 354. —

————————— 30 —————————

8. Sergy, de Livourne, compte à demi en banque, A DIVERS, F. 45 98,
— savoir :
3. A INTÉRÊTS GÉNÉRAUX, F. 7 11, solde des intérêts en notre faveur dans notre colonne.......................... F. 7 11
3. A DÉPENSES GÉNÉRALES, F. 38 87, pour courtage, dans notre colonne....................... 38 87
F. 45 98

CAHIER DE NOTES N° 355. —

————————— 30 —————————

8. Sergy, de Livourne, compte à demi en banque, A COMPTE EN BANQUE,
— F. 131 61, pour notre demie de bénéfice............... F. 131 61
6.

CAHIER DE NOTES N° 356. —

———————————————— 30 *Avril* 18.. ————————————————

AVOIR SERGY, de Livourne, compte à demi en banque, sa colonne.
—   Pour sa demie de bénéfice.................. P. 26 32   F. .... ..
8.

CAHIER DE NOTES N° 357. —

———————————————————— 30 ————————————————————

8.' SERGY, de Livourne, compte à demi en banque vieux A LUI-MÊME compte
—   à demi nouveau, F. 77 41, valeur à F. 5 de P. 15 48. Suivant l'extrait
8.   de ce compte, remis par notre lettre du....., solde créditeur à nouveau,
      valeur 30 mai......................... P. 15 48   F. 77 41

CAHIER DE NOTES N° 358. —

———————————————— 1er *Mai* 18.. ————————————————

3. CAISSE A EFFETS EN PORTEFEUILLE, F. 5,000. Suivant le livre de caisse
—   encaissé une traite sur Pinel au 30 avril................ F. 5,000
5.

CAHIER DE NOTES N° 359. —

———————————————————— 2 ————————————————————

8. EFFETS A PAYER A CAISSE, F. 8,000. Suivant le livre de caisse payé à Lion
—   une traite de Sergy au 30 avril...................... F. 8,000
3.

CAHIER DE NOTES N° 360. —

———————————————————— 10 ————————————————————

5. EFFETS EN PORTEFEUILLE A WILSON, de Londres, s/c., F. 6,810 05. Notre
—   traite sur lui pour solde de St. 272 64, à 50 jours de date, à F. 24 98,
4.   ci..................................... F. 6,810 05

CAHIER DE NOTES N° 361. —

———————————————————— 30 ————————————————————

5. EFFETS EN PORTEFEUILLE A WILSON, de Londres, N/c., F. 978 12, valeur de
—   St. 37 62. Sa remise par sa lettre du 6 mai sur Abert, au 30 juin, pour
2.   solde......................... St. 37 62   F. 978 12

CAHIER DE NOTES N° 362. —

———————————————————— 31 ————————————————————

5. EFFETS EN PORTEFEUILLE A DIVERS, F. 20,201 03. Reçu en paiement de
—   Rigaud :

      F.   6,000   »   du 14 mai, à 30 jours.
          5,000   » ⎫
          3,000   » ⎬   au 24 juin.
          6,251 66 ⎭

      F. 20,251 66   sur Paris, à 1/4 perte.. F. 20,201 03

5. A EUX-MÊMES, F. 15,980. Suivant note de ce jour négocié à Rigaud :
      F. 5,000 ⎫
         3,000 ⎬ du 31 décembre, à 100 jours, sur Paris,
         8,000 ⎭   à 7/8 perte.................... F. 15,980   »

3. A CAISSE, F. 4,221 03. Suivant le livre de caisse remis
      comptant pour excédant du paiement................ 4,221 03

                                            F. 20,201 03

COMPTES A TIERS EN BANQUE.

Les comptes à tiers en banque se passent sur le journal de la même manière que les comptes à demi en banque ; il n'y a de différence que lorsqu'on les solde. Ces comptes demandent une correspondance bien claire entre les associés, et le teneur de livres doit y faire la plus grande attention, pour ne pas faire des erreurs en passant à un compte ce qui se rapporterait à un autre.

Il y a deux manières de les rapporter sur le grand-livre : je les présente toutes les deux, et le tableau qui est à la fin de cet ouvrage en est une. Ce sera au négociant de choisir celle qui lui paraîtra la plus claire.

Les articles se suivront sur le journal d'après le cahier de notes quand il n'y aura aucune observation à faire.

CAHIER DE NOTES N° 363. —

1er *Juin* 18..

5. EFFETS EN PORTEFEUILLE A MAILLI, de Gênes, compte à tiers en banque,
—   F. 6,000, valeur de L/B°. 7,187 10. Suivant sa lettre du 24 mai, sa remise
7.   sur Lecat au 15 juillet................... L/B°. 7,187 10 s. F. 6,000
        (24 mai.)   (15 juillet.)

CAHIER DE NOTES N° 364. — Tous les articles tels que celui-ci qui concerneront à droiture les deux comptes étrangers au nôtre ne doivent figurer ni dans notre colonne, ni au journal, ni au grand-livre.

On aura soin que les sommes rapportées sur le grand-livre dans ce compte soient en dedans tant au débit qu'au crédit, et que notre colonne soit vide, c'est-à-dire en y mettant des points.

On laissera les sommes en blanc dans tous les articles passés au journal jusqu'à la réception des lettres de part et d'autre qui en donneront la négociation, comme on l'a pratiqué dans les *notre compte* et les *comptes à demi en banque*. C'est la manière la plus sûre pour ne rien oublier, comme je l'ai dit, article N° 295.

2

7. MAILLI, de Gênes, compte à tiers en banque, A DARSON, de Paris, compte
—   à tiers en banque.
7. Suivant la lettre du créditeur du 27 mai, sa remise au débiteur en un effet
        sur Gênes de P. 1,000, du 27 mai, à 30 jours de date,
        ci......................... L/B°. 5,750 F. 4,775 F......
            (27 juin.)   (1er juin.)

CAHIER DE NOTES N° 365. —

3

7. DARSON, de Paris, compte à tiers en banque, A EFFETS EN PORTEFEUILLE,
—   F. 5,985, valeur à 1/4 de F. 6,000. Notre remise par notre lettre de ce
5.   jour sur Paris du 14 mai, à 30 jours.......... F. 6,000 F. 4,975
            (14 juin.)   (3 juin.)

CAHIER DE NOTES N° 366. —

4

7. DARSON, de Paris, compte à tiers en banque, A EFFETS EN PORTEFEUILLE,
—   F. 4,975, valeur à 1/2 pour cent de F. 5,000. Notre remise par notre
5.   lettre du 4 juin en un effet sur Paris au 24 juin.. F. 5,000 F. 4,975
            (24 juin.)   (4 juin.)

CAHIER DE NOTES N° 367. —

_________________________________ 5 *Juin* 18.. _____________

7.   DARSON, de Paris, compte à tiers en banque, A EFFETS EN PORTEFEUILLE,
—   F. 6,220 40, valeur à 1/2 pour cent de F. 6,251 66. Notre remise par
5.   notre lettre de ce jour sur Paris au 24 juin,
         ci . . . . F. 6,251 66   F. 6,220 40
                                                                        (24 juin.)   (5 juin.)

CAHIER DE NOTES N° 368. —

_________________________________ 6 _____________________

6.   DARSON, de Paris, compte à tiers en banque, A MAILLI, de Gênes, compte
—   à tiers en banque.
6.   Suivant la lettre du créditeur du 1er juin, sa remise au débiteur de F. 7,000
         sur Paris, à 60 jours de date.   F. 6,895   L/B°. 8,385 8 s. 4 d.   F. . . . . .
                                                    (10 juin.)   (1er juin.)

CAHIER DE NOTES N° 369. —

_________________________________ 7 _____________________

5.   EFFETS EN PORTEFEUILLE A MAILLI, de Gênes, compte à tiers en banque,
—   F. 5,000, valeur de L/B°. 6,021 7 s. 6 d. Suivant sa lettre du 2 juin, sa
7.   remise sur Patat, au 30 juin . . . . . . L/B°. 6,021 7 s. 6 s.   F. 5,000
                                                    (2 juin.)   (30 juin.)

CAHIER DE NOTES N° 370. —

_________________________________ 8 _____________________

5.   EFFETS EN PORTEFEUILLE A DARSON, de Paris, compte à tiers en banque,
—   F. 8,000, valeur de F. 7,960. Suivant sa lettre du 3 juin, ses remises sur
7.   Nicolas de
         F. 3,000 }
            5,000 } au 30 juin . . . . F. 7,960   F. 8,000
                                                                 (3 juin.)   (30 juin.)

CAHIER DE NOTES N° 371. —

_________________________________ 9 _____________________

5.   EFFETS EN PORTEFEUILLE A DIVERS, F. 23,635. Suivant note de ce jour pris
—   de Marcel :
         F. 3,000 }
            4,000 }   à 60 jours, sur Paris, à 2 p. cent de perte.
            5,000 }
         P. 1,500 }
            1,000 }   à 30 jours, sur Gênes, à 4 75.

5.   A EUX-MÊMES, F. 21,125. Remis en paiement :
         P. 2,500 du 19 avril, à 45 jours, sur Livourne, à F. 5 25 }
         F. 8,000 du 7 dit, à 60 jours, sur Paris, au pair . . . . . . } F. 21,125
3.   A CAISSE, F. 2,510. Suivant le livre de caisse remis comptant
         pour solde   2,510
                                                                                    F. 23,635

CAHIER DE NOTES N° 372. —

_________________________________ 9 _____________________

5.   EFFETS EN PORTEFEUILLE A MARTINI, de Naples, N/c., F. 10,170 20, valeur
—   de D. 2,393 25. Notre traite sur lui au 15 juillet, pour solde,
4.   ci . . . . D. 2,393 25   F. 10,170 25

CAHIER DE NOTES N° 373, 374. —

———————————————— 9 *Juin* 18.. ————————————————

DIVERS A CAISSE, F. 8,700. Suivant le livre de caisse :

6. N/s. VINAL, compte-courant, F. 3,500. Remis comptant........ F. 3,500
6. N/s. CETON, compte-courant, F. 4,900. *id*....'......... 4,900
3. THOMAS, notre commis, F. 300. A lui payé à valoir sur ses appoin-
— temens.. 300
3. F. 8,700

Si on trouve les appointemens de commis passés sur le livre, on est obligé de leur ouvrir un compte; il y a des caissiers qui les passent dans le livre de frais de commerce, alors ces appointemens sont confondus dans les frais.

CAHIER DE NOTES N° 375. —

———————————————— 10 ————————————————

8. SERGY, de Livourne, compte à demi en banque, A CAISSE, F. 77 41, valeur
— de P. 15 48. Suivant le livre de caisse payé à Marion pour solde de ce
3. compte............................... P. 15 48   F. 77 41

CAHIER DE NOTES N° 376. —

———————————————— 11 ————————————————

7. MAILLI, de Gênes, compte à tiers en banque, A EFFETS EN PORTEFEUILLE,
— F. 7,125, valeur à F. 4 75 de P. 1,500. Notre remise par notre lettre de
5. ce jour sur Gênes, du 9 juin, à 30 jours de date. L/B°. 8,625   F. 7,125
                                            (9 juillet.)   (10 juin.)

Les écritures à Gênes se tenaient en lire hors banco; de sorte que, quand il y avait des piastres dans la colonne de l'ami, on était forcé de les réduire en lires hors banco, à 115 s. pour une piastre de Gênes, pour être d'accord avec sa colonne.

CAHIER DE NOTES N° 377. —

———————————————— 11 ————————————————

7. DARSON, de Paris, compte à tiers en banque, A EFFETS EN PORTEFEUILLE,
— F. 4,750, valeur à F. 4 75 de P. 1,000, faisant F. 4,775. Suivant sa lettre
5. du 18 juin, notre remise par notre lettre de ce jour sur Gênes, du 9 juin,
à 30 jours................................. F. 4,775   F. 4,750
                                            (18 juin.)   (11 juin.)

CAHIER DE NOTES N° 378. —

———————————————— 12 ————————————————

7. DARSON, de Paris, compte à tiers en banque, A EFFETS EN PORTEFEUILLE,
— F. 2,988 75, valeur de F. 3,000. Notre remise par notre lettre de ce jour
5. sur Paris, au 24 juin.................... F. 3,000   F. 2,988 75
                                            (24 juin.)   (12 juin.)

CAHIER DE NOTES N° 379. —

———————————————— 13 ————————————————

7. DARSON, de Paris, compte à tiers en banque, A EFFETS EN PORTEFEUILLE,
— F. 12,812 50, valeur à F. 5 12 1/2 de P. 2,500, faisant F. 12,812 50. Sui-
5. vant sa lettre du 25 juin, notre remise par notre lettre du 13 juin sur
Livourne, du 19 mai, à 45 jours de date. F. 12,812 50   F. 12,812 50
                                            (25 juin.)   (13 juin.)

CAHIER DE NOTES N° 380. —

———————————————— 13 *Juin* 18.. ————————————————

5.   EFFETS EN PORTEFEUILLE A DIVERS, F. 12,812 50. Suivant note de ce jour
—   pris de Martin P. 2,500 du 19 mai, à 45 jours de date, sur Livourne, à
       F. 5 12 1/2.
5.   A EUX-MÊMES, F. 4,590 33. Remis en paiement une traite sur Paris de
       F. 4,590 33 au 30 juin......................... F.   4,590 33
3.   A CAISSE, F. 8,222 17. Suivant le livre de caisse, solde payé
       comptant.. 8,222 17
                                                  F. 12,812 50

CAHIER DE NOTES N° 381. —

———————————————————— 13 ————————————————————

5.   EFFETS EN PORTEFEUILLE A ERARD, de Paris, compte à demi en banque,
—   F. 4,590 33, valeur de F. 4,590 33. Notre traite sur lui au 30 juin pour
8.   solde de son compte................. F. 4,590 33   F. 4,590 33

CAHIER DE NOTES N° 382. —

———————————————————— 14 ————————————————————

6.   DARSON, de Paris, compte à tiers en banque, A MAILLI, de Gênes, compte
—   à tiers en banque.
6.   Suivant la lettre de Mailli du 28 mai, sa remise à Darson de F. 4,000, à
       60 jours de date, sur Paris,
       ci.............. F. 3,920   L/B°. 5,846 1 s. 11 d.   F. ......
                   (8 juin.)   (8 juin.)

CAHIER DE NOTES N° 383. —

———————————————————— 15 ————————————————————

6.   MAILLI, de Gênes, compte à tiers en banque, A DARSON, de Paris, compte à
—   tiers en banque.
6.   Suivant la lettre de Darson du 10 juin, sa remise au débiteur de P. 2,000 sur
       Gênes, à 45 jours de date.... L/B°. 11,500   F. 9,500   F. ......
                         (25 juillet.)   (10 juin.)

CAHIER DE NOTES N° 384. —

———————————————————— 15 ————————————————————

3.   CAISSE A EFFETS EN PORTEFEUILLE, F. 6,000. Suivant le livre de caisse en-
—   caissé par anticipation une traite sur Lecat au 15 juillet...... F. 6,000
5.

CAHIER DE NOTES N° 385. —

———————————————————— 16 ————————————————————

5.   EFFETS EN PORTEFEUILLE A DARSON, de Paris, compte à tiers en banque,
—   F. 6,000, valeur de F. 5,970. Suivant sa lettre du 10 juin, sa remise sur
7.   Petit au 5 juillet......................... F. 5,970   F. 6,000
                                         (10 juin.)   (5 juillet.)

CAHIER DE NOTES N° 386. —

———————————————————— 17 ————————————————————

5.   EFFETS EN PORTEFEUILLE A DARSON, de Paris, compte à tiers en banque,
—   F. 4,762 10, valeur de P. 1,000, faisant F. 4,728 15. Suivant sa lettre
7.   du 12 juin, sa remise sur Gênes, à 30 jours de date,
       ci.................................... F. 4,728 15   F. 4,762 10
                                       (12 juin.)   (20 juin.)

CAHIER DE NOTES N° 387. —

──────────────── 18 *Juin* 18.. ────────────────

5. EFFETS EN PORTEFEUILLE A MAILLI, de Gênes, compte à tiers en banque,
— F. 3,500, valeur de L/B°. 4,132 16 s. 9 d. Suivant sa lettre du 12 juin,
7. sa remise sur Vial au 30 juin...... L/B°. 4,132 16 s. 9 d.   F. 3,500
                                              (12 juin.)   (30 juin.)

CAHIER DE NOTES N° 388. —

──────────────── 19 ────────────────

5. EFFETS EN PORTEFEUILLE A DARSON, de Paris, compte à tiers en banque,
— F. 4,500, valeur de F. 4,472 50.
7. Suivant sa lettre du 14 juin, sa remise sur Noel au 15 juillet,
ci................................. F. 4,472 50   F. 4,400
                                        (14 juin.)   (15 juillet.)

CAHIER DE NOTES N° 389. —

──────────────── 20 ────────────────

6. MAILLI, de Gênes, compte à tiers en banque, A DARSON, de Paris, compte
— à tiers en banque. Suivant la lettre de Darson du 15 juin, sa remise au
6. débiteur de P. 2,000, à 60 jours de date,
ci................. L/B°. 11,442 10 s.   F. 9,475   F. ......
                        (30 juin.)   (15 juin.)

CAHIER DE NOTES N° 390. —

──────────────── 21 ────────────────

5. EFFETS EN PORTEFEUILLE A MAILLI, de Gênes, compte à tiers en banque,
— F. 2,000, valeur de L/B°. 2,420 15. Suivant sa lettre du 16 juin, sa remise
7. sur Niort au 5 juillet.................. L/B°. 2,420 15   F. 2,000
                                              (16 juin.)   (3 juillet.)

CAHIER DE NOTES N° 391. —

──────────────── 22 ────────────────

6. DARSON, de Paris, compte à tiers en banque, A MAILLI, de Gênes, compte
— à tiers en banque.
6. Suivant la lettre de Mailli du 15 juin, sa remise au débiteur de F. 7,000,
à 30 jours de date.. F. 7,000   L/B°. 8,385 8 s. 4 d.   F. ......
                        (15 juillet.)   (15 juin.)

CAHIER DE NOTES N° 392. —

──────────────── 23 ────────────────

5. EFFETS EN PORTEFEUILLE A CAISSE, F. 9,450. Suivant note de négociation de
— ce jour pris de Maurel une traite sur Gênes de P. 2,000, à 30 jours de
3. date, à F. 4 72 1/2.................................. F. 9,450

CAHIER DE NOTES N° 393. —

──────────────── 24 ────────────────

7. MAILLI, de Gênes, compte à tiers en banque, A EFFETS EN PORTEFEUILLE,
— F. 9,450, valeur à F. 4 72 1/2 de P. 2,000. Notre remise par notre lettre
5. de ce jour à 30 jours de date, sur Gênes..... L/B°. 11,500   F. 9,450
                                                      (23 juillet.)   (23 juin.)

12

CAHIER DE NOTES n° 394. —

25 *Juin* 18..

7.   DARSON, de Paris, compte à tiers en banque, A EFFETS EN PORTEFEUILLE,
—   F. 6,895, valeur à F. 1 1/2 de F. 7,000, faisant F. 6,903 75. Suivant sa
5.   lettre du 10 juillet, nos remises ce jour de

       F. 3,000   ⎞
           4,000 ⎠ du 9 juin, à 60 jours, sur Paris. F. 6,903 75   F. 6,895

                                                (10 juillet.)   (25 juin.)

CAHIER DE NOTES N° 395. —

———————————— 26 ————————————

5.   EFFETS EN PORTEFEUILLE A MAILLI, de Gênes, compte à tiers en banque,
—   F. 5,000, valeur de L/B°. 6,989 11 s. 8 d. Suivant sa lettre du 20 juin,
7.   sa remise sur Niel au 10 juillet.... L/B°. 6,989 11 s. 8 d.   F. 5,000
                                     (20 juin.)   (10 juillet.)

CAHIER DE NOTES N° 396. —

———————————— 27 ————————————

6.   DARSON, de Paris, compte à tiers en banque, A MAILLI, de Gênes, compte
—   à tiers en banque.
6.   Suivant la lettre de Mailli du 22 juin, sa remise au débiteur de F. 3,000, à 60
      jours de date, sur Paris. F. 2,985   L/B°. 3,593 15 s.   F. ....
                       (5 juillet.)   (22 juin.)

CAHIER DE NOTES N° 397. —

———————————— 28 ————————————

5.   EFFETS EN PORTEFEUILLE A DARSON, de Paris, compte à tiers en banque,
—   F. 5,000, valeur de F. 4,975. Suivant sa lettre du 21 juin, sa remise sur
7.   Martin au 15 juillet...................... F. 4,975   F. 5,000
                                (21 juin.)   (15 juillet.)

CAHIER DE NOTES N° 398. —

———————————— 29 ————————————

7.   DARSON, de Paris, compte à tiers en banque, A EFFETS EN PORTEFEUILLE,
—   F. 4,950, valeur à F. 1 p. cent de F. 5,000, faisant F. 4,956 25. Suivant
5.   sa lettre du 10 juillet, notre remise ce jour sur Paris du 9 juin, à 60 jours
      de date........................ F. 4,956 25   F. 4,950
                                 (10 juillet.)   (30 juin.)

CAHIER DE NOTES N° 399. —

———————————— 30 ————————————

6.   MAILLI, de Gênes, compte à tiers en banque, A DARSON, de Paris, compte
—   à tiers en banque.
6.   Suivant la lettre de Darson du 23 juin, sa remise au débiteur de P. 1,500,
      sur Gênes, à 30 jours de date.. L/B°. 8,625   F. 7,125   F. ....
                  (23 juillet.)   (25 juin.)

CAHIER DE NOTES N° 400. —

———————————— 30 ————————————

3.   CAISSE A EFFETS EN PORTEFEUILLE, F. 17,478 12. Suivant le livre de caisse
—   encaissé les effets ci-après :
5.

Traite sur Patat au 30 juin.........	F. 5,000 »	
Id. sur Vial *id*............	3,500 »	
Id. sur Abert *id*............	978 12	F. 17,478 12
Id. sur Nicolas *id*............	3,000 » 5,000 »	

CAHIER DE NOTES N° 401. —

________________________ 1er *Juillet* 18.. ________________________

3. CAISSE A EFFETS EN PORTEFEUILLE, F. 11,838 64. Suivant note de négocia-
—   tion de ce jour négocié à Marcel :
5.   P. 1,000 » du 12 juin, à 30 jours,
                sur Gênes, à F. 4 75. F. 4,750 »
     St. 272 64 du 10 mai, à 50 jours,   F. 11,838 64
                sur Londres, à F. 26.   7,088 64

CAHIER DE NOTES N° 402, 405. —

________________________ 5 ________________________

    DIVERS A EFFETS EN PORTEFEUILLE, F. 13,000, savoir :
6. N/s. VINAL, compte-courant, F. 8,000. A lui remis :
        Une traite sur Petit au 5 juillet............ F. 6,000
                Id. sur Niort *id*............... 2,000   F. 8,000
6. N/s. CETON, compte-courant, F. 5,000. A lui remis une traite
—   sur Niel au 10 juillet 5,000
5.   F. 13,000

CAHIER DE NOTES N° 403. —

________________________ 10 ________________________

    DIVERS A CAISSE, F. 17,000. Suivant le livre de caisse :
6. N/s. VINAL, compte-courant, F. 7,000. Remis comptant...... F. 7,000
6. N/s. CETON, compte-courant, F. 10,000.   *Id.* 10,000
—   F. 17,000
3.

CAHIER DE NOTES N° 404. —

________________________ 10 ________________________

3. CAISSE COMPTE NOUVEAU A ELLE-MÊME compte vieux, F. 32,089 26. Solde
—   de notre caisse réglée ce jour débiteur à nouveau...... F. 32,089 26
3.

Tous les articles du compte à tiers en banque passés ci-dessus doivent être
suffisans pour en faire connaître la marche : il s'agit de solder les comptes des
intéressés.

Il a été convenu que Maïlli, de Gênes, remettrait à Darson, de Paris, l'extrait
de sa colonne; que, d'après elle, Darson solderait la sienne et tiendrait compte
à chacun de la perte et du bénéfice, et que ces deux comptes se solderaient définitivement par nous.

De sorte que Mailli, de Gênes, en remettant à Darson, de Paris, l'extrait de
sa colonne, nous en remet un également, et Darson, en remettant à Mailli, de
Gênes, l'extrait de la sienne soldée avec lui, nous en fait passer le double et nous
crédite à nouveau de notre tiers au bénéfice que le compte a donné en F. 395 52.
(Voyez dans le livre des comptes-courans ces deux comptes, N° 10 et 11.)

CAHIER DE NOTES Nº 406. — Ayant reconnu conformes à nos écritures les colonnes de Mailli et de Darson, et trouvant qu'il est dû à Mailli par Darson une somme de L/Bº. 137 15 s. 8 d. pour intérêt et courtage, on passera cette somme en parties simples dans la colonne de Mailli.

—————————————— 10 *Juillet* 18.. ——————————

     AVOIR MAILLI, de Gênes, compte à tiers en banque, sa colonne avec Darson,
—   de Paris.
6.   Solde des intérêts et courtage...... L/Bº. 137 15 s. 8 d.   F. .... ..

CAHIER DE NOTES Nº 407. — D'après ce même extrait, Mailli, de Gênes, se trouve débiteur à nouveau d'un solde de L/Bº. 10,969 9 s.

———————————— 10 ————————————

6.   MAILLI, de Gênes, compte à tiers en banque, sa colonne avec Darson,
—   compte nouveau A LUI-MÊME compte vieux. Suivant l'extrait de sa colonne
6.   avec Darson, de Paris, solde débiteur à nouveau,
     ci .... L/Bº. 10,969 9 s.   F. .... ..
                    (31 juillet.)

CAHIER DE NOTES Nº 408. — La colonne de Mailli étant soldée, on doit prendre l'extrait de la colonne de Darson avec Mailli, et voyant qu'il a donné au solde de Mailli, L/Bº. 10,969 9 s., une évaluation au change de F. 4 75 qui a produit F. 9,061 34, on crédite à nouveau Darson de cette somme.

———————————— 10 ————————————

6.   DARSON, de Paris, compte à tiers en banque, sa colonne avec Mailli, de
—   Gênes, compte vieux A LUI-MÊME compte nouveau. Solde de la colonne
6.   de Mailli, de Gênes, en L/Bº. 10,969 9 s., évaluées à F. 4 75,
     ci .... F. 9,061 34   F. .... ..
                    (31 juillet.)

Les trois articles ci-dessus ne doivent être passés au journal que lorsque Darson, de Paris, à qui Mailli, de Gênes, a envoyé l'extrait de sa colonne, l'aura reconnue juste, et qu'il nous l'aura remis ensemble avec le sien soldé par le bénéfice ou par la perte; alors on les passera au journal ainsi que les articles que Darson, de Paris, aura passés dans sa colonne pour terminer ce compte. (Voyez l'extrait de la colonne soldée de Darson avec Mailli au livre des comptes-courans, Nº 11.)

Dans l'extrait de la colonne de Darson il y a une somme de F. 172 90 pour intérêts et courtages, ainsi que celle de F. 1,186 56 pour le bénéfice, que l'on passera en parties simples.

CAHIER DE NOTES Nº 409. —

———————————— 10 ————————————

     AVOIR DARSON, de Paris, compte à tiers en banque, sa colonne avec Mailli,
—   de Gênes.
6.   Pour solde des intérêts et courtage........... F. 172 90   F. .... ..

CAHIER DE NOTES Nº 410. —

———————————— 10 ————————————

6.   DOIT DARSON, de Paris, compte à tiers en banque, sa colonne avec Mailli,
—   de Gênes.
     Suivant l'extrait de sa colonne, pour bénéfice sur ce compte et pour solde,
     ci .... F. 1,186 56   F. .... ..

CAHIER DE NOTES N° 411. — Comme ce bénéfice de F. 1,186 56 n'est passé que dans la colonne de Darson, de Paris, il doit en donner compte du tiers à chaque intéressé dans son compte nouveau.

——————————————— 10 *Juillet* 18.. ———————————————

6.　DARSON, de Paris, compte à tiers en banque nouveau, A MAILLI, de Gê-
—　　nes, compte à tiers en banque nouveau, pour le tiers de F. 1,186 56,
6.　　bénéfice fait sur le précédent compte, au change de F. 4 76,
　　ci.............. F. 395 52　　L/B°. 478 15 s. 2 d.　　F. .... ..
　　　　　　(31 juillet.)　　　　　　(31 juillet.)

CAHIER DE NOTES N° 412. — On doit aussi débiter Darson, de Paris, en compte nouveau de F. 395 53 pour notre tiers de bénéfice.

——————————————— 10 ———————————————

7.　DARSON, de Paris, compte à tiers en banque nouveau, F. 395 52, valeur
—　　de F. 395 52, pour notre tiers de F. 1,186 56, bénéfice fait dans sa
6.　　colonne avec Mailli, de Gênes, sur le précédent compte,
　　ci..................................... F. 395 52　　F. 395 52
　　　　　　　　　　　　(31 juillet.)　　　(31 juillet.)

CAHIER DE NOTES N° 413. — Mailli, de Gênes, nous ayant remis l'extrait de sa colonne du compte à tiers en banque et l'ayant reconnue conforme à nos écritures, on passe les intérêts, courtage et le solde de la même manière qu'on a passé les comptes à demi en banque. (Voyez ce compte-courant dressé dans ledit livre, N° 12.)

——————————————— 12 ———————————————

　　AVOIR MAILLI, de Gênes, compte à tiers en banque, sa colonne avec Mar-
—　　seille.
7.　Solde des intérêts et courtages............ L/B°. 217 16　　F. .... ..

CAHIER DE NOTES N° 414. —

——————————————— 12 ———————————————

7.　MAILLI, de Gênes, compte à tiers en banque vieux A LUI-MÊME compte
—　　nouveau, F. 5,713 95, valeur à F. 4 80 de L/B°. 6,844 16 s. 11 d. Sui-
7.　　vant l'extrait de sa colonne avec nous, solde créditeur à nouveau, valeur
　　31 juillet................ L/B°. 6,844 16 s. 11 d.　F. 5,713 95
　　　　　　　　　　　(31 juillet.)　　　　　(31 juillet.)

CAHIER DE NOTES N° 415. — La colonne de Mailli étant soldée, on en fait autant de la nôtre avec lui pour en connaître le bénéfice ou la perte. On opère comme à la première manière du compte à demi en banque, à la différence que le bénéfice ou la perte se partage en trois. (Voyez ce compte soldé au livre des comptes-courans, N° 13.)

——————————————— 12 ———————————————

7.　MAILLI, de Gênes, compte à tiers en banque, A DIVERS, F. 20 14, savoir :
3.　A INTÉRÊTS GÉNÉRAUX, F. 3 57, solde des intérêts en notre faveur. F.　3 57
3.　A DÉPENSES GÉNÉRALES, F. 16 57, pour courtages............　16 57
　　　　　　　　　　　　　　　　　　　　　　　F. 20 14

CAHIER DE NOTES N° 416. — La colonne de Mailli soldée donne une perte de F. 809 09 que l'on porte dans le compte des intéressés.

—————————————— 12 *Juillet* 18.. ——————————————

DIVERS A MAILLI, de Gênes, compte à tiers en banque, F. 809 09, pour
    perte sur ce compte et pour solde.
7. MAILLI, de Gênes, compte à tiers en banque nouveau, F. 269 70, valeur
    à F. 4 80 de L/B°. 323 4 s., pour son tiers. L/B° 323 4 s. F. 269 70
7. DARSON, de Paris, compte à tiers en banque nouveau,
    F. 269 70, valeur de F. 269 70, pour son tiers. F. 269 70.   269 70
6. COMPTES EN BANQUE, F. 269 69, pour notre tiers...........   269 69
———
7.   F. 809 09

CAHIER DE NOTES N° 417. — La colonne de Mailli avec nous ayant été passée
au journal comme ci-dessus, on en fera de même pour celle de Darson, de Paris,
d'après l'extrait de sa colonne. (Voyez ce compte au livre des comptes-courans,
N° 14.)

—————————————— 12 ——————————————

7. DOIT DARSON, de Paris, compte à tiers en banque, sa colonne avec Mar-
—   seille.
    Solde des intérêts en notre faveur.............. F. 48 55   F. .. ..

CAHIER DE NOTES N° 418. —

—————————————— 12 ——————————————

    AVOIR DARSON, de Paris, compte à tiers en banque, sa colonne avec Mar-
—   seille.
7. Pour courtages......................... F. 45 78   F. .. ..

CAHIER DE NOTES N° 419. —

—————————————— 12 ——————————————

7. DARSON, de Paris, compte à tiers en banque nouveau A LUI-MÊME compte
—   vieux, F. 21,596 28, valeur de F. 21,596 28. Suivant l'extrait de sa
7.   colonne, reçu par sa lettre du......, solde débiteur à nouveau, valeur
    31 juillet..................... F. 21,596 28   F. 21,596 28

CAHIER DE NOTES N° 420. —

—————————————— 12 ——————————————

7. DARSON, de Paris, compte à tiers en banque, A DIVERS, F. 317 65,
—   savoir :
3. A INTÉRÊTS GÉNÉRAUX, F. 267 84, solde des intérêts....... F. 267 84
3. A DÉPENSES GÉNÉRALES, F. 49 81, pour courtages..........   49 81
                                              F. 317 65

CAHIER DE NOTES N° 421. —

—————————————— 12 ——————————————

    DIVERS A DARSON, de Paris, compte à tiers en banque, sa colonne avec
    Marseille, F. 35 92, pour perte sur ce compte et pour solde.
7. DARSON, de Paris, compte à tiers en banque nouveau, F. 11 97, valeur de
    F. 11 97, pour son tiers de perte............ F. 11 97. F. 11 97
7. MAILLI, de Gênes, compte à tiers en banque nouveau, F. 11 97,
    valeur à F. 4 80 de L/B° 14 7 s. 6 d., pour son tiers à la
    perte....................... L/B°. 14 7 s. 6 d.   11 97
6. COMPTES EN BANQUE, F. 11 98, pour notre tiers...........   11 98
———
7.   F. 35 92

Résumé de la manière de solder les comptes à tiers en banque.

Je suppose que Marseille soit la place qui doive solder définitivement avec Gênes et Paris, et que Paris solde premièrement avec Gênes.

Gênes enverra à Paris sa colonne soldée avec cette ville et en fera passer un extrait à Marseille.

Gênes enverra aussi sa colonne soldée avec Marseille et en fera passer en même temps un extrait à Paris.

Paris, qui doit solder premièrement avec Gênes, enverra à Gênes sa colonne avec cette ville soldée par le bénéfice ou la perte, qui seront partagés aux intéressés et portés en compte nouveau. Paris en fera passer un extrait à Marseille.

Paris enverra aussi à Marseille sa colonne soldée avec cette ville et en fera passer un extrait à Gênes.

Marseille, à la réception des colonnes de Gênes et de Paris, les confrontera sur son grand-livre, et, si les sommes sont d'accord, les soldera de la manière déjà décrite.

S'il s'était glissé quelque erreur ou omission dans les comptes reçus, Marseille opérera pour les trouver de la manière indiquée (article N° 298).

D'après cela les colonnes de Gênes et de Paris, soldées entre elles, le seront dans leur compte à Marseille, et il ne restera plus à solder que celle de Marseille avec ces deux villes.

Marseille ayant reçu la colonne de Gênes soldée avec elle, et l'ayant reconnue d'accord, fera extraire la sienne avec cette ville et la soldera par la perte ou le bénéfice ainsi qu'on l'a pratiqué (article N° 416), et portera cette perte ou ce bénéfice à nouveau dans les comptes respectifs de Gênes et de Paris en en envoyant un extrait à Gênes et à Paris.

Marseille fera ensuite extraire sa colonne avec Paris, et la soldera par la perte ou le bénéfice (article N° 421), qu'elle portera à nouveau aux comptes de Paris en en envoyant un extrait à Paris et à Gênes.

Si l'on relevait quelque erreur de part et d'autre, il est entendu que cette erreur serait portée en compte nouveau pour ne rien changer aux soldes.

Voilà tout ce qui regarde les comptes à tiers en banque. Il est si facile de se tromper en passant les écritures d'après les lettres reçues et répondues que je n'ai pas besoin de recommander la plus grande attention à la personne qui en sera chargée.

D. Si par hasard on se trompait, et que l'on passât dans un compte ce qui se rapporterait à un autre, comment feriez-vous ?

R. On contrepasserait l'article, c'est-à-dire qu'on le sortirait du débit ou du crédit du compte où cet article n'aurait pas dû être porté pour le faire entrer au débit ou au crédit de celui auquel cet article appartiendrait.

Prenons pour exemple l'article N° 398, et supposons qu'au lieu de débiter Darson, de Paris, par le crédit d'*effets en portefeuille*, de F. 4,950 pour notre remise à lui faite, on en eût débité Mailli, de Gênes, alors on passerait au journal un article ainsi conçu :

Darson, de Paris, compte à tiers en banque, à Mailli, de Gênes, compte à tiers en banque, F. 4,950, valeur de F. 5,000, etc. Pour contrepasser notre remise du 29 juin sur Paris, dont le créditeur avait été débité mal à propos, ci. . . . . F. 4,956 25   F. 4,950

De cette manière le débiteur est le véritable, et le débit de Mailli, qui n'eût pas dû l'être, se trouve balancé par le crédit de cet article.

D. Si l'article était bien passé sur le journal, et qu'en rapportant sur le grand-livre on eût passé au crédit ce qui aurait dû l'être au débit?

R. Alors, sans faire un article au journal, on le contrepasserait de volée au débit sur le grand-livre, puisqu'il est bien passé sur le journal, en mettant seulement en raisonnement : *Pour contrepasser l'article ci-contre, etc.;* et de suite on le passerait au débit avec le raisonnement qui lui est propre, de sorte que la même somme figurerait deux fois au débit pour une seule fois au crédit.

Ayant assez développé la manière de passer les écritures des comptes à demi et des comptes à tiers en banque pour faire qu'un élève ne soit pas embarrassé quand il aura occasion de s'en servir, il ne me reste plus qu'à solder les écritures passées dans ce journal pour terminer ce Cours, ce que je vais faire en commençant par les comptes à tiers en banque.

CAHIER DE NOTES N° 422, 423. — Darson, de Paris, nous donne ordre de porter au crédit de sa colonne avec Marseille le solde de la colonne de Mailli, de Gênes, avec lui.

On commence par débiter la colonne de Darson, de Paris, de F. 8,665 82, net du solde, déduit le tiers du bénéfice en F. 395 52, par le crédit de celle de Gênes en L/B°. 10,490 5 s. 7 d. net, déduit le tiers du bénéfice en L/B°. 478 15 s. 2 d.

———————————————— 15 *Juillet* 18.. ————————————————

6. DARSON, de Paris, compte à tiers en banque, A MAILLI, de Gênes, compte
—   à tiers en banque.
6. Suivant la lettre du débiteur du......, solde de la colonne de Gênes portée
    à son débit..... <u>F. 8,665 82</u>   <u>L/B°. 10,49 05 s. 7 d.</u>   F. .....

Et dans la colonne de Mailli, de Gênes, avec Marseille, on le débite de la même somme de L/B°. 10,490 5 s. 7 d. par le crédit de celle de Darson, de Paris, en F. 8,665 82.

———————————————— 15 ————————————————

7. MAILLI, de Gênes, compte à tiers en banque, A DARSON, de Paris, compte
—   à tiers en banque, leur colonne avec Marseille, F. 8,665 82, valeur de
7. L/B°. 10,490 5 s. 7 d. Solde de la colonne du débiteur avec le créditeur
    porté dans leur colonne à Marseille,
    ci.......... <u>L/B°. 10,490 5 s. 7. d.</u>   <u>F. 8,665 82</u>   <u>F. 8,665 82</u>

CAHIER DE NOTES N° 424. —

———————————————— 15 ————————————————

5. EFFETS EN PORTEFEUILLE A MAILLI, de Gênes, compte à tiers en banque,
—   F. 3,233 54, valeur de L/B°. 3,983 0 s. 2 d. Notre traite sur lui pour solde,
7. payable fin juillet............. <u>L/B°. 3,983 0 s. 2 d.</u>   <u>F. 3,233 54</u>

CAHIER DE NOTES N° 425. —

———————————————— 15 ————————————————

5. EFFETS EN PORTEFEUILLE A DARSON, de Paris, compte à tiers en banque,
—   F. 13,607 65, valeur de F. 13,607 65. Suivant sa lettre du......, sa
7. remise sur David au 25 juillet pour solde... <u>F. 13,607 65</u>   <u>F. 13,607 65</u>

CAHIER DE NOTES N° 426. —

———————————————— 15 ————————————————

3. CAISSE A EFFETS EN PORTEFEUILLE, F. 3,290 30. Suivant note de négociation
—   de ce jour négocié à Placide une traite sur Gênes de L/B°. 3,983 2 d.
5. au 31 juillet, à F. 4 75............................ <u>F. 3,290 30</u>

CAHIER DE NOTES N° 427, 428. —

——————————— 15 *Juillet* 18.. ———————————

DIVERS A EFFETS EN PORTEFEUILLE, F. 23,107 65, savoir :

6. N/s. VINAL, compte-courant, F. 13,607 65. A lui remis une traite sur David
    au 25 juillet.................................... F. 13,607 65

6. N/s. CETON, compte-courant, F. 9,500. A lui remis :
—   Traite sur Noel au 15 juillet......... F. 4,500 » }
5.   *Id.* sur Martin *id*............. 5,000 » }   9,500 »

                                       F. 23,107 65

Pour terminer les écritures de ce Cours on opèrera de la même manière que
l'on a fait à l'époque du bilan, page 83. On commencera par additionner au
débit et au crédit tous les comptes du grand-livre, et si les additions balancent
on soldera les comptes l'un après l'autre comme ci-après.

CAHIER DE NOTES N° 429. —

——————————— 15 ———————————

3. CAISSE A EFFETS EN PORTEFEUILLE, F. 9,932. Suivant note de négociation
—   de ce jour négocié à Vial un effet sur Naples de D. 2,393 25 au 15 juillet,
5.   à F. 4 15.................................... F. 9,932

CAHIER DE NOTES N° 430. —

——————————— 31 ———————————

3. DÉPENSES GÉNÉRALES A THOMAS, notre commis, F. 1,000, pour ses appoin-
—   temens d'une année............................. F. 1,000
3.

CAHIER DE NOTES N° 431. —

——————————— 31 ———————————

3. THOMAS, notre commis, A CAISSE, F. 700. Suivant le livre de caisse à lui
—   payé pour solde................................ F. 700
3.

CAHIER DE NOTES N° 432. —

——————————— 31 ———————————

5. EFFETS EN PORTEFEUILLE A PROFITS ET PERTES, F. 2,626 25, pour bénéfice
—   sur ce compte et pour solde...................... F. 2,626 25
4.

CAHIER DE NOTES N° 433. —

——————————— 31 ———————————

4. PROFITS ET PERTES A DÉPENSES GÉNÉRALES, F. 982 28, pour solde de ce
—   compte... F. 982 28
3.

CAHIER DE NOTES N° 434. —

——————————— 31 ———————————

3. INTÉRÊTS GÉNÉRAUX A PROFITS ET PERTES, F. 515 41, pour solde de ce
—   compte... F. 515 41
4.

CAHIER DE NOTES N° 435. —

——————————— 31 ———————————

3. PROVISIONS A PROFITS ET PERTES, F. 244 18, pour solde de ce compte,
—   ci... F. 244 18
4.

CAHIER DE NOTES N° 436. —

———————————— 31 *Juillet* 18.. ————————————

4.   PROFITS ET PERTES A COMPTES EN BANQUE, F. 634 68, pour perte sur ce
—   compte et pour solde.. F. 634 68
6.

CAHIER DE NOTES N₀ 437. —

———————————————— 31 ————————————————

7.   LUPTON, de Londres, compte à tiers en banque, A CAISSE, F. 5,937 39,
—   valeur de St. 237 49. Suivant le livre de caisse payé à Simon pour solde
3.   de ce compte........................ St. 237 49   F. 5,937 39

CAHIER DE NOTES N° 438. —

———————————————— 31 ————————————————

1.   FONDS CAPITAL A DIVERS, F. 30,000, pour le montant de notre fonds capi-
—   tal, que nous portons au crédit de nos comptes.
6.   A N/s. VINAL, compte-courant, F. 15,000, pour sa mise de fonds. F. 15,000
6.   A N/s. CETON, compte-courant, F. 15,000,   *id*.......   15,000
                                             F. 30,000

Quand on liquide les écritures la mise de fonds se rejette dans le compte-
courant des associés, qui est le seul qui doit rester ouvert sur le grand-livre.
On y porte également le bénéfice ou la perte, qui forme le solde de *profits et
pertes,* suivant l'intérêt que chacun a dans la société.

CAHIER DE NOTES N° 439. —

———————————————— 31 ————————————————

4.   PROFITS ET PERTES A DIVERS, F. 70,181 82, pour le bénéfice net depuis le
—   commencement de notre commerce jusqu'à ce jour, que nous portons au
     crédit de nos comptes.
6.   A N/s. VINAL, compte-courant, F. 35,090 91, pour sa demie. F. 35,090 91
6.   A N/s. CETON, compte-courant, F. 35,090 91, pour sa demie.   35,090 91
                                             F. 70,181 82

CAHIER DE NOTES N° 440. — Quand il ne reste plus de comptes à solder que
la caisse et les comptes des associés, ceux-ci doivent balancer la caisse, qui sera
portée dans ces comptes pour solde.

———————————————— 31 ————————————————

     DIVERS A CAISSE, F. 38,674 17. Suivant le livre de caisse :
6.   N/s. VINAL, compte-courant, F. 17,983 26. A lui compté pour solde,
     ci.. F. 17,983 26
6.   N/s. CETON, compte-courant, F. 20,690 91. A lui compté
—   pour solde.................................... 30,690 91
3.   F. 38,674 17

On voit par l'article ci-dessus que le solde qui reste en caisse doit être le solde
qui reste dû aux associés, et doit terminer tout-à-fait les écritures, et par conséquent le dernier compte à solder.

S'il restait des effets en portefeuille ou des marchandises en magasin appartenant à la société, avant de solder la caisse on en débiterait le compte des associés
s'ils voulaient s'en charger, ou on les convertirait en argent comptant. Le solde
de la caisse solderait toujours leurs comptes.

FIN DU JOURNAL.

TABLEAU OU MANIÈRE DE DRESSER

Bilan Général de la rai…

ACTIF.

Immeubles.

Une maison située rue	F.	40,000	»	} F. 50,000
Une propriété rurale *(la désigner)*		10,000	»	

Effets mobiliers.

Argenterie pesant 40 marcs, à F. 50	F.	2,000	»	
Argent trouvé en caisse		6,500	»	
Meubles estimés à		6,400	»	38,355
Marchandises en nature en magasin et au dehors *(les dé-tailler)*		13,455	50	
Intérêts sur marchandises ou sur tout autre objet *(les détailler)*		10,000	»	

Débiteurs tirés des livres.

Divers *(les détailler)*		15,563

Débiteurs par lettres de change et billets.

Traites sur divers *(les détailler)*	F.	11,300	»	} 36,700
Billets et promesses *(les détailler)*		25,400	»	

Dettes douteuses.

En plusieurs promesses et billets *(les dé-tailler)*	F.	60,450	»	} F. 68,995 »
Débiteurs tirés des livres *(les détailler)* . . .		8,545	»	

Dettes mauvaises regardées comme perdues.

En plusieurs promesses et billets *(les dé-tailler)*	F.	15,400	»	} 18,895 »
Débiteurs tirés des livres *(les détailler)* . . .		3,495	»	

Pertes arrivées au sieur Jean depuis le commencement de son commerce.

Dans le vaisseau *la Thétis*, naufragé au Cap.	F.	18,054	»	
Dans le brick *l'Achille*, pris à son retour du Cap.		11,450	»	79,064 »
Par plusieurs qui lui ont fait banqueroute et auxquels il a fait remise *(les détailler)* . . .		49,560	»	
Agios, changes et intérêts suivant le relevé du compte de *profits et pertes*				59,455 »
Dépenses de sa maison				74,590 »
			F.	300,999 »

Déficit		91,384
		F. 232,004

Quand on dresse un bilan d'une personne en faillite on ne doit mettre dans l'actif que ce…
être joints dans la colonne des *profits et pertes*.

Les créances privilégiées, hypothécaires et autres dans ce cas-là doivent être déduites de l'…
F. 78,476 20 pour les créances privilégiées portées au passif; il ne reste donc que F. 62,143…
nous fixons à F. 2,143 05 : reste net F. 60,000 pour payer la somme de F. 153,528, montant…
dende d'environ 39 à 40 pour cent, et il ne resterait rien au failli.

AN D'UNE PERSONNE EN FAILLITE.

ommerce du sieur Jean.

PASSIF.

Créances privilégiées sur immeubles.

ançois, pour ce qu'il lui reste dû de la vente qu'il a faite
la maison rue...... . . . . F. 8,000 »)
.., maçon, pour réparation à ladite maison.. . . . . . . 1,850 » } F. 10,413 »
.., menuisier-charpentier, *id.*. . . . . 563 »)

Créances hypothécaires.

.., sœur dudit Jean, pour sa légitime, à elle constituée
r contrat du...... F. 10,000 »
.., femme dudit Jean, pour sa dot, à elle constituée par
ntrat du...... . . . . F. 20,000 »)
dite pour bagues et joyaux. . . . . 2,000 » } 22,000 » } 53,500 »
cques par obligation du...... . . . . 10,000 »
erre par transaction du...... . . . . 8,000 »
aillaume par sentence du...... . . . . 3,500 »)

Créances privilégiées sur les effets mobiliers.

.., propriétaire de la maison qu'occupe le sieur Jean,
ur 2 termes. . . . . F. 1,800 »)
.., commis dudit Jean, pour une année. . . . . 900 »
.., domestique, pour une année. . . . . 155 » } 14,563 20
.., boulanger, pour six mois fournitures 263 20
.., boucher,   *id.* . . . . 445 »
.., femme dudit Jean, pour son augment. . . . . 11,000 »)

*éances chirographaires causées par lettres de change
protestées et promesses.*

rs *(les détailler)* . . . . 97,493 »

Créances chirographaires en comptes-courans.

rs *(les détailler)* . . . . 48,900 »

Créances litigieuses.

ierre, pour autant qu'il répète du sieur Jean, suivant
stance au tribunal. . . . . F. 4,645 »)
..., *id.,* suivant, etc.. . . . . 2,490 » } 7,135 »

F. 232,004 20

lement peut rentrer ; quant aux débiteurs douteux, ils doivent être classés comme perte et

, de sorte que sur l'actif réel ci-dessus, qui est F. 140,619 25, il faut déduire la somme de
laquelle somme de F. 62,143 05 il faudrait encore prélever les frais de justice, que
nciers chirographaires, comptes-courans, et porteurs de titres ; ce qui donnerait un divi-

Méthode pour trouver une époque commune.

Soit les sommes ci-après.

PREMIÈRE MANIÈRE.

```
F.  2,000 au 30 septembre . . . . . . . . . . . . . . . . . . . . . . . . . . . .
    4,000 au 12 octobre . . . . . 12 jours . . . . . . . . . . . . . . N.  48,000
    3,000 au 15 dit . . . . . . . 15 jours . . . . . . . . . . . . . . .    45,000
    5,000 au 28 dit . . . . . . . 28 jours . . . . . . . . . . . . . . .   140,000
    6,000 au  7 novembre . . . 37 jours . . . . . . . . . . . . . . .      222,000
    1,000 au 21 dit . . . . . . . 51 jours . . . . . . . . . . . . . .      51,000
    7,000 au 13 dit . . . . . . . 43 jours . . . . . . . . . . . . . .     301,000
    8,000 au 30 dit . . . . . . . 60 jours . . . . . . . . . . . . . .     480,000
    6,000 au 11 décembre . . . 71 jours . . . . . . . . . . . . . . .      426,000
    5,000 au 25 dit . . . . . . . 85 jours . . . . . . . . . . . . . .     425,000
```

F. 47,000 Capitaux.   Nombres. . . . 2,138,000

Pour trouver l'époque commune des sommes ci-dessus, on fixe le nombre de jours qu'il y a à courir du 30 septembre à chaque échéance des capitaux.

On multiplie les capitaux par le nombre de jours, ce qui donne un nombre quelconque.

On additionne ensuite les capitaux, qui donneront un total de F. 47,000.

On additionne ensuite les nombres, dont la somme totale est N. 2,138,000.

On divise la somme des nombres par la somme des capitaux, dont le résultat sera 45 jours, qui à partir du 30 septembre portera l'époque commune au 15 novembre, en comptant les mois à 30 jours seulement.

Règle.

```
2138000   | 47000
 258000     45 jours ₂3000/47₀00.
  23000
```

Il y a une autre manière de trouver l'époque commune, c'est de fixer les jours qu'il y a à courir du 30 septembre au 25 décembre, époque la plus reculée : les jours fixés, on opère de même qu'à la première manière, c'est-à-dire que l'on multiplie les sommes des capitaux par les nombres de jours, ce qui donnera un nombre quelconque ; on additionnera ensuite les capitaux et les nombres et on divisera la somme totale des nombres par la somme totale des capitaux, et le résultat sera le nombre de jours que l'on fera remonter du 25 décembre, époque fixée.

DEUXIÈME MANIÈRE.

```
F.  2,000 au 30 septembre. . . . 85 jours. . . . . . . . . . . . . . N. 170,000
    4,000 au 12 octobre . . . . . 73 jours. . . . . . . . . . . . . .    292,000
    3,000 au 15 dit. . . . . . . . 70 jours. . . . . . . . . . . . .     210,000
    5,000 au 28 dit. . . . . . . . 57 jours. . . . . . . . . . . . .     285,000
    6,000 au  7 novembre . . . . 48 jours. . . . . . . . . . . . . .     288,000
    1,000 au 21 dit. . . . . . . . 34 jours. . . . . . . . . . . . .      34,000
    7,000 au 13 dit. . . . . . . . 42 jours. . . . . . . . . . . . .     294,000
    8,000 au 30 dit. . . . . . . . 25 jours. . . . . . . . . . . . .     200,000
    6,000 au 11 décembre . . . . 14 jours. . . . . . . . . . . . . .      84,000
    5,000 au 25 dit . . . . . . . . . . . . . . . . . . . . . . . . .   . . . . .
```

F. 47,000 Capitaux.   Nombres. . . . 1,857,000

Règle.

1857000 | 47000
447000
24000

39 jours 24000/47000.

De sorte que, du 25 décembre en remontant les 39 jours, on portera l'époque commune au 15 novembre.

Tableau pour calculer les intérêts à tant pour cent l'an.

A 3	pour cent divisez par 12000	A 7 ¹/₂	pour cent divisez par 4800
3 ¹/₈	— — 11520	7 ³/₄	— — 4645
3 ¹/₄	— — 11076	8	— — 4500
3 ¹/₂	— — 10285	8 ¹/₈	— — 4431
3 ³/₄	— — 9600	8 ¹/₄	— — 4363
4	— — 9000	8 ¹/₂	— — 4235
4 ¹/₈	— — 8727	8 ³/₄	— — 4114
4 ¹/₄	— — 8470	9	— — 4000
4 ¹/₂	— — 8000	9 ¹/₈	— — 3945
4 ³/₄	— — 7578	9 ¹/₄	— — 3892
5	— — 7200	9 ¹/₂	— — 3789
5 ¹/₈	— — 7024	9 ³/₄	— — 3692
5 ¹/₄	— — 6857	10	— — 3600
5 ¹/₂	— — 6545	10 ¹/₈	— — 3556
5 ³/₄	— — 6260	10 ¹/₄	— — 3512
6	— — 6000	10 ¹/₂	— — 3428
6 ¹/₈	— — 5877	10 ³/₄	— — 3349
6 ¹/₄	— — 5760	11	— — 3272
6 ¹/₂	— — 5538	11 ¹/₈	— — 3236
6 ³/₄	— — 5333	11 ¹/₄	— — 3200
7	— — 5142	11 ¹/₂	— — 3130
7 ¹/₈	— — 5053	11 ³/₄	— — 3060
7 ¹/₄	— — 4965	12	— — 3000

Manière de trouver le nombre correspondant à l'agio auquel sont fixés les intérêts d'une année.

Supposons que 100 francs soient placés pendant un an à un intérêt quelconque, et supposons l'année composée de 360 jours seulement; on pourrait alors dire : 360 jours (représentant l'année) multipliés par 100 sont la même chose que 36,000 de plus portant intérêt un seul jour; ce qui autoriserait à dire : 36,000 de plus sont à tant pour cent par an comme la somme qui serait réellement placée en intérêts multipliée par le nombre de jours réels qu'elle aurait resté est à x, représentant le quatrième terme, qui serait l'intérêt que l'on cherche.

Cette opération peut se simplifier et se réduire à une méthode générale; puisque l'on voit ci-dessus que pour réaliser l'opération et obtenir l'inconnue il faudrait multiplier le produit résultant de la somme placée par le nombre de jours qu'elle aurait resté placée, et par le nombre représentant le taux de l'intérêt par an, et diviser par le nombre de 36,000, qui est le premier terme de la proportion posée ci-dessus, avec un peu de réflexion on verra facilement que, au lieu de multiplier le produit résultant de la somme placée par le nombre de jours qu'elle aurait resté placée, et par le nombre représentant le taux de l'intérêt, on peut diviser le premier terme par le nombre représentant le taux de l'intérêt, et diviser le troisième terme par le quotient que l'on vient d'obtenir, et l'on aura le résultat que l'on cherche; ce qui se réduit à multiplier la somme par le nombre de jours qu'elle est restée à intérêt, et à diviser le produit par le quotient de 36,000 divisé par le nombre qui représente le taux de l'intérêt par an : le résultat donnera les intérêts que l'on cherche en francs et centimes.

Exemple.

F. 100 ont été placés pendant un an à 5 pour cent par an : on demande ce que produiront F. 100 au même taux pendant six mois.

$$100 \times 360 \text{ jours} : 5 :: 100 \times 180 \text{ jours.}$$
$$36000 : 5 :: 18000 : x$$
$$5$$
$$\overline{90000} \quad /\ 36000$$
$$18000,00 \quad \text{F. 2 50}$$
$$0000,00$$

Preuve.

$$100 \times 360 \text{ jours} : 5 :: 100 \times 180 \text{ jours.}$$
$$36000 : 5 :: 18000 : x$$
$$7200 \qquad 3600 \qquad /\ 7200$$
$$00 \qquad \text{F. 2 50}$$
$$00000$$

Méthode infaillible pour trouver un bilan juste sans avoir besoin d'employer personne pour pointer les articles du journal sur le grand-livre.

Il paraîtra impossible peut-être à ceux qui liront le titre ci-dessus de faire un bilan dont le débit et le crédit balancent au centime au premier relevé; mais leur surprise cessera quand ils prendront connaissance de la manière que j'emploie pour le faire.

Tout teneur de livres sait que le débiteur doit balancer son créancier; or, dans un journal, chaque article que l'on fait est dans ce cas-là. Ces articles se transportent sur le grand-livre, chacun dans le compte qui le concerne : donc la balance quand on règle et fixe les écritures doit venir juste; mais il arrive très souvent qu'une transposition de chiffres, une omission d'une somme, soit au débit, soit au crédit, une somme passée au débit au lieu du crédit, rendent une balance pénible et obligent de pointer les sommes du journal sur le grand-livre.

Dans la méthode que j'indique ci-après et que j'emploie depuis le temps que je tiens les écritures, je n'ai jamais eu besoin de personne pour m'aider en faisant mon bilan.

Sachant donc que, dans le journal, le débiteur doit balancer son créancier dans l'article qui y est passé, je porte sur un cahier de papier à part le nom et la somme seulement de chaque article passé sur le journal dans le mois que je veux fixer pour ma balance (ainsi que je l'ai fait ci-après pour les mois de janvier et février, dont j'ai arrêté l'addition, qui est F. 524,162 29) : il faut donc que les mois de janvier et février me donnent la même somme. (J'indique à la suite la manière d'opérer par le relevé de ces deux mois.)

De sorte que du moment que j'ai passé sur mon journal jour par jour mes articles, je porte sur le cahier de relevé du journal le nom et la somme des débiteurs et créditeurs de ces articles, ce qui n'est pas long quand on ne se laisse pas arriérer et qu'on le fait tous les jours. A la fin du mois j'arrête les additions sur ce cahier, je le porte chez moi, et dans la soirée je dresse mon bilan du mois, qui doit par conséquent se trouver juste et conforme par les additions à celles du relevé du journal; et le lendemain, faisant mes additions sur le grand-livre des comptes portés dans le mois, et les trouvant conformes à celles du bilan, je les fixe en dedans du grand-livre et à côté de la somme additionnée, ce qui sera une preuve qu'il n'y a rien eu d'oublié, et que jusque-là les sommes portées sont d'accord avec le journal : s'il y avait une différence dans le compte additionné sur le grand-livre, l'erreur serait faite sur le grand-livre, et alors on n'aurait que la peine de confronter les sommes du grand-livre avec celles du relevé du journal, qui doit servir de guide pour le compte qui présenterait la différence.

Beaucoup de teneurs de livres qui ont eu connaissance de ma méthode l'ont mise en pratique, et trouvent une grande facilité lorsqu'ils en viennent au moment de faire leur bilan définitif, puisqu'ils en ont fait un sans peine tous les mois, et ne sont pas dans le cas de déranger personne pour les aider dans ce travail.

Cette méthode a de plus l'avantage de redresser les erreurs d'additions qui peuvent se faire sur le journal et les transpositions de chiffres, puisque, comme je l'ai dit plus haut, il faut que dans l'article du journal les débiteurs balancent les créanciers.

Pour le bien faire comprendre je me servirai des articles du journal de ce Cours et d'après les balances des mois; celle qui sera la dernière viendra conforme à celle qui formera la balance d'additions du journal (pages 83, 84).

13

EXTRAIT DES DÉBITEURS ET DES CRÉANCIERS DU JOURNAL.

Mois de janvier et de février.

DÉBITEURS.

	F.	c.
N/s. Vinal, cte de fonds . — F.	15,000	»
N/s. Ceton, *id.* . . . . . . —	15,000	»
Caisse. . . . . —	15,000	»
Effets à recevoir . . . . —	7,000	»
Effets sur l'étranger . . —	4,750	»
Caisse. . . . . —	3,250	»
Marchandises générales. —	3,125	»
Jacob, s/c. . . . . —	3,282	26
Divers particuliers . . . —	3,125	»
Effets sur France. . . . —	3,284	36
Marchandises générales. —	6,000	»
Lorenzo, s/c. . . . . . —	6,244	86
Divers particuliers . . . —	6,000	»
Effets à recevoir . . . . —	5,950	»
Divers particuliers . . . —	5,500	»
Marchandises générales —	5,500	»
Effets à recevoir . . . . —	5,500	»
Effets sur l'étranger . . —	4,279	27
Carri, s/c. . . . . —	4,279	27
Divers particuliers . . . —	4,279	27
Marchandises générales. —	6,250	»
March. de N/c. chez div. —	6,437	»
Carrel, N/c. . . . . . . —	6,500	»
Effets à recevoir . . . . —	6,000	»
Marchandises générales. —	7,200	»
Intérêts. . . . . —	23	23
Mariani, s/c. . . . . . —	3,642	»
March. de N/c. chez div. —	3,698	»
Effets sur l'étranger. . . —	3,406	90
Mariani, N/c. . . . . . —	3,990	»
Effets à recevoir . . . . —	4,000	»
Intérêt à div. march. . —	3,529	34
Girondi, N/c. . . . . . —	3,547	87
Effets à recevoir . . . . —	11,000	»
Marchandises générales. —	10,000	»
Effets sur l'étranger . . —	3,307	64
Effets à recevoir . . . . —	2,192	36
Girondi, s/c. . . . . . —	3,707	64
Intérêt à div. march . . —	5,000	»
Wilson, N/c. . . . . . —	6,000	»
Intérêt à div. march . . —	53	»
March. de N/c. chez div. —	6,300	»
Caisse. . . . . —	6,250	»
Carrel, N/c. . . . . . . —	6,300	»
Marchandises générales. —	12,550	»
A reporter . . . . F.	**256,834**	**37**

CRÉANCIERS.

	F.	c.
Fonds capital . . . . . . — F.	30,000	»
N/s. Vinal, cte de fonds. —	15,000	»
N/s. Ceton, *id.* . . . . . —	15,000	»
Divers particuliers . . . —	3,125	»
Marchandises générales. —	3,125	»
Dépenses générales. . . —	92	91
Provisions. . . . . . . —	64	35
Caisse. . . . . —	3,125	»
Jacob, s/c. . . . . —	3,282	26
Dépenses générales. . . —	2	10
Divers particuliers . . . —	6,000	»
Marchandises générales. —	6,000	»
Dépenses générales . . . —	58	»
Provisions. . . . . . . —	121	86
Assurances . . . . . . —	65	»
Effets à payer. . . . . . —	6,000	»
Lorenzo, s/c. . . . . . . —	5,950	»
Marchandises générales. —	5,500	»
Carri, s/c. . . . . —	4,379	32
Dépenses générales. . . —	955	68
Provisions. . . . . . . —	165	»
Divers particuliers . . . —	5,500	»
Divers particuliers . . . —	4,279	27
Effets sur l'étranger . . —	4,279	27
Caisse. . . . . —	4,279	27
Effets sur France. . . . —	3,295	93
Caisse. . . . . —	2,954	07
Marchandises générales. —	6,250	»
Dépenses générales. . . —	187	»
March. de N/c. chez div. —	6,500	»
Carrel, N/c. . . . . . . —	6,000	»
Effets à recevoir . . . . —	7,000	»
Caisse. . . . . —	223	33
Marchandises générales. —	7,200	»
Dépenses générales. . . —	84	»
Assurances . . . . . . —	56	»
Mariani, s/c . . . . . . —	3,406	90
March. de N/c. chez div. —	3,990	»
Mariani, N/c. . . . . . —	4,000	»
Girondi, N/c . . . . . . —	3,529	34
Effets à payer. . . . . . —	3,547	87
Marchandises générales. —	10,000	»
Caisse. . . . . —	972	30
Intérêts. . . . . —	27	50
Girondi, s/c . . . . . . —	4,150	»
Intérêt à div. march.. . —	4,150	»
Dépenses générales. . . —	1,700	»
Effets à recevoir . . . . —	5,500	»
Effets sur l'étranger . . —	3,307	64
Wilson, N/c. . . . . . . —	5,000	»
Effets à payer. . . . . . —	6,000	»
Assurances . . . . . . —	53	»
Marchandises générales. —	6,300	»
Marchandises générales. —	6,250	»
March. de N/c. chez div. —	6,300	»
Wilson, s/c. . . . . . . —	5,393	50
Intérêt à div. march. . —	5,393	50
Dépenses générales. . . —	1,700	»
Provisions. . . . . . . —	63	»
A reporter . . . F.	**256,834**	**37**

Compte	F.	c.	Compte	F.	c.
Report. . . .	256,834	37	*Report.* . .	256,834	37
Effets sur France. . . . —	6,300	»	Carrel, N/c. . . . . . . —	6,300	»
Wilson, s/c. . . . . . . —	33	21	Effets sur France. . . . —	66	43
Intérêt à div. march . . —	33	22	Effets sur l'étranger. . —	4,775	»
Effets sur l'étranger . . —	5,060	»	Caisse. . . . . —	285	»
Wilson, s/c. . . . . . —	5,060	»	Effets sur l'étranger. . —	5,060	»
Cotons de N/c. . . . . . —	48,000	»	Effets à recevoir . . . —	20,950	»
Effets à recevoir. . . . —	15,600	»	Caisse. . . . . —	3,005	»
Carrel, s/c. . . . . . . —	8,783	33	Intérêts. . . . . —	45	»
March. de N/c. chez div. —	17,566	67	Effets à payer. . . . . —	24,000	»
Effets à recevoir . . . —	12,000	»	Cotons de N/c. . . . . —	15,600	»
Caisse. . . . . —	806	88	Cotons de N/c. . . . . —	26,000	»
Carrel, N/c. . . . . . —	18,554	»	Dépenses générales . . —	350	»
Effets sur France. . . —	25,892	50	Cotons de N/c. . . . . —	10,560	»
Carrel, s/c. . . . . . —	15	40	Effets à recevoir. . . . —	2,192	36
Cotons de N/c. . . . . —	400	»	Intérêts. . . . . —	54	52
Cotons de N/c. . . . . —	3,760	»	March. de N/c. chez div. —	18,554	»
Huiles en participation. —	24,000	»	Carrel, s/c. . . . . . —	8,492	50
Huiles en participation. —	150	»	Carrel, N/c. . . . . . —	17,400	»
Caisse. . . . . —	15,000	»	Dépenses générales. . . —	15	40
Caisse. . . . . —	10,000	»	Dépenses générales. . . —	3,760	»
Taurel, s/c. . . . . . —	7,500	»	Caisse. . . . . —	8,000	»
Effets à recevoir . . . —	2,500	»	Effets à recevoir. . . . —	8,000	»
Huiles en participation. —	80	»	Effets à payer. . . . . —	8,000	»
Huiles en participation. —	770	»	Dépenses générales. . . —	150	»
Caisse. . . . . —	6,000	»	Huiles en participation. —	15,000	»
Effets à payer. . . . . —	9,547	87	Taurel, s/c. . . . . . —	10,000	»
Dépenses générales. . . —	5,431	02	Huiles en participation. —	7,500	»
Caisse (nouveau) . . . . —	18,483	82	Huiles en participation. —	2,500	»
			Dépenses générales. . . —	80	»
			Taurel, s/c. . . . . . —	385	»
			Profits et pertes. . . . —	385	»
			Effets à recevoir. . . . —	6,000	»
			Caisse. . . . . —	9,547	87
			Caisse. . . . . —	5,431	02
			Caisse. . . . . —	18,483	82
F. 524,162 29			**F. 524,162 29**		

Opération des mois de janvier et de février.

On rassemble séparément, comme ci-après, sur un cahier de papier à part, tous les comptes qui sont passés au relevé du journal; on en forme une espèce de grand-livre en débit et crédit dont le titre du compte doit être au milieu, c'est-à-dire d'un côté le débit, et de l'autre le crédit.

Du moment qu'on a porté la somme, soit au débit, soit au crédit du compte, on fait un trait (—) ou tout autre signe devant la somme prise sur le relevé du journal pour n'être pas dans le cas de la porter une seconde fois, ce qui pourrait arriver si on l'oubliait; ces sommes doivent concorder avec celles de ce compte ouvert sur le grand-livre.

Quand on aura porté toutes les sommes de ce relevé du journal dans ce petit grand-livre de chiffres, on fera une ligne perpendiculaire (|) aux comptes dont le débit balancera le crédit, et une ligne diagonale (/), ou toute autre marque, à tous les comptes qui ne balanceront pas et qui seront portés en balance, observant de ne pas faire cette ligne avant d'avoir porté la somme : on pourrait pour ceux-ci se servir d'une x à la place de cette ligne.

Quand il y aura un compte nouveau on ne fera pas suivre la somme à nouveau sur le compte relevé, mais on en ouvrira un autre pour le compte nouveau, comme au compte de caisse.

Exemple de l'opération ci-dessus.

N/s. Coton, compte de fonds.

F. 15,000 »	F. 15,000 »

Assurances.

	F. 65 »
	56 »
	53 »
	F. 174 »

Carri, s/c.

F. 4,279 27	F. 4,379 32

Caisse.

F. 15,000 »	F. 3,125 »
3,250 »	4,279 27
6,250 »	2,954 07
806 88	223 33
15,000 »	972 50
10,000 »	285 »
6,000 »	3,005 »
	8,000 »
	9,547 87
	5,431 07
	18,483 83
F. 56,306 88	F. 56,306 88

Caisse (nouveau).

F. 18,483 82

Carrel, N/C.

F. 6,500 »	F. 6,000 »
6,300 »	6,300 »
18,554 »	17,400 »
F. 31,354 »	F. 29,700 »

Carrel, s/c.

F. 8,783 33	F. 8,492 50
15 40	
F. 8,798 73	

Cotons de N/C.

F. 48,000 »	F. 15,600 »
400 »	26,000 »
3,760 »	10,560 »
F. 52,160 »	F. 52,160 »

Dépenses générales.

F. 5,431 02	F. 92 91
	2 10
	58 »
	955 68
	187 »
	84 »
	1,700 »
	1,700 »
	350 »
	15 40
	400 »
	150 »
	80 »
	F. 5,775 09

Divers particuliers.

F. 3,125 »	F. 3,125 »
6,000 »	6,000 »
5,500 »	5,500 »
4,279 27	4,279 27
F. 18,904 27	F. 18,904 27

Effets sur France.

F. 3,284 36	F. 3,295 93
6,300 »	66 43
25,892 50	
F. 35,476 86	F. 3,362 36

Effets sur l'étranger.

F. 4,750 »	F. 4,279 27
4,279 27	3,307 64
3,406 90	4,775 »
3,307 64	5,060 »
5,060 »	
F. 20,803 81	F. 17,421 91

Effets à recevoir.

F. 7,000 »	F. 7,000 »
5,950 »	5,500 »
5,500 »	20,950 »
6,000 »	2,192 36
4,000 »	8,000 »
11,000 »	6,000 »
2,192 36	
15,600 »	
12,000 »	
2,500 »	
F. 71,742 36	F. 49,642 36

Intérêts généraux.

F. 23 33	F. 27 50
	45 »
	54 52
	F. 127 02

Huiles en participation.

F. 24,000 »	F. 15,000 »
150 »	7,500 »
80 »	2,500 »
770 »	
F. 25,000 »	F. 25,000 »

Provisions.

	F. 64 35
	121 86
	165 »
	63 »
	F. 414 21

N/s. Vinal, compte de fonds.

F. 15,000 »	F. 15,000 »

Wilson, N/C.

F. 6,000 »	F. 5,000 »

Effets à payer.

F. 9,547 87	F. 6,000 »		
	3,547 87		
	6,000 »		
	24,000 »		
	8,000 »		
	F. 47,547 87		

Fonds capital.

F. 30,000 »

Intérêt à diverses marchandises.

F. 3,529 34	F. 4,150 »
5,000 »	5,393 50
53 »	
33 22	
F. 8,615 56	F. 9,543 50

Marchandises générales.

F. 3,125 »	F. 3,125 »
6,000 »	6,000 »
5,500 »	5,500 »
6,250 »	6,250 »
7,200 »	7,200 »
10,000 »	10,000 »
12,550 »	6,300 »
	6,250 »
F. 50,625 »	F. 50,625 »

Profits et pertes.

	F. 3,760 »
	385 »
	F. 4,145 »

Mariani, s/c.

F. 3,642 »   F. 3,406 90

Girondi, n/c.

F. 3,547 87   F. 3,529 34

Girondi, s/c.

F. 3,307 64   F. 4,150 »

Jacob, s/c.

F. 3,282 26   F. 3,282 26

Lorenzo, s/c.

F. 6,244 86   F. 5,950 »

Marchandises de n/c. chez divers.

F. 6,437 »	F. 6,500 »
3,698 »	3,990 »
6,300 »	6,300 »
17,566 67	18,554 »
F. 34,001 67	F. 35,344 »

Mariani, n/c.

F. 3,990 »   F. 4,000 »

Wilson, s/c.

F. 33 21	F. 5,393 50
5,060 »	
F. 5,093 21	

Taurel, s/c.

F. 7,500 »	F. 10,000 »
	385 »
	F. 10,385 »

Toutes les sommes du relevé du journal rassemblées et additionnées chacune dans la case qui la compète, avant d'en former la balance on les additionne en débit et en crédit comme ci-après pour se convaincre qu'il n'y en a aucune d'omise. Ce qui servira de preuve c'est que toutes ensemble doivent former la totalité de F. 524,126 12, addition des mois de janvier et février.

Additions des mois de janvier et février pour servir de preuve.

F. 15,000 »	F. 15,000 »
4,279 27	174 »
56,306 88	4,379 32
18,483 82	56,306 88
31,354 »	29,700 »
8,798 73	8,492 50
52,160 »	52,160 »
18,904 27	18,904 27
5,431 02	5,775 09
35,476 86	3,362 36
20,803 81	17,421 91
71,742 36	49,642 36
23 33	127 02
25,000 »	25,000 »
15,000 »	414 21
6,000 »	15,000 »
9,547 87	5,000 »
8,615 56	47,547 87
F. 402,927 78 ...A reporter...	F. 354,407 79

F. 402,927 78	. . . . *Report*	F. 354,407 79
3,642 »		30,000 »
50,625 »		9,543 50
3,547 87		3,406 90
3,307 64		50,625 »
3,282 26		4,145 »
6,244 86		3,529 34
34,001 67		4,150 »
3,990 »		3,282 26
5,093 21		5,950 »
7,500 »		35,344 »
		4,000 »
		5,393 50
		10,385 »
F. 524,162 29		**F. 524,162 29**

Les additions ci-dessus, provenant du relevé des comptes, venant d'accord avec celles des mois de janvier et février, on dressé la balance de ces deux mois comme ci-après.

Pour ne pas faire d'écritures inutiles en dressant la balance on aura soin de ne pas y faire figurer les comptes qui soldent.

Balance d'addition de janvier et février.

Assurances. . . . . . . —	. . . .	— F 174 »
Carri, s/c. . . . . . . — F. 4,279 27	. . . . —	4,379 32
Caisse. . . . . — 18,483 82	. . . . —	. . . .
Carrel, s/c. . . . . . — 8,798 73	. . . . —	8,492 50
Carrel, N/C. . . . . . — 31,354 »	. . . . —	29,700 »
Dépenses générales. . — 5,431 02	. . . . —	5,775 09
Effets sur France . . . — 35,476 86	. . . . —	3,362 36
Effets sur l'étranger. . — 20,803 81	. . . . —	17,421 91
Effets à recevoir. . . . — 71,742 36	. . . . —	49,642 36
Effets à payer . . . . . — 9,547 87	. . . . —	47,547 87
Fonds capital. . . . . —	. . . . —	30,000 »
Girondi, s/c. . . . . . — 3,307 64	. . . . . . 2 . . . —	4,150 »
Girondi, N/C. . . . . . — 3,547 87	. . . . —	3,529 34
Intérêts généraux. . . — 23 33	. . . . —	127 02
Intérêt à div. march. — 8,615 56	. . . . —	9,543 50
Lorenzo, s/c. . . . . . — 6,244 86	. . . . —	5,950 »
March. de N/C. ch. div. — 34,001 67	. . . . —	35,344 »
Mariani, s/c. . . . . . — 3,642 »	. . . . —	3,406 90
Mariani, N/C. . . . . . — 3,990 »	. . . . —	4,000 »
Provisions. . . . . . —	. . . . —	414 21
Taurel, s/c. . . . . . . — 7,500 »	. . . . —	10,385 »
Profits et pertes . . . . —	. . . . —	4,145 »
Wilson, N/C. . . . . . — 6,000 »	. . . . —	5,000 »
Wilson, s/c. . . . . . — 5,093 21	. . . . —	5,393 50
F. 287,883 88		**F. 287,883 88**

Cette somme de F. 287,883 88, jointe à celle de F. 236,278 41 des comptes qui soldent et qui n'ont pas été portés à la balance, fait celle des mois de janvier et février du journal en F. 524,162 29.

Je vais continuer le relevé du journal de deux en deux mois jusqu'au 31 juillet, époque à laquelle j'ai fait une balance des additions du grand-livre dans ce Cours (pages 83, 84), et on verrala manière de faire suivre les balances des mois de l'une à l'autre.

Mois de mars et avril.

JOURNAL.

Doit			Avoir		
Dépenses de fabrique. — F.	3,000	»	Caisse. — F.	3,000	»
Huiles. —	12,000	»	Effets à recevoir. —	12,000	»
Caisse. —	30	»	Intérêts généraux. —	30	»
Matières. —	1,400	»	Effets à recevoir. —	2,500	»
Caisse. —	1,094	»	Caisse. —	400	»
Intérêts généraux. —	6	»	Caisse. —	250	»
Matières. —	400	»	Caisse. —	365	»
Ouvriers. —	250	»	Caisse. —	500	»
Charbon et chaux —	365	»	Savons fabriqués. —	10,800	»
Dépenses de fabrique —	500	»	Effets à recevoir. —	7,600	»
Caisse. —	5,400	»	Effets à payer. —	5,400	»
Effets à recevoir. —	5,400	»	Caisse. —	6,000	»
Huiles. —	13,000	»	Effets sur l'étranger. —	3,400	»
Effets à payer. —	6,000	»	Caisse. —	5,600	»
Huiles. —	9,000	»	Savons fabriqués. —	9,960	»
Savons de N/C. chez d. —	10,346	»	Dépenses de fabrique. —	240	»
Effets à recevoir. —	6,657	12	Assurances. —	206	»
Matières. —	2,150	»	Savons fabriqués. —	6,624	»
Carrel, s/c. —	5,945	»	Intérêts généraux. —	33	12
Savons de N/C. chez d. —	6,063	90	Caisse. —	2,150	»
Ouvriers. —	300	»	Savons fabriqués. —	11,449	»
Caisse. —	7,500	»	Dépenses de fabrique. —	450	»
Charbon et chaux. —	525	»	Assurances. —	118	90
Dépenses de fabrique. —	340	»	Savons fabriqués. —	7,500	»
Monier, N/C. —	9,950	»	Caisse. —	525	»
Effets à recevoir. —	10,000	»	Caisse. —	340	»
Carrel, N/C. —	6,100	»	Savons de N/C. ch. div. —	9,950	»
Huiles. —	9,360	»	Monier, N/C. —	10,000	»
Effets sur France. —	3,060	»	Savons de N/C. ch. div. —	6,000	»
Effets à recevoir. —	6,000	»	Effets sur France. —	9,360	»
Effets sur France. —	5,600	»	Carrel, N/C. —	3,060	»
Caisse. —	12,150	»	Carrel, s/c. —	6,000	»
Caisse. —	7,337	»	Carrel, N/C. —	5,600	»
Effets à recevoir. —	7,337	»	Savons fabriqués. —	12,150	»
Effets à payer. —	5,400	»	Savons fabriqués. —	14,674	»
Caisse (nouveau). —	27,164	82	Caisse. —	5,400	»
Savons fabriqués. —	43,360	»	Caisse. —	27,164	82
Savons fabriqués. —	3,950	»	Huiles. —	43,360	»
Savons fabriqués. —	3,150	»	Matières. —	3,950	»
Savons fabriqués. —	550	»	Dépenses de fabrique. —	3,150	»
Savons fabriqués. —	890	»	Ouvriers. —	550	»
Savons fabriqués. —	21,188	»	Profits et Pertes. —	21,188	»
Nav. *Annette*, 1er voy. —	25,000	»	Charbon et chaux. —	890	»
Nav. *Annette*, 1er voy. —	125	»	Caisse. —	25,000	»
Nav. *Annette*, 1er voy. —	3,000	»	Caisse. —	125	»
Marchand. générales. —	48,000	»	Caisse. —	3,000	»
Carg. nav. Ann., 1er v. —	48,220	»	Effets à payer. —	48,000	»
Nav. *Annette*, 1er voy. —	1,500	»	Marchand. générales. —	48,000	»
Nav. *Annette*, 1er voy. —	385	»	Dépenses générales. —	220	»
Carg. nav. Ann., 1er v. —	740	»	Caisse. —	1,500	»
Caisse. —	300	»	Assurances. —	1,125	»
Coste et Cᵉ, N/C. —	52,500	»	Nav. *Annette*, 1er voy. —	300	»
Carg. nav. Ann, 1er v. —	52,500	»	Carg. nav. Ann., 1er v. —	52,500	»
Nav. *Annette*, 1er voy. —	449	»	Coste, etc., N/C. —	52,500	»
Carg. nav. Ann., 1er v. —	1,075	»	Assurances. —	1,524	»
Caisse. —	11,400	»	Effets à recevoir. —	11,400	»
Nav. *Annette*, 1er voy. —	1,950	»	Cap. Florent, N/C. —	1,950	»
Cap. Florent, N/C. —	11,250	»	Nav. *Annette*, 1er voy. —	11,250	»
A reporter... F.	538,612	84	*A reporter...* F.	538,612	84

Report. . . .	F. 538,612 84	Report. . . .	F. 538,612 84
Cap. Florent, s/c. . . . —	6,000 »	Nav. *Annette*, 1er voy. —	6,000 »
Nav. *Annette*, 1er voy. —	1,800 »	Cap. Florent, s/c. . . —	1,800 »
Cap. Florent, s/c. . . —	9,300 »	Cap. Florent, N/C. . . —	9,300 »
Caisse . . . . —	13,500 »	Cap. Florent, s/c. . . —	13,500 »
Caisse . . . . —	30,000 »	Marchand. générales. —	60,000 »
Effets à payer. . . . —	15,000 »	Effets à recevoir. . . —	13,994 12
Effets à recevoir. . . —	15,000 »	Carg. nav. *Ann.*, 1er v. —	58,000 »
Caisse. . . . . . . —	13,994 12	Dépenses générales. . —	2,000 »
Marchand. générales. . —	60,000 »	Nav. *Annette*, 1er voy. —	23,000 »
Nav. *Annette*, 2e voy. . —	23,000 »	Nav. *Annette*, 1er voy. —	10,600 »
Carg. nav. *Ann.*, 1er v. —	10,600 »	Profits et pertes. . . —	16,941 »
Profits et pertes . . . —	2,635 »	Carg. nav. *Ann.*, 1er v. —	2,635 »
Effets à payer. . . . —	33,000 »	Caisse. . . . . . . —	32,934 »
Effets sur France. . —	31,521 »	Intérêts généraux. . . —	66 »
Nav. *Annette*, 1er voy. —	16,941 »	Effets sur France. . —	31,521 »
Caisse. . . . . . . —	20,000 »	Intérêt sur le 2e voy. . —	20,000 »
Nav. *Annette*, 2e voy. —	3,800 »	Caisse. . . . . . . —	3,800 »
Marchand. générales. . —	12,000 »	Caisse. . . . . . . —	11,970 »
		Intérêts généraux. . . —	30 »
	F. 856,703 96		**F. 856,703 96**

Exemple de l'opération ci-dessus.

(Même opération que pour les mois de janvier et février.)

Assurances.

F. 206 »	
118 90	
1,125 »	
1,524 »	
	F. 2,973 90

Caisse.

F. 30 »	F. 3,000 »
1,094 »	400 »
5,400 »	250 »
7,500 »	365 »
12,150 »	500 »
7,337 »	6,000 »
	5,600 »
	300 »
	525 »
	340 »
	5,400 »
	27,164 82
	2,150 »
F. 33,511 »	**F. 51,994 82**

Caisse (nouveau).

F. 27,164 82	F. 25,000 »
300 »	125 »
11,400 »	3,000 »
13,994 12	1,500 »
13,500 »	32,934 »
30,000 »	3,800 »
20,000 »	11,970 »
F. 116,358 94	**F. 78,329 »**

Capitaine Florent, N/C.

F. 11,250 »	F. 1,950 »
	9,300 »
	F. 11,250 »

Carrel, S/C.

F. 5,945 »	F. 6,000 »

Carrel, N/C.

F. 6,100 »	F. 3,060 »
	5,600 »
	F. 8,660 »

Cargaison de l'Annette, 1er voyage.

F. 48,220 »	F. 52,500 »
740 »	58,000 »
52,500 »	2,635 »
1,075 »	
10,600 »	
F. 113,135 »	**F. 113,135 »**

Coste, N/C.

F. 52,500 »	F. 52,500 »

Dépenses générales.

	F. 220 »
	2,000 »
	F. 2,220 »

Effets à recevoir.

F. 5,400 »	F. 12,000 »
6,657 12	2,500 »
10,000 »	7,600 »
6,000 »	13,994 12
7,337 »	11,400 »
15,000 »	
F. 50,394 12	**F. 47,494 12**

Charbon, chaux.

F. 365 »	F. 890 »
525 »	
F. 890 »	

Effets à payer.

Débit	Crédit
F. 6,000 »	F. 5,400 »
5,400 »	48,000 »
15,000 »	
33,000 »	
F. 59,400 »	F. 53,400 »

Effets sur France.

Débit	Crédit
F. 3,060 »	F. 9,360 »
5,600 »	31,521 »
31,521 »	
F. 40,181 »	F. 40,881 »

Effet étranger.

Débit	Crédit
	F. 3,400 »

Huiles.

Débit	Crédit
F. 12,000 »	F. 43,360 »
13,000 »	
9,000 »	
9,360 »	
F. 43,360 »	

Intérêts généraux.

Débit	Crédit
F. 6 »	F. 30 »
	33 12
	30
	66 »
	F. 159 12

Capitaine Florent, s/c.

Débit	Crédit
F. 9,300 »	F. 1,800 »
6,000 »	13,500 »
F. 15,300 »	F. 15,300 »

Monier, N/C.

Débit	Crédit
F. 9,950 »	F. 10,000 »

Dépenses de fabrique.

Débit	Crédit
F. 3,000 »	F. 240 »
500 »	450 »
340 »	3,150 »
F. 3,840 »	F. 3,840 »

Matières.

Débit	Crédit
F. 1,400 »	F. 3,950 »
400 »	
2,150 »	
F. 3,950 »	

Marchandises générales

Débit	Crédit
F. 48,000 »	F. 48,000 »
60,000 »	60,000 »
12,000 »	
F. 120,000 »	F. 108,000 »

Savons de N/C. chez divers.

Débit	Crédit
F. 10,346 »	F. 6,100 »
6,063 90	9,950 »
F. 16,409 90	F. 16,050 »

Navire Annette, 2e voyage.

Débit	Crédit
F. 125 »	F. 300 »
25,000 »	11,250 »
3,000 »	6,000 »
1,500 »	23,000 »
385 »	10,600 »
449 »	
1,950 »	
1,800 »	
16,941 »	
F. 51,150 »	F. 51,150 »

Ouvriers.

Débit	Crédit
F. 250 »	F. 550 »
300 »	
F. 550 »	

Profits et pertes.

Débit	Crédit
F. 2,635 »	F. 21,188 »
	16,941 »
	F. 38,129 »

Savons fabriqués.

Débit	Crédit
F. 43,360 »	F. 10,800 »
3,950 »	6,624 »
3,150 »	9,900 »
550 »	11,440 »
890 »	7,500 »
21,188 »	12,150 »
	14,674 »
F. 73,088 »	F. 73,088 »

Navire Annette, 2e voyage.

Débit	Crédit
F. 23,000 »	
3,800 »	
F. 26,800 »	

Intérêt sur le 2e voyage de l'Annette.

Débit	Crédit
	F. 20,000 »

Addition des mois de mars et avril pour servir de preuve.

F.	33,511	»
	116,358	94
	890	»
	5,945	»
	6,100	»
	113,135	»
	52,500	»
	50,394	12
	3,840	»
	59,400	»
	40,181	»
	43,360	»
	6	»
	11,250	»
	15,300	»
	9,950	»
	3,950	»
	120,000	»
	16,409	90
	51,150	»
	550	»
	2,635	»
	73,088	»
	26,800	»
F.	**856,703**	**96**

F.	2,973	90
	51,994	82
	78,329	»
	890	»
	6,000	»
	8,660	»
	113,135	»
	52,500	»
	2,220	»
	47,494	12
	3,840	»
	53,400	»
	40,881	»
	3,400	»
	43,360	»
	159	12
	11,250	»
	15,300	»
	10,000	»
	3,950	»
	108,000	»
	16,050	»
	51,150	»
	550	»
	38,129	»
	73,088	»
	20,000	»
F.	**856,703**	**96**

On verra dans la balance ci-après que la balance de janvier et février est jointe à celle de mars et avril l'une sous l'autre, tant au débit qu'au crédit, et que la caisse, dont le débit égale le crédit, est portée en dedans, et qu'il n'y a que le compte nouveau qui figure en ligne d'addition.

Balance d'additions des mois de mars et avril, dans laquelle est comprise celle de janvier et février.

	Débit		Crédit	
Assurances			{ 2,973 90 / 174 » } —	3,147 90
Caisse	18,483 82 / 33,511 »			
	51,994 82		51,994 82	
Carri, s/c	—	4,279 27	—	4,379 32
Carrel, s/c	{ 5,945 » / 8,798 73 } —	14,743 73	{ 8,492 50 / 6,000 » } —	14,492 50
Dépenses générales	—	5,431 02	{ 5,775 09 / 2,220 » } —	7,995 09
Carrel, n/c	{ 31,354 » / 6,100 » } —	37,454 »	{ 29,700 » / 8,660 » } —	38,360 »
Caisse	—116,358 94		—	78,329 »
Effets sur France	{ 35,476 86 / 40,181 » } —	75,657 86	{ 3,362 36 / 40,881 » } —	44,243 36
Effets sur l'étranger	—	20,803 81	{ 17,421 91 / 3,400 » } —	20,821 91
Fonds capital			—	30,000 »
Effets à recevoir	{ 71,742 36 / 50,394 12 } —122,136 48		{ 49,642 36 / 47,494 12 } —	97,136 48
Girondi, s/c	—	3,307 64	—	4,150 »
Effets à payer	{ 9,547 87 / 59,400 » } —	68,947 87	{ 47,547 87 / 53,400 » } —100,947 87	
Girondi, n/c	—	3,547 87	—	3,529 34
Intérêts généraux	{ 23 33 / 6 » } —	29 33	{ 127 02 / 159 12 } —	286 14
Intérêt sur le 2ᵉ voyage de *l'Annette*			—	20,000 »
Lorenzo, s/c	—	6,244 86	—	5,950 »
Intérêt à diverses marchandises	—	8,615 56	—	9,543 50
Marchandises de n/c. chez divers	—	34,001 67	—	35,344 »
Marchandises générales	—120,000 »		—108,000 »	
Monier, n/c	—	9,950 »	—	10,000 »
Mariani, s/c	—	3,642 »	—	3,406 90
Mariani, n/c	—	3,990 »	—	4,000 »
Provisions			—	414 21
Profits et pertes	—	2,635 »	{ 4,145 » / 38,129 » } —	42,274 »
Navire *Annette*, 2ᵉ voyage	—	26,800 »		
Savons de n/c. chez divers	—	16,409 90	—	16,050 »
Taurel, s/c	—	7,500 »	—	10,385 »
Wilson, s/c	—	5,093 21	—	5,393 50
Wilson, n/c	—	6,000 »	—	5,000 »
	F. 723,580 02		F. 723,580 02	

Pour éviter un double emploi l'on doit avoir bien attention de faire un trait ou toute autre marque à mesure qu'on aura porté à la balance ci-dessus les articles de la balance précédente, ainsi que ceux de l'opération du mois.

Tous les articles qui seront à nouveau, comme on le voit par celui de caisse, doivent figurer dans un compte nouveau.

Quand un article balance, c'est-à-dire que le débit est égal au crédit, comme à l'article de caisse dans la balance ci-dessus, on le met en dedans et on se dispense de le porter en ligne d'addition.

Mois de mai, juin et juillet.

JOURNAL.

Marchand. générales.. — F.	40,924 80	Effets à recevoir...... — F.	25,000 »
Effets à payer........ —	32,000 »	Effets à payer........ —	15,902 07
Carg. nav. *Ann.*, 2e v. —	55,901 30	Intérêts généraux..... —	22 73
Caisse............. —	500 »	Caisse............. —	32,000 »
Nav. *Annette*, 2e voy.. —	385 »	Marchand. générales.. —	52,924 80
Carg. nav. *Ann.*, 2e v. —	830 »	Dépenses générales... —	1,900 »
Nav. *Annette*, 2e voy.. —	1,100 »	Provisions........... —	1,076 50
Leontini, N/C........ —	45,000 »	Nav. *Annette*, 2e voy... —	500 »
Leontini, N/C........ —	10,000 »	Assurances........... —	385 »
Carg. nav. *Ann.*, 2e v. —	55,000 »	Assurances........... —	830 »
Carg. nav. *Ann.*, 2e v. —	893 »	Caisse............. —	1,100 »
Nav. *Annette*, 2e voy.. —	514 »	Carg. nav. *Ann.*, 2e v.. —	45,000 »
Nav. *Annette*, 2e voy.. —	3,000 »	Carg. nav. *Ann.*, 2e v.. —	10,000 »
Cap. Florent, N/C.... —	4,000 »	Leontini, N/C........ —	55,000 »
Caisse............. —	3,150 »	Assurances........... —	893 »
Nav. *Annette*, 2e voy.. —	1,200 »	Assurances........... —	514 »
Caisse............. —	15,000 »	Cap. Florent, N/C.... —	3,000 »
Effets à recevoir..... —	67,500 »	Nav. *Annette*, 2e voy.. —	4,000 »
Marchand. générales.. —	67,500 »	Cap. Florent, s/c..... —	3,150 »
Caisse............. —	20,000 »	Caisse............. —	1,200 »
Carg. n. *An.*, 2e v. nveau. —	6,250 »	Nav. *Annette*, 2e voy.. —	15,000 »
Cap. Florent, s/c..... —	1,000 »	Marchand. générales. —	67,500 »
Cap. Florent, s/c..... —	2,150 »	Carg. nav. *Ann.*, 2e v. —	58,350 »
Carg. nav. *Ann.*, 2e v. —	5,500 »	Dépenses générales... —	7,800 »
Nav. *Annette*, 2e voy.. —	12,001 »	Provisions........... —	1,350 »
Carg. nav. *Ann.*, 2e v.. —	1,475 70	Nav. *Annette*, 2e voy.. —	20,000 »
Int. au 2e voy. n. *Ann.* —	6,000 »	Carg. nav. *Ann.*, 2e v. —	6,250 »
Int. au 2e voy. n. *Ann.* —	14,500 »	Cap. Florent, N/C.... —	1,000 »
Leontini, N/C........ —	4.545 »	Caisse............. —	2,150 »
Effets sur France..... —	4,635 »	Nav. *Annette*, 2e voy.. —	5,500 »
Leontini, N/C........ —	90 »	Int. au 2e voy. n. *Ann.* —	2,909 43
Caisse............. —	4,601 40	Profits et pertes..... —	9,091 57
Carg. nav. *Ann.*, 2e v. —	33 60	Int. au 2e voy. n. *Ann.* —	149 92
Int. au 2e voy. n. *Ann.* —	167 34	Profits et pertes...... —	1,325 78
Profits et pertes...... —	1,481 26	Caisse............. —	6,000 »
Effets à recevoir...... —	2,517 42	Effets à recevoir..... —	14,500 »
Int. au 2e voy. n. *Ann.* —	4,909 43	Carg. nav. *Ann.*, 2e v. —	4,545 »
Effets à payer........ —	15,902 07	Leontini, N/C........ —	4,635 »
Dépenses générales.... —	11,000 »	Carg. nav. *Ann.*, 2e v.. —	90 »
Caisse (nouveau)...... —	7,019 84	Effets sur France..... —	4,601 40
Armem. nav. *V.-et-C.* —	30,000 »	Effets sur France..... —	33 60
Armem. nav. *V.-et-C.* —	100 »	Carg. nav. *Ann.*, 2e v. —	1,648 60
Caisse............. —	27,000 »	Int. au 2e voy. n. *Ann.* —	2,517 42
Armem. nav. *V.-et-C.* —	4,000 »	Caisse............. —	31,811 50
Marchand. générales.. —	12,000 »	Caisse............. —	7,019 84
Caisse............. —	2,995 »	Effets sur France..... —	24,164 »
Intérêts généraux.... —	5 »	Caisse............. —	5,836 »
Marchand. générales.. —	13,200 »	Caisse............. —	100 »
Caisse............. —	4,844 »	Act. nav. *V.-et-C.*.... —	27,000 »
Marchand. générales.. —	25,000 »	Caisse............. —	4,000 »
Armem. nav. *V.-et-C.* —	52,095 20	Effets à recevoir..... —	15,000 »
Armem. nav. *V.-et-C.* —	600 »	Effets à recevoir..... —	18,000 »
Armem. nav. *V.-et-C.* —	3,000 »	Intérêts généraux.... —	44 »
Armem. nav. *V.-et-C.* —	3,046 »	Effets à recevoir..... —	22,517 42
Assurances.......... —	2,580 »	Caisse............. —	2,476 58
Assureurs divers..... —	1,380 »	Intérêts généraux.... —	6 »
Assurances.......... —	30 »	Marchand. générales.. —	50,200 »
Act. nav. *V.-et-C.*..... —	55,704 72	Dépenses générales... —	873 72
Int. nav. *V.-et-C.*...... —	37,136 48	Provisions........... —	1,021 48
Caisse............. —	28,704 72	Provisions........... —	600 »
A reporter.... F.	**833,598 28**	*A reporter....* F.	**702,016 36**

	Débit			Crédit	
Report......	F.	833,598 28	*Report*......	F.	702,016 36
Capitaine Drareg, s/c. —		2,000 »	Caisse.............. —		3,000 »
Caisse.............. —		1,000 »	Assurances......... —		2,616 »
Bontems, N/C....... —		20,000 »	Provisions.......... —		430 »
Bontems, N/C....... —		13,333 34	Assureurs divers.... —		2,580 »
Bontems, N/C....... —		21,333 34	Caisse.............. —		1,410 »
Dés. et arm. *V.-et-C.* —		32,000 »	Arm. nav. *V.-et-Car.* —		92,841 20
Dés. et arm. *V.-et-C.* —		20,000 »	Act. nav. *V.-et-Car.* —		28,704 72
Dés. et arm. *V.-et-C.* —		2,830 »	Caisse.............. —		2,000 »
Dés. et arm. *V.-et-C.* —		1,250 »	Dés. à Mlle. *V.-et-C.* —		1,000 »
Bontems, N/C....... —		6,000 »	Dés. et arm. *V.-et-C.* —		20,000 »
Cap. Drareg, N/C.... —		2,100 »	Dés. et arm. *V.-et-C.* —		13,333 34
Effets à recevoir.... —		6,566 68	Dés. et arm. *V.-et-C.* —		21,333 34
Caisse.............. —		70,000 »	Bontems, N/C....... —		32,000 »
Effets à recevoir..... —		40,000 »	Bontems, N/C....... —		20,000 »
Act. nav. *V.-et-Car.* —		26,640 »	Assurances......... —		2,480 »
Marchand. générales. —		110,000 »	Provisions.......... —		350 »
Cap. Drareg, N/C.... —		4,000 »	Assurances......... —		1,100 »
Dés. et arm. *V.-et-C.*.. —		4,666 68	Provisions.......... —		150 »
Cap. Drareg, N/C.... —		4,566 68	Cap. Drareg, N/C.... —		6,000 »
Dés. à Mlle. *V.-et-C.* —		600 »	Bontems, N/C....... —		2,100 »
Dés. à Mlle. *V.-et-C.* —		3,000 »	Bontems, N/C....... —		6,566 68
Cap. Drareg, s/c.... —		4,500 »	Marchand. générales. —		110,000 »
Dés. à Mlle. *V.-et-C.* —		3,000 »	Caisse.............. —		26,640 »
Cap. Drareg, s/c.... —		25,000 »	Dés. à Mlle. *V.-te-C.*.. —		94,433 34
Caisse.............. —		20,333 32	Dépenses générales.. —		13,366 66
Assurances......... —		8,479 90	Provisions.......... —		2,200 »
Assureurs divers.... —		1,200 »	Dés. et arm. *V.-et-C.* —		4,000 »
Dés. et arm. *V.-et-C.*.. —		2,000 »	Cap. Drareg, N/C.... —		4,666 68
Dés. à Mlle. *V.-et-C.* —		116,253 34	Cap. Drareg, s/c.... —		4,566 68
Act. nav. *V.-et-Car.* —		43,112 »	Cap. Drareg, s/c.... —		600 »
Int. nav. *V.-et-Car.*.. —		9,364 86	Cap. Drareg, s/c.... —		3,000 »
Dépenses générales.. —		16,400 »	Dés. à Mlle. *V.-et-C.* —		4,500 »
Effets à recevoir.... —		21,000 »	Cap. Drareg, s/c.... —		3,000 »
Girondi, s/c........ —		310 »	Dés. à Mlle. *V.-et-C.* —		25,000 »
Caisse.............. —		20,000 »	Cap. Drareg, s/c.... —		20,333 32
Caisse (nouveau)..... —		46,347 40	Caisse.............. —		8,479 90
			Caisse.............. —		1,200 »
			Act. nav. *V.-et-Car.* —		69,752 »
			Int. nav. *V.-et-Car.* —		46,501 34
			Caisse.............. —		43,112 »
			Dés. à Mlle. *V.-et-C.* —		2,000 »
			Profits et pertes..... —		9,364 86
			Caisse.............. —		16,400 »
			Caisse.............. —		20,895 »
			Int. généraux....... —		105 »
			Assurances......... —		210 »
			Provisions.......... —		100 »
			Effets à recevoir..... —		20,000 »
			Caisse.............. —		46,347 40
	F.	**1,562,785 82**		**F.**	**1,562,785 82**

Exemple de l'opération ci-dessus.

Assurances.				*Armement du navire* Victor-et-Caroline.			
F.	2,580 »	F.	385 »	F.	30,000 »	F.	92,841 20
	30 »		830 »		100 »		
	8,479 90		893 »		4,000 »		
			514 »		52,095 20		
			2,616 »		600 »		
			2,480 »		3,000 »		
			210 »		3,046 »		
			1,100 »				
F.	**11,089 90**	**F.**	**9,028 »**	**F.**	**92,841 20**		

Actionnaires du navire Victor-et-Caroline.

F. 55,704 72	F. 27,000 »
	28,704 72
	F. 55,704 72

Assureurs divers.

F. 1,380 »	F. 2,580 »
1,200 »	
F. 2,580 »	

Actionnaires du navire Victor-et-Caroline.

F. 26,640 »	F. 69,752 »
43,112 »	
F. 69,752 »	

Cargaison du navire Annette, 2ᵉ voyage.

F. 55,901 30	F. 45,000 »
830 »	10,000 »
55,000 »	58,350 »
893 »	6,250 »
1,475 70	
5,500 »	
F. 119,600 »	F. 119,600 »

Bontems, N/C.

F. 20,000 »	F. 32,000 »
13,333 34	20,000 »
21,333 34	2,100 »
6,000 »	6,566 68
F. 60,666 68	F. 60,666 68

Caisse.

F. 500 »	F. 32,000 »
3,150 »	1,100 »
20,000 »	1,200 »
4,601 40	2,150 »
15,000 »	6,000 »
	31,811 50
	7,019 84
F. 43,251 40	F. 81,281 34

Caisse.

F. 7,019 84	F. 5,836 »
27,000 »	100 »
2,995 »	4,000 »
4,844 »	2,476 58
28,704 72	3,009 »
1,000 »	1,380 »
70,000 »	30 »
20,333 32	2,000 »
20,000 »	26,640 »
	8,479 90
	1,200 »
	43,112 »
	16,400 »
	20,895 »
	46,347 40
F. 181,896 88	F. 181,896 88

Caisse (nouveau).

F. 46,347 40

Cargaison du navire Annette, 2ᵉ voyage.

F. 6,250 »	F. 90 »
33 60	4,545 »
	1,648 60
F. 6,283 60	F. 6,283 60

Dépenses générales.

F. 11,000 »	F. 1,900 »
16,400 »	7,800 »
	873 72
	13,366 66
F. 27,400 »	F. 23,940 38

Capitaine Drareg, s/c.

F. 2,000 »	F. 4,566 68
4,500 »	600 »
25,000 »	3,000 »
	3,000 »
	20,333 32
F. 31,500 »	F. 31,500 »

Capitaine Drareg, N/C.

F. 2,100 »	F. 6,000 »
4,000 »	4,666 68
4,566 68	
F. 10,666 68	F. 10,666 68

Désarmem. et armem. du n. Vict.-et-Carol.

F. 32,000 »	F. 20,000 »
20,000 »	13,333 34
4,666 68	21,333 34
2,000 »	4,000 »
F. 58,666 68	F. 58,666 68

Désarm. à Marseille du n. Vict.-et-Carol.

F. 2,830 »	F. 1,000 »
1,250 »	94,433 34
600 »	4,500 »
3,000 »	25,000 »
3,000 »	2,000 »
116,253 34	
F. 126,933 34	F. 126,933 34

Effets à recevoir.

F. 67,500 »	F. 25,000 »
2,517 42	14,500 »
6,566 68	15,000 »
40,000 »	18,000 »
21,000 »	22,517 42
	20,000 »
F. 137,584 10	F. 115,017 42

Capitaine Florent, s/c.

F. 1,000 »	F. 3,150 »
2,150 »	
F. 3,150 »	

Capitaine Florent, N/C.

F. 4,000 »	F. 3,000 »
	1,000 »
	F. 4,000 »

Effets sur France.

```
F.    4,635  »     F.    4,601 40
                        24,164  »
                            33 60
                   ─────────────
                   F.   28,799  »
```

Effets à payer.

```
F.   32,000  »     F.   15,902 07
     15,902 07
─────────────
F.   47,902 07
```

Intérêts généraux.

```
F.        5  »     F.       22 73
                            44  »
                             6  »
                           105  »
                   ─────────────
                   F.      177 73
```

Leontini, N/C.

```
F.   45,000  »     F.   55,000  »
     10,000  »
─────────────
F.   55,000  »
```

Intérêt au 2e voyage de l'Annette.

```
F.    6,000  »     F.    2,909 43
     14,500  »            149 92
        167 34         2,517 42
      4,909 43
─────────────      ─────────────
F.   25,576 77     F.    5,576 77
```

Marchandises générales.

```
F.   40,924 80     F.   50,200  »
     67,500  »          110,000  »
     12,000  »           52,924 80
     13,200  »           67,500  »
     25,000  »
    110,000  »
─────────────      ─────────────
F.  268,624 80     F.  280,624 80
```

Navire Annette, 2e voyage.

```
F.      385  »     F.    4,000  »
      1,100  »          15,000  »
        514  »          20,000  »
      3,000  »           5,500  »
      1,200  »             500  »
     12,001  »
─────────────      ─────────────
F.   18,200  »     F.   45,000  »
```

Leontini, N/C.

```
F.    4,545  »     F.    4,635  »
         90  »
─────────────
F.    4,635  »
```

Provisions.

```
                   F.    1,076 50
                         1,350  »
                         1,021 48
                           600  »
                           430  »
                           350  »
                           150  »
                         2,200  »
                           100  »
                   ─────────────
                   F.    7,277 98
```

Profits et pertes.

```
F.    1,481 26     F.    9,091 57
                         1,325 78
                         9,364 86
                   ─────────────
                   F.   19,782 21
```

Intérêt au navire Victor-et-Caroline.

```
F.   37,136 48     F.   46,501 34
      9,364 86
─────────────
F.   46,501 34
```

Girondi, s/c.

```
F.      310  »
```

Addition des mois de mai, juin, juillet, pour servir de preuve.

	(Report.)		(Report.)
F. 11,089 90	F. 945,180 48	F. 9,028 »	F. 1,046,358 92
92,841 20	137,584 10	92,841 20	28,799 »
55,704 72	4,635 »	55,704 72	15,902 07
2,580 »	47,902 07	2,580 »	3,150 »
69,752 »	3,150 »	69,752 »	4,000 »
119,600 »	4,000 »	119,600 »	177 73
60,666 68	5 »	60,666 68	55,000 »
43,251 40	310 »	81,281 34	5,576 77
181,896 88	55,000 »	181,896 88	46,501 34
46,347 40	25,576 77	6,283 60	280,624 80
6,283 60	46,501 34	23,940 38	45,000 »
27,400 »	268,624 80	31,500 »	4,635 »
31,500 »	18,200 »	10,666 68	7,277 98
10,666 68	4,635 »	58,666 68	19,782 21
58,666 68	1,481 26	126,933 34	
126,933 34		115,017 42	
F. 945,180 48	F. 1,562,785 82	F. 1,046,358 92	F. 1,562,785 82
(A reporter.)		(A reporter.)	

Ces additions donnant le même résultat que celles des mois de mai, juin et juillet, on est convaincu qu'il n'y a rien d'omis, et alors on dresse la balance fin juillet ; on doit supprimer les comptes qui soldent en les portant en dedans de la balance comme ci-après pour ne laisser paraître que les comptes qui ne soldent pas.

Balance des additions jusqu'au 31 juillet, dans laquelle a été versée celle du mois d'avril.

Compte	Débit (détail)	Débit (total)	Crédit (détail)	Crédit (total)
Assurance		11,089 90	3,147 90 9,028 »	12,175 90
Carri, s/c		4,279 27		4,379 32
Caisse	116,358 94 43,251 40	159,610 34	78,329 » 81,281 34	159,610 34
Caisse (nouveau)		46,347 40		
Dépenses générales	5,431 02 27,400 »	32,831 02	7,995 09 23,940 38	31,935 47
Carrel, s/c		14,743 73		14,492 50
Effets sur France	75,657 86 4,635 »	80,292 86	44,243 36 28,799 »	73,042 36
Fonds capital				30,000 »
Effets à recevoir	122,136 48 137,584 10	259,720 58	97,136 48 115,017 42	212,153 90
Effets sur l'étranger		20,803 81		20,821 91
Effets à payer	68,947 87 47,902 62	116,849 94	100,947 87 15,902 07	116,849 94
Girondi, s/c	3,307 64 310 »	3,617 64		4,150 »
Girondi, N/C		3,547 87		3,529 34
Intérêts généraux	29 33 5 »	34 33	286 14 177 73	463 87
Intérêts à diverses marchandises		8,615 56		9,543 50
Intérêts au 2e voy. de l'Annette	25,566 77		20,000 » 5,566 77	25,566 77
Lorenzo, s/c		6,244 86		5,950 »
Carrel, N/C		37,454 »		38,360 »
Marchandises générales	120,000 » 268,624 80	388,624 80	108,000 » 280,624 80	388,624 80
Marchandises de N/C. chez divers		34,001 67		35,344 »
Monier, N/C		9,950 »		10,000 »
Mariani, s/c		3,642 »		3,406 90
Mariani, N/C		3,990 »		4,000 »
Navire *Annette*, 2e voyage	26,800 » 18,200 »	45,000 »		45,000 »
Savons de N/C. chez divers		16,409 90		16,050 »
Taurel, s/c		7,500 »		10,385 »
Provisions			414 21 7,277 98	7,692 19
Wilson, s/c		5,093 21		5,393 50
Profits et pertes	2,635 » 1,481 26	4,116 26	42,274 » 19,782 21	62,056 21
Wilson, N/C		6,000 »		5,000 »
		620,325 87		620,325 87

Cette balance d'additions jusqu'à fin juillet est conforme, comme on voit, aux additions relevées des comptes du grand-livre (page 84 du journal), de sorte que si l'on veut solder les comptes et former un bilan définitif on sait que jusqu'à cette époque il n'y a rien d'omis sur le grand-livre, et l'on procédera de la manière que j'ai indiquée (article 221).

GRAND-LIVRE.

D. Qu'entendez-vous par un grand-livre?

R. Un grand-livre d'un négociant est un livre où doivent être rassemblés tous les comptes passés en divers temps sur le journal, et que l'on ouvre séparément sur ce grand-livre afin de pouvoir dans un coup d'œil reconnaître sa position avec tel ou tel correspondant; c'est, pour ainsi dire, un livre de comptes-courans, où se trouvent aussi rassemblés tous les comptes généraux qui représentent le négociant.

D. Comment doit-on ouvrir les comptes sur un grand-livre?

R. Chaque folio du grand-livre est composé de deux pages l'une à côté de l'autre : celle qui est à gauche est le débit du compte qu'on a ouvert, sur laquelle on écrira DOIT en gros caractères; celle à droite en est le crédit, sur laquelle on écrira également AVOIR en gros caractères. Le nom du particulier ou du compte général remplira en gros caractères l'intervalle de ce *doit* à cet *avoir*, et l'on doit y transporter par ordre de date, au débit et au crédit, dans les comptes respectifs, tous les articles passés au journal.

D. Comment ferez-vous pour transporter les articles du journal au grand-livre?

R. Avant de commencer à transporter du journal au grand-livre on prend le journal, et on fait un trait de plume ________ sous le dernier débiteur de l'article passé au journal, comme on peut le voir aux articles ci-après du journal :

1° *Divers doivent à fonds capital.* On verra qu'il y a deux débiteurs pour un créancier : donc le trait de plume sera mis sous N/s. *Ceton,* qui est le second débiteur.

14

Le N° 2 n'ayant qu'un débiteur et un créancier, le trait de plume sera sous *caisse*, qui est le débiteur.

Au N° 3 ce trait de plume sera sous la *caisse*, qui est le troisième débiteur.

Au N° 4 il sera sous *marchandises générales*.

Au N° 5, comme il y a trois créanciers pour un seul débiteur, il sera mis sous *Jacob*, qui est le seul débiteur.

Quand il y a un article de *divers à divers*, comme au N° 22, le trait de plume sera mis sous *intérêts généraux*, qui est le dernier débiteur, et ainsi de suite pour les autres articles; de sorte que tous les débiteurs seront sur ce trait de plume, et tous les créanciers seront dessous.

Il y a des teneurs de livres qui mettent un trait de plume sous chaque débiteur et sous chaque créancier du journal : cela ne fait qu'une confusion de lignes qui peut faire tromper celui qui rapporte sur le grand-livre, au lieu qu'un seul trait de plume qui séparera le débiteur du créancier ne sera pas dans ce cas.

Quand ce trait de plume aura été mis ainsi à tous les articles du journal que l'on doit transporter sur le grand-livre, on prend le répertoire des comptes ouverts sur le grand-livre, et on met devant chaque débiteur et créancier le folio de son compte, et, ce folio mis, on transporte l'article sur le grand-livre.

D. Donnez-moi un exemple de la manière que l'on doit transporter l'article sur le grand-livre, et supposez que ce soit le N° 1, qui est *divers à fonds capital*.

R. Après avoir fait le trait de plume sous le dernier débiteur, qui est N/s. *Ceton*, comme je l'ai dit plus haut, on met devant les deux débiteurs le folio de leur compte ouvert sur le grand-livre, ainsi que celui du créditeur qui sera sous la ligne, qui est 1 pour chacun des trois (ces trois comptes étant ouverts au grand-livre sur la même page). On ouvre ensuite le folio 1 du grand-livre, où l'on a écrit en gros caractères le nom de N/s. *Vinal, compte de fonds*, entre les mots *doit* et *avoir*, et on passe à son débit l'article qui le concerne, comme suit :

On commence par mettre l'année et le nom du mois en marge, le quantième du mois entre les deux petites lignes qui suivent la marge, ensuite le nom du compte à qui le débiteur doit, qui est *fonds capital*, précédé de la lettre A; on détaille dans la grande colonne, aussi brièvement et aussi clairement qu'il sera possible, et sur une seule ligne, l'objet qu'il doit; dans la petite colonne qui est après, on met le folio du journal sur lequel l'article est passé, et enfin on met dans la dernière colonne la somme en francs et centimes.

Du moment que l'article est transporté sur le grand-livre, on met un point à côté du numéro du compte que l'on vient de transporter, pour faire connaître que cet article a été transporté.

On en fait de même pour le compte du second débiteur, qui est N/s. *Ceton, compte de fonds.*

On passe ensuite au créancier, qui est *fonds capital*, qui se trouve par conséquent sous le trait de plume : on opère de la même manière que pour ceux cités ci-dessus.

Après avoir écrit en gros caractères le nom de *fonds capital* on met, comme au débit, l'année et le nom du mois en marge, le quantième du mois après, ensuite le mot *divers*, quand il y a plusieurs débiteurs ou créanciers, précédé par le mot *par*; on détaille ensuite, aussi brièvement et aussi clairement qu'il sera possible, et sur la même ligne, l'objet qui est dû; le folio du journal vient après, et la somme due en francs et centimes. Cela fait, on aura le soin de ne pas oublier de mettre sur le journal un point à côté du folio du compte qu'on aura transporté sur le grand-livre.

Je recommande beaucoup de ne pas oublier ce point, parce que cet oubli pourrait faire transporter deux fois sur le grand-livre si l'on ne voyait pas l'article pointé, et, par la même raison, de ne pas le pointer d'avance, de crainte que, voyant l'article pointé, on ne passe outre; et par conséquent il serait omis dans le grand-livre.

D. Divers teneurs de livres mettent dans le grand-livre, à côté de la colonne qui indique le folio du journal, une autre colonne qui porte le folio du débiteur et du créancier, qu'on appelle *folio de rencontre* : d'où vient que vous ne la mettez pas?

R. Ces deux colonnes peuvent induire en erreur si par distraction on mettait le folio du journal dans la colonne du folio de rencontre, et le folio du compte de rencontre dans la colonne du folio du journal; en outre il y a des articles de *divers à divers* qui portent les folios de plusieurs débiteurs ou de plusieurs créanciers, de sorte qu'en suivant cette marche, si l'on mettait dans la colonne du folio de rencontre trois ou quatre folios de débiteur et de créancier, comme cela peut se présenter, il y aurait confusion : ainsi on doit préférer de ne mettre qu'une seule colonne, pour le folio du journal, qui est le plus nécessaire, et auquel on aurait recours si l'on désirait connaître quels sont ces *divers*.

D'ailleurs cette règle doit être générale, c'est-à-dire de mettre les folios de rencontre de tous les comptes, et elle devient imparfaite si l'on ne met pas tous les folios des *divers*, qui feraient confusion. On fait valoir que pour la reconnaissance des débiteurs et des créanciers elle peut devenir nécessaire quand on veut pointer et faire un bilan : cela est encore inutile, puisque l'on ne pointe pas le grand-livre par lui-même; l'on est obligé, pour pointer, de le faire d'après le journal. Ainsi, en renvoyant à la page du journal pour reconnaître le contenu de l'article ou la somme, on remplit le but que l'on se propose.

D. Tous les comptes dans le grand-livre doivent-ils être rayés également?

R. Non; divers comptes doivent être ouverts en double colonne, surtout les *notre compte*, l'une pour la monnaie de l'ami, l'autre pour notre monnaie. Il y a des comptes qui n'exigent aucun raisonnement, et dont le débit et le crédit sont sur une même page; d'autres doivent former tableau, attendu la monotonie de l'objet qui doit y être porté : c'est ce que j'ai fait, comme on peut le voir.

D. Faites-moi connaître les différentes manières dont vous devez rayer vos comptes sur le grand-livre?

R. Les comptes de *caisse*, *frais ou dépenses*, *provisions*, *intérêts généraux*, n'exigent aucun raisonnement, et le débit et le crédit sont sur une même page. Cependant, comme le compte de *provisions* ne devrait jamais avoir d'articles au débit, on pourrait n'employer qu'une colonne pour le débit et trois pour le crédit.

Le compte de *marchandises générales* doit former tableau. Après la colonne du mois, du jour, et celle du créditeur au débit, on fait une colonne pour y détailler la quantité de marchandise; ensuite, la qualité de cette marchandise, à qui elle appartient et de qui on l'a achetée : ce qui fait quatre colonnes que l'on établirait. Il en est de même pour le crédit; la seule différence qu'il y a, c'est que la dernière colonne du crédit, correspondant à celle du débit qui désigne celui à qui on l'achète, doit désigner à qui on a vendu ou expédié cette marchandise. Viennent ensuite le folio du journal et la colonne des francs et centimes. La petite colonne qui sera devant la qualité de la marchandise est placée pour pouvoir y mettre le numéro de sortie, comme je l'explique au raisonnement d'*effets à recevoir* ci-après, du moment que cette marchandise, qui est passée au débit, ressortirait au crédit.

Le compte de *marchandises de* n/c. *chez divers* forme tableau, et exige quatre colonnes tant au débit qu'au crédit, indépendamment de celles d'usage, qui sont celles du mois, du jour, du débiteur ou du créancier, du folio du journal, des francs et des centimes. La première de ces quatre colonnes doit renfermer la quantité de la marchandise; la seconde, la qualité; la troisième, si la quantité de cette marchandise nous appartient en totalité, ou si nous n'en avons que la demie, le tiers ou le quart; et la quatrième, chez qui elle se trouve, c'est-à-dire à qui on l'a expédiée pour la vendre. On mettra également un numéro dans une petite colonne que l'on fera devant la quantité de la marchandise, quand elle sera au crédit, pour désigner qu'elle n'existe plus chez tel ou tel correspondant du moment qu'il en aura remis le compte de vente. On ne mettra pas d'avance ce numéro; il faudra attendre que la marchandise soit passée au crédit. (*Voir une plus grande explication ci-après*, à l'article d'*effets à recevoir*.)

Le compte d'*intéréts à diverses marchandises* forme tableau. Ce compte a les mêmes colonnes que celui de *marchandises de* n/c. *chez divers* et le même raisonnement, à la différence que dans la quatrième colonne, au lieu de mettre *chez un tel*, comme cette marchandise nous a été envoyée pour vendre en compte en participation, on doit mettre *en participation avec un tel*. On mettra également le numéro de sortie, comme au compte de *marchandises de* n/c. *chez divers*.

Le compte d'*effets à recevoir* forme tableau. Ce compte a encore quatre colonnes tant au débit qu'au crédit, indépendamment de celles d'usage. Ces quatre colonnes doivent contenir, savoir : la première, le détail des effets; la seconde, l'échéance; la troisième, celui sur qui est l'effet et qui doit le payer; la quatrième, de qui on tient cet effet, c'est-à-dire celui qui le donne.

Outre ces quatre colonnes intérieures au débit, on en fait une petite devant la première, qui détaille l'effet, dans laquelle on met un numéro qui fera connaître que l'effet n'existe plus en portefeuille; de sorte que, quand un effet entré en portefeuille, et qui n'aura point encore de numéro, aura été donné en paiement ou encaissé, alors on y mettra le même numéro de chaque côté, c'est-à-dire que du moment que l'effet sera reconnu ne plus exister par la confrontation du crédit au débit, soit par la somme, soit par l'échéance, soit par le nom de celui qui a payé, on comptera dans la page à gauche, qui est le débit et par conséquent l'entrée de ces effets, on comptera, dis-je, les lignes depuis le commencement jusqu'à celle de l'effet qui aura été donné, et on mettra devant ledit effet le numéro de sa ligne, que l'on mettra également dans la colonne du crédit, devant le même effet qui sera sorti. Les numéros doivent suivre dans la colonne du débit au fur et à mesure que les effets sortiront, et on aura l'attention de ne pas les mettre d'avance, de sorte que l'on reconnaîtra ceux qui restent en porte-feuille par le manque de numéro à ceux qui n'auront pas été donnés.

Quant au crédit, les numéros ne doivent pas suivre, un effet payé pouvant se trouver au milieu, à la fin de la page, ou à un autre folio.

Si l'on avait peine à comprendre l'explication ci-dessus, on jetterait les yeux sur le compte d'*effets à recevoir* dans le grand-livre, et on confronterait les numéros qui sont devant les effets.

On pourrait dans ce compte faire entrer et sortir le net des effets; mais alors, et cela pourrait servir de preuve, on ferait une colonne particulière pour l'agio. Dans la même page du compte d'effets sur France, dans le grand-livre, je donne cette manière, et on aura le choix d'adopter l'une ou l'autre.

Le compte d'*effets sur l'étranger* a les mêmes colonnes que celui d'effets à recevoir. La première colonne, après celles d'usage, sert à mettre la monnaie étrangère montant de la traite; la seconde, l'échéance; la troisième désigne le lieu où l'effet doit être payé; et la quatrième est destinée pour celui qui donne cet effet, ou pour indiquer si c'est une traite que l'on a fait. On suit pour les numéros à mettre devant les effets la même marche que pour le compte d'*effets à recevoir*.

Les colonnes d'usage sont celles du mois, du quantième du mois, du débiteur ou du créditeur, du folio du journal, des francs et des centimes.

Dans la colonne de la monnaie étrangère on se dispensera de mettre la désignation de cette monnaie, cela ferait confusion : on connaîtra facilement la valeur de cette monnaie par le nom de la ville ou du pays.

Le compte d'*effets sur France* est en tout conforme aux comptes d'*effets sur l'étranger* et d'*effets à recevoir*. La colonne de ce compte qui est devant celle de l'échéance doit présenter le montant de l'effet tel qu'il doit être payé sur le lieu où il a été tiré, et notre colonne doit ressortir par le net, soit au débit, soit au crédit.

Le compte de *divers particuliers* n'a que deux colonnes, indépendamment de celles d'usage : la première, au débit, est pour y écrire le nom du particulier qui doit, et la seconde, l'objet qu'il doit. Le crédit aura les mêmes colonnes : dans la première il y aura le nom du particulier, et dans la seconde le paiement qu'il aura fait. Il en sera de même pour un objet que l'on aurait acheté : la première colonne du crédit sera pour le nom du particulier à qui il sera dû, et la seconde pour l'objet que l'on devra; et au débit, quand on paiera, la première colonne sera pour le nom du particulier, et la seconde pour le paiement que l'on aura fait.

Quand le particulier aura payé ou aura été payé on mettra devant son nom un numéro qui le fera reconnaître d'un côté et d'autre comme ayant été soldé.

Si par cas il arrivait qu'au débit ou au crédit il y eût un seul article, soit à la vente, soit à l'achat, et qu'au débit ou au crédit il y eût deux ou plusieurs paiemens faits pour le même objet, alors il n'y aurait qu'un seul numéro au débit ou au crédit qui serait répété à tous les à-comptes donnés ou reçus jusqu'à entier paiement, et ces numéros ne se mettraient que lorsqu'on serait sûr qu'il ne serait plus rien dû et que ce particulier serait soldé.

Il en doit être de même pour tous les comptes qui seront susceptibles d'avoir un numéro d'entrée et de sortie; les quantités balanceront par le même numéro au débit et au crédit.

Les comptes-courans des amis seront ouverts seulement avec les colonnes d'usage. Ils n'ont pas besoin d'explication, excepté pour ceux qui porteront intérêt. Alors on fera une colonne pour mettre l'échéance, qui sera avant la colonne qui doit représenter le folio du journal.

Les *notre compte* doivent être ouverts en double colonne, c'est-à-dire que la première colonne, soit au débit, soit au crédit, est pour représenter la monnaie de l'ami, que l'on met immédiatement après celle d'usage, qui présente le créancier au débit et le débiteur au crédit; l'objet que cet ami doit ou qu'on lui doit vient après; ensuite, la colonne des échéances devant la colonne du folio du journal.

Le compte d'*effets à payer* présente trois colonnes outre celles d'usage : la première est pour le détail des effets; la seconde, l'échéance; et la troisième, la désignation de la traite de l'ami ou de notre billet ordre d'un tel. Les numéros d'entrée et de sortie seront placés comme au compte d'*effets à recevoir*.

Le compte d'*assurances générales* forme tableau. Ce compte a quatre colonnes, outre celles d'usage : la première contient le montant de la somme assurée; la seconde, la désignation du lieu du départ ou de l'arrivée du navire; la troisième, le prix de la prime d'assurance; et la quatrième, le nom du capitaine.

Si l'on avait ouvert un compte à *assureurs divers* ce compte aurait cinq colonnes, indépendamment de celles d'usage : la première, au crédit, serait pour le nom de l'assureur; la seconde, *police du.....;* la troisième, la somme assurée; la quatrième, le nom du capitaine; la cinquième, la prime due; ensuite le folio du journal, et la somme des primes réunies s'il y a plusieurs assureurs dans l'article.

Quand la prime passée au crédit aura été payée on mettra un numéro devant le nom de l'assureur, comme au compte d'*effets à recevoir.*

Il y a dans les comptes ci-dessus assez d'exemples pour qu'on puisse choisir celui que l'on voudrait pour tous les autres comptes à ouvrir sur un grand-livre. La manière de faire tableau des comptes ouverts dans un grand-livre flatte le coup d'œil, est plus claire, et donne plus de facilité pour reconnaître l'objet que l'on veut chercher.

Il y a encore à parler des comptes à demi et des comptes à tiers en banque.

Les *comptes à demi en banque* doivent s'ouvrir sur le grand-livre de la même manière qu'un *notre compte :* on aura soin seulement de faire une colonne immédiatement après celle de la monnaie de l'ami, dans laquelle on écrira son échéance; et avant la colonne du folio du journal on fera une autre colonne dans laquelle on écrira notre échéance.

Les *comptes à tiers en banque* s'ouvriront ainsi que les comptes à demi en banque pour les colonnes des deux associés qui correspondront avec nous; mais on ouvrira ainsi celles des deux associés qui correspondront ensemble :

Un tel, de Gênes, à un tel, de Paris, leurs colonnes du compte à tiers en banque avec nous.

Doit colonne de Gênes.	Avoir colonne de Paris.	Doit colonne de Paris.	Avoir colonne de Gênes.

Dans la page à gauche du grand-livre on mettra en marge l'année, le mois et le jour du mois dans la petite colonne; immédiatement après, en laissant un petit intervalle qu'on accompagnera par des points, viendront la colonne au débit d'un associé, celle de son échéance, celle des objets à le débiter, celle de l'échéance de l'autre associé, celle de la somme qui lui est due; de suite après, la colonne du folio du journal, et notre colonne où il n'y aura que des points. On pourra voir, pour le mieux comprendre, le compte ouvert sur le grand-livre.

Il en sera de même pour la page à droite du grand-livre; mais les comptes seront intitulés différemment, comme on peut le voir ci-dessus. Un des deux associés aura son débit à gauche et son crédit à droite, tandis que l'autre associé aura son crédit à gauche et son débit à droite.

D. D'où vient que vous ne faites que des points dans notre colonne en compte ouvert de ces deux associés?

R. Parce que les remises que ces deux associés se font mutuellement ne doivent figurer en aucune manière dans notre colonne; de sorte que nous ne devons passer dans nos écritures qu'une note des opérations qu'ils font entre eux, pour pouvoir les confronter avec leurs comptes-courans quand on voudra solder et qu'ils les auront remis. Ainsi notre colonne ne doit avoir que des points.

Il y a une autre manière d'ouvrir sur le grand-livre un compte à tiers en banque. J'ai dressé à la suite du grand-livre un tableau qui renferme les trois comptes des associés ensemble : cette manière présente de suite sa position avec l'un ou l'autre de ses associés. Il est inutile que j'en donne l'explication; les trois comptes sont assez bien désignés et assez distincts pour pouvoir m'en dispenser.

Je n'ai pas besoin de recommander de ne pas être distrait à celui qui transportera les articles au grand-livre, surtout si l'on classait les trois associés dans un seul compte conforme au tableau.

On doit bien se pénétrer de la manière que ces trois associés doivent être classés sur le grand-livre, pour ne pas passer dans un compte ce qui devrait être dans un autre: une distraction occasionnerait aisément cette faute.

REPERTOIRE DU GRAND-LIVRE N° 1.

A

Actionnaires du navire *Victor-et-Caroline*.................... 4
Armement du navire *Victor-et-Caroline*.................... 12
Assurances générales.......... 13
Assureurs divers.............. 12

B

Bilan de sortie................. 11
Bontems, de St.-Pierre (Mart.), n/c. 14

C

Caisse......................... 2
Cargaison du navire *l'Annette*, 1er voyage.................... 1
Cargaison du navire *l'Annette*, 2me voyage.................... 2
Carrel, de Paris, n/c............ 7
Carrel, de Paris, s/c............ 3
Carri, de Gênes, s/c............ 9
Ceton (n/s.) compte de fonds..... 10
Charbon et chaux.............. 11
Coste et Comp., de Constantinople. 14
Cotons de n/c.................. 9

D

Dépenses de fabrique.......... 5
Dépenses générales............ 6
Désarmement à Marseille du navire *Victor-et-Caroline*.......... 9
Désarmement et armement aux îles du navire *Victor-et-Caroline*... 13
Divers particuliers............ 14
Drareg (le capitaine), n/c........ 14
Drareg (le capitaine), s/c........ 14

E

Effets a payer................. 5
Effets a recevoir.............. 4
Effets sur France.............. 3
Effets sur l'étranger........... 6

F

Florent (le capitaine), n/c....... 1
Florent (le capitaine), s/c....... 12
Fonds capital.................. 11

G

Girondi, de Gênes, n/c......... 4
Girondi, de Gênes, s/c......... 7

H

Huiles diverses................ 10
Huiles en participation avec Taurel 9

I

Intéressés au 2me voyage du navire *l'Annette*.................... 6
Intérêt à diverses marchandises.. 2
Intérêt au nav. *Victor-et-Caroline*. 12
Intérêts généraux.............. 13

J

Jacob, de Paris, s/c............ 1

L

Leontini, de Livourne, n/c...... 1
Lorenzo, de Livourne, s/c....... 10

M

Marchandises de n/c. chez divers.. 7
Marchandises générales........ 1
Mariani, de Naples, n/c......... 4
Mariani, de Naples, s/c......... 8
Matières diverses............. 10
Monier, de Rouen, n/c......... 8

N

Navire *l'Annette*, 1er voyage..... 11
Navire *l'Annette*, 2me voyage..... 13

O

Ouvriers...................... 9

P

Profits et pertes.............. 6
Provisions.................... 8

Q

....

R

....

S

Savons de n/c. chez divers....... 10
Savons fabriqués.............. 3

T

Taurel, en ville, s/c............ 9

U

....

V

Vinal (n/s.), compte de fonds..... 1
Wilson, de Londres, n/c......... 8
Wilson, de Londres, s/c......... 7

GRAND-LIVRE

N° 1.

DOIT FONDS CAPITAL.

18..
Juill. 31 | A bilan de sortie. . . | solde porté au grand-livre N° 2 . . . . | 90 | 30,(

DOIT N/S. VINAL, *compte de mise de fonds.*

Janv. 1 | A fonds capital. . . . | montant de sa mise de fonds . . . . | 4 | 15,(

DOIT N/S. CETON, *compte de mise de fonds.*

Janv. 1 | A fonds capital. . . . | montant de sa mise de fonds . . . . | 4 | 15,(

DOIT JACOB, *de Paris*, s/c.

Janv. 5 | A divers . . . . | notre envoi de 25 caisses savon pâle . . . . | 9 | 3,2

DOIT LORENZO, *de Livourne*, s/c.

Janv. 9 | A divers . . . . | notre envoi de 10 barriques sucre . . . . | 11 | 6,2

DOIVENT MARCHANDISES DE N/C. CHEZ DIVERS.

Janv.	19	A divers. . . .	1	50 caisses savon pâle	N/C.	chez Carrel, de Paris. .	17	6,4
	23	*Id*.	2	10 bques. sucre brut	la 1/2	chez Mariani, de Naples	21	3,6
Févr.	5	A march. gén.	3	25 balles poivre. . .	N/C.	chez Carrel, de Paris. .	27	6,3
	15	A divers. . . .	4	50 balles coton . . .	les 2/3	chez Carrel, de Paris. .	30	17,5
Juill.	31	A prof. et pert.	»	bénéfice sur ce compte		84	1,3

35,3

AVOIR

1 | Par divers . . . . . . | montant de notre fonds capital . . . . | 4 | 30,000 | »

AVOIR

2 | Par caisse . . . . . . | reçu le montant de sa mise de fonds . . . . | 6 | 15,000 | »

AVOIR

3 | Par divers . . . . . . | reçu le montant de sa mise de fonds . . . . | 7 | 15,000 | »

AVOIR

17 | Par effets sur France. | n. tr. de F. 3,320 97, du 6 janv., à 60 j., à 1 p.o/o perte | 10 | 3,282 26

AVOIR

11	Par effets à recevoir .	sa remise sur la place par sa lettre du.....	12	5,950	»
31	Par bilan.	porté au grand-livre Nº 2.	90	294	86
				6,244	86

AVOIR

20	Par Carrel, N/C.	1	50 caisses savon pâle	N/C.	chez Carrel, de Paris . .	18	6,500	»
25	P. Mariani, N/C	2	10 bques. sucre brut	la 1/2	chez Mariani, de Naples	21	3,990	»
7	Par Carrel, N/C.	3	25 sacs poivre. . . .	N/C.	chez Carrel, de Paris . .	27	6,300	»
17	*Id.* . . .	4	50 balles coton . . .	les 2/3	chez Carrel, de Paris . .	32	18,554	»
							35,344	»

DOIVENT — INTÉRÊTS A DIVERSES MARCHANDISES.

18..

Janv. 27	A Girondi, N/C.	1	10 fut. huile d'olive.	la 1/2	en particip. avec Girondi .	23	3,
Févr. 2	A Wilson, N/C.	2	50 sacs poivre. . . .	la 1/2	id. avec Wilson .	26	5,
4	A assurances..	»	pour assurance sur notre 1/2 à 50 barriques poivre. . .		26	
10	A eff. s. France	»	la 1/2 à la perte à la négociation de F. 6,300 sur Paris .		28	
Juill. 31	A prof. et pert.	»	bénéfice sur ce compte		85	
							9,

DOIT — CARRI, de Gênes, s/c.

Janv. 16	A eff. sur l'étr.	notre remise, le 16 janvier, de P. 900, sur Gênes, à F. 4 75. .	15	4,
Juill. 31	A bilan	porté au grand-livre N° 2	90	
				4,

DOIT — CAISSE. — AV(OIR)

Date	Libellé (Doit)	F°	Montant		Date	Libellé (Avoir)	F°	Montant
Janv. 2	A N/s. Vinal, compte de f^ds.	6	15,000	»	Janv. 6	Par divers particuliers. . .	9	3,
3	A N/s. Ceton id.	7	3,250	»	17	Id.	15	4,
Févr. 6	A marchandises générales.	27	6,250	»	18	Par marchandises génér. .	16	2,
16	A divers.	31	806	88	22	Par divers.	20	
24	A huiles en participation .	34	15,000	»	29	Par effets à recevoir. . . .	24	
25	A Taurel, s/c..	35	10,000	»	Févr. 11	Par effets sur l'étranger. .	29	
29	A effets à recevoir. . . .	36	6,000	»	13	Par cotons, N/c.	30	3,0
					22	Par huiles en participation	34	8,0
					29	Par effets à payer	36	9,
					»	Par dépenses générales . .	36	5,4
					»	Par compte nouveau. . . .	37	18,4
			56,306	88				56,

Date	Libellé (Doit)	F°	Montant		Date	Libellé (Avoir)	F°	Montant
Févr. 29	A elle-même, compte vieux	37	18,483	82	Mars 1	Par dépenses de fabrique .	39	3,0
Mars 2	A divers.	40	. 30	»	4	Par matières diverses. . .	40	4
3	A effets à recevoir. . . .	40	1,094	»	5	Par ouvriers.	40	
8	A savons fabriqués	41	5,400	»	6	Par charbon et chaux . . .	40	
17	Id.	43	7,500	»	7	Par dépenses de fabrique .	40	
27	Id.	44	12,150	»	10	Par effets à payer	41	6,0
28	Id.	44	7,337	»	11	Par huiles diverses	41	5,0
					14	Par matières diverses. . .	42	2,1
					16	Par ouvriers.	42	3
					18	Par charbon et chaux . . .	43	5
					19	Par dépenses de fabrique .	43	3
					29	Par effets à payer	44	5,4
					30	Par compte nouveau. . . .	44	27,1
			51,994	82				51,9

Date	Libellé (Doit)	F°	Montant		Date	Libellé (Avoir)	F°	Montant
Mars 30	A elle-même, compte vieux	44	27,164	82	Avril 1	Par nav. l'Annette, 1er voy.	47	25,0
Avril 8	A navire l'Annette, 1er voy.	49	300	»	2	Id.	47	1
12	A effets à recevoir. . . .	50	11,400	»	3	Id.	47	3,0
	A reporter ci-contre . . .		38,864	82		A reporter ci-contre . . .		28,1

AVOIR

Par march. gén	1	10 futailles huile . . .	la 1/2	en particip. avec Girondi .	25	4,150	»
Id.	2	50 sacs poivre. . . .	la 1/2	*Id.* avec Wilson. .	28	5,393	50

9,543 50

AVOIR

8	Par march. gén	net produit de 5 futailles huile d'olive par le capitaine Bardino.	14	4,379 32

4,379 32

<table>
<tr><td>...T</td><td colspan="4" align="center">CAISSE.</td><td colspan="4" align="right">AVOIR</td></tr>
<tr><td></td><td colspan="2">Report du débit. . .</td><td>38,864</td><td>82</td><td></td><td></td><td colspan="2">Report du crédit. . .</td><td>28,125</td><td>»</td></tr>
<tr><td>5</td><td>A effets à recevoir. . . . .</td><td>51</td><td>13,994</td><td>12</td><td>Avril</td><td>6</td><td>Par nav. l'Annette, 1er voy.</td><td>49</td><td>1,500</td><td>»</td></tr>
</table>

	Débit	Fol.			Mois	Jour	Crédit	Fol.		
	Report du débit. . .		38,864	82			Report du crédit. . .		28,125	»
5	A effets à recevoir.	51	13,994	12	Avril	6	Par nav. *l'Annette*, 1er voy.	49	1,500	»
9	Au capitaine Florent, s/c.	52	13,500	»		26	Par effets à payer	34	32,934	»
20	A marchandises générales.	52	30,000	»		29	Par nav. *l'Annette*, 2e voy.	56	3,800	»
28	A intér. au 2e voy. de *l'Ann.*	55	20,000	»		30	Par marchandises générales	56	11,970	»
3	A navire *l'Annette*, 2e voy.	57	500	»	Mai	1	Par effets à payer	56	32,000	»
4	Au capitaine Florent, s/c.	60	3,150	»		6	Par nav. *l'Annette*, 2e voy.	58	1,100	»
6	Au nav. *l'Annette*, 2e voy.	60	15,000	»		15	*Id.*	60	1,200	»
19	*Id.*	61	20,000	»		25	Par capitaine Florent, s/c.	61	2,150	»
31	A effets sur France	63	4,601	40		26	Par intérêt au 2e voyage.	62	6,000	»
					Juin	4	Par divers.	64	31,811	50
						5	Par compte nouveau. . . .	65	7,019	84
			159,610	34					159,610	34
5	A elle-même, compte vieux	65	7,019	84	Juin	7	Par armem. du n. *V.-et-C.*	66	5,836	»
9	A actionn. du nav. *V.-et-C.*	67	27,000	»		8	*Id.*	66	100	»
11	A effets à recevoir.	67	2,995	»		10	*Id.*	67	4,000	»
12	A divers.	68	4,844	»		13	Par marchandises générales	68	2,476	58
22	A actionn. du nav. *V.-et-C.*	71	28,704	72		16	Par armem. du n. *V.-et-C.*	69	3,000	»
24	A dés. à Mars. du n. *V.-et-C.*	72	1,000	»		19	Par assureurs	70	1,380	»
5	A marchandises générales.	74	70,000	»		20	Par assurances générales .	70	30	»
16	Au capitaine Drareg, s/c.	77	20,333	32		23	Par capitaine Drareg, s/c.	71	2,000	»
31	A effets à recevoir.	80	20,000	»	Juill.	6	Par actionn. du n. *V.-et-C.*	75	26,640	»
						17	Par assurances générales .	77	8,479	90
						18	Par assureurs divers. . . .	77	1,200	»
						21	Par actionn. du n. *V.-et-C.*	79	43,112	»
						23	Par dépenses générales . .	79	16,400	»
						24	Par effets à recevoir. . . .	79	20,895	»
						31	Par elle-même, cte. nouv.	80	46,347	40
			181,896	88					181,896	88
31	A elle-même, compte vieux	80	46,347	40	Juill.	31	Par bilan de sortie.	90	46,347	40

DOIVENT   COTONS DE N/C.

18..

Févr. 13	A divers....	»	100 balles coton	achetées de Romain.	30	48,0
20	A dép. gén...	»		frais à l'achat et à la vente	33	4'
21	A prof. et pert.	»		bénéfice sur ce compte	33	3,7
	100					52,1

DOIVENT   EFFETS A RECEVOIR.

Date	Compte	N°	Montant	c	Échéance	Tiré	Remise / Pris	Folio	Montant
Janv. 5	A N/s. Coton, compte de fonds...	1	7,000	»	au 31 janv..	billet de Jean	pris de N/s. Coton..	7	7
11	A Lorenzo, s/c.............	2	5,950	»	au 15 févr..	traite sur Paulin...	remise de Lorenzo.	12	5
14	A divers particuliers..........	3	5,500	»	fin dit.....	billet de Roman....	de Roman*.......	14	5
21	A Carrel, N/c.............	4	6,000	»	id..	traite sur Michel...	remise de Carrel...	19	6
26	A Mariani, N/c..........	5	4,000	»	au 10 mars.	traite sur Héraud..	remise de Mariani..	22	4
29	A divers...............	6	6,000	»	au 15 févr..	billets de Josse....	de Trauer........	24	11
		7	5,000	»					
31	A eux-mêmes.............	8	2,192	36	fin dit.....	de Lautara	de Lautara........	25	2
		9	4,000	»					
Févr. 14	A cotons, N/c.............	10	8,000	»	au 31 mars..	de Méjan.........	de Méjan.........	50	15
		11	3,600	»					
16	A divers..............	12	7,000	»	au 15 dit...	sur Gas.........	de Hilaire......	51	12
		13	5,000	»					
27	A huiles en participation.......	14	2,500	»	au 15 dit...	de Giniès	de Giniès..	35	2
Mars 8	A savons fabriqués...........	15	5,400	»	au 10 avril.	de Méjau.	de Méjan.	41	5
12	A divers............	16	6,657	12	au 15 dit...	de Fabre........	de Fabre........	41	6
21	A Monier, N/c.............	17	10,000	»	au 50 dit...	sur Gibert.	remise de Monier..	43	10
24	A Carrel, s/c.............	18	6,000	»	au 10 dit...	sur Marion	remise de Carrel...	43	6
28	A savons fabriqués.......	19	7,337	»	au 15 dit...	de Garnier	de Garnier	44	7
Avril 20	A marchandises générales.......	20	15,000	»	au 30 dit...	de Mille	de Mille	52	15
		21	15,000	»					
		22	18,000	»					
Mai 17	*Id*.............	23	20,000	»	au 15 juin..	de Nègre......	de Nègre......	60	67
		24	14,500	»					
Juin 3	A intérêts au navire *l'Annette*....	25	2,517	42	au 15 dit...	de Martin	de Martin	64	2
Juillet 4	A Bontems, N/c.............	26	6,566	68	à 31 j. de vue	sur Pagès	remise de Bontems.	74	6
5	A marchandises générales.......	27	20,000	»	fin août....	de Roche........	de Roche	74	40
		28	20,000	»	fin juillet...				
		29	8,000	»					
24	A divers..............	30	7,000	»	fin août....	de Nègre........	de Maubert......	79	21
		31	6,000	»			259,720 58		
									259,

Juillet 31	A compte vieux.............	»	6,566	68	à 31 j. de vue	sur Pagès	
		»	20,000	»	fin août....	de Roche.........	
		»	8,000	»			en portefeuille.....	83	47
		»	7,000	»	id.......	de Nègre.........	
		»	6,000	»			

* Quand c'est un billet pour achat de marchandises, au lieu de répéter son nom, on peut mettre dans la colonne de celui qui l. le nom de la marchandise, c'est-à-dire *billet de Roman, pour huile*, etc.

DOIVENT   SAVONS DE N/C. CHEZ DIVERS.

Date		N°					
Mars 13	A divers....	1	80 caisses savon pâle	N/c.	chez Monier, de Rouen ..	42	10,34
15	*Id*.....	2	100 » » ..	la 1/2	chez Carrel, de Paris. ..	42	6,00
							16,40

AVOIR

114	Par eff. à recev.	»	30 balles coton	vendues à Mézan	30	15,600	»
115	Par divers. . .	»	50 » »	expédiées à Carrel	30	26,000	»
116	Id.	»	20 » »	vendues à Hilaire.	31	10,560	»
		100				52,160	»

AVOIR

22	Par divers.	1	7,000 »	au 31 janv.	de Jean.	à Marcadier.	20	7,000	»
31	Id.	5	5,500 »	fin février.	de Roman.	à Lantara.	25	5,500	»
		6	6,000 »	au 15 févr.	de Josse.				
15	Par cotons, N/C.	7	5,000 »			à Romain.	50	20,950	»
		2	5,950 »	id.	sur Paulin.				
		5	4,000 »	au 10 mars.	sur Héraud.				
16	Par divers.	8	2,192 36	fin février.	de Lantara.	à Hilaire.	51	2,192	36
22	Par huiles.	10	8,000 »	fin mars.	de Méjan.	à Favre.	54	8,000	»
29	Par caisse.	4	6,000 »	fin février.	sur Michel.	encaissé.	56	6,000	»
2	Par divers.	13	5,000 »	au 15 mars.	sur Gas.	à Sauze.	40	12,000	»
		12	7,000 »						
5	Id.	14	2,500 »	id.	de Giniès.	à Guibal.	40	2,500	»
9	Par huiles.	11	3,600 »	au 31 dit.	de Méjan.	à Melchior.	41	7,600	»
		9	4,000 »						
12	Par caisse.	15	5,400 »	au 10 avril.	de Méjan.	encaissé.	50	11,400	»
		18	6,000 »	id.	sur Marion.				
15	Id.	16	6,657 12	au 15 dit.	de Fabre.	id.	51	15,994	12
		19	7,537 »	id.	de Garnier.				
1	Par marchandises générales.	20	15,000 »	au 30 dit.	de Mille.	à Bérard.	56	25,000	»
		17	10,000 »	id.	sur Gibert.				
27	Par intérêts au navire l'*Annette*.	24	14,500 »	au 15 juin.	de Nègre.	à Martin.	65	14,500	»
11	Par divers.	21	15,000 »	id.	de Nègre.	à Vincent.	67	15,000	»
12	Id.	22	18,000 »	id.	de Nègre.	à Moneri.	68	18,000	2
15	Par marchandises générales.	23	20,000 »	id.	de Nègre.	à Monier.	68	22,517	42
		25	2,517 42	id.	de Martin.				
31	Par caisse.	28	20,000 »	fin juillet.	de Roche.	encaissé.	80	20,000	»
		26	6,566 68	à 31 j. de vue	sur Pagès.	212,155 90			
		27	20,000 »	fin août.	de Roche.				
31	Par compte nouveau.	29	8,000 »			à nouveau.	85	47,566	68
		30	7,000 »	id.	de Nègre.				
		31	6,000 »						
								259,720	58
31	Par bilan.	»	47,566 68	porté au grand-livre N° 2.			90	47,566	68

AVOIR

20	P. Monier, N/C.	1	80 caisses savon pâle	N/C.	chez Monier, de Rouen . .	43	9,950	»
22	Par Carrel, N/C.	2	100 » » . .	la 1/2.	chez Carrel, de Paris . . .	43	6,100	»
31	P. prof. et pert.	»	perte sur ce compte.			86	559	90
							16,409	90

DOIVENT				ASSURANCES GÉNÉRALES.			
18..							
Juin 18	A assureurs. .	1	86,000 »	d'entrée aux îles	cap. Drareg . . .	70	2,58
20	A caisse. . . .	»	. . . . .	enregistrement et police. . .	. . . .	70	
		2	6,200 »	d'entrée à Livourne	cap. Chéri. . . .		
		3	79,000 »	id.	cap. Florent. . .		
		4	3,642 »	d'entrée à Naples	cap. Mayon . . .		
		5	5,000 »	de sortie de Londres.	cap. Jones. . . .		
		6	5,945 »	d'entrée à Rouen	cap. Amic. . . .		
		7	10,000 »	id.	cap. Henriquez .		
Juill. 17	A caisse . . .	8	73,000 »	d'entrée à Constantinople . .	cap. Florent. . .	77	8,47
		9	85,000 »	de sortie de Constantinople .	id.		
		10	25,000 »	de Smyrne à Marseille. . . .	id.		
		11	70,000 »	id.	id.		
		12	70,000 »	de la Martinique à Marseille.	cap. Drareg . . .		
		13	30,000 »	id.	cap. Martin . . .		
31	A compt. nouv.	14	20,000 »	de Gênes à Agde.	cap. Vian	85	21
	A prof. et pert.	»	. . . . .	bénéfice sur ce compte. . . .	. . . .	86	87
							12,17
Juill. 31	A bilan.		20,000 »	porté au grand-livre N° 2		90	21

DOIVENT				EFFETS SUR L'ÉTRANGER.				
Janv. 3	A n/s. Ceton .	1	1,000 »	du 1er janv., à 50 j.	Gênes. .	pris de Ceton. . . .	7	4,75
15	A div. particul.	2	900 »	du 15 dit, à 30 j..	Gênes. .	de Vergny	14	4,27
24	A Mariani, s/c.	3	800 »	du 24 dit, à 50 j..	Naples. .	traite sur Mariani. .	21	3,40
31	A eff. à recev.	4	696 35	du 31 dit, à 30 j..	Gênes. .	pris de Lantara. . .	25	3,30
Févr. 11	A divers. . . .	5	200 »	du 11 févr., à 30 j.	Londres.	pris de Calmet . . .	29	5,06
						20,803 81		
Juill. 31	A prof. et pert.	»	. . . . .	bénéfice sur ce compte			85	1
								20,82

DOIT		MARIANI, *de Naples*, s/c.		
Janv. 23	A divers. . . .	pour la 1/2 à notre envoi de 10 bques. sucre par le cap. Mayon	21	3,64
				3,64

DOIT		GIRONDI, *de Gênes*, n/c.		
Janv. 28	A effets à payer	739 90	sa traite sur nous fin février	23	3,54
					3,54

AVOIR

9	Par Lorenzo, s/c. .	2	6,200	»	d'entrée à Livourne	cap. Chéri. . . .	11	65	»
23	Par divers.	4	3,642	»	d'entrée à Naples	cap. Mayon . . .	21	56	»
4	P. int. à div. march.	5	5,000	»	de Londres à Marseille. . .	cap. Jones. . .	26	53	»
13	Par savons, N/C. .	7	10,000	»	d'entrée à Rouen.	cap. Henriquez .	42	206	»
15	Par divers.	6	5,945	»	*id.*	cap. Amic. . . .	42	118	90
7	*Id.*	8	73,000	»	d'entrée à Constantinople .	cap. Florent. . .	49	1,125	»
11	*Id.*	9	85,000	»	de Constantinop. à Marseille	*id.*	50	1,524	»
4	Par nav. *Annette*. .	3	25,000	»	d'entrée à Livourne	*id.*	57	385	»
5	Par carg. dudit . .	3	54,000	»	*id.*	*id.*	57	830	»
10	*Id.*	11	70,000	»	de Liv. à Mars., par Smyrne	cap. Jourdan . .	59	893	»
11	Par nav. *Annette*.	10	25,000	»	de Smyrne à Marseille. . .	cap. Florent. . .	59	514	»
17	P. arm. du *V.-et-C.*	1	86,000	»	d'entrée à la Martinique. .	cap. Drareg . . .	69	2,616	»
30	P. désarm. à Mars.	12	70,000	»	de sortie de la Martinique.	*id.*	73	2,480	»
1	*Id.*	13	30,000	»	*id.*	cap. Martin . . .	73	1,100	»
25	Par Girondi, s/c. .	14	20,000	»	de Gênes à Agde.	cap. Vian . . .	80	210	»
								12,175	**90**

| 31 | Par compte vieux . . | | 20,000 | » | de Gênes à Agde . . . . . | cap. Vian . . . | 85 | 210 | » |

AVOIR

16	Par Carri, s/c.	2	900	»	du 15 janv., à 30 j.	Gênes . .	remise à Carri . . .	15	4,279	27
1	P. Girondi, s/c.	4	695	35	du 31 dit, à 30 j. .	Gênes . .	remise à Girondi . .	25	3,307	64
11	P. eux-mêmes.	1	1,000	»	du 1er dit, à 50 j. .	Gênes . .	à Calmet	29	4,775	»
12	P. Wilson, N/C.	5	200	»	du 11 févr., à 30 j.	Londres .	remise à Wilson . .	29	5,060	»
11	Par huiles div.	3	800	»	du 24 janv., à 50 j.	Naples . .	à Marcadier	41	3,400	»
								20,821	91	
								20,821	**91**

AVOIR

24	P. eff. sur l'étr.	notre traite sur lui de D. 800, à 50 j., à F. 4 25, et court..	21	3,406	90
31	Par bilan . . .	solde porté au grand-livre N° 2	90	235	10
			3,642	**»**

AVOIR

27	P. int. à div. m.	739	90	la 1/2 à son envoi de 10 fut. huile par le cap. Régy	23	3,529	24
31	P. prof. et pert.	»	»	différence sur le change dans notre colonne. . .	89	18	63
						3,547	**87**

DOIVENT			DIVERS PARTICULIERS.			
18..						
Janv. 6	A caisse.........	1	Bonnet....	payé le montant de 25 caisses savon......	9	3,12
10	A effets à payer...	2	Martin....	*id.* de 10 barriques sucre....	12	6,00
12	A march. génér...	3	Roman....	pour vente de 5 futailles huile..........	13	5,50
17	A caisse.........	4	Vergny....	payé le montant de la note du 15 janv....	15	4,27
						18,90

DOIVENT			EFFETS SUR FRANCE.					
Janv. 7	A divers........	1	3,320 87	du 6 janv., à 60 j.	Paris..	traite sur Jacob..	10	3,28
Févr. 9	A Carrel, N/C....	2	6,300 »	du 9 fév., à 60 j.	Paris..	traite sur Carrel.	28	6,30
18	A divers........	3	26,000 »	du 17 dit, à 90 j.	Paris..	*id.*.......	32	25,89
23	A Carrel, N/C....	4	3,060 »	au 10 avril.....	Paris..	*id.*.......	43	3,06
Mars 25	*Id*..........	5	5,600 »	du 25 mars, à 60 j.	Paris..	*id.*.......	43	5,60
		6	14,000 »					
27	A eux-mêmes....	7	8,000 »	du 24 avr., à 100 j.	Paris..	de Vincent......	55	31,52
		8	10,164 »					
Mai 29	A Leontini, N/C..	9	4,635 »	à 31 jours de vue	Paris..	remise de Leontini	63	4,635
						80,292 86		
Juill. 31	A profits et pertes	»	....	pour bénéfice et pour solde.............			88	739
								81,035

Juill. 31	A compte vieux....	8,000 »	du 24 avr., à 100 j.	Paris.	en portefeuille..	88	7,99

Autre manière d'ouvrir ce com...

Capitaux.		Agios.		
3,320 87	....	36 51	....	3,28
6,300 »	....		....	6,30
26,000 »	....	107 50	....	25,89
3,060 »	....		....	3,06
5,600 »	....		....	5,60
14,000 »				
8,000 »	....	643 »	....	31,52
10,164 »				
4,635 »	....		....	4,635
		787 01		80,292
	Bénéfice.................			739
81,079 87				81,032

On voit par cette manière que les colonnes intérieures du débit et du crédit doivent toujours balan[cer]
y joignant les F. 787 01 de la perte que les effets ont supportée, et la colonne du crédit en dehors,
effets ont supportée en les négociant; de sorte que la différence qu'il y a dans la colonne des pertes
rieure du crédit.

Il en serait de même, si on voulait, pour le compte des effets à recevoir : on en porterait le net c[i]
dessus; et au lieu de solder ce compte par profits et pertes on le solderait par intérêts généraux,

AVOIR

4	Par march. génér..	1	Bonnet....	pour achat de 25 caisses savon		8	3,125 »
8	*Id*..........	2	Martin....	*id.* de 10 barriques sucre........		11	6,000 »
14	Par effets à recevoir	3	Roman....	reçu le montant de 5 futailles huile.......		14	5,500 »
15	Par effets sur l'étr.	4	Vergny....	note de négociation sur Gênes..........		14	4,279 27

18,904 27

AVOIR

18	Par march. génér.	1	3,320 87	du 6 janv., à 60 j.	Paris..	remise à Viguier	16	3,295 93	
10	Par divers.......	»	....	perte sur F. 6,300	s. Paris	....	28	66 43	
26	Par huiles......	4	3,060 »	au 10 avril......	Paris..	à Calvi........	44	9,360 »	
		2	6,300 »	du 9 fév., à 60 j.					
27	Par eux-mêmes..	5	5,600 »	du 25 mars, à 60 j.	Paris..	à Vincent......	55	31,521 »	
		3	26,000 »	du 17 fév., à 90 j.					
31	Par caisse........	9	4,635 »	à 31 j. de vue...	Paris..	à Nègre........	63	4,601 40	
1	Par carg. de *l'Annette*, 2e voy...	»	....	perte sur F. 4,635	s. Paris	....	64	33 60	
7	P. arm. du *V.-et-C*.	6	14,000 »	du 24 avr., à 100 j.	Paris..	à Vincent......	66	24,164 »	
		8	10,164 »					75,042 36	
31	Par compte nouv..	7	8,000 »	*id*........	Paris..	porté à nouveau.	88	7,990 »	

81,032 36

31	Par bilan..........	8,000 »	porté au grand-livre N° 2................	90	7,990 »	

rès l'explication ci-dessous.

Capitaux.		Agios.		
3,320 87	....	24 94	....	3,295 93
			....	66 43
3,060 »			....	9,360 »
6,300 »	....	12 57		
5,600 »				
26,000 »	....		....	31,521 »
4,635 »	....			4,601 40
				33 60
14,000 »				
10,164 »	....			24,164 »
8,000 »	....	10 »	....	7,990 »
		47 51		
	Bénéfice......	739 50		
81,079 87		787 01		81,032 36

[q]ue la colonne en dehors du débit, qui est F. 80,292 86, balance la colonne intérieure du débit en
F. 81,032 36, balance la colonne intérieure du crédit en y joignant les F. 47 51 de perte que les
[…]it et du crédit, en F. 739 50, est le bénéfice fait sur ce compte qui se trouve dans la colonne exté-

colonnes extérieures du débit et du crédit, et on disposerait une colonne pour les agios comme ci-
[…]aison indiquée à l'article du journal N° 217.

DOIVENT — DÉPENSES GÉNÉRALES. — AVOIR

18..

Date	Libellé	Fol.	Montant		Date	Libellé	Fol.	Montant
Févr. 29	A caisse	36	5,431 02		Janv. 5	Par Jacob, s/c	9	9…
Juin 4	Id	64	11,000 »		7	Par effets sur France	10	…
Juill. 23	Id	79	16,400 »		9	Par Lorenzo, s/c	11	5…
			52,831 02		13	Par marchandises générales	14	95…
31	A compte nouveau	86	900 »		19	Par marchandises de N/C	17	18…
					23	Par divers	21	8…
					30	Par marchandises générales	25	1,70…
					Févr. 8	Id	28	1,700
					15	Par divers	30	350
					19	Par Carrel, s/c	33	15…
					20	Par cotons, N/C	33	40…
					23	Par huiles en participation	34	150
					28	Id	35	80
					Avril 5	Par carg. de l'Ann., 1er voy.	48	220
					21	Par marchandises générales	52	2,000
					Mai 2	Par carg. de l'Ann., 2e voy.	57	1,900
					18	Par marchandises générales	61	7,80…
					Juin 14	Par armem. du Vict.-et-C.	68	873
					Juill. 7	Par marchandises générales	77	13,366
								31,935 57
					31	Par profits et pertes	285	1,795
			33,731 02					33,731
Juill. 31	A bilan	90	900 »		Juill. 31	Par compte vieux	87	900

DOIVENT — EFFETS A PAYER.

Date	Libellé	N°	Montant		Échéance	Désignation	Fol.	Montant
Févr. 29	A caisse	1	6,000 »		fin février	billet ordre Martin	36	9,547
		2	3,547 87		id	traite de Girondi		
Mars 10	Id	3	6,000 »		au 10 mars	traite de Wilson	41	6,000
29	Id	4	5,400 »		au 31 dit	billet ordre Melchior	44	5,400
Avril 20	A march. génér	5	15,000 »		au 30 avril	billet ordre Planche	52	15,000
26	A divers	6	10,000 »					
		7	12,000 »		id	billet ordre Planche	54	33,000
		8	11,000 »					
		9	8,000 »		id	billet ordre Favre		
Mai 1	A caisse	10	8,000 »				56	32,000
		11	9,000 »		id	billet ordre Romain		
		12	7,000 »					
Juin 4	Id	13	15,902 07		au 31 mai	billet ordre Beraud	64	15,902
								116,849

DOIVENT — **PROVISIONS.** — *AVOIR*

.31	A profits et pertes........	87	7,692	19	Janv.	5	Par Jacob, s/c...........	9	64	35
						9	Par Lorenzo, s/c........	11	121	86
						13	Par marchandises générales	14	165	»
					Févr.	8	*Id*.............	28	63	»
					Mai	2	Par carg. de *l'Ann.*, 2ᵉ voy.	57	1,076	50
						18	Par marchandises générales.	61	1,350	»
					Juin	14	Par armem. du *Vict.-et-Car.*	68	1,021	48
						15	*Id*.............	69	600	»
						17	*Id*.............	69	430	»
						30	Par dés. à Mars. du *V.-et-C.*	73	350	»
					Juill.	1	*Id*.............	73	150	»
						7	Par marchandises générales	75	2,200	»
						25	Par Girondi, s/c...........	80	100	»
			7,692	19					7,692	19

DOIVENT — **INTÉRÈTS GÉNÉRAUX.** — *AVOIR*

.22	A divers..............	20	23	33	Janv.	29	Par effets à recevoir......	24	27	50
3	A effets à recevoir........	40	6	»	Févr.	13	Par cotons de N/C........	30	45	»
11	*Id*.............	67	5	»		16	Par divers.............	31	54	52
.31	A profits et pertes........	87	429	54	Mars	2	*Id*.............	40	30	»
						12	Par effets à recevoir......	41	33	12
					Avril	26	Par effets à payer........	54	66	»
						30	Par marchandises générales	56	30	»
					Mai	1	*Id*.............	56	22	73
					Juin	12	Par divers.............	68	44	»
						13	Par marchandises générales	68	6	»
					Juill.	24	Par effets à recevoir......	79	105	»
			463	87					463	87

AVOIR

v.10	Par divers particul.	1	6,000	»	fin février....	notre billet ordre Martin...	12	6,000	»
28	Par Girondi, N/C..	2	3,547	87	*id*.......	traite de Girondi..........	23	3,547	87
r. 3	Par Wilson, N/C...	3	6,000	»	au 10 mars...	traite de Wilson..........	26	6,000	»
		10	8,000	»					
13	Par cotons, N/C....	11	9,000	»	au 30 avril...	billet ordre Romain......	30	24,000	»
		12	7,000	»					
22	P. huiles en particip.	9	8,000	»	fin avril.....	billet ordre Favre........	34	8,000	»
rs 9	Par huiles diverses.	4	5,400	»	au 31 mars...	billet ordre Melchior.....	41	5,400	»
		6	10,000	»					
		7	12,000	»					
ril 4	Par march. génér..	8	11,000	»	fin avril.....	billet ordre Planche.......	48	48,000	»
		5	15,000	»					
i 1	*Id*........	13	15,902	07	fin mai......	billet ordre Beraud.......	56	15,902	07
								116,849	94

DOIVENT — MARCHANDISES GÉNÉRALES.

18..

Janv.	4	A divers particuliers....	I	25 caisses savon pâle	....	ach. de Bonnet..	8	5,
	8	*Id*..............	2	10 bques. sucre brut	....	de Martin......	11	6,0
	13	A divers............	3	5 futailles huile...	du compte de Carri.....	....	14	5,
	18	*Id*..............	4	50 caisses savon pâle	....	de Viguier.....	16	6,
	22	*Id*..............	5	10 bques. sucre brut	....	de Marcadier...	20	7,
	50	*Id*..............	6	10 fut. huile d'olive	de compte à 1/2 avec Girondi....	....	25	10,0
Févr.	8	*Id*..............	7	50 sacs poivre.....	de compte à 1/2 avec Wilson....	....	28	12,
Avril	4	Effets à payer........	8	20 ballots drap....	....	de Planche.....	48	48,0
	21	A divers...........	9	2000 charges blé.....	du compte du Ier voy. de *l'Annette*	....	52	60,0
	50	*Id*..............	10	200 bques. vin rouge	....	de Garnier.....	56	12,0
Mai	I	*Id*.,.........	11	60 bques. sucre....	....	de Beraud.....	56	40,9
	18	*Id*..............	12	300 bques. poivre...	du compte du 2e voy. de *l'Annette*	....	61	67,
Juin	11	A effets à recevoir......	13	200 bques. vin.....	....	de Vincent.....	67	12,0
	12	A divers...........	14	60 bques. fromage..	....	de Moneri......	68	13,
	13	*Id*..............	15	400 caissous sav. rec.	....	de Miniau......	68	25,0
Juill.	7	*Id*..............	16 / 17	100 bques. sucre.... / 100 bques. café.....	du compte du nav. *Vict.-et-Carol.*	....	73	110,0

439,

DOIT — GIRONDI, *de Gênes*, s/c.

Févr.	1	A effets sur l'étr...	notre remise le 31 janv. P. 696 35 sur Gênes, à F. 4 74	25	3,30
Juill.	25	A divers..........	pour assurance de Gênes à Agde sur le capitaine Vian.	80	31
	31	A bilan..........	solde porté au grand-livre N° 2....................	90	53

4,15

DOIT — WILSON, *de Londres*, s/c.

Févr.	10	A effets s. France..	p. la 1/2 à la perte de 1 p. cent sur F. 6,300, n. tr. s. Paris..	28	3
	12	A effets s. l'étrang.	notre remise le 12 févr. St. 200 sur Londres, à F. 25 30.	29	5,06
Juill.	31	A bilan..........	solde porté au grand-livre N° 2................	90	30

5,39

DOIT — CARREL, *de Paris*, n/c.

Janv.	20	A marchand., n/c..	6,500	»	net produit de 50 caisses savon de notre envoi.	18	6,50
Févr.	7	*Id*..........	6,300	»	net produit de 25 sacs poivre de notre envoi...	27	6,30
	17	*Id*..........	18,554	»	nos 2/3 du net produit à 50 balles coton......	32	18,55
Mars	22	A savons, n/c.....	6,100	»	notre 1/2 au net produit de 200 caisses savon..	43	6,10
Juill.	31	A compte nouveau.	876	»	solde créditeur à nouveau..................	88	876
	»	A profits et pertes.			différence sur le change..................	88	30
			38,330	»			38,360
Juill.	31	A bilan..........	876	»	solde porté au grand-livre N° 2.............	90	876

AVOIR

5	Par Jacob, s/c........	1	25 caisses savon pâle	....	exp. à Jacob....	9	5,125 »
9	Par Lorenzo, s/c......	2	10 bques. sucre brut	....	exp. à Lorenzo..	11	6,000 »
12	Par divers particuliers..	3	5 futailles huile..	du compte de Carri...........	vendues à Roman.	13	5,500 »
19	Par marchandise, n/c..	4	50 caisses savon pâle	....	exp. à Carrel....	17	6,250 »
25	Par divers...........	5	10 bques. sucre brut	....	exp. à Mariani..	21	7,200 »
29	Par effets à recevoir....	6	10 fut. huile d'olive	de compte à 1/2 avec Girondi....	vendues à Traner	24	10,000 »
5	Par marchandise, n/c..	7	25 balles poivre...	de compte à 1/2 avec Wilson.....	exp. à Carrel....	27	6,300 »
6	Par caisse...........	7	25 balles poivre...	*id*.............	vendues à Poiret.	27	6,250 »
5	Par carg. de *l'Annette*..	8	20 balles drap....	....	exp. à Coste et C.	48	48,000 »
20	Par divers...........	9	2000 charges blé....	du compte du 1er voy. de *l'Annette*	vendues à Mille..	32	60,000 »
2	Par carg. de *l'Annette*..	10	200 bques. vin.....	....	exp. à Leontini..	57	52,924 80
		11	60 bques. sucre...				
17	Par effets à recevoir....	12	500 balles poivre...	du compte du 2e voy. de *l'Annette*	vendues à Nègre.	60	67,500 »
		13	200 bques. vin rouge				
14	Par armem. du *V.-et-C.*	14	60 bques fromage.	....	exp. à Bontems..	68	50,200 »
		15	400 caissons sav. rec.				
et 5	Par divers...........	16	100 bques. café....	du compte du n. *Victor-et-Carol.*	vendues à Roche	74	110,000 »
		17	100 bques. sucre....				
							459,249 80

AVOIR

v. 30	Par march. génér.	la 1/2 du net produit de 10 fut. huile par le cap. Régi.	25	4,150 »
				4,150 »

AVOIR

vr. 8	Par march. génér.	la 1/2 du net produit de 50 balles poivre par le cap. Jones..	28	5,393 50
				5,393 50

AVOIR

nv. 21	Par effets à recevoir	5,970	»	sa remise sur place par lettre du...............	19	6,000 »
vr. 9	Par effets s. France	6,300	»	notre traite sur lui du 9 février, à 60 jours....	28	6,300 »
18	*Id*..........	17,400	»	solde de notre traite de F. 26,000...........	32	17,400 »
rs 23	*Id*.........	3,060	»	notre traite sur lui au 10 avril..............	43	3,060 »
25	*Id*.........	5,600	»	notre traite du 25 mars, à 60 jours..........	43	5,600 »
		38,330	»			38,360 »
ill. 31	Par compte vieux.	876	»	solde du précédent compte.................	88	876 »

DOIT			MARIANI, *de Naples,* n/c.		
18..					
Janv. 25	A marchand., n/c..	950 »	notre 1/2 au net produit de 10 bques. sucre.	21	3,99
Juill. 31	A profits et pertes.		différence sur le change dans notre colonne	88	5
		950 »			4,04
Juill. 31	A compte vieux...	10 »	solde du précédent compte..............	88	4

DOIT			WILSON, *de Londres,* n/c.		
Févr. 3	A effets à payer...	237 62	sa traite sur nous au 10 mars............	26	6,000
		237 62			6,000
Juill. 31	A compte vieux...	37 62	solde du précédent compte.............	89	978

DOIT			MONIER, *de Rouen,* n/c.		
Mars 20	A savons de n/c...	9,950 »	net produit de 80 caisses savon..........	43	9,950
Juill. 31	A bilan..........	50 »	solde porté au grand-livre N° 2..........	90	50
		10,000 »			10,000

DOIVENT		PROFITS ET PERTES.		
Avril 25	A carg. de *l'Annette*	perte sur la cargaison du 1er voyage du navire *l'Annette*...	54	2,635
Juin 2	*Id*.........	perte sur 100 bques. vin du 2e voyage dudit............	64	1,481
		4,116 26		
Juill. 31	A savons de n/c...	perte sur le compte de savons de n/c...............	85	359
»	A dépenses génér..	solde du compte de dépenses générales.............	87	1,795
»	A Girondi, n/c....	différence sur le change de n/c. chez Girondi..........	89	18
»	A Wilson, n/c....	différence sur le change de n/c. chez Wilson..........	89	21
»	A compte nouveau.	bénéfice net jusqu'à ce jour......................	89	67,850
				74,162
Juill. 31	A bilan..........	solde porté au grand-livre N° 2.................	90	67,850

.26	Par effets à recevoir	940	»	sa remise sur place par sa lettre du.........	22	4,000	»
.31	Par compte nouv..	10	»	solde débiteur à nouveau................	88	41	»
		950	»			4,041	»
.31	Par bilan.........	10	»	porté au grand-livre N° 2................	90	41	»

AVOIR

2	P. int. à div. march.	200	»	la 1/2 à son envoi de 50 s. poivre par le c. Jones	26	5,000	»
31	Par compte nouveau	37	62	solde débiteur à nouveau.................	89	978	12
»	Par profits et pertes			différence sur le change dans notre colonne.	89	21	88
		237	62			6,000	»
31	Par bilan.........	37	62	porté au grand-livre N° 2................	90	978	12

AVOIR

21	Par effets à recevoir	10,000	»	sa rem. s. Gibert au 30 avril par sa lettre du....	43	10,000	»
						10,000	»

AVOIR

.21	Par cotons, N/C....	bénéfice sur 100 balles coton......................	33	3,760	»
29	Par huiles en partic.	notre 1/2 de bénéfice sur 20 bqs. huile en partic. av. Taurel.	35	385	»
s 31	Par savons........	bénéfice net fait dans notre fabrication de savon........	46	21,188	»
il 24	P. n. *Annette*, 1er v.	bénéfice net sur le 1er voy. du n. *l'Annette* à Constantinople.	53	16,941	»
24	*Id.* 2e v..	bénéfice sur le 2e voyage dudit à Livourne.............	62	9,091	57
25	Par cargaison dudit	bénéfice sur le 2e voyage de la cargaison dudit.........	62	1,325	78
il. 22	P. int. au n. *V.-et-C.*	bénéfice sur notre intérêt au navire *Victor-et-Caroline*...	79	9,364	86
		62,056 21			
31	Par marchand., N/C.	pour bénéfice sur ce compte.........................	84	1,342	33
»	P. int. à div. march.	*id*................................	85	927	94
»	Par effets s. l'étrang.	*id*................................	85	18	10
»	Par assurances gén.	*id*................................	86	876	»
»	Par provisions.....	solde du compte de provisions.....................	87	7,692	19
»	Par intérêts génér.	solde du compte d'intérêts généraux	37	429	54
»	Par effets s. France.	pour bénéfice sur ce compte.......................	88	739	50
»	Par Carrel, N/C....	différence sur le change de N/C. chez Carrel	88	30	»
»	Par Mariani, N/C..	différence sur le change de N/C. chez Mariani...........	88	51	»
				74,162	81
il. 31	Par compte vieux.	solde du précédent compte...........	89	67,850	69

DOIT		CARREL, *de Paris*, s/c.		

18..

Févr. 15	A divers	le 1/3 à notre envoi de 50 balles coton	30	8,785
19	A dépenses génér..	timbre et courtage à F. 8,600 ci-contre	33	15
Mars 15	A divers	la 1/2 à notre envoi de 100 caisses savon	42	5,945
				14,745

DOIVENT		HUILES EN PARTICIPATION AVEC TAUREL.		

Févr. 22	A divers	20 barriques huile d'olive achetées de Favre	34	24,000
23	A dépenses génér..	frais à l'achat	34	150
28	*Id*	frais à la vente	35	80
29	A divers	bénéfice sur ce compte	35	770
				25,000

DOIT		TAUREL, *en ville*, s/c.		

Févr. 26	A huiles en particip.	pour vente de 6 barriques huile d'olive	35	7,500
Juill. 31	A bilan	solde porté au grand-livre N° 2	90	2,885
				10,385

DOIVENT		DÉPENSES DE FABRIQUE.		

Mars 1	A caisse	pour loyer d'une année de notre fabrique	39	3,000
7	*Id*	pour courtages, charrois et autres frais	40	500
19	*Id*	pour divers frais jusqu'à ce jour	43	340
				3,840

DOIVENT		OUVRIERS.		

Mars 5	A caisse	Payé pour une quinzaine de travail	40	250
16	*Id*	Payé pour une semaine	42	300
				550

DOIVENT		COSTE ET COMP°, *de Constantinople*, N/c.		

| Avril 9 | A carg. de *l'Annette* | 70,000 » | net produit de 20 ballots drap. . . . . | 50 | 52,500 |

AVOIR

18	Par effets s. France	p. F. 8,600 à prendre s. n. traite de F. 26,000 s. lui, à 1 1/4	32	8,492	50
24	Par effets à recevoir	sa remise sur Marion au 10 avril par sa lettre du.....	43	6,000	»
31	Par bilan......	solde porté au grand-livre N° 2.............	90	251	23
				14,743	73

AVOIR

24	Par caisse.....	12 bques. huile d'olive....	vendues à Niel.......	34	15,000	»
26	Par Taurel, s/c...	6 » id......	vendues à Taurel.....	35	7,500	»
27	Par effets à recevoir	2 » id......	vendues à Giniès......	35	2,500	»
	20 bques.				25,000	»

AVOIR

25	Par caisse.....	reçu comptant....................	35	10,000	»
29	P. huiles en partic.	pour la 1/2 du bénéfice à 20 barriques huile.......	35	385	»
				10,385	»

AVOIR

13	Par savons, N/C...	frais à 80 caisses savon expédiées à Monier.......	42	240	»
15	Par divers.....	frais à 100 caisses savon expédiées à Carrel.......	42	450	»
31	Par savons.....	solde porté au débit de savons fabriqués.........	45	3,150	»
				3,840	»

AVOIR

| 31 | P. savons fabriqués | porté au débit de savons fabriqués............ | 45 | 550 | » |
| | | | | 550 | » |

AVOIR

| 10 | Par carg. de *l'Ann.* | 70,000 » | leur envoi de 2,000 charges blé d'Odessa.. | 50 | 52,500 | » |

DOIVENT   HUILES DIVERSES.

18..

Mars	2	A divers	150 miller.	huile Calabre.	achetés de Sauze. . .	40	12,00
	9	*Id.*	200 »	huile d'œillette. . . .	achetés de Melchior .	41	13,00
	11	*Id.*	120 »	huile d'olive	achetés de Marcadier.	41	9,00
	26	A effets sur France	120 »	*id.*	achetés de Calvi . . .	44	9,36

       590 miller.   43,36

DOIVENT   MATIÈRES DIVERSES.

Mars	3	A effets à recevoir	kil. 9,333 5	soude douce	achetés de Guibal. . .	40	1,40
	4	A caisse	4,000 »	soude salée.	achetés de Gay. . . .	40	40
	14	*Id.*	16,539 »	soude douce	achetés de Marquis. .	42	2,15

       kil. 29,872 5   3,95

DOIVENT   SAVONS FABRIQUÉS.

Mars 31	A huiles diverses. .	p. 590 mill. huile consomm. jusqu'à ce jour dans n. fabricat.		45	43,36
»	A matières diverses	pour kil. 29,872 5 matières *id.*		45	3,95
»	A dépenses de fabr.	solde du compte de dépenses de fabrique		45	3,15
»	A ouvriers.	solde du compte des ouvriers.		45	55
»	A charbon et chaux.	pour 230 ch. charbon et 50 ch. chaux consommées		45	89
»	A profits et pertes .	bénéfice dans notre fabrication		46	21,18

                                                  73,08

DOIVENT   CHARBON ET CHAUX.

Mars	6	A caisse	80 ch. charbon,	50 ch. chaux	achetées de divers. . . .	40	36
	18	*Id.*	150 » *id.*	» »	*id.*	43	52

       230 ch.   50 ch.   890

DOIT   LEONTINI, *de Livourne*, ɴ/ᴄ.

Mai	7	A carg. de *l'Ann.*, 2ᵉ v.	9,000	net produit de 6 barriques sucre		58	45,000
	8	*Id.*	2,000	net produit de 100 barriques vin		58	10,000
	28	*Id.*	900	*id.* *id.*		63	4,545
	30	*Id.*	. . . .	différence sur le change dans notre colonne. . . .		63	90

       11,900   59,635

AVOIR

| 31 | Par savons fabriq. . | 590 miller. | huiles consommées dans notre fabrication. . . | 45 | 43,360 | » |

| | | 590 miller. | | | 43,360 | » |

AVOIR

| 31 | Par savons fabriq. . | kil. 29,872 5 | matières consommées dans notre fabrication. | 45 | 3,950 | » |

| | | kil. 29,872 5 | | | 3,950 | » |

AVOIR

8	Par divers	kil. 10,800 »	savon pâle .	vendus à Mezan	41	10,800	»
12	Par effets à recev. .	6,900 »	id. . . .	vendus à Fabre.	41	6,624	»
13	Par savons, N/C. .	10,421 »	id. . . .	expédiés à Monier	42	9,900	»
15	Par divers	11,440 »	id. . . .	expédiés à Carrel.	42	11,440	»
17	Par caisse	7,653 »	id. . . .	vendus à Gros.	43	7,500	»
27	Id.	12,150 »	id. . . .	vendus à Laurent.	44	12,150	»
28	Par divers	14,822 3	id. . . .	vendus à Garnier.	44	14,674	»

| | | kil. 74,186 3 | | | 73,088 | » |

AVOIR

| 31 | Par savons fabriq. . | 230 ch. charbon, 50 ch. chaux | consomm. dans n. fabr. | 45 | 890 | » |

| | | 230 ch. | 50 ch. | | 890 | » |

AVOIR

| 9 | P. carg. du n. *l'Ann.* | 11,000 | coût et frais de 300 sacs poivre. . . . . | 59 | 55,000 | » |
| 29 | Par effet sur France. | 900 | remise sur Paris par sa lettre du. . . . . | 63 | 4,635 | » |

| | | 11,900 | | | 59,635 | » |

DOIT   LE CAPITAINE FLORENT, n/c.

18..					
Avril 14	A nav. *l'Ann.*, 1er v.	15,000 »	nolis exigé à Constantinople	51	11,2
Mai 13	A nav. *l'Ann.*, 2e v.	800 »	nolis exigé à Livourne	60	4,00

DOIT   BONTEMS, *de Saint-Pierre (Martinique)*, n/c.

Juin 25	A dés. et armem. .	33,333 6 6	net produit de 200 barriques vin	72	20,00
26	Id.	22,222 5 »	id. de 60 barriques fromage	72	13,33
27	Id.	35,555 11 »	id. de 400 caisses savon recuit . . .	73	21,33
Juill. 2	Au cap. Drareg . .	10,000 » »	reçu du cap. Drareg	74	6,00
		101,111 2 6			60,66

DOIT   NAVIRE *L'ANNETTE*, 1er *voyage*.

Avril 1	A caisse.	pour achat dudit navire.	47	25,00
2	Id.	payé à Cauvin pour courtage à l'achat.	47	12
2	Id.	payé pour journées d'ouvriers, radoub et C.	47	3,00
6	Id.	pour achat de légumes, biscuits et terrailles.	49	1,50
7	A assurances génér.	pour assurance d'entrée à Constantinople sur 25,000. . .	49	38
11	Id.	id. de sortie de Constantinople sur 25,000 . .	50	44
13	A cap. Florent, n/c.	salaires payés à l'équipage à Constantin. en P. 2,500 . .	51	1,95
16	Audit, s/c.	id. payés audit à Marseille	51	1,80
24	A profits et pertes.	pour le bénéfice net dans ce voyage.	53	16,94
				51,15

DOIT   CARGAISON DU NAVIRE *L'ANNETTE*, 1er *voyage*.

Avril 5	A divers.	facture de 20 ballots drap	48	48,220
7	A assurances	assurance d'entrée à Constantinople sur 48,000.	49	740
10	A Coste et Cᵉ, n/c.	pour 2000 ch. blé d'envoi de Coste et Cᵉ, P. 70,000. . .	50	52,500
11	A assurances génér.	assurance de sortie de Constantinople sur 60,000	50	1,075
23	A nav. *l'Annette*. .	nolis sur les marchandises chargées sur ledit navire. .	53	10,600
				113,135

AVOIR

13	Par nav. *l'Annette.*	2,600	»	salaires payés à l'équipage à Constantinople. .	51	1,950	»
18	Par lui-même, s/c.	12,400	»	solde porté dans s/c.	52	9,300	»
		15,000	»			11,250	»
12	Par nav. *Ann.*, 2ᵉ v.	600	»	pour divers frais et salaires.	59	3,000	»
21	Par lui-même, s/c.	200	»	solde porté dans s/c.	61	1,000	»
		800	»			4,000	»

AVOIR

28	Par dés. du *V.-et-C.*	53,333	6 »	sur envoi de 100 barriques sucre	73	32,000	»
29	*Id.*	33,333	6 6	*Id.* de 100 barriques café	73	20,000	»
3	Par c. Drareg, N/C.	3,500	» »	compté au cap. Drareg	74	2,100	»
4	Par eff. à recevoir.	10,944	10 »	sa remise sur place pour solde	74	6,566	68
		101,111	2 6			60,666	68

AVOIR

il 5	Par caisse. . . . . . ,	reçu de Melan pour son passage à Constantinople.	49	300	»
14	Par c. Florent, N/C.	nolis exigé à Constantinople	51	11,250	»
17	Par ledit, s/c. . . .	nolis exigé à Marseille. . . , ...	51	6,000	»
22	Par lui-même, 2ᵉ v.	transport à nouveau du montant du navire	53	23,000	»
23	Par carg. de *l'Ann.*	nolis sur les marchandises chargées par nous.	53	10,600	»
				51,150	»

AVOIR

il 9	Par Coste, etc., N/C.	net produit de 20 balles drap, P. 70,000	50	52,500	»
21	Par march. gén.	*Id.* de 2000 charges blé	52	58,000	»
25	Par profits et pert.	perte éprouvée dans ce premier voyage	54	2,635	»
				113,135	»

16

DOIT   LE CAPITAINE FLORENT, s/c.

18..					
Avril 17	A navire *Annette.* .	nolis exigé à Marseille	51	6,000
18	A lui-même , N/C. .	solde de N/C. en P. 12,400	52	9,300
				15,300
Mai 21	A lui-même , N/C. .	solde de N/C. en P. 200	61	1,000
22	A caisse	remis comptant pour solde	61	2,150
				3,150

DOIVENT   INTÉRESSÉS *sur le 2e voyage du navire* l'Annette.

Mai 26	A caisse	1	Benoît. . .	remis comptant	62	6,000
27	A eff. à recevoir. .	2	Martin. . .	remis un billet de Nègre au 15 juin.	62	14,500
Juin 2	A carg. du n. *Ann.*	3	Martin. . .	pour son int. à la perte sur 200 bques. vin .	64	167
4	A caisse	4	Benoît. . .	payé pour solde.	64	4,909
						25,576

DOIVENT   ASSUREURS DIVERS.

Juin 19	A caisse	1	Jean	payé la prime sur 26,000	70	780
		2	Negrel . . .	*Id.* sur 20,000	70	600
Juill. 18	*Id.*	3	Borel . . .	*Id.* sur 10,000	77	300
		4	Grimaud. .	*Id.* sur 30,000	77	900
						2,580

DOIT   ARMEMENT *du navire* Victor-et-Caroline.

Juin 7	A divers	pour achat dudit navire.	66	30,000
8	A caisse	payé à Garcin pour courtage	66	100
10	*Id.*	payé pour journées d'ouvriers, radoub, etc.	67	4,000
14	A divers	montant des diverses marchandises.	68	52,095
15	A provisions . . .	pour commission à l'achat du navire	69	600
16	A caisse	pour achat de légumes , biscuits, etc.	69	3,000
17	A divers	pour assurance d'entrée aux îles sur 86,000.	69	3,046
				92,841

AVOIR

16	Par nav. *Annette*. .	salaires payés à l'équipage à Marseille.	51	1,800	»
19	Par caisse	reçu comptant pour solde	52	13,500	»
				15,300	»

14	Par caisse	pour P. 600 de 8 r., à F. 5 25.	60	3,150	»
				3,150	»

AVOIR

28	Par caisse . . . . . $\{\frac{1}{4}\}$ Benoît. . .	pour son intérêt sur le navire	55	8,000	»
»	Id. . . . . $\{\frac{2}{3}\}$ Martin. . .	*id.* sur la cargaison	55	12,000	»
24	Par navire *l'Annette* $\{\frac{1}{4}\}$ Benoît. . .	*id.* sur le bénéfice.	62	2,909	43
»	Par cargaison dudit $\{\frac{2}{3}\}$ Martin. . .	*id.* *id.*	62	149	92
3	Par effets à recevoir $\{\frac{2}{3}\}$ Martin. . .	reçu son billet au 15 juin	64	2,517	42
				25,576	**77**

AVOIR

				somme assurée.			
18	Par assur. génér..	3	Borel. . . .	police du 17 juin	10,000	70	300	»
		2	Négrel . . .	*id.*	20,000	70	600	»
		4	Grimaud . .	*id.*	30,000	70	900	»
		1	Jean	*id.*	26,000	70	780	»
							2,580	»

AVOIR

21	Par divers	montant de 20 actions à F. 4,642 06	71	92,841	20
				92,841	**20**

DOIVENT   ACTIONNAIRES *du navire* Victor-et-Caroline.

18..

Juin 21	A arm. du *V.-et-C.*	1	Badin . . .	pour 5 actions, à 4,642 06.	71	23,21[0]
		2	Cassart . .	pour 4 *id.* *id.*	71	18,56[5]
		3	Bellin . . .	pour 3 *id.* *id.*	71	13,92[6]
						55,70[4]
Juill. 6	A caisse	1	Badin . . .	remis à compte.	75	11,10[0]
		2	Cassart . .	*id.*	75	8,88[0]
		3	Bellin . . .	*id.*	75	6,66[0]
21	*Id.*	4	Badin . . .	payé pour solde	79	17,96[5]
		5	Cassart . .	*id.*	79	14,37[0]
		6	Bellin . . .	*id.*	79	10,77[8]
						60,75[9]

DOIT   NAVIRE *L'ANNETTE*, 2e voyage.

Avril 22	A lui-même, 1er v.	montant dudit navire	53	23,000
29	A caisse	frais de carénage, journées d'ouvriers, etc.	56	3,800
Mai 4	A assur. génér. . .	assurance d'entrée à Livourne sur 25,000.	57	385
6	A caisse	pour achat de légumes, biscuits, etc.	58	1,100
11	A assur. génér. . .	pour assurance de sortie de Livourne sur 25,000.	59	514
12	Au c. Florent, N/C.	pour divers frais faits par le cap. Florent, P. 600.	59	3,000
15	A caisse	remis au cap. Florent pour payer l'équipage	60	1,200
24	A divers	bénéfice sur ce 2e voyage . . . . , ...	62	12,001
				45,000

DOIT   INTÉRÊT *au navire* Victor-et-Caroline.

Juin 21	A arm. *V.-et-C.* .	pour 8 actions sur ledit navire, à 4,642 02	71	37,136
Juill. 22	A prof. et pertes. .	pour bénéfice sur ce compte	79	9,364
				46,501

DOIT   LE CAPITAINE DRAREG, s/c.

Juin 23	A caisse	remis comptant.	71	2,000
Juill. 12	A dés. *V.-et-C.* . .	nolis exigé de divers à Marseille.	76	4,500
15	*Id.*	vente du navire *Victor-et-Caroline*.	76	25,000
				31,500

AVOIR

	9	Par caisse	(1) Badin . . .	reçu à compte	67	12,000 »
			(2) Cassart . .	id.	67	9,000 »
			(3) Bellin . . .	id.	67	6,000 »
	22	Id.	(1) Badin . . .	reçu pour solde	71	11,210 30
			(2) Cassart . .	id.	71	9,568 24
			(3) Bellin . . .	id.	71	7,926 18

55,704 72

11.20	Par dés. du *V.-et-C.*	(1/4) Badin . . .	pour 5 actions, à 5,812 66 3/4	78	29,063 34
		(5/2) Cassart . .	pour 4 id.	78	23,250 66
		(3/6) Bellin . . .	pour 3 id.	78	17,438 »

69,752 »

AVOIR

3	Par caisse	reçu de deux passagers pour leur passage.	57	500 »
13	Par c. Florent, N/C.	nolis exigé à Livourne en P. 800.	60	4,000 »
16	Par caisse	reçu de Bertaud nolis à 400 balles coton	60	1,500 »
19	Id.	vendu à Flory le navire avec tous ses agrès.	61	20,000 »
23	Par carg. nav. *An.*	nolis sur nos march. d'entrée à Livourne.	62	5,500 »

45,000 »

AVOIR

11.20	P. dés. arm. *V.-et-C.*	pour nos 8 actions, à 5,812 66 3/4 l'une	78	46,501 34

46,501 »

AVOIR

11.10	Par lui-même, N/C.	solde de N/C. en L. 7,611 3.	76	4,566 68
11	Par dés. du *V.-et-C.*	avarie faite en route	76	600 »
12	Id.	salaires payés à Marseille à l'équipage.	76	3,000 »
14	Id.	pour ses salaires et gratification	76	3,000 »
16	Par caisse	reçu comptant pour solde	77	20,333 32

31,500 »

        GRAND-LIVRE. (14)

DOIT — CARGAISON *du navire* l'Annette, 2ᵉ *voyage.*

18..

Mai	2	A divers	facture de 200 bques. vin et 60 bques. de sucre.	57	55,90
	5	A assur. génér. . .	assurance d'entrée à Livourne sur 55,000	57	83
	9	A Leontini, N/C.	facture de 300 sacs poivre, P. 11,000	59	55,00
	10	A assur. génér. . .	Assurance de sortie de Livourne à Marseille sur 70,000. .	59	89
	23	A nav. *l'Annette.*	nolis sur les march. d'entrée à Livourne et de sortie . . .	62	5,50
	25	A divers	pour bénéfice fait dans ce voyage.	62	1,47
					119,60
Mai	20	A compte vieux . .	pour 100 bques. vin inv. chez Leontini, de Livourne. . .	61	6,25
Juin	1	A eff. sur France .	perte et courtage sur la remise de Leontini, de F. 4,635.	64	3
					6,28

DOIT — LE CAPITAINE DRAREG, N/C.

Juill.	3	A Bontems, N/C. .	3,500	»	reçu de Bontems	74	2,100
	8	A dés. ar. *V-et-C.* .	6,666	13	nolis exigé aux îles.	75	4,000
	10	A lui-même, S/C. .	7,611	3	solde porté dans S/C.	76	4,566
			17,777	**13**			**10,666**

DOIT — DÉSARMEMENT ET ARMEMENT *aux îles du navire* Victor-et-Caroline.

Juin	28	A Bontems, N/C. .	53,333	6	»	coût et frais de 10 bques. sucre brut.	73	32,000
	29	*Id.*	33,333	6	6	*Id.* de 100 bques. café	73	20,000
Juill.	9	Au c. Drareg, N/C.	7,777	16	»	pour salaires, radoub et provisions.	75	4,666
	19	A dés. *V.-et-C.* . .	3,333	7	»	solde porté au désarmement à Marseille. . .	77	2,000
			97,777	**15**	**6**			**58,666**

DOIT — DÉSARMEMENT A MARSEILLE *du navire* Victor-et-Caroline.

Juin	30	A divers	assurance de sortie des îles à Marseille sur 70,000. . . .	73	2,830
Juill.	1	*Id.*	*id.* sur cafés à bord du cap. Martin . . .	73	1,250
	11	A cap. Drareg, S/C.	avarie faite en route	76	600
	12	*Id.*	salaires payés à Marseille à l'équipage	76	3,000
	14	*Id.*	salaires du capitaine et gratification	76	3,000
	20	A divers	solde divisé en actions, à 5,812 66 3/4	78	116,253
						126,933

DOIT — BILAN DE SORTIE.

Juill. 31	A divers	solde de divers comptes suivant le journal.	90	103,704

AVOIR

7	Par Leontini, N/C.	net produit de 60 barriques sucre, P. 9,000	58	45,000	»
8	Id.	id. de 100 barriques vin, P. 2,000. . . ·	58	10,000	»
18	Par march. gén. .	id. de 300 balles poivre.	61	58,350	»
20	Par compte nouv. .	transport à nouveau de 100 barriques vin invendues. . .	62	6,250	»
				119,600	»
28	Par Leontini, N/C.	net produit de 100 barriques vin en P. 900.	63	4,545	»
30	Id.	différence sur le change dans N/C. chez Leontini . . . · .	63	90	»
2	Par divers	perte sur ce compte	64	1,648	60
				6,283	60

AVOIR

2	Par Bontems, N/C. .	10,000	»	pour autant compté à Bontems	74	6,000	»
9	P. dés. arm. *V.-et-C.*	7,777	16	payé pour divers objets. . . . . . · . . .	75	4,666	68
		17,777	16			10,666	68

AVOIR

25	par Bontems, N/C.	33,333	6 6	net produit de 200 barriques vin.	72	20,000	»
26	Id.	22,222	5 »	id. de 60 barriques fromage. . . .	72	13,335	34
27	Id.	35,555	11 »	id. de 400 caisses savon recuit. . . .	73	21,333	34
8	Par c. Drareg, N/C.	6,666	13 »	nolis exigé sur les pacotilles	75	4,000	»
		97,777	15 6			58,666	68

AVOIR

24	Par caisse	reçu de deux passagers.	72	1,000	»
7	Par march. gén. .	net produit de 100 bques. café et 100 bques. sucre. . . .	75	94,433	34
13	Par c. Drareg, s/c.	nolis sur march. pour compte de divers.	76	4,500	»
15	Id.	vente du navire au capitaine Drareg	76	25,000	»
19	P. dés. arm. *V.-et-C.*	solde aux îles du désarmement du navire	77	2,000	»
				126,933	34

AVOIR

31	Par divers	solde de divers comptes suivant le journal.	90	103,704	39

RÉPERTOIRE DU GRAND-LIVRE N° 2.

A

ASSURANCES GÉNÉRALES. 2

B

BILAN D'ENTRÉE. 1

C

CAISSE. 3
CARRI, de Gênes, s/c. 1
CARREL, de Paris, s/c. 2
CARREL, de Paris, N/c. 2
COMPTES EN BANQUE. 6
CETON (N/s.) compte-courant. 6

D

DÉPENSES GÉNÉRALES. 3
DARSON, de Paris, cte. à t. en bque. 7
DARSON ET MAILLI, cte. à 1/3 en bque. 6

E

ERARD, de Paris, cte. à 1/2 en bque. 8
EFFETS EN PORTEFEUILLE. 4 5
EFFETS A PAYER. 8

F

FONDS CAPITAL. 1

G

GIRONDI, de Gênes, s/c. 1

H

. . . .

I

INTÉRÊTS GÉNÉRAUX. 3

L

LORENZO, de Livourne, s/c. 3
LUPTON, de Lond., cte. à 1/2 en bque. 7

M

MONIER, de Rouen, N/c. 2
MARTINI, de Naples, N/c. 4
MARIANI, de Naples, N/c. 2
MARIANI, de Naples, s/c. 1
MAILLI, de Gênes, cte. à 1/3 en bque. 7

N O

. . . .

P

PROVISIONS. 3
PROFITS ET PERTES. 4

Q R

. . . .

S

SERGY, de Liv., cte. à 1/2 en bque. 8

T

TAUREL, en ville, compte-courant. . 1
THOMAS, notre commis. 3

U

. . . .

V

VINAL (N/s.), compte-courant. 6
WILSON, de Londres, N/c. 2
WILSON, de Londres, s/c. 4

GRAND-LIVRE

No 2.

GRAND-LIVRE. (1)

DOIT   BILAN D'ENTRÉE.

18..
Août 1|A divers. . . . . . .|solde de divers comptes au grand-livre N° 1. . . . . . .| 92|103,704

DOIT   FONDS CAPITAL.

Juill. 31|A divers. . . . . .|porté au crédit de nos comptes . . . .| 36| 30,000

DOIT   GIRONDI, *de Gênes*, s/c.

Août 13|A caisse . . . . . .|payé son mandat à présentation. . . . .| 94| 532

DOIT   TAUREL, *en ville*, s/c.

Août 8|A caisse . . . . . .|payé pour solde. . . . .| 94| 2,885

DOIT   CARRI, *de Gênes*, s/c.

Août 26|A Effets à payer. . .|sa traite sur nous au 10 octobre. . . . .| 95| 100

DOIT   MARIANI, *de Naples*, s/c.

Août 1|A bilan . . . . . .|solde au grand-livre N° 1 . . . .| 92| 235
     15|A lui-même, N/C. .|solde de N/C. en D. 10 . . . .| 94| 41
                                                          276

AVOIR

1 | Par divers. . . . . | solde des divers comptes au grand-livre N° 1. . . . . . . | 92 | 103,704 39

AVOIR

1 | Par bilan . . . . . | montant de notre fonds capital. . . . . | 92 | 30,000 »

AVOIR

1 | Par bilan. . . . . . | solde au grand-livre N° 1. . . . . | 92 | 532 36

AVOIR

1 | Par bilan . . . . . | solde au grand-livre N° 1 . . . . | 92 | 2,885 »

AVOIR

1 | Par bilan. . . . . . | solde au grand-livre N° 1. . . . . | 92 | 100 05

AVOIR

23 | Par portefeuille. . | notre remise sur lui de D. 66 53, à 60 jours, à F. 4 15. . | 94 | 276 10

DOIVENT   ASSURANCES GÉNÉRALES.

18..

| Août | 3 | A caisse . . . . . . | 20,000 | » | de Gênes à Agde, capitaine Viau . . . . | 94 | 2 |

DOIT   MONIER, *de Rouen*, ɴ/ᴄ.

| Août | 11 | A caisse . . . . . . | 50 | » | payé à David pour solde . . . . | 94 | 5 |

DOIT   MARIANI, *de Naples*, ɴ/ᴄ.

| Août | 1 | A bilan . . . . . . | 10 | » | solde au grand-livre Nᵒ 1 . . . . | 93 | 41 |

DOIT   WILSON, *de Londres*, ɴ/ᴄ.

| Août | 1 | A bilan . . . . . . | 37 62 | » | solde au grand-livre Nᵒ 1 . . . . | 93 | 97 |

DOIT   CARREL, *de Paris*, ɴ/ᴄ.

Date		Libellé	Montant		Contrepartie	Date	Fᵒ	Montant
Nov.	16	A portefeuille . . .	11,920	»	remise le 16 nov., F. 12,000 sur Paris.	26 nov.	102	11,895
	25	A effets à payer . .	4,000	»	sa traite au 31 décembre	31 déc.	103	4,000
	29	A portefeuille . . .	10,400	»	remise le 29 nov., L. 400 sur Londres.	10 déc.	104	10,000
Déc.	13	*Id.*	7,381 50		remise le 13 déc., F. 7,400 sur Paris.	21 déc.	104	7,365
	26	A effets à payer . .	9,765 10		sa traite pour solde	31 jan.	106	9,765
		A prof. et pert. . .			différence sur le change		106	703
			43,466 60					43,726

DOIT   CARREL, *de Paris*, s/ᴄ.

Date		Libellé		Contrepartie	Date	Fᵒ	Montant
Août	1	A bilan		solde au grand-livre Nᵒ 1	1 août.	92	251
	28	A portefeuille . . .		remise le 28 août, F. 8,000 sur Paris, à ₁/8. . .	28 dit .	96	7,990
	30	A effets à payer . .		sa traite sur nous au 5 octobre	5 oct. .	96	10,900
Sept.	10	A portefeuille . . .		remise le 10 sept., P. 2,100, sur Liv., à F. 5 24.	10 sep.	97	11,004
	15	*Id.*		remise le 15 sept. sur Paris, F. 7,950, à 3/4. .	15 dit .	97	7,890
	25	A effets à payer . .		sa traite sur nous au 12 novembre	12 nov.	98	8,825
Oct.	2	A portefeuille . . .		remise le 2 octobre sur Naples de D. 66 53 . . .	2 oct. .	98	282
	15	A divers		Provision, courtage et port de lettres		99	212
	»	A compte nouv. . .		solde créditeur à nouveau		99	9,324
							56,680

| Déc. | 12 | A lui-même, ɴ/ᴄ. | | solde porté au crédit de ɴ/ᴄ. . . . . | 31 oct. . | 104 | 9,324 |

AVOIR

1|Par bilan. . . . .|20,000 »|de Gênes à Agde, capitaine Viau. . . . .| 92| 210 »

AVOIR

1|Par bilan. . . . .| 50 »|solde au grand-livre Nº 1. . . . .| 92| 50 »

AVOIR

15|Par lui-même, s/c.|D. 10 »|porté dans s/c. . . . .|300| 41 »

AVOIR

31|Par portefeuille..| 37 62|sa remise sur Abert au 30 juin. . . . .|122| 978 12

AVOIR

| 1|Par bilan. . . . .| 876 »|solde au grand-livre Nº 1 . . . .|1 août. .| 92| 876 »|
|17|Par portefeuille. .| 8,955 »|sa remise sur place, lettre du 12 nov. .|12 nov. .|102| 9,000 »|
|20| *Id.* . . . . .| 5,600 »|notre traite au 15 janvier. . . . . . .|15 janv.|103| 5,556 »|
|30| *Id.* . . . . .| 8,250 »| *id.*   du 30 nov. à 30 jours. . .|30 déc. .|104| 8,208 50|
12	Par lui-même, s/c.	9,324 57	solde de s/c.	31 oct. .	104	9,324 57
14	Par portefeuille. .	10,200 »	remise sur Livourne, P. 2,000	10 déc. .	104	10,500 »
26	Par divers	261 03	solde des intérêts et autres frais. . . .		106	261 03

43,466 60   43,726 10

AVOIR

27	Par portefeuille .	sa remise sur place, lettre du 20 août	25 sept. . .	95	8,50o »
3	*Id.*	notre traite sur lui, F. 9,900 au 15 oct., à 1/2 .	3 dit. . . .	97	9,850 59
12	*Id.*	sa rem. sur Gênes, P. 3,000, lettre du 6 sept .	20 dit . . .	97	13,800 »
18	*Id.*	n. r. sur lui, F. 7,400, du 18 sept. à 100 j., à 1 o/o.	18 dit . . .	98	7,326 »
19	*Id.*	ses remises sur place, lettre du 12 septembre .	3I 8bre. 8,200.	98	17,200 »
15			10 9bre. 9,900.	99	4 »
	Par intérêts . . .	solde des intérêts.			

56,680 55

15|Par compte vieux.|solde du précédent compte . . . .|31 oct. . .| 99| 9,324 57

DOIT   LORENZO, *de Livourne*, s/c.

18..
Août 1|A bilan . . . . . .|solde au grand-livre N° 1. . . . .| 92| 29»

DOIVENT   DÉPENSES GÉNÉRALES.   *AVOIR*

Août 12	A caisse.	94	900 »	Août 1	Par bilan	92	900
Déc. 26	A Carrel , n/c.	106	166 12	Oct. 15	Par Carrel, s/c.	99	64
18..				Nov. 15	Par Wilson, s/c.	101	41
Janv. 31	A Martini , n/c.	108	106 50	18..			
Juill. 31	A Thomas	135	1,000 »	Fév. 20	Par Erard, compte à demi.	112	33
				Mars 10	Par Lupton, compte à demi.	115	45
				Avril 30	Par Sergi, compte à demi. .	121	38
				Juil. 12	Par Mailli, compte à tiers. .	131	16
					Par Darson, compte à tiers.	132	49
					Par profits et pertes	135	982
			2,172 62				2,172

DOIVENT   PROVISIONS.   *AVOIR*

Juill. 31	A profits et pertes.	135	244 18	Oct. 15	Par Carrel, s/c.	99	148
				15	Par Wilson, s/c. . . . . · .	101	96
							244

DOIVENT   INTÉRÊTS GÉNÉRAUX.   *AVOIR*

Oct. 15	A Carrel , s/c.	99	4 05	Déc. 31	Par Martini, n/c.	108	76
Nov. 15	A Wilson, s/c.	101	4 50	Fév. 20	Par Erard, compte à demi .	112	223
	28	A portefeuille.	103	2 90	Mars 10	Par Lupton, compte à demi	115	43
Déc. 26	A Carrel , n/c.	106	94 91	Avril 30	Par Sergi, compte à demi .	121	7
18..				Juill. 12	Par Mailli, compte à tiers .	131	3
Juill. 31	A profits et pertes.	135	515 41	»	Par Darson, compte à tiers.	132	267
			621 77				621

DOIT   THOMAS, *notre commis*.   *AVOIR*

Juin 9	A caisse	remis comptant . .	125	300 »	Juill. 31	Par dép. gén.	par ses hono-	135	1,000
Juill. 31	*Id.* .	*id.* pour solde. .	135	700 »			raires . . .		
				1,000 »					1,000

AVOIR

| 24 | Par caisse . . . . . | reçu pour s/c. de Philippi. . . . . | 95 | 294 | 86 |

CAISSE.

DOIT

1	A bilan	92	46,347	40
24	A Lorenzo, s/c.	95	294	8t
31	A portefeuille.	96	3,573	88
»	*Id.*	96	13,000	»
29	*Id.*	98	8,500	»
31	*Id.*	100	13,200	»
10	*Id.*	101	9,000	»
28	*Id.*	103	1,150	85
30	*Id.*	107	9,000	»
			104,066	**99**

AVOIR

Août	3	Par assur. générales.	94	210	»
	8	Par Taurel, s/c.	94	2,885	»
	11	Par Monier, N/C.	94	50	»
	12	Par dépenses génér.	94	900	»
	13	Par Girondi, s/c.	94	532	36
Sept.	30	Par portefeuille.	98	6,000	»
Oct.	16	*id.*	99	35	»
	17	*id.*	99	1,932	37
Nov.	12	Par effets à payer.	101	19,825	05
	25	*id.*	103	11,000	»
	30	*id.*	104	9,850	»
Déc.	30	Par portefeuille.	107	1,502	»
	31	*id.*	107	8,377	»
	»	Par effets à payer.	108	4,000	»
18..					
Janv.	31	Par compte nouveau.	109	36,968	21
				104,066	**99**

DOIT

31	A compte vieux	109	36,968	21
1	A portefeuille.	109	7,300	»
25	*Id.*	116	21,000	»
1	*Id.*	118	1,450	»
2	*Id.*	119	15,000	»
15	*Id.*	119	9,000	»
1	*Id.*	122	5,000	»
15	*Id.*	126	6,000	»
30	*Id.*	128	17,478	12
1	*Id.*	129	11,838	64
			131,034	**97**

AVOIR

Fév.	2	Par portefeuille.	109	9,500	»
	11	Par effets à payer.	110	15,965	10
	29	*id.*	115	8,300	»
Mars	31	*id.*	118	7,000	»
Mai	2	*id.*	122	8,000	»
	31	Par portefeuille.	122	4,221	03
Juin	9	*id.*	124	2,510	»
	»	Par divers.	125	8,700	»
	10	Par Sergi, compte à demi.	125	77	41
	13	Par portefeuille.	126	8,222	17
	23	*id.*	127	9,450	»
Juill.	10	Par divers.	129	17,000	»
		Par compte nouveau.	129	32,089	36
				131,034	**97**

DOIT

10	A compte vieux	129	32,089	26
15	A portefeuille	134	3,290	30
	Id.	135	9,932	»
			45,311	**56**

AVOIR

Juill.	31	Par Thomas.	135	700	»
		Par Lupton, compte à demi.	136	5,937	39
		Par divers	136	38,674	17
				45,311	**56**

DOIT   WILSON, *de Londres*, s/c.

18..							
Oct.	23	A portefeuille.....	rem. le 23 oct. de St. 250 sur Lond., à 2,450.	23 oct....	100	6,1?
	25	A effets à payer...	sa traite sur nous...........................	25 nov.....	100	11,00
	31	*Id*.........	*id*..................................	30 dit....	100	9,85
		A portefeuille.....	rem. le 31 oct. sur Londres, L. 300, à 2,500.	31 oct....	100	7,50
Nov.	15	A divers.........	provision, courtage et port de lettres........		101	13
							34,6?
Nov.	15	A compte vieux...	solde du précédent compte.................		101	6,8?

DOIVENT   PROFITS ET PERTES.

Janv. 31	A Martini, N/c....	différence sur le change de N/c. chez Martini..........	109	1?
18..				
Juill. 31	A dépenses génér.	solde du compte de dépenses..................	135	98
	A compte en bque.	perte sur le compte en banque..................	136	63
	A divers.........	bénéfice net jusqu'à ce jour..................	136	70,18
				71,93?

DOIT   MARTINI, *de Naples*, N/c.

Déc.	27	A portefeuille.....	2,400	»	n. rem. le 27 déc. sur Paris, F. 10,000.	31 déc...	106	10,1?
	29	A effets à payer...	1,458	60	sa traite au 31 janvier.............	16 dit...	107	6,20
	31	A portefeuille.....	2,300	»	remise le 31 déc. sur Naples........	30 janv..	108	9,75
18..								
Janv.	31	A intérêts........	28	»	solde des intérêts...............		108	7?
			6,176	60				26,17?
Janv.	31	A compte vieux...	2,393	25	solde du précédent compte.........	10 fév...	108	10,17?

DOIVENT   EFFETS EN PORTEFEUILLE.

NOTE. — J'ai supprimé dans ce compte la colonne du débiteur et du créditeur qui vient immédiatement après la date du p? plus large ; on peut les ajouter si on le juge à propos. Ces colonnes, à la rigueur, peuvent être supprimées.

MOIS.	DÉTAIL des effets.		ÉCHÉANCES.	ÉTRANGER.	PLACE.	FRANCE.	CÉDANS.		TOT.
	1	6,566 68	31 jours de vue........	....	sur Pagès..	....			
	2	20,000 »	fin août.............	....	de Roche..	....			
Août 1	3	8,000 »	du 24 avril à 100 jours..	....		Paris....	en portefeuille..	93	55,5?
	4	8,000 »							
	5	7,000 »	fin août.............	....	de Nègre..	....			
	6	6,000 »							
23	7	67 53	à 60 jours...........	Naples....	....		rem. sur Mariani.	94	2?
							A reporter.....		55,8?

AVOIR

Par bilan.	solde au grand-livre N° 1 . . . . , ...	1 août. . .	92	300	29
Par portefeuille . .	remise sur place lettre du 1er octobre. . . .	30 nov. . .	100	7,500	»
Id.	notre remise sur lui de St. 400, à 24 75. . .	28 oet. . .	100	9,900	»
Id.	sa rem. sur Paris, F. 10,200, let. du 25 oct.	12 nov. . .	100	10,098	»
Par intérêt. . . .	solde des intérêts	. . . . .	101	4	50
Par compte nouv. .	solde débiteur à nouveau	30 nov. . .	101	6,810	05
				34,612	84
par portefeuille . .	notre traite sur lui, St. 272 64, du 10 mai à 50 jours.	122		6,810	05

AVOIR

Par bilan.	solde au grand-livre N° 1	92	67,850	69
Par Carrel, N/C. . .	différence sur le change de N/C. chez Carrel	106	703	»
Par intérêts . . .	solde du compte d'intérêts généraux	135	515	41
Par portefeuille . .	bénéfice sur le compte d'effets en portefeuille	135	2,626	25
Par provisions . . .	solde du compte de provisions	135	244	18
			71,939	53

AVOIR

Par portefeuille . .	2,000	»	N/. traite sur eux du 28 déc. à 40 j.	9 fév. . . .	107	8,460	»
Id.	1,758	»	rem. sur place, lettre du 18 déc.	18 déc. . .	108	7,300	»
Par dépenses. . .	25	35	provision, courtages et port de let		108	106	50
Par compte nouv. .	2,393	25	solde débiteur à nouveau	10 fév. . .	108	10,170	25
Par prof. et pert. .	. . . . .		différence sur le change	. . . . ,	109	140	75
	6,176	60				26,177	50
Par portefeuille . .	2,393	25	notre traite au 15 juillet pour solde.	124	10,170	25

AVOIR

à peu d'espace qu'il y avait, étant occupé par la quantité de colonnes ; mais comme le grand-livre d'un négociant est beaucoup

	DÉTAIL des effets.	ÉCHÉANCES.	ÉTRANGER.	PLACE.	FRANCE.	PRENEURS.		TOTAL.
28	3 | 8,000 »	du 24 avril à 100 jours. .	. . . .	. . . .	Paris. . . .	rem. à Carrel. .	96	7,990 »
31	4 | 8,000 »	fin août.	. . . .	de Nègre. .		à Victor.	96	34,566 68
	2 | 20,000 »	id.	. . . .	de Roche. .	. . . .			
	1 | 6,566 68	à 31 jours de vue.	. . . .	sur Pagés. .				
	5 | 7,000 »	fin août.	. . . .	de Nègre. .	. . . .	encaissé.	96	13,000 »
6 | 6,000 »								
10	9 | 2,100 »	du 31 août à 45 jours. . .	Livourne. .	. . . .	. . . .	rem. à Carrel. .	97	11,004 »
							A reporter	66,560 68

17

Report... 55[...]

Août	27	8	8,500	»	au 25 septembre		sur Blanc..		rem. de Carrel.	95	8,[...]
		9	2,100	»	du 31 août à 45 jours	Livourne.					
		10	7,300	»							
	31	11	4,000	»	Id. à 60 jours			Paris	pris de Victor..	96	30,[...]
		12	5,000	»							
		13	3,950	»							
Sept.	3	14	9,900	»	au 15 octobre			Paris.	traite sur Carrel	97	9,[...]
	12	15	3,000	»	du 20 août à 45 jours	Gênes			rem. de Carrel.	97	13,[...]
	18	16	7,400	»	du 18 sept. à 100 jours			Paris.	traite sur Carrel	98	7,[...]
	19	17	8,200	»	au 31 octobre		sur Durand.		rem. de Carrel.	98	17,[...]
		18	9,000	»	au 10 novembre		sur Aguel..				
	30	19	300	»	du 30 sept. à 60 jours				de Théodore...	98	13,[...]
		20	250	»							
Oct.	16	21	8,000	»	au 39 novembre	Londres	de Colin...		de Martin......	99	13,[...]
		22	6,000	»							
	17	23	12,000	»	du 17 octobre à 90 jours			Paris.	de Barbier.....	99	11,[...]
	18	24	7,500	»	au 30 novembre		sur Aymon.		rem. de Wilson.	100	7,[...]
	28	25	400	»	du 28 oct. à 50 jours	Londres			traite sur Wilson	100	9,[...]
Nov.	4	26	10,200	»	du 20 oct. à 100 jours			Paris.	rem. de Wilson.	100	10,[...]
	17	27	9,000	»	au 25 décembre		sur Blanc..		rem. de Carrel.	102	9,[...]
	20	28	5,600	»	au 15 janvier			Paris.	traite sur Carrel	103	5,[...]
		29	200	»							
	28	30	450	»	à 50 jours	Londres			de Magnan....	103	20,[...]
		31	150	»							
	30	32	8,250	»	du 30 novemb. à 30 jours			Paris.	traite sur Carrel	104	8,[...]
Déc.	14	33	2,000	»	du 8 déc. à 40 jours	Livourne.			rem. de Carrel.	104	10,[...]
	28	34	2,000	»	du 28 dit à 40 jours	Naples.			traite s. Martini.	107	8,[...]
	30	35	2,300	»	du 30 déc. à 60 jours	Naples.			de Gonel.......	107	9,[...]
		36	5,000	»							
	31	37	9,000	»	du 31 déc. à 100 jours			Paris	de Royane.....	107	24,[...]
		38	3,000	»							
		39	8,000	»							
18..		40	7,300	»	au 25 janvier		sur Mozart.		rem. de Martini.	108	7,[...]
Fév.	1	41	10,000	»	au 25 mars	Gênes	sur Petit...		traite d'Erard..	109	10,[...]
	2	42	2,000	»	du 2 fév. à 60 jours	Gênes			de Roux.......	109	9,[...]
	5	43	6,000	»	du 5 dit à 30 jours			Paris.	rem. sur Erard.	110	5,9[...]
	20	44	15,000	»	au 31 mars		sur Mathieu		rem. d'Erard...	111	15,0[...]
	21	45	9,000	»	au 15 avril		sur Placard		traite s. Lupton.	114	9,0[...]
	23	46	750	»	du 23 fév. à 50 jours	Londres			rem. de Lupton.	114	18,9[...]
	29	47	11,000	»	au 25 mars		sur Renard.		rem. de Lupton.	115	11,0[...]
Avril	1	48	5,000	»	au 30 avril		sur Pinel.		rem. de Sergi..	118	5,0[...]
	»	49	1,500	»	du 18 mars à 45 jours	Livourne.			de Balthazard..	118	17,5[...]
		50	2,000	»							
	15	51	8,000	»	du 7 avril à 60 jours			Paris.	rem. de Sergi..	119	7,6[...]
	19	52	2,500	»	du 19 dit à 45 jours	Livourne.			traite sur Sergi.	119	13,6[...]
Mai	10	53	272	64	du 10 mai à 50 jours	Londres			traite sur Wilson	122	6,6[...]
	31	54	978	12	au 30 juin		sur Abert..		rem. de Wilson.	122	9[...]
		55	6,000	»	du 14 mai à 30 jours						
		56	5,000	»							
	»	57	3,000	»	au 24 juin			Paris.	de Rigaud.....	122	20,2[...]
		58	6,251	66							
Juin	1	59	6,000	»	au 15 juillet		sur Lecat..		rem. de Mailli.	153	6,00
	7	60	5,000	»	au 30 juin		sur Palat..		rem. dudit.....	124	5,00
	8	61	3,000	»	au 30 juin		sur Nicolas.		rem. de Darson.	124	8,00
		62	5,000	»							
		63	3,000	»							
		64	4,000	»	du 9 juin à 60 jours			Paris	de Marcel.....	124	23,63
Juin	9	65	5,000	»							
		66	1,500	»	Id. à 30 jours	Gênes					
		67	1,000	»							
	»	68	2,393	25	au 15 juillet	Naples			traite s. Martini.	126	10,17
	13	69	2,500	»	du 19 mai à 45 jours	Livourne.			de Martin......	126	12,81
	»	70	4,590	33	au 30 juin			Paris.	traite sur Erard.	126	4,59
	16	71	6,000	»	au 5 juillet		sur Petit...		rem. de Darson.	126	6,00
	17	72	1,000	»	du 12 juin à 30 jours	Gênes			rem. de Darson.	126	4,78
	18	73	3,500	»	au 30 juin		sur Vial.		rem. de Mailli..	127	3,50
Juin	19	74	4,500	»	au 15 juillet		sur Noel...		rem. de Darson.	127	4,50
	21	75	2,000	»	au 5 dit		sur Niort...		rem. de Mailli..	127	2,00
	23	76	2,000	»	du 23 juin à 30 jours	Gênes			de Marcel......	127	9,45
	26	77	5,000	»	au 10 juillet		sur Niel...		rem. de Darson.	128	5,00
	28	78	5,000	»	au 15 dit		sur Martin.		Id.........	128	5,00
Juill.	15	79	3,983	2	au 31 dit	Gênes			traite sur Mailli	134	3,23
	»	80	13,607	65	au 25 dit		sur David..		rem. de Darson.	134	13,60
	31				pour bénéfice sur ce compte					135	2,69

594,71[...]

| | | | | | Report.... | 66,560 | 68 |

	N°	Montant	c.	Échéance	Place	Tiré	Place		Fol.	Montant	c.
5	13	3,950	»	du 31 août à 60 jours...			Paris	rem. à Carrel...	97	7,890	40
9	11	4,000	»	au 25 septembre...		sur Blanc		encaissé...	98	8,500	»
0	8	8,500	»	du 31 août à 60 jours...			Paris	à Théodore...	98	7,308	»
2	7	66	53	du 23 août à 60 jours...	Naples			rem. à Carrel...	98	282	75
	15	3,000	»	du 20 août à 45 jours.	Gênes			à Martin...	99	13,860	»
	14	9,900	»	au 15 octobre...			Paris	à Barbier...	99	9,887	63
	20	250	»	du 30 sept. à 60 jours...	Londres			rem. à Wilson..	100	6,125	»
	19	300	»	Id...	Londres			remise audit...	100	7,500	»
	17	8,200	»	au 31 octobre...		sur Durand	Paris	encaissé	100	13,200	»
	12	5,000	»	du 31 août à 50 jours...				Id...	101	9,000	»
	18	9,000	»	au 10 novembre...		sur Agnel	Paris	rem. à Carrel...	102	11,895	»
	23	12,000	»	du 17 oct. à 90 jours...				à Magnan...	103	21,553	75
	24	7,500	»	au 30 novembre...		sur Aymon					
	22	6,000	»	Id...		de Colin					
	21	8,000	»								
	25	400	»	du 28 oct. à 50 jours...	Londres			rem. à Carrel...	104	10,000	»
	16	7,400	»	du 18 sept. à 100 jours...			Paris	remise audit...	104	7,363	»
	26	10,200	»	du 20 oct. à 100 jours.			Paris	rem. à Martini..	106	10,149	»
	32	8,250	»	du 30 nov. à 30 jours...			Paris	rem. à Gonel...	107	8,250	»
	27	9,000	»	au 25 décembre...		sur Blanc		encaissé...	107	9,000	»
	33	2,000	»	du 8 déc. à 40 jours...	Livourne		Paris	à Royane...	107	16,186	»
	28	5,600	»	au 15 janvier							
	35	2,300	»	du 30 déc. à 60 jours...	Naples			rem. à Martini..	108	9,752	»
	40	7,300	»	au 25 janvier...		sur Mozart		encaissé...	109	7,300	»
	42	2,000	»	du 2 fév. à 60 jours...	Gênes			rem. à Erard...	110	9,500	»
	37	9,000	»	du 31 déc. à 100 jours...			Paris	rem. à Erard...	110	8,910	»
	34	2,000	»	du 28 déc. à 40 jours...	Naples		Paris	rem. à Erard...	110	8,600	»
	43	6,000	»	du 5 fév. à 30 jours			Paris	rem. à Lupton..	114	5,985	»
	30	450	»								
	31	150	»	du 28 nov. à 50 jours...	Londres			rem. à Lupton..	114	20,800	»
	29	200	»								
	41	10,000	»	au 25 mars...		sur Petit		encaissé...	116	21,000	»
	47	11,000	»	Id...		sur Renard		à Balthazard...	118	19,125	»
	46	750	»	du 23 fév. à 50 jours...	Londres			encaissé...	119	15,000	»
	44	15,000	»	au 31 mars...		sur Mathieu		rem. à Sergi..	119	7,575	»
	49	1,500	»	du 18 mars à 45 jours...	Livourne			encaissé...	119	9,000	»
	45	9,000	»	au 15 avril...		sur Pacard		rem. à Sergi..	119	10,175	»
	50	2,000	»	du 18 mars à 45 jours...	Livourne			encaissé....	122	5,000	»
	48	5,000	»	au 30 avril...		sur Pinel					
	36	5,000	»								
	38	3,000	»	du 31 déc. à 100 jours...			Paris	à Rigaud...	122	15,980	»
	39	8,000	»								
3	55	6,000	»	du 14 mai à 30 jours...			Paris	rem. à Darson..	123	5,985	»
4	56	5,000	»	au 24 juin...			Paris	id...	123	4,975	»
5	58	6,251	66	Id...			Paris	id...	124	6,220	40
9	52	2,500	»	du 19 avril à 45 jours...	Livourne		Paris	à Marcel...	124	21,125	»
	51	8,000	»	du 7 dit à 60 jours...							
10	66	1,500	»	du 9 juin à 30 jours...	Gênes			rem. à Mailli..	125	7,125	»
11	67	1,000	»	Id...	Gênes			rem. à Darson..	125	4,750	»
12	57	3,000	»	au 24 juin			Paris	rem. à Darson..	125	2,988	75
13	69	2,500	»	du 19 mai à 45 jours...	Livourne		Paris	id...	125	12,812	50
»	70	4,590	33	au 30 juin...			Paris	à Martin...	126	4,590	33
15	59	6,000	»	au 15 juillet...		sur Lecat		encaissé...	126	6,000	»
24	76	2,000	»	du 23 juin à 30 jours...	Gênes			rem. à Mailli..	127	9,450	»
25	63	3,000	»	du 9 dit à 60 jours...			Paris	rem. à Darson.	128	6,895	»
	64	4,000	»				Paris				
29	65	5,000	»	Id...			Paris	id...	128	4,950	»
	60	5,000	»	au 30 juin...		sur Patat					
	73	3,500	»	Id...		sur Vial					
30	54	978	12	Id...		sur Abert		encaissé...	128	17,478	12
	61	3,000	»	Id...		sur Nicolas					
	62	5,000	»								
1	72	1,000	»	du 12 juin à 30 jours..	Gênes			à Marcel...	139	11,838	64
	53	272	64	du 10 mai à 50 jours...	Londres						
5	71	6,000	»	au 5 juillet...		sur Petit		à ɴ/s. Vinal..	129	13,000	»
	75	2,000	»	Id...		sur Niort		à ɴ/s. Ceton.			
	77	5,000	»	au 10 dit...		sur Niel		à Placide...	134	3,290	30
15	79	3,983	2	au 31 dit...	Gênes			à ɴ/s. Vinal..			
	80	13,607	65	au 25 dit...		sur David		à ɴ/c. Ceton.	135	23,107	65
»	74	4,500	»	au 15 dit...		sur Noel					
	78	5,000	»	Id...		sur Martin.					
»	68	2,393	25	Id...	Naples			Vial...	135	9,932	»

| | | | | | | 594,718 | 90 |

DOIT   COMPTES EN BANQUE.

18..				
Fév. 20	A Erard, cte. à 1/2.	la 1/4 de perte sur le cte. à 1/2 avec Erard, de Paris....	112	
Mars 31	A Lupton, cte. à 1/2.	Id. sur le compte à 1/2 avec Lupton........	116	8
Juill. 12	A Mailli, cte. à 1/3.	le 1/3 de perte sur le compte à 1/3 avec Mailli..........	132	2
»	A Darson, cte. à 1/3.	Id. sur le compte à 1/3 avec Darson...........	132	
				1,1

DOIT   n/s. VINAL, *compte-courant.*

Juin 9	A caisse.........	remis comptant.....................	125	3,50
Juill. 5	A portefeuille.....	remis deux effets sur la place........	129	8,00
10	A caisse.........	remis comptant.....................	129	7,00
15	A portefeuille.....	remis un effet sur la place..........	135	13,60
51	A caisse.........	remis pour solde...................	136	17,98
				50,09

DOIT   n/s. CETON, *compte-courant.*

Juin 9	A caisse.........	remis comptant.....................	125	4,90
Juill. 5	A portefeuille.....	remis un effet sur la place..........	129	5,00
10	A caisse.........	remis comptant.....................	129	10,00
15	A portefeuille.....	remis deux effets sur place.........	135	9,50
31	A caisse.........	remis pour solde...................	136	20,69
				500,9

DOIVENT   MAILLI, *de Génes, et* DARSON, *de Pa*

		Colonne de Paris.				Colonne de Génes.				
Juin 2	A Darson....		......	remise de Darson.....	27 juin	5,750	»	»	123	....
6	A Mailli.....	6,895	» 10 juin	remise de Mailli......	......			»	124	...
14	Id........	3,920	» 8 dit..	remise dudit..........	......			»	126	...
15	A Darson....		......	remise de Darson.....	25 juil.	11,500	»	»	126	...
20	Id........		......	remise dudit.........	30 juin	11,442 10		»	127	...
22	A Mailli....	7,000	» 15 juil.	remise de Mailli......	......				127	...
27	Id........	2,985	» 5 dit.	remise de Mailli......	......				128	...
30	A Darson....		......	remise de Darson.....	23 juil.	8,625	»	»	128	...
Juill. 10	A cte. nouv..	9,061 34	......	solde à nouveau......	......				130	...
»	....	1,186 36	......	bénéf. sur ce compte...	......				130	...
		31,047 90				37,317 10	»			.....
Juill. 10	A cte. vieux.			solde du précédent compte.....	10,969	»	»	130	...
»	A Mailli....	395 52	......	le tiers de bénéfice sur le précédent compte..........	......				131	...
12	A Mailli....	8,665 82	......	solde porté à son crédit dans s/c. avec Marseille.........	......				134	...
		9,061 34				10,969	»	»		.....

AVOIR

30	Par Sergi, cte. à 1/2.	la 1/2 de bénéfice sur le compte à 1/2 avec Sergi.......	121	131 61
10	Par Darson, cte. à 1/3.	le 1/3 *Id.* sur le compte à 1/3 avec Darson......	131	395 52
31	Par prof. et pertes...	perte sur ce compte.........................	136	634 68
				1,161 81

AVOIR

31	Par fonds capital....	montant de sa mise de fonds......................	136	15,000 »
»	Par profits et pertes..	la demi de 70,181 82 bénéfice jusqu'à ce jour.......	136	35,090 91
				50,090 91

AVOIR

31	Par fonds capital.....	montant de sa mise de fonds......................	136	15,000 »
»	Par profits et pertes..	la demi de 70,181 82, bénéfice net jusqu'à ce jour...	136	35,090 91
				50,090 91

colonnes de compte à tiers en banque.   *AVOIR*

		Colonne de Paris.				Colonne de Gênes.		
2	Par Mailli...	4,775 »	1 juin.	remise à Mailli.......			123	....
6	Par Darson..	......		remise à Darson......	1 juin.	8,385 8 4	124	....
14	*Id.*.....	......		*id.* audit........	8 juin.	5,846 1 11	126	....
15	Par Mailli...	9,500 »	10 juin	*id.* à Mailli.......	......		126	....
20	*Id.*.....	9,475 »	15 dit.	*id.* audit........			127	....
22	Par Darson..	......		*id.* à Darson......	15 juin	8,385 8 4	127	....
27	*Id.*.....	......		*id.* audit........	22 dit.	3,593 15 »	128	....
30	Par Mailli...	7,125 »	25 juin	*id.* à Mailli......	......		128	....
10	....	......		solde des int. et court.	......	137 15 8	130	....
»	Par cte. nouv.	......		solde débiteur à nouv.	......	10,969 » 9	130	....
»	....	172 90		solde des int. et court.	......	......	130	....
		31,047 90				37,317 10 »		....
10	Par cte. vieux	9,061 34		solde du précédent compte...	......		130	....
»	Par Darson..	....		le 1/3 de bque. du précéd. cte.		478 15 2	131	,......
12	Par Darson..	....		solde porté à son débit dans s/c. avec Marseille............		10,490 5 7	134	....
		9,061 34				10,969 » 9		....

DOIT   LUPTON, *de Londres, compte à demi en banque.*

18..

Date		Fr	c	Date		Date	Fo	
Fév. 22	A portefeuille...	240	»	1 mars.	rem. le 22 fév. 6,000 sur Paris	22 fév.	114	5,
24	Id.	800	»	28 fév.	rem. le 24 dit sur Londres	24 dit..	114	20,
25	Id.	269	23	25 dit.	sa traite sur nous	31 mars	115	7,
Mars 10	A divers			....	solde des intérêts et courtages	......	115	
»	A cte. nouveau.	202	54	15 avril	solde de N/. col. crédit. à nouv.	......	115	5,0
»	....	1	03	....	solde des intérêts	......	116	...
»	....	69	91	....	perte sur ce compte	......	116	...
		1,582	**71**					**38,9**
Juill. 31	A caisse	237	49		payé à Simon pour s/c		136	5,9

DOIT   DARSON, *de Paris, compte à tiers en banque.*

Date		Fr	c	Date		Date	Fo	
Juin 3	A portefeuille..	6,000	»	14 juin	rem. le 3 juin sur Paris	3 juin.	123	5,9
4	Id.	5,000	»	24 dit.	rem. le 4 dit id.	4 dit..	123	4,9
5	Id.	6,251	66	24 dit.	rem. le 5 dit id.	5 dit..	124	6,2
11	Id.	4,775	»	18 dit.	rem. le 11 dit, P. 1,000 sur Gênes.	11 dit.	125	4,75
12	Id.	3,000	»	24 dit.	rem. le 12 dit sur Paris.	12 dit.	125	2,9
13	Id.	12,812	50	25 dit.	rem. le 13 dit, P. 2,500 sur Liv.	13 dit.	125	12,8
25	Id.	6,903	75	10 juil.	rem. le 25 dit, F. 7,000 sur Paris.	25 dit.	118	6,8
29	Id.	4,956	25	10 dit.	rem. le 29 dit, F. 5,000 sur Paris.	30 dit.	128	4,95
Juill. 12	....	48	55	......	solde des intérêts.	......	132	...
»	A divers....			......	solde des intérêts et courtages..	......	132	3
		49,747	**71**					**49,89**
Juill. 10	A cte. en bque..	395	52	31 juil.	pour mon 1/3 de bénéfice dans sa colonne avec Mailli		131	39
12	A cte. vieux...	21,596	28	id.	solde du précéd. compte.	31 juil.	132	21,59
»	A Mailli, cte. à 1/3	269	70	id.	le 1/3 de p. sur le cte. de Mailli.		132	26
»	A cte. vieux...	11	97		le 1/3 de perte sur le préc. cte.		132	1
		22,273	**47**					**22,27**

DOIT   MAILLI, *de Gênes, compte à 1/3 en banque.*

Date		Fr	c		Date		Date	Fo	
Juin 10	A portefeuille ..	8,626	»	»	9 juill.	rem. le 10 juin sur Gênes.	10 juin	125	7,12
24	Id.	11,500	»	»	23 dit.	rem. le 24 juin id.	23 dit.	127	9,45
Juill. 12	A compte cour.	6,844	16	11	....	solde créditeur à nouveau	....	121	5,71
»	A divers.				....	solde des intérêts et court.	....	131	2
		26,969	**16**	**11**					**22,30**
Juill. 12	A cte. vieux...	323	4	»		le 1/3 de p. sur le précéd. cte.		132	26
»	A Dars., cte. à 1/3	14	7	6		id. sur le cte. de Dars.		132	1
»	Id.	10,490	5	7		solde de sa col. avec Darson.		134	8,66
		10,827	**17**	**1**					**8,94**

AVOIR

21	Par portefeuille. .	400	»	5 fév. .	rem. sur place par let. du 5 fév.	15 avril	114	9,000	»
23	*Id.*	750	»	13 avril	N/. traite sur lui à 50 jours . . .	23 fév.	114	18,937	50
29	*Id.*	431	37	25 fév.	rem. sur place par let. du 15 fév.	25 mars	115	11,000	»
rs 31	. . . .	1	34	. . . .	pour courtage.	. . . .	116	. . . . .	
		1,582	**71**					**38,937**	**20**
s 10	Par compte vieux.	202	54	15 avril	solde du précédent compte . .		115	5,063	52
31	Par cte. en bque.	34	95	. . . .	la 1/s de p. sur le précéd. cte. .		116	873	87
		237	**49**					**5,937**	**39**

AVOIR

8	Par portefeuille. .	7,960	»	3 juin	rem. sur place, let. du 3 juin.	30 juin.	124	8,000	»
16	*Id.*	5,970	»	10 dit.	*Id.* du 10 juin	5 juill.	126	6,000	»
17	*Id.*	4,728	15	12 dit.	*Id.* sur Gên., P. 1,000, *id.* 12 j.	20 juin.	126	4,763	10
19	*Id.*	4,472	50	14 dit.	*Id.* sur place, let. du 14 juin.	15 juill.	127	4,500	»
28	*Id.*	4,975	»	21 dit.	*Id.* *id.* *id.* du 24 juin.	15 dit. .	128	5,000	»
l. 12	. . . .	45	78	. . . .	pour courtages.	. . . .	132	. . . . .	
»	Par compte nouv.	21,596	28	. . . .	solde débiteur à nouveau. . . .	. . . .	132	21,596	28
»	Par divers	. . . . .		. . . .	perte sur ce compte	. . . .	132	35	92
		49,747	**71**					**49,894**	**30**
l. 12	P. Mailli, cte. à 1/3	8,665	82		solde de la col. de Mailli, 10,490 57 . .		134	8,665	82
15	Par portefeuille. .	13,607	65		sa remise sur David pour solde.		134	13,607	65
		22,273	**47**					**22,273**	**47**

AVOIR

1	Par portefeuille .	7,187	10	6	24 mai	rem. sur place, let. du 24 mai	15 juill.	123	6,000	»	
7	*Id.*	6,021	7	6	2 juin	*Id.* id. du 2 juin.	30 juin.	124	5.000	»	
18	*Id.*	4,132	16	9	12 dit.	*Id,* id. du 12 juin	30 dit. .	127	3,500	»	
21	*Id.*	2,420	15	»	16 dit.	*Id.* id. du 16 juin	5 juillet	127	2,000	»	
26	*Id.*	6,989	11	8	20 dit.	*Id.* id. du	10 dit. .	128	5,000	»	
l. 12	. . . .	217	16	»	. . . .	solde des intérêts et court. .	. . . .	131	. . . . .		
»	Par divers. . . .	. . . . . .			. . . .	perte sur ce compte	. . . .	132	809	09	
		26,969	**16**	**11**					**22,309**	**99**	
l. 12	Par cte. vieux. .	6,844	16	11		solde du précédent compte.	31 juill.	131	5,713	95	
15	Par portefeuille.	3,983	»	2		N/. traite sur lui pour solde. .	. . . . .	134	3,233	54	
		10,827	**17**	**1**					**8,947**	**49**	

DOIVENT — EFFETS A PAYER.

Date			N°	Somme		Échéance	Libellé	Fol.	Somme
18..									
Nov.	12	A caisse	1	100	05	au 10 octobre.	traite de Carri		
			2	10,900	»	au 5 dit.	traite de Carrel	101	19,825
			3	8,825	»	au 12 novemb.			
	25	Id.	4	11,000	»	au 25 novemb.	traite de Wilson	108	11,000
	30	Id.	5	9,850	»	au 30 dit	id.	104	9,850
Déc.	31	Id.	6	4,000	»	au 31 déc.	traite de Carrel.	108	4,000
18..									
Fév.	11	Id.	7	6,200	»	au 31 janvier.	traite de Martini		
			8	9,765	10	id.	traite de Carrel.	110	15,965
	29	Id.	9	8,300	»	au 29 février.	traite d'Erard	115	8,300
Mars	31	Id.	10	7,000	»	au 31 mars.	traite de Lupton	118	7,000
Mai	2	Id.	11	8,000	»	au 30 avril.	traite de Sergy	122	8,000
									83,940

DOIT — SERGY, *de Livourne, compte à demi en banque.*

Date		Libellé	Somme		Date2	Libellé2	Date3	Fol.	Somme2
Avril	10	A portefeuille	1,500	»	3 mai.	remise le 10 avril sur Liv.	10 avril.	119	7,575
	18	Id.	2,000	»	3 mai.	remise le 18 avril id.	18 dit.	119	10,175
	21	A effets à payer	1,584	75	12 avril	sa traite sur nous fin avril.	30 avril.	119	8,000
	30		5	58		solde des intérêts		121	
	»	A divers				solde des intérêts et court.		121	45
	»	A compte en bque.				la 1/2 de bén. sur ce cte.		121	131
	»	A compte nouveau.	15	58	30 mai.	solde créditeur à nouveau		122	77
			5,105	61					26,005
Juin	10	A caisse	15	48		payé pour s/c. à Marin		125	77

DOIT — ERARD, *de Paris, compte à demi en banque.*

Date		Libellé	Somme		Date2	Libellé2	Date3	Fol.	Somme2
Fév.	3	A portefeuille	9,600	»	20 mars	rem. le 3 f., P. 2,000 sur Gênes	3 fév.	110	9,500
	4	id.	8,955	»	11 mars	rem. le 4 f., F. 9,000, sur Paris	4 dit.	110	8,910
	10	A effets à payer	8,280	»	5 fév.	sa traite sur nous.	29 dit	110	8,300
	11	A portefeuille	8,540	»	20 dit	rem. le 11 f., D. 2,000 sur Nap.	11 dit	110	8,600
	20		69	50		solde des int. dans sa col.		111	
	»	A divers				id. et court. dans N/. col.		112	2,56
			35,444	50					35,566
Fév.	20	A compte vieux	4,584	06	31 mars	solde du précédent compte.	31 mars	112	4,584
	»	Id.	6	27		la 1/2 de perte sur ledit.		112	6
			4,590	33					4,590

AVOIR

it 26	Par Carri, s/c.	1	100	05	au 10 octobre.	traite de Carri.	95	100 05
30	Par Carrel, s/c. . . .	2	10,900	»	au 5 dit. . . .	traite de Carrel	96	10,900 »
t. 25	*Id.*	3	8,825	»	au 12 novemb.	*id.*	98	8,825 »
25	Par Wilson, s/c. . . .	4	11,000	»	au 25 dit . . .	traite de Wilson. . . .	100	11,000 »
31	*Id.*	5	9,850	»	au 30 dit . . .	*id.*	100	9,850 »
25	Par Carrel, n/c. . . .	6	4,000	»	au 31 déc. . .	traite de Carrel	103	4,000 »
26	*Id.*	8	9,765	10	au 31 janvier.	*id.*	106	9,765 10
29	Par Martini, n/c. . .	7	6,200	»	*id.*	traite de Martini . . .	107	6,200 »
10	Par Erard, cte. à 1/2.	9	8,300	»	au 29 janvier.	traite d'Erard.	110	8,300 »
25	Par Lupton, cte. à 1/2.	10	7,000	»	au 31 mars. .	traite de Lupton. . . .	115	7,000 »
il 21	Par Sergy, cte. à 1/2. .	11	8,000	»	au 30 avril . .	traite de Sergy	119	8,000 »
								83,940 15

AVOIR

						échéance.				
il 1	Par portefeuille .	990	10	25 mars	rem. sur la place, let. du 25 ms.	30 avril	118	5,000	»
15	*Id.*	1,584	12	7 avril. .	*id.* sur Par. 8,000 *id.* du 7 avril.	20 dit.	119	7,880	»
19	*Id.*	2,500	»	4 juin. .	n/. traite sur lui, à 45 j. du 19 av.	19 dit.	119	13,125	»
30	. . . .	5	07	. . . .	courtages	. . .	121	. . . . .
»	. . . .	26	32	. . . .	sa demi du bénéfice	. . .	122	. . . . .
		5,105	61					26,005	»
30	Par cte. vieux . .	15	48	3o mai .	solde du précédent compte. . .	30 mai	122	77	41

AVOIR

						échéance.				
1	Par portefeuille .	9,900	»	25 janv.	rem. sur place par let. du 25 jan.	25 mars	109	10,000	»
5	*Id.*	6,000	»	5 mars .	notre traite sur lui	5 fév. .	110	5,970	»
20	*Id.*	14,900	»	1 dit . .	rem. sur place, par let. du 16 fév.	31 mars	111	15,000	»
»	. . . .	60	44	. . . .	pour courtage.	. . .	111	. . . . .
»	Par cte. nouveau.	4,584	06	31 mars	solde débiteur à nouveau. . . .	31 mars	112	4,584	06
»	Par divers.	. . . .	.	. . . .	perte sur ce compte.	. . .	112	12	54
		35,444	50					35,566	60
13	Par portefeuille .	4,590	33		n. rem. sur lui au 30 juin pour solde . .		127	4,590	33

[Suit un grand tableau de compte à tiers en banque, à double page (DOIT / AVOIR), partagé en colonnes « COLONNE DE GÊNES » (sous-colonnes Paris, Marseille), « COLONNE DE PARIS » (sous-colonnes Gênes, Marseille) et « COLONNE DE MARSEILLE » (sous-colonnes Gênes, Paris), précédées chacune d'une colonne d'échéances et d'un n° de journal. Les cellules numériques sont en grande partie illisibles à cette résolution.]

[tableau en grande partie illisible]

Le tableau ci-dessus, on voit que chaque associé a une colonne au débit et une au crédit; que cette colonne renferme les colonnes de ses deux co-associés, précédée de la colonne de ses échéances. Pour apprendre la manière de l'employer, je me servirai des articles du journal, savoir:

Sous la date du 1er juin, Mailli, de Gênes, nous fait une remise de F. 6,000, qui a produit à Gênes L./lb 7,187 10 s. Mailli, de Gênes, doit en être débité; donc je passe dans la colonne de Marseille, qui se trouve jointe à celle de Paris dans la colonne de Gênes au crédit de L./lb 7,187 10 s., et dans celle de Gênes, qui se trouve jointe à celle de Paris dans la colonne de Marseille, aussi au crédit de F. 6,000.

Sous la date du 2 juin, Darson, de Paris, fait une remise à Mailli, de Gênes, de F. 1,000, soit L.Tb 5,750, ayant produit à Paris F. 1,775. Mailli, de Gênes, doit en être crédité; donc je passe dans la colonne de Paris jointe à celle de Marseille, dans la colonne de Gênes, au débit, L./lb 5,750. Vient ensuite à Darson, qui a fait cette remise et doit en être crédité. Je porte par conséquent F. 4,775 dans la colonne de Gênes jointe à celle de Marseille, dans la colonne de Paris, au crédit.

Sous la date du 3 juin, nous faisons une remise à Darson, de Paris, de F. 6,000, qui a coûté F. 5,985. Darson doit en être débité; donc je passe dans la colonne de Marseille jointe à celle de Gênes, dans la colonne de Paris, au débit, la somme de F. 6,000, montant de notre remise, que j'accompagne par des points jusqu'à la colonne de Marseille, jointe à celle de Gênes, dans la colonne de Marseille, au débit, où j'écris F. 5,985, montant du coût à Marseille de la remise de F. 6,000 que nous faisons.

Chaque remise ou traite que nous faisons ou que l'on nous fait doit représenter, dans notre colonne, la valeur passée dans la colonne de nos associés. Il n'y a que la colonne des deux associés entre eux dont le débit est porté d'un côté et le crédit de l'autre, et ne doit pas figurer dans notre colonne; c'est en tout la même marche que dans les comptes séparés de nos deux associés.

Pour se pénétrer d'autre exemple, on se pénétrera bien du résumé ci-après: — Si Paris remet à Gênes, on passera cette remise dans la colonne de Paris, qui se trouve dans celle de Gênes, au débit, et dans la colonne de Gênes, qui se trouve dans celle de Paris, au crédit, la même remise, chaque somme suivant la valeur que l'un ou l'autre associé aura donnée.

Si Marseille remet à Gênes ou à Paris, ou fait traite sur ces deux places, on passera dans la colonne de Marseille, qui se trouve dans les colonnes de Gênes ou de Paris, au débit ou au crédit, la remise ou la traite, dont la valeur sera représentée dans les colonnes de Gênes ou de Paris, qui se trouvent dans celle de Marseille, au débit ou au crédit, chaque somme suivant la valeur qui aura été donnée par les uns ou par les autres. Il en est de même pour les remises ou les traites que les deux associés feront à Marseille.

Ces renseignements doivent suffire pour faire comprendre la marche qu'il faut tenir pour pouvoir se servir de ce tableau, en supposant qu'on le préfère à l'autre manière de rapporter du journal sur le grand-livre les comptes à tiers en banque, laquelle manière se trouve détaillée dans le corps des écritures de ce journal, dans les comptes-courants particuliers de chaque associé.

D'après ce tableau, cependant, on voit d'un coup d'œil sa position avec ses co-associés, et par cette même raison, il me paraît préférable. On a besoin de beaucoup d'attention pour ne pas porter dans une colonne la somme qui appartiendrait à une autre.

LIVRE DE CAISSE.

Le livre de caisse se tient par débit et crédit : on ne passe dans ce livre que ce qui est comptant ; on porte au débit de la caisse toutes les sommes que l'on reçoit, et au crédit toutes celles que l'on paie.

Du moment qu'un élève aura dressé sur son cahier de notes les articles qui doivent être passés au journal, il aura le soin de passer sur le livre de caisse, soit au débit, soit au crédit, toutes les sommes reçues ou payées comptant, avant de les passer sur le journal.

Quand l'élève aura passé l'article de caisse sur le journal, il doit avoir la plus grande attention de mettre le folio du journal dans la petite colonne qui se trouve avant les sommes passées sur ce livre de caisse et devant la somme passée.

Avant de solder la caisse, l'élève aura le soin de consulter son livre d'échéance et de porter au débit de la caisse tous les effets échus, et au crédit tous les billets ou les traites échus que l'on est censé avoir payés.

Il portera au crédit de la caisse le montant des frais de commerce faits dans le courant du mois et qu'il doit prendre sur le livre de frais de commerce.

S'il arrivait en soldant la caisse sur le grand-livre que les additions ne fussent pas conformes avec celles du livre de caisse, l'élève sera obligé de confronter et pointer les sommes du grand-livre avec celles du livre de caisse, puisqu'il ne doit avoir passé sur le journal aucun article de caisse que d'après ce livre de caisse tenu par le caissier.

DOIT   CAISSE.

18..

Janv.	2	reçu de N/s. Vinal le montant de sa mise de fonds......	6	15,000	»
	3	*Id.* de N/s. Ceton pour solde de sa mise de fonds......	7	3,250	»
Fév.	6	*Id.* de Poiret pour vente de poivre...............	27	6,250	»
	16	*Id.* de Hilaire pour solde de cotons............	31	806	88
	24	*Id.* de Niel pour 12 barriques huile d'olive.........	34	15,000	»
	25	de Taurel à valoir sur son intérêt aux huiles en participation avec lui...............	35	10,000	»
	29	*Id.* de Michel le montant de son billet fin février......	36	6,000	»
				56,306	88

On peut se dispenser de mettre le mot *reçu* au débit, et le mot *payé* au crédit.

Les additions de la caisse ou d'un compte quelconque doivent toujours être soldées sur la même ligne; et quand d'un côté ou d'autre il y a un blanc, on doit faire une ligne comme dessus qui vienne aboutir à la dernière somme portée.

Fév.	29	solde en caisse.................	37	18,483	82
Mars	2	reçu de Sauze pour excédant d'huile.............	40	30	»
	3	*Id.* de Guibal pour excédant de soude..........	40	1,094	»
	8	*Id.* de Mezan à compte de savon à lui vendu........	41	5,400	»
	17	*Id.* de Gros pour vente de savon.............	43	7,500	»
	27	*Id.* de Laurent pour vente de savon............	44	12,150	»
	28	*Id.* de Garnier à compte de savon à lui vendu.......	44	7,337	»
				51,994	82

Mars	31	solde en caisse.................	44	27,164	82
Avril	8	reçu de Melan pour son passage à Constantinople sur le navire *Annette*, capitaine Florent..........	49	300	»
	10	*Id.* de Mezan le montant de son billet au 10 avril....	50	5,400	»
	»	*Id.* de Marion pour une traite sur lui au 10 avril.....	50	6,000	»
	15	*Id.* de Fabre le montant de son billet au 15 avril....	51	6,657	12
	»	*Id.* de Garnier *id.* *id.* au 15 avril....	51	7,337	»
	19	*Id.* du capitaine Florent pour solde de son compte....	52	13,500	»
	20	*Id.* de Mille à compte du blé à lui vendu.........	52	30,000	»
	28	*Id.* de Benoît pour un intérêt que nous lui cédons sur le corps du navire *Annette*, 2e voyage..........	55	8,000	»
	»	*Id.* de Martin pour un intérêt que nous lui cédons sur la cargaison du navire *Annette*, 2e voyage.......	55	12,000	»
Mai	3	reçu de deux passagers pour leur passage à Livourne...	57	500	»
		A reporter.		116,858	94

CAISSE.   *AVOIR*

18..

Janv.	6	Payé à Bonnet le montant de 25 caisses savon pâle	9	3,125	»
	17	*Id.* à Vergni le montant de la note sur Gênes du 15 cour.	15	4,279	27
	18	*Id.* à Viguier pour solde de savon	16	2,954	07
	22	*Id.* à Marcadier pour solde de sucre	20	223	33
	28	*Id.* à Traner pour excédant d'huile	24	972	50
Fév.	11	*Id.* à Calmet, solde de la note du 11 fév. sur Londres. . .	29	285	»
	13	*Id.* à Romain à compte de coton	30	3,005	»
	22	*Id.* à Favre à compte d'huile	34	8,000	»
	29	*Id.* à Martin notre billet à s/. ordre fin février.	36	6,000	»
	»	*Id.* à Nègre, traite de Girondi fin février	36	3,547	87
	»	Frais de commerce jusqu'à ce jour, suivant le détail audit livre	36	5,431	02

	37,823	06
Solde porté à nouveau. . . . . | 37	18,483	82
	56,306	88

Mars	1	Payé à Quentin pour une année de loyer de notre fabrique à savon.	39	3,000	»
	4	*Id.* à Gay pour un compte de soude	40	400	»
	5	*Id.* aux ouvriers pour une quinzaine de travail	40	250	»
	6	*Id.* à divers pour 80 charges charbon, à F. 3	40	240	»
	»	*Id.* *id.* pour 50 charges chaux.	40	125	»
	7	*Id.* *id.* p. charroi, poids publics, court. et autres frais.	40	500	»
	10	*Id.* à Blanc pour une traite de Wilson au 10 mars	41	6,000	»
	11	*Id.* à Marcadier pour un solde d'huile	41	5,600	»
	14	*Id.* à Marquis pour un compte de soude douce . . . . , .	42	2,150	»
	16	*Id.* aux ouvriers pour une semaine de travail	42	300	»
	18	*Id.* à divers pour achat de 150 charges charbon, à 3 50. .	43	525	»
Mars	19	*Id.* pour divers frais jusqu'à ce jour pour notre fabrique .	43	340	»
	29	*Id.* à Melchior, notre billet à s/. ordre au 31 mars. . . .	44	5,400	»

	24,830	»
Solde porté à nouveau. . . . . | 44	27,164	82
	51,994	82

Avril	1	Payé à Philippe pour l'achat du navire *l'Annette*	47	25,000	»
	2	*Id.* à Cauvin pour son courtage à l'achat dudit navire . .	47	125	»
	3	*Id.* à divers pour radoub, journées d'ouvriers au navire, calfatage, et autres frais	47	3,000	»
	6	*Id.* à divers pour achat de légumes, biscuits et terrailles pour avitaillement et usage du navire *l'Annette* . .	49	1,500	»
	26	*Id.* à Barrielle, net de la négociation de ce jour	54	32,934	»
	29	*Id.* à divers frais de carénage, achat de voiles, et autres frais pour le 2e voyage du navire *l'Annette*	56	3,800	»
	30	*Id.* à Garnier, s/c. de 200 barriques vin rouge.	56	11,970	»
Mai	1	*Id.* à Favre notre billet à s/. ordre fin avril	56	8,000	»
	»	*Id.* à Roman nos billets à s/. ordre fin avril . { 8,000 } { 9,000 } { 7,000 }	56	24,000	»

A reporter. .	110,329	00

				Report du débit. .	116,858	94
	14	*Id.* de Maurin pour vente de P. 600 fortes, à F. 5 25, remises par le capitaine Florent	60	3,150	»
	16	*Id.* de Bertault pour le fret du voyage que le nav. *Annette* a fait à Smyrne pour charger des cotons	60	15,000	»
	19	*Id.* de Flory pour vente du navire *Annette*, avec tous ses agrès et apparaux.	61	20,000	»
	31	*Id.* de Nègre pour une note de négociation sur Paris . . .	63	4,601	40
					159,610	34
Juin	4	solde en caisse	65	7,019	84
	9	reçu de divers à compte de leurs actions sur le navire *Victor-et-Caroline* : de Badin . . . . 12,000 de Cassart. . . . . . . 9,000 de Bellin 6,000	67	27,000	»
	11	*Id.* de Vincent pour excédant de 200 bques. de vin. . . .	67	2,995	»
	12	*Id.* de Moneri pour excédant d'un compte de fromage. .	68	4,844	»
	22	*Id.* de Badin pour solde de ses actions au navire *Victor-et-Caroline*	71	11,210	30
	»	*Id.* de Cassart *id.* *id.* *id.* . .	71	9,568	24
	»	*Id.* de Bellin *id.* *id.* *id.* . .	71	7,926	18
	24	*Id.* de deux passagers pour leur passage aux îles sur le navire *Victor-et-Caroline*	72	1,000	»
Juill.	5	*Id.* de Roche à compte de sucre et café	74	70,000	»
	16	*Id.* du capitaine Drareg pour solde de son compte . . .	77	20,333	32
	31	*Id.* de Roche le montant de son billet au 31 juillet. . . .	80	20,000	»
					181,896	88

		Montant du crédit. . .		110,329 00
Mai	6	Payé à divers pour légumes, biscuits, etc., et poteries à l'usage du 2ᵉ voyage du navire *Annette*.	58	1,100 »
	15	*Id.* au capitaine Florent pour payer l'équipage du navire *Annette*, 2ᵉ voyage.	60	1,200 »
	22	*Id.* au capitaine Florent pour solde de son compte. . . .	61	2,150 »
	26	*Id.* à Benoît à valoir sur son intér. au 2ᵉ voyage du navire *Annette*.	62	6,000 »
Juin	4	*Id.* à Martin pour solde de son intérêt au 2ᵉ voyage du navire *Annette*.	64	4,909 43
	»	*Id.* à Beraud notre billet à s/. ordre au 31 mars.	64	15,902 07
	»	*Id.* p. frais de comm. jusqu'à ce jour suivant le détail. .	64	11,000 »
	»	Solde porté à nouveau. . .	65	7,019 84
				159,610 34

Juin	7	Payé à Vincent p. solde de l'achat du nav. *Victor-et-Car.*	66	5,836 »
	8	*Id.* à Garin pour courtage à l'achat dudit navire.	66	100 »
	10	*Id.* à divers pour journées d'ouvriers, radoub, et autres frais pour le navire *Victor-et-Caroline*.	67	4,000 »
	13	*Id.* à Miniau solde de 400 caisses savon recuit.	68	2,476 58
	16	*Id.* à Roure pour divers sacs légumes, et autres objets à l'usage du navire *Victor-et-Caroline*.	69	3,000 »
	19	*Id.* à Jean prime d'assurance sur 26,000 assurés sur le nav. *V.-et-C.* suivant pol. du 17 juin, not. Paul.	70	780 »
	»	*Id.* à Negrel prime d'assurance sur 20,000 assurés comme dessus.	70	600 »
	20	*Id.* à Paul, notaire d'assurance, pour enregistrement et police du 17 juin	70	30 »
	23	*Id.* au capitaine Drareg pour nous en tenir compte au retour de son voyage	71	2,000 »
Juill.	6	*Id.* à Badin pour 50 pour o/o sur ses actions au navire *Victor-et-Caroline*	75	11,100 »
	»	*Id.* à Cassart 50 pour o/o sur ses actions. *id.* . . .	75	8,880 »
	»	*Id.* à Bellin, *id.* *id.*	75	6,660 »
	17	*Id.* à Paul, notaire d'assurance, les polices ci-après :		
		D'ent. à Liv., cap. Bonamour, sur 6,200 et frais. 65 »		
	»	*Id.* cap. Florent, sur 79,000. . . . . 820 »		
	»	*Id.* à Naples, cap. Mayon, sur 3,642. . . . . 56 »		
	»	*Id.* à Rouen, cap. Amic, sur 5,945. . . . . 118 90		
	»	*Id.* *id.* cap. Henriquez, sur 10,000. . . 206 »		
	»	*Id.* à Constantin., cap. Florent, sur 73,000. . 1,125 »	77	8,479 90
	»	De sortie de Const., cap. Florent, sur 85,000. . 1,524 »		
	»	De Londres à Marseille, cap. Jones, sur 5,000. 53 »		
	»	De Liv. à Marseille, cap. Jourdan, sur 70,000. 543 »		
	»	De Smyrne à Mlle., cap. Florent, sur 25,000. . 389 »		
	»	Des îles à Marseille, cap. Drareg, sur 70,000, . 2,480 »		
	»	*Id.* cap. Martin, sur 30,000. . 1,100 »		
	18	Payé à Borel prime d'assurance sur 10,000 d'entrée aux îles sur le navire *Victor-et-Caroline*, capitaine Drareg, police de Paul du 17 juin	77	300 »
	»	*Id.* à Grimaud prime sur 30,000 comme dessus. . . .	77	900 »
	21	*Id.* à Badin solde de ses actions	79	17,963 34
	»	*Id.* à Cassart *id.*	79	14,370 66
	»	*Id.* à Bellin *id.*	79	10,778 »
	23	Frais de commerce jusqu'à ce jour, suivant le détail audit livre.	79	16,400 »
	24	Payé à Maubert, net de la note de négociation de ce jour sur la place.	79	20,895 »
				135,549 48
		Solde porté à nouveau. . .	80	46,347 40
				181,896 88

18..

Juill. 31	Solde en caisse.	80	46,347	40
Août 24	Reçu de Philippe pour compte de Lorenzo, de Livourne.	95	294	86
31	*Id.* de Victor pour excédant de la note de ce jour. . . .	96	3,573	88
»	*Id.* de Nègre montant de ses billets au fin août. . 6,000 / 7,000	96	13,000	»
Sept. 29	*Id.* de Blanc montant d'une traite sur lui au 25 septemb.	98	8,500	»
Oct. 31	*Id.* de Durand montant d'une traite sur lui au 31 octob.	100	8,200	»
»	*Id.* de Marin pour un effet sur Paris du 31 août à 60 jours au pair	100	5,000	»
Nov. 10	*Id.* d'Agnel pour une traite sur lui au 10 novembre. . .	101	9,000	»
28	*Id.* de Magnan pour excédant de la note sur Londres de ce jour	103	1,150	85
Déc. 30	*Id.* de Blanc pour une traite sur lui au 25 décembre . .	107	9,000	»
			104,066	99
Janv. 31	Solde en caisse	109	36,968	21
Fév. 1	Reçu de Mozart pour une traite sur lui au 25 janvier. . . .	109	7,300	»
Mars 25	*Id.* de Petit pour une traite sur lui au 25 mars.	116	10,000	»
»	*Id.* de Renard *id.* *id.* *id.*	116	11,000	»
Avril 1	*Id.* de Balthazard excédant de note sur Livourne	118	1,450	»
2	*Id.* de Mathieu pour une traite sur lui au 31 mars	119	15,000	»
15	*Id.* de Pacard *id.* *id.* au 15 avril	119	9,000	»
Mai 1	*Id.* de Pinel *id.* *id.* au 30 avril	122	5,000	»
Juin 15	*Id.* de Lecat *id.* *id.* au 15 juin par anticipation.	126	6,000	»
30	*Id.* de Patat *id.* *id.* au 30 juin	128	5,000	»
»	*Id.* de Vial *id.* *id.* *id.*	128	3,500	»
»	*Id.* de Abert *id.* *id.* *id.*	128	978	12
»	*Id.* de Nicolas *id.* *id.* *id.*	128	3,000	»
»	*Id.* dudit *id.* *id.* *id.*	128	5,000	»
Juill. 1	*Id.* de Marcel montant de la note du 1er juillet.	128	11,838	64
			131,034	97
Juill. 10	Solde en caisse	129	32,089	26
15	Reçu de Placide pour la note du 15 juillet.	134	3,290	30
»	*Id.* de Vial pour la note du 15 juillet.	135	9,932	»
			45,311	56

18..

Août	3	Payé à Poncet prime d'assurance de Gênes à Agde, cap. Viau sur F. 20,000, et frais	94	210 »
	8	*Id.* à Taurel solde de son compte.	94	2,885 »
	11	*Id.* à David pour compte de Monier, de Rouen.	94	50 »
	12	*Id.* pour divers comptes de portefaix, emballeurs	94	900 »
	13	*Id.* à Paulin mandat de Girondi à présentation.	94	532 36
Sept.	12	*Id.* à Théodore solde de la note sur Londres de ce jour.	98	6,000 »
Oct.	16	*Id.* à Martin pour excédant de la note du 16 octobre. . .	99	35 »
	17	*Id.* à Barbier pour excédant de la note du 17 octobre. .	99	1,932 37
Nov.	12	*Id.* à David traite de Carri au 10 octobre.	101	100 05
	»	*Id.* à Niel traite de Carrel au 5 octobre.	101	10,900 »
	»	*Id.* à Hugon traite de Carrel au 12 novembre.	101	8,825 »
	25	*Id.* à David traite de Wilson au 25 novembre.	103	11,000 »
	30	*Id.* à Abel traite de Wilson au 30 novembre	104	9,850 »
Déc.	30	*Id.* à Gonel solde de la note de ce jour sur Naples. . .	107	1,502 »
Déc.	31	*Id.* à Noyane solde de la note sur Paris de ce jour . . .	107	8,377 »
	31	*Id.* à Paul traite de Carrel au 31 décembre.	108	4,000 »
18..				67,098 78
Janv.	31	Solde porté à nouveau. . . .	109	36,968 21
				104,066 99

Fév.	2	Payé à Roux pour une note sur Gênes	109	9,500 »
	11	*Id.* à Brun traite de Martini au 31 janvier	110	6,200 »
	»	*Id.* à Brun traite de Carrel au 31 dit.	110	9,765 10
	29	*Id.* à Silvi traite d'Erard au 29 février	115	8,300 »
Mars	31	*Id.* à Tiran traite de Lupton au 31 mars	118	7,000 »
Mai	2	*Id.* à Lion traite de Sergi au 30 avril.	122	8,000 »
	31	*Id.* à Rigaud excédant de la note du 31 mai sur Paris. .	122	4,221 03
Juin	9	*Id.* à Marcel solde de la note du 9 juin.	124	2,510 »
	»	*Id.* à N/s. Vinal pour son usage.	125	3,500 »
	»	*Id.* à N/s. Ceton *id.*	125	4,900 »
	»	*Id.* à Thomas, notre commis, à valoir sur ses appointem.	125	300 »
	10	*Id.* à Marion solde du compte de Sergy.	125	77 41
	13	*Id.* à Martin solde de la note du 13 juin	126	8,222 17
	23	*Id.* à Maurel note de négociation du 23 juin	127	9,450 »
Juill.	10	*Id.* à N/s. Vinal pour son usage.	129	7,000 »
	»	*Id.* à N/s. Ceton *id.*	129	10,000 »
	»	Solde porté à nouveau. . . .	129	32,089 26
				131,034 97

Juill.	31	Payé à Thomas, notre commis, solde de ses appointemens.	135	700 »
	»	*Id.* à Simon pour solde du compte de Lupion.	136	5,937 39
	»	*Id.* à N/s. Vinal solde de s/c. courant	136	17,983 26
	»	*Id.* à N/s. Ceton *id.*	136	20,690 91
				45,311 56

LIVRE D'ACHATS ET VENTES.

Ce livre doit se tenir par débit et crédit.

On passe à gauche l'achat de la marchandise en détaillant les quantités, le poids, le prix et les conditions de l'achat, les marques et numéros s'il y en a. Il en est de même d'une marchandise vendue : on ne doit avoir aucun égard de faire suivre plutôt les uns que les autres; on doit y porter indifféremment l'achat et la vente à la suite l'un de l'autre, suivant la date du jour qu'on a fait l'achat ou la vente.

Quand c'est un achat, on le passe à gauche; et à droite en regard on passe ce que cette marchandise est devenue. De sorte que, si on l'expédie, on doit désigner à qui elle a été expédiée et par quelle voie; si on la vend, on en passe la vente pour la faire sortir, et de suite on en passe à gauche la vente à la suite de l'article qui s'y trouvera; et du moment qu'on a payé cet achat, on transcrit la forme du paiement à droite en regard, malgré qu'il y ait un compte acquitté du vendeur.

Si c'est une vente que l'on fait d'une marchandise que l'on a en consignation, on passe cette vente à gauche, à son rang de date; et à droite en regard on passe en détail le paiement que l'on a reçu pour cette vente.

Quand on aura passé l'article sur le journal, on n'oubliera pas de mettre le folio du journal à l'article passé.

Les courtiers, peseurs, jaugeurs doivent être désignés entre deux parenthèses et en tête de l'article, pour qu'il soit plus facile à la personne chargée de vérifier leurs comptes lorsqu'ils le remettront.

Les achats et ventes ont été calculés par kilogrammes.

———————— *4 Janvier* 18.. ————————

J. Acheté de Bonnet (courtier ***), (peseur ***).
N° 1 25 caisses bleu pâle *......
à 25. Pesant net kil. 3125, à F. 100 les 100 kil., payable comptant . . . 3,125 »
   (f° du journal 8.)
 * Détailler le poids caisse par caisse, tel que celui que l'on a pris à la livraison d'accord avec le peseur public , sans oublier les marques, contremarques et numéros.

———————————— 8 ————————————

L. Acheté de Martin (courtier ***), peseur ***).
N° 1 10 bques. sucre brut *......
à 10. Pesant net kil. 4080, à F. 73 53 les 50 kil., payable fin février prochain,
   ci. . . . . 6,000 »
    (j. f° 11.)
 * Détailler le poids barrique par barrique , comme dessus.

———————————— 12 ————————————

V.C. Vendu à Roman (courtier ***), (jaugeur ***).
N° 1 5 fut. huile d'olive surfine du compte de Carri, de Gênes *......
à 50. Miller. 50, à F. 110 la miller., payable fin février. . . . . 5,500 »
    (j. f° 13.)
 * Détailler les futailles comme il est dit dessus.

———————————— 18 ————————————

C. Acheté de Viguier (courtier ***), peseur ***).
N° 1 50 caisses savon bleu pâle *......
à 50. Pesant net kil. 5,208 3 , à F. 120 les 100 kil. , payable en un effet sur Paris
   et le solde comptant. 6,250 »
    (j. f° 16.)

 * Les détailler.

———————————— 22 ————————————

M. Acheté de Marcadier (courtier ***), (peseur ***).
N° 1 10 bques. sucre brut *.....
à 10. Pesant net kil. 4,965 5, à F. 145 les 100 kil., payable comptant. . 7,000 »
    (j. f° 20.)

 NOTE. Cette marchandise devait être payée comptant, mais il a été convenu qu'on paierait fin courant, moyennant un agio que l'on bonifierait à raison de 1/2 p. 0/0 par mois sur 7,000, ce qui a fait une perte de F. 23 55 à déduire sur ladite somme de F. 7,000, comme on le voit au paiement ci-contre.

 * Les détailler.

———————————— 29 ————————————

Vendu à Traner (courtier ***), jaugeur ***).
  10 fut. huile d'olive du compte à demi avec Girondi, de Gênes *......
  Jaugeant miller. 100 , à F. 100 la miller., payable comptant . . . 10,000 »
    (j. f° 24.)

 Cette vente étant faite pour comptant, et l'acheteur ayant payé 15 jours plus tard par une plus forte somme , il a dû bonifier les jours de retard, et a supporté F. 27 60 de perte sur les F. 11,000 qu'il donne , suivant le paiement ci-contre.

 * Les détailler.

18..	25 caisses savon pâle expédiées à **Jacob**, de **Paris**, pour s/c.
Janv. 6	Payé comptant. . . . . 3,125 »
	(f° du journal 9.)

18..	10 bques. sucre brut expédiées à **Lorenzo**, de **Livourne**, pour s/c., par la tartane *l'Annette*, capitaine **Chéri**.
Janv. 10	Remis notre billet fin février. . . . . 6,000 »
	(j. f° 12.)

18..	*Paiement.*
Janv. 14	Reçu son billet fin février. . . . . 5,500 »
	(j. f° 14.)

18.,	50 caisses savon pâle expédiées à **Carrel**, de **Paris**, pour vendre pour N/C.
	Paiement.
Janv. 18	Un effet sur Paris de F. 3,320 97, du 6 janvier à 60 jours de date, ci 3,320 87
	Perte à 3/4 p. o/o. . . . . 24 94 } 3,295 93
	Solde comptant 2,954 07
	6,250 »
	(j. f° 16.)

18..	10 bques. sucre expédiées à **Mariani**, de **Naples**, pour vendre en compte à demi par la bombarde *la Joséphine*, capitaine **Mayon**.
	Paiement.
Janv. 22	Billet de Jean au 31 janvier. . . . . 7,000 »
	Agio bonifié. 23 33
	6,976 69
	Solde remis comptant. 223 33
	7,200 »
	(j. f° 20.)

18..	*Paiement.*
Janv. 29	Reçu 2 billets de Josse au 15 février. . . . . { 6,000 » / 5,000 »
	11,000 »
	Agio bonifié. 27 50
	10,972 50
	Rendu comptant pour excédant. . 972 50
	10,000 »
	(j. f° 24.)

———————————— 5 *Février* 18.. ————————————

Expédié à Carrel, de Paris, pour N/c.
 25 bques. poivre de la partie de 50 sacs du compte à demi avec Wilson *.
 Les détailler ainsi que le poids kil. 2,500, poids total en 2,500 kil.
 * Dans la facture envoyée on ne doit donner que le détail du poids.

———————————————— 6 ————————————————

Vendu à Poiret (courtier ***), (peseur ***).
 25 sacs poivre du compte à demi avec Wilson *......
 Pesant net kil. 2,805 5, à F. 3 le kil., payable comptant. . . . . . 6,250 »
  (fᵒ du journal 27.)
 * Les détailler.

———————————————— 13 ————————————————

Acheté de Romain (courtier ***), (peseur ***).
 100 balles coton.
 (Ces cotons, qui sont un objet de spéculation, doivent se passer sur le livre
de magasin dans lequel on mettra l'achat détaillé; c'est dans ce livre de magasin
qu'on doit le faire sortir quand on les vendra; cependant on peut les détailler sur
le livre d'achats et ventes, si on le désire.)
 Pesant net kil. 16,650, à F. 290 les 50 kil., pour payer 1/2 au 15 février et 1/2
 fin avril . . . . 48,285 »
        Escompte convenu. . . . . 285 »
             48,000 »

   (j. fᵒ 30.)

  NOTE. Dans le paiement ci-contre, il a été passé un agio pour le prompt paiement, malgré qu'il n'en a
pas été question dans les conditions à l'achat; ce qui arrive quelquefois par convenance entre le vendeur
et l'acheteur.
  Il ne doit être fait dans le journal aucun cas de l'escompte obtenu sur une marchandise; c'est autant de
moins que la marchandise coûte, et on ne doit passer que le net au compte de marchandises.

———————————————— 14 ————————————————

Vendu à Mezan (courtier ***), peseur ***).
 30 balles coton de N/c. *......
 Pesant net kil. 5,200, à F. 300 les 100 kil., payable au 31 mars. 15,600 »
  (j. fᵒ 30.)
 Les détailler.

———————————————— 16 ————————————————

Vendu à Hilaire (courtier ***), (peseur ***).
 20 balles coton de N/c· *......
 Pesant net kil. 3,462 3, à F. 305 les 100 kil., payable comptant. 10,560 »
  (j. fᵒ 31.)

 * Les détailler.

Quand Carrel aura remis le compte de vente, on le copiera tel qu'il
l'aura donné . . . . 6,300 »
qui est supposé être 6,300.

(f°. du journal 27.)

18..
Fév. 6 | Reçu comptant . . . . 6,250 »

(j. f° 27.)

18..   *Paiement.*

Fév. 13 | Billets de Josse au 15 février . . . . { 6,000 »
                                                                      5,000 »
Traite sur Paulin   *Id.* . . . . 5,950 »
Traite sur Heraud au 10 mars . . . . 4,000 »

                                     20,950 »
Agio sur 16,950 de prompt paiement . . . .   45 »

                                     20,995 »
Remis comptant . . . . 3,005 »

                                     24,000 »
                                                   8,000)
Nos billets fin avril pour solde . . . .   9,000 } .. 24,000 »
                                                   7,000)

                                     48,000 »

(j. f° 20.)

18..   *Paiement.*
                                                   4,000)
Fév. 14 | Ses billets au 31 mars . . . .   8,000 } .. 15,600 »
                                                   3,600)

(j. f° 30.)

18..   *Paiement.*

Fév. 16 | Traites sur Gas au 15 mars . . . . { 5,000 »
                                                                      7,000 »

                                     12,000 »
Agio bonifié . . . . , . . .   60 »

                                     11,940 »
Rendu un billet de Lantare fin février . . . . . 2,192 36 } 2,186 88
                      Agio . . . . .   5 48 }

                                     9,753 12
Reçu comptant pour solde . . .   806 88

                                     10,560 »

(j. f° 31.)

———————————— 15 *Février* 18.. ————————————

Expédié à Carrel, de Paris, pour vendre en compte à tiers.
50 balles coton de N/C. *......
Pesant net kil. 8,666 7, à F. 300 les 100 kil. . . . . 26,000 »
(f⁰ du journal 30.)

* Les détailler.

———————————— 22 ————————————

Acheté de Favre (courtier ***), (jaugeur ***).
20 bques. huile d'olive surfine en participation avec Taurel *......
Jaugeant miller. 200, à F. 120 la miller., payable 1/3 comptant, 1/3 fin mars,
1/3 fin avril. . . . . 24,000 »
(j. f⁰ 34.)

* Les détailler.

———————————— 24 ————————————

Vendu à Niel (courtier ***), (jaugeur ***).
12 bques. huile surfine d'olive du compte en participation avec Taurel *......
Jaugeant miller. 120, à F. 125 la miller., payable comptant . . . 15,000 »
(j. f⁰ 34.)
* Les détailler.

———————————— 26 ————————————

Vendu à Taurel (sans courtier).
6 bques. huile d'olive surfine du compte en participation avec lui *......
Jaugeant miller. 60, à F. 125 la miller., valeur en compte courant. 7,500 »
(j. f⁰ 35.)
* Les détailler.

———————————— 27 ————————————

Vendu à Giniès (courtier ***), (jaugeur ***).
2 bques. huile d'olive surfine du compte en participation avec Taurel *......
Jaugeant miller. 20, à F. 125 la miller., payable en son billet au 15 mars,
ci. . . . . 2,500 »
(j. f⁰ 35.)
* Les détailler.

———————————— 2 *Mars*. ————————————

Acheté de Sauze (courtier ***), jaugeur ***).
150 miller. huile de Calabre, à F. 50 la miller., payable fin mars. 12,000 »

(j. f⁰ 40.)

———————————— 4 ————————————

Acheté de Gay (courtier ***), (peseur ***).
kil. 4,000 soude salée, à F. 10 les 100 kil., payable comptant . . 400 »
(j. f⁰ 40.)

18.. | On doit copier ici le compte de vente remis par Carrel, de Paris, tel qu'il le donne et qui est . . . . 27,831 »

F. 18,554   nos 2/3 du net produit.
9,277   le 1/3 de Carrel *.

27,831

(f⁰ du journal 32.)

Ce tiers ne se passe pas en écriture ; il est censé que Carrel ne nous tient compte que de nos 2 tiers.

18..

Paiement.

Fév. 22 | Comptant. . . . . , ... : . . . . 8,000 »
Billet de Mezan au 31 mars . . . . 8,000 »
Notre billet fin avril . . . . 8,000 »

24,000 »

(j. f⁰ 34.)

18..

Paiement.

Fév. 24 | Reçu comptant. 15,000 »

(j. f⁰ 34.)

18.. | 6 bques. huile d'olive à passer au débit du compte de Taurel, valeur de 26 février. . . . . 7,500 »

(j. f⁰ 35.)

18..

Paiement.

Fév. 27 | Reçu son billet au 15 mars. . . . . 2,500 »

(j. f⁰ 35.)

18.. | 150 miller. huile employées dans notre fabrication.

Paiement.

Mars 2 | Traite sur Gas au 15 mars. . . . . { 5,000 »
7,000 »

12,000 »
Agio bonifié à 1/4. . . . . 30 »

12,030 »
Reçu comptant pour excédant. . . . . 30 »

12,000 »

(j. f⁰ 40.)

L'agio bonifié provient du prompt paiement qui a été fait au 15 mars au lieu du 31 mars.

18.. | Employé dans notre fabrique.
Mars 4 | Payé comptant. . . . . 400 »
(j. f⁰ 40.)

3 *Mars.*

Acheté de Guibal (peseur ***), (courtier ***).
kil. 9,333 5 soude, à F. 15 les 100 kil., payable comptant . . . . 1,400 »
(fº du journal 40.)

8

Vendu à Mezan (courtier ***), (peseur ***).
kil. 10,800 savon pâle de notre fabrique, à F. 100 les 100 kil., payable ½
comptant et ½ au 10 avril. . . . . .10,800 »
(j. fº 41.)

9

Acheté de Melchior (courtier ***), (jaugeur ***).
20 bques. huile d'olive d'œillette.
Jaugeant miller. 200, à F. 65 la miller., payable fin mars. . . . . 13,000 »
(j. fº 41.)

11

Acheté de Marcadier (courtier ***), (jaugeur ***).
12 bques. huile d'olive.
Miller. 120, à F. 75 la miller., payable en un effet sur Naples et le solde
comptant. . . . . 9,000 »
(j. fº 41.)

12

Vendu à Fabre (courtier ***), (peseur ***).
kil. 6,900 savon pâle de notre fabrique, à F. 96 les 100 kil., payable comptant,
ci. . . . . 6,624 »
(j. fº 41.)

13

Expédié de notre fabrique à Monier, de Rouen, pour vendre pour notre compte,
80 caisses savon pâle, pesant net kil. 10,421, à F. 95. . . . . . . 9,900 »
(j. fº 42.)

14

Acheté de Marquis (courtier ***), peseur ***).
kil. 16,539 soude douce, à F. 13 les 100 kil., payable comptant. 2,150 »
(j. fº 42.)

18..			
		Employé dans notre fabrication.	
		Paiement.	
Mars	3	Billet de Ginier au 15 mars.	2,500 »
		Agio bonifié	6 »
			2,494 »
		Reçu pour excédant.	1,094 »
			1,400 »
		(fo du journal 40.)	

18..			
		Paiement.	
Mars	8	Reçu comptant.	5,400 »
		Son billet au 10 avril.	5,400 »
			10,800 »
		(j. fo 41.)	

18..			
		Employé dans notre fabrique.	
		Paiement.	
Mars	9	Remis deux billets de Mezan fin mars. . . . . {	4,000 » / 3,600 »
		Notre bon au 31 mars pour solde.	5,400 »
			13,000 »
		(j. fo 41.)	

18..			
		Employé dans notre fabrique.	
		Paiement.	
Mars	11	D. 800 sur Naples du 24 janvier à 50 jours, à F. 4 25	3,500 »
		Solde comptant.	5,600 »
			9,000 »
		(j. fo 41.)	

18..			
		Paiement.	
Mars	12	Reçu son billet au 15 avril.	6,657 12
		Pour agio bonifié	33 12
			6,624 »
		(j. fo 41.)	

Cet agio a été bonifié, attendu que Fabre devant payer comptant n'a payé que le 15 avril.

18..			
		Expédié à Rouen sur le navire *le Pythéas*, capitaine Henrique.	
		(j. fo 42.)	

Copier le compte de vente qui donne, lorsque Monier, de Rouen, l'aura remis, un net produit de 9,950.

18..			
		Employé dans notre fabrique.	
Mars	14	Payé comptant	2,150 »
		(j. fo 42.)	

——————————————— 15 *Mars* 18.. ———————————————

Expédié de notre fabrique à Carrel, de Paris, pour vendre au compte à demi.
100 caisses savon bleu pâle pesant net kil. 11,440, à F. 100 les 100 kil.
ci . . . . 11,44 »
(f₀ du journal 42.)

——————————————— 17 ———————————————

Vendu à Gros (peseur ***), courtier ***).
kil. 7,653 savon bleu pâle de notre fabrique, à F. 98 les 100 kil., payable
comptant . . . . 7,500 »
(j. f₀ 43.)

——————————————— 26 ———————————————

Acheté de Calvi (courtier ***), jaugeur ***).
12 futailles huile d'olive.
Jaugeant miller. 120, à F. 78 la miller., payable sur Paris. . . . 9,360 »
(j. f₀ 44.)

——————————————— 27 ———————————————

Vendu à Laurent (courtier ***), (peseur ***).
Kil. 12,150 savon pâle de notre fabrique à F. 100 les 100 kil., payable
comptant. . . . . 12,150 »
(j. f₀ 44.)

——————————————— 28 ———————————————

Vendu à Garnier (courtier ***), (peseur ***).
Kil. 14,822 3 savon pâle de notre fabrique, à F. 99 les 100 kil., payable 1/2
comptant et 1/2 au 15 avril. . . . . 14,674 »
(j. f₀ 44.)

——————————————— 1 *Avril* 18.. ———————————————

Acheté de Philippe (courtier ***).
le navire *l'Annette*, de 200 tx., avec tous ses agrès et apparaux. Suivant
l'inventaire payable comptant. . . . · . . . . 25,000 »
(j. f₀ 44.)

——————————————— 4 ———————————————

Acheté de Plauche (courtier ***).
20 ballots drap, couleurs assorties, aunant ensemble 4,000 aunes, à F. 12
l'une, payable fin courant. . . . . 48,000 »
(j. f₀ 48.)

——————————————— 20 ———————————————

Vendu à Mille (courtier ***).
2,000 ch. blé d'Odessa du compte du 1ᵉʳ voyage du navire *Annette*, à F. 30 la
charge, payable 1/2 comptant et 1/2 fin avril. . . . . 60,000 »
(j. f₀ 52.)

18..	Expédié à Carrel, de Paris, voie de Rouen, par le nav. *le Chéri*, cap. Amic. Compte de vente remis par Carrel, de Paris. . . . . 12,200 »
	P. 6,100 par notre demie du net produit.
	(f° du journal 43.)

18..	*Paiement.*
Mars 17	Reçu comptant. . . . . 7,500 »
	(j. f° 43.)

18..	Employé dans notre fabrication.
	Paiement.
Mars 26	Remis une traite sur Paris du 9 février à 60 jours . . . . 6,300 »
	Id. au 10 avril. . . . . 3,060 »
	9,360 »
	(j. f° 44.)

18..	*Paiement.*
Mars 27	Reçu comptant. . . . . 12,159 »
	(j. f° 44.)

18..	*Paiement.*
Mars 28	Reçu comptant. . . . . 7,337 »
	Son billet au 15 avril pour solde . . . . 7,337 »
	14,674 »
	(j. f° 44.)

18..	*Paiement.*
Avril 1	Payé comptant. . . . . 25,000 »
	(j. f° 47.)

18..	Expédié pour N/c. par le navire *l'Annette*, à Constantinople, à l'adresse de Corte et Cᵉ.
Avril 4	Remis nos billets fin avril. . . . . 10,000 / 12,000 / 11,000 / 15,000) 48,000 »
	(j. f° 48.)

18..	*Paiement.*
Avril 20	Reçu comptant . . . . 30,000 »
	Notre billet au 30 avril ordre Plauche . . . . 15,000 »
	Billet de Mille au 30 avril . . . . 15,000 »
	60,000 »
	(j. f° 72.)

──────────── 30 *Avril* 18.. ────────────

Acheté de Garnier (courtier ***).
  200 bques. vin rouge de 29 à 30 veltes, à F. 60 la barrique, payable au 15
  mai. 12,000   »
(fo du journal 56.)

──────────── 1er *Mai* 18.. ────────────

Acheté de Beraud (courtier ***), (peseur ***).
  68 bques. sucre brut*, pesant net kil. 28,408, à F. 147 les 100 kil., escompte
  2 p. 0/0, payable 1/2 comptant et 1/2 fin mai. 41,759 75
                                        Escompte 2 p. 0/0. . . . .   834 95
                                                                   ─────────
                                                                   40,924 80

  (j. fo 56.)

* Les détailler.

NOTE. Même raisonnement pour l'escompte obtenu sur la marchandise qu'à l'article du 15 février.

──────────── 17 ────────────

Vendu à Nègre (courtier ***), (peseur ***).
  300 sacs poivre lourd* du compte du 2e voyage du navire *Annette*, pesant net
  kil. 30,000, à F. 225 les 100 kil., payable au 15 juillet. 67,500   »
  (j. fo 60.)
* Les détailler.

──────────── 7 *Juin* 18.. ────────────

Acheté de Vincent (courtier ***).
  le navire *Victor-et-Caroline*, de 300 tx., avec tous ses agrès et apparaux,
  payable sur Paris au pair et comptant. 30,000   »
  (j. fo 66.)

──────────── 11 ────────────

Acheté de Vincent (courtier ***).
  200 bques. vin rouge de 29 à 30 veltes, à F. 60 la barrique, payable au 15
  juin 12,000   »
  (j. fo 67.)

18..			
	Chargé sur le navire *Annette* pour Livourne à l'adresse de Leontini, pour N/C.		
	Paiement.		
Avril 30	Remis comptant	11,970	»
	Agio bonifié	30	»
		12,000	»
	(fo du journal 56.)		

18..			
	Chargé sur le navire *Annette*, capitaine Florent, pour Livourne, à l'adresse de Leontini.		
	Paiement.		
Mai 2	Remis un billet de Mille au 30 avril.	15,000	»
	Traite sur Gibert. *id.*	10,000	»
		25,000	»
	Agio bonifié sur F. 4,547 50 excédant de la demie comptant.	22	73
		25,022	73
	Notre billet fin mai pour solde	15,902	07
		40,924	80
	(j. fo 56.)		

18..			
	Paiement.		
Mai 17	Reçu ses billets au 15 juillet.	15,000	»
		18,000	»
		20,000	»
		14,500	»
		67,500	»
	(j. fo 60.)		

18..			
	Paiement.		
Juin 7	Remis 2 traites sur Paris du 24 avril à 100 jours.	14,000	»
		10,164	»
		24,164	»
	Solde remis comptant.	5,836	»
		30,000	»
	(j. fo 66.)		

18..			
	Chargé sur le navire *Victor-et-Caroline*, capitaine Drareg, pour la Martinique, à l'adresse de Bontems.		
	Paiement.		
Juin 11	Remis un billet de Nègre au 15 juin.	15,000	»
	Reçu comptant pour excédant. 2,995		
	Pour agio 5	3,000	»
		12,000	»
	(j. fo 67.)		

──────────────────── 22 *Juin* 18.. ────────────────────

Acheté de Monéri (courtier ***), (peseur ***).
  60 bques. fromage de Hollande * pesant net kil. 10,153 1, à F. 130 les 100
    kil. payable fin juillet. 13,200   »
(fᵒ du journal 68.)

  * Les détailler.

──────────────────── 13 ────────────────────

Acheté de Miniau (courtier ***), (peseur ***).
  400 caissons savon recuit * pesant net kil. 26,315 8, à F. 95 les 100 kil.,
    payable au 15 juin 25,000   »
    (j. fᵒ 68.)

  * Les détailler.

──────────────────── 5 *Juillet* 18.. ────────────────────

Vendu à Roche (courtier ***), peseur ***).
  du compte du navire *Victor-et-Caroline.*
    100 bques. café *, kil. 40,000, à F. 150 les 100 kil.   60,000   »
    100 bques. sucre brut, kil. 41,666 7, à F. 120 les 100 kil. . .   50,000   »

    (j. fᵒ 74.)   110,000   »

  * Les détailler.

──────────────────── 15 ────────────────────

Vendu au capitaine Drareg le navire *Victor-et-Caroline* avec tous ses agrès et
  apparaux. 25,000   »
    (j. fᵒ 76.)

18..	Chargé sur le navire *Victor-et-Caroline*, cap. Drareg, pour la Martinique.		
	Paiement.		
Juin 12	Remis un billet de Nègre au 15 juin.	18,000	»
	Agio bonifié.	44	»
		18,044	»
	Reçu comptant pour excédant	4,844	»
		13,200	»
	(f° du journal 68.)		

18..	Chargé pour la Martinique sur le navire *Victor-et-Caroline*, cap. Drareg.		
	Paiement.		
Juin 13	Remis un billet de Nègre au 15 juin.	20,000	»
	Billet de Martin *id*.	2,517	42
		22,517	42
	Comptant. . . . . 2,476 58 } 2,482 58		
	Agio. . . . . 6 » }		
		25,000	»
	(j. f° 68.)		

18..			
Juill. 5	*Paiement.*		
	Reçu comptant	70,000	»
	Ses billets fin juillet. . . . . 20,000 }	40,000	»
	fin août. . . . . 20,000 }		
		110,000	»
	(j. f° 74.)		

18..	Débiter le capitaine Drareg en compte courant.	25,000	»
	(j. f° 76.)		

19

LIVRE DE FACTURES.

Ce livre doit contenir en même temps les factures d'achat et les comptes de vente des marchandises que l'on achète et que l'on expédie, et de celles que l'on a vendues pour compte d'amis.

On ajoute les frais et la commission au montant de l'achat de la marchandise quand c'est une facture d'achat, et on les déduit quand c'est un compte de vente.

La commission que l'on passe sur une facture est toujours à 2 p. o/o, et se prend sur le montant de la marchandise achetée, à laquelle on aura ajouté les frais quand c'est une facture d'achat, et quand c'est un compte de vente, on le prend sur le montant de la marchandise vendue.

En dressant une facture ou un compte de vente, on doit mettre en marge les marques, contremarques et numéros qui seront sur les objets que l'on facture.

Les frais n'ont pas été détaillés dans les factures de ce Cours; je n'ai pas cru nécessaire de les mettre, étant sujets à de grandes variations, suivant la nature de la marchandise.

On doit faire un répertoire par lettre alphabétique, dans lequel on inscrit tous les noms des correspondans à qui on expédie et de ceux à qui on remet compte de vente, pour les trouver de suite si le cas l'exige.

L'assurance dans une facture d'achat doit se passer en ligne de frais ou séparée si on veut, et la commission doit être prise comme à l'ordinaire sur la totalité, à moins qu'il n'y ait une condition particulière pour l'assurance.

Quand on dresse une facture d'achat, on doit la dresser d'après le cahier d'achats et ventes, où l'on trouve les poids, quantité et montant de la marchandise, et les frais d'après la note d'accord avec les fournisseurs.

Quand c'est un compte de vente, on le dresse d'après le livre de magasin, où l'on trouve la quantité de la marchandise reçue, le nom de celui qui l'a expédiée, et les frais que l'on y aura ajoutés lorsqu'on a payé.

Marseille, 5 janvier 18..

J.   Facture du coût et frais de 25 caisses savon pâle, achetées d'ordre et pour
Nᵒ 1   compte de M. Jacob, de Paris, et à lui expédiées à droiture par l'entremise de
à 25.   MM***, commissionnaires-chargeurs de cette ville, à raison de..... le o/o pesant.
     (Il convient de désigner le prix de la voiture, crainte qu'un voiturier infidèle
ne le changeât sur la lettre de voiture.)
     25 caisses savon pâle (détailler le poids caisse par caisse),
       Pesant net kil. 3,125, à F. 100 les 100 kil. 3,125   »
Frais à ajouter :

Poids public.	6 25	
25 caisses.	40 »	
Emballages, cercles, cordes et façon.	32 50	92 91
Portefaix	3 75	
Courtage à 1/3 p. o/o	10 41	

                                   3,217 91
     Commission à 2 p. o/o. 64 35

                                     3,282 26

(fᵒ du journal 9.)

Le courtage se prend toujours à 1/3 p. 0/0 sur le montant de la marchandise lorsque la somme
dépasse 1,200, et à 1/2 lorsqu'elle est en dessous de 1,200, à moins d'un accord particulier.

9

L.   Facture du coût et frais de 10 bques. sucre brut achetées d'ordre et pour
Nᵒ 1   compte de M. Lorenzo, de Livourne, et à lui expédiées par la tartane *l'Annette,*
à 10.   capitaine Chéri.
     10 bques. sucre brut (les détailler),
       Pesant net kil. 4,080, à F. 73 53 les 50 kil. 6,000   »
Frais à ajouter :

Poids, portefaix et autres frais, environ	38	58 »
Courtage à 1/3 p. o/o.	20	

                                     6,058   »
     Assurance sur 6,200, à 1 p. o/o, et frais 65   »

                                     6,123   »
     Commission à 2 p. o/o 121 86

(j. fᵒ 11.)   6,244 86

(On voit par cette facture que l'assurance a été passée en ligne de frais, et que
la commission a été perçue au même taux sur la totalité, à moins qu'il n'y ait
une condition particulière pour l'assurance.)

13

V C.   Compte de vente et net produit de 5 fut. huile surfine d'olive, du compte de
Nᵒ 1   M. Carri, de Gênes, et de son envoi par la tartane *Sainte-Anne,* cap. Bardino.
à 5.   5 fut. huile surfine d'olive.
     (Détailler les barriques par numéros et jauge.)
       Net miller. 50, à F. 110 la miller. 5,500   »
Frais à déduire :

Nolis, droits de douane, jauge, tonnelier et autres, environ.	937 35	
Courtage à 1/3 p. o/o.	18 33	
	955 68	1,065 68
Commission à 2 p. o/o.	110 »	

(j. fᵒ 14.)   Net produit. 4,434 32

(Quand un négociant est garant de la personne à qui il a vendu sa marchandise, il prend ordinairement un dû-croire de 1 p. o/o qui se passe avec la
commission, ce qui la porte à 3 p. o/o au lieu de 2 p. o/o.)

———————————— 19 *Janvier* 18.. ————————————

C. Nᵒ 1 à 50.	Facture du coût et frais à 50 caisses savon pâle expédiées à **M. Carrel**, de Paris, pour vendre pour notre compte.

50 caisses savon pâle (détailler les caisses),
   Pesant net kil. 5,208 3, à F. 120 les 100 kil. . . . . 6,250 »
Frais à ajouter :
Poids public, portefaix, caissier, et autres, environ. 166 17 ⎫
Courtage, 1/3 p. o/o. . . . . 20 83 ⎭ 187 »

(fᵒ du journal 17.)   6,437 »

(Quand la facture nous regarde, on ne passe pas de commission.)
(Cette facture étant pour notre compte ne doit pas être envoyée à l'ami, et ne doit servir que pour être passée en écritures ; l'ami ne doit recevoir qu'une note de détail du poids et de la quantité expédiée.)

———————————————— 23 ————————————————

M. Nᵒ 1 à 10.	Facture du coût et frais à 10 bques. sucre brut expédiées à **M. Mariani**, de Naples, pour vendre en cte. à demi avec lui, par la bombarde *la Joséphine*, cap. Mayon.

10 bques. sucre brut (détailler les barriques),
   Pesant net kil. 4,965 5, à F. 145 les 100 kil. . . . . 7,200 »
Frais à ajouter :
Poids public, portefaix, tonnelier, et autres frais,
   environ . . . . 60 ⎫
Courtage 1/3 p. o/o. . . . . 24 ⎭ 84 »

                           7,284 »

F. 3,642 la 1/2 de **M. Mariani**.
   3,642 notre 1/2.
     56 assurance à 1 1/2 p. o/o, et enregistrement.

   3,698

(j. fᵒ 21.)

(Il y a des négocians qui passent la commission à 2 p. o/o sur la facture, mais alors l'ami qui vend la marchandise en passe une dans le compte de vente qu'il remet ; ordinairement on n'en passe point.)

———————————————— 30 ————————————————

G. Nᵒ 1 à 10.	Compte de vente et net produit de 10 fut. huile d'olive du compte à demi avec Girondi, de Gênes, et de son envoi par la tartane *l'Assomption*, cap. Regy.

10 fut. huile d'olive (les détailler),
   Jaugeant miller. 100, à F. 100 la millerolle . . . . 10,000 »
Frais à déduire :
Nolis, droits, jauge et autres frais, environ . . 1,666 67 ⎫
Courtage à 1/3 p. o/o. . . , ... 33 33 ⎭ 1,700 »

                  Net produit. . . . . 8,300 »

4,150 la 1/2 de **M. Girondi**.
4,150 notre 1/2.

8,300

(j. fᵒ 25.)

———————————— 4 *Février* 18.. ————————————

Note de l'assurance de sortie de Londres pour Marseille sur facultés en poivre chargées à bord du navire *l'Edmond*, cap. Jones.
   F. 5,000 (détailler les assureurs), à 1 p. o/o. . . . . 50 »
   Police et enregistrement. . . . . 3 »

(j. fᵒ 26.)   53 »

———————————— 8 *Février* 18.. ————————————

V
W.

N° 1

à 50.

Compte de vente et net produit à 5o sacs poivre de compte à demi avec Wilson, de Londres, et de son envoi par le navire *l'Edmond*, cap. Jones.

25 sacs poivre, kil. 2,083 4, à F. 3 le kil.	6,250	»
25 *Id.* expédiés à Paris et ayant produit net	6,300	»
	12,550	»

* Remettre la copie du compte de vente de Paris.

Frais à Marseille à déduire :

Nolis, droits et autres frais, environ.	1,658 15		
Courtage 1/3 p. o/o.	41 85	1,763	»
Notre dû-croire.	63 »		
		Net produit.	10,787	»

F.   5,393 50 la 1/2 de M. Wilson.
      5,393 50 notre 1/2.

      10,787 »

(f° du journal 28.)

———————————— 15 ————————————

C.

N° 51

à

100.

Facture du coût et frais à 50 balles coton expédiées à M. Carrel, de Paris, voie de Rouen, par le navire *le Prudent*, cap. Laure, pour vendre en participation, savoir : 2/3 pour nous et 1/3 pour lui.

50 balles coton (les détailler),

Pesant net kil. 8,666 7, à F. 300 les 100 kil.	26,000	»

Frais à ajouter :

Poids public, portefaix, emballeur, et autres frais, environ.	263 34		
Courtage à 1/3 p. o/o.	86 66	350	»
		26,350	»

F.   8,783 33 le 1/3 de M. Carrel.
    17,566 67 nos 2/3.

    2,6350 »

(j. f° 30.).

———————————— 13 *Mars* 18.. ————————————

M.

N° 1

à 80.

Facture de 80 caisses savon pâle de notre fabrique expédiées à Monier, de Rouen, pour vendre pour notre compte par le navire *le Pythéas*, cap. Henrique.

80 caisses savon pâle (les détailler),

Pesant net kil. 10,421, à F. 95 les 100 kil.	9,900	»

Frais à ajouter :

Portefaix, poids public, et autres, environ.	240	»
Assurance sur 10,000, à 2 1/2 p. o/o, et police.	206	»
(j. f° 42.)	10,346	»

———————————— 15 ————————————

C.

N° 1

à

100.

Facture de 100 caisses savon pâle de notre fabrique expédiées à M. Carrel, de Paris, pour vendre en compte à demi avec lui, voie de Rouen, par le navire *le Chéri*, cap. Amic.

100 caisses savon pâle (les détailler),

Pesant net kil. 11,440, à F. 100 les 100 kil.	11,440	»

Frais à ajouter :

Caisse, emballage, et autres frais, environ.	450	»
	11,890	»

(Suite comme ci-contre.)

F. 5,945 la 1/2 de M. Carrel.
   5,945 » notre 1/2.
    118 90 assurance sur 5,945, à 1 7/8, et police.

  6,063 90.

(f° du journal 42.)

───────────────── 5 *Avril* 18.. ─────────────────

C. C. Facture du coût et frais à 20 balles drap, couleurs assorties, expédiées à
N° 1 Constantinople par le navire *Annette*, capitaine Florent, à l'adresse de MM.
    Coste et Comp.
à 20. 20 balles draps assortis, aunant 4,000 aunes, à F. 12 l'aune . . . 48,000 »
               Frais à ajouter :
    Emballeur, portefaix, etc., environ . . . . 60 }
    Courtage 1/3 p. o/o . . . . 160 } 220 »

                              48,220 »

(j. f° 48.)

───────────────── 7 ─────────────────

Note de l'assurance faite sur corps et cargaison du navire *Annette*, capitaine
Florent, d'entrée à Constantinople, savoir :
    Sur 25,000 à 1 1/2 p. o/o sur le corps, et police. . . . . 385 »
    Sur 48,000 à 1 1/2 sur la cargaison, et police . . . . 740 »

                            1,125 »

(j. f° 49.)

───────────────── 11 ─────────────────

Note de l'assurance faite de sortie de Constantinople à Marseille sur le corps
et cargaison du navire *Annette*, capitaine Florent.
    Sur 25,000 sur le corps à 1 3/4 p. o/o, et police . . . . 449 »
    Sur 60,000 sur la cargaison, à   *id.* . . . . 1,075 »

                            1,524 »

(j. f° 50.)

───────────────── 21 ─────────────────

Compte de vente et net produit de 2,000 charges blé d'Odessa du compte du
1er voyage du navire *Annette*, cap. Florent, d'envoi de M. Coste, etc.
    2,000 ch. blé d'Odessa, à F. 30 la charge. . . . . 60,000 »
               Frais à déduire :
    Droits, portefaix, et autres frais, environ. . . . . 1,800 }
    Courtage à 1/3 p. o/o . . . . 200 } 2,000 »

                  Net produit. . . . . 58,000 »

(j. f° 52.)

───────────────── 4 *Mai* 18.. ─────────────────

Note de l'assurance faite d'entrée à Livourne sur le corps du navire *Annette*,
capitaine Florent, sur 25,000, à 1 p. o/o, et police. . . . . . . 260 }
         Commission à 1/2 o/o. . . . . 125 } 385 »
(j. f° 57.)

───────────────── 5 ─────────────────

Note de l'assurance faite d'entrée à Livourne sur la cargaison du navire
Annette, capitaine Florent, sur 54,000, à 1 p. o/o et police. . . . . . . 560 »
         Commission à 1/2 p. o/o. . . . . 270 »

(j. f° 57.)   830 »

2 *Mai* 18..

Facture du coût et frais des marchandises ci-après chargées sur le navire *Annette*, capitaine Florent, dans son deuxième voyage en destination pour Livourne, à l'adresse de **M. Leontini**.

200 bques. vin rouge de 29 à 30 veltes, à F. 60 la barrique, ci	12,000 »		
Frais, environ. 1,325	1,365 »	}	13,365 »
Courtage 1/3 p. o/o. 40			

60 bques. sucre brut, pes. kil. 28,408, à F. 147 les 100 kil.	41,750 »		
Escompte 2 p. o/o.	835 20		
	40,924 80	}	41,459 »
Frais, environ. 398 60	535 »		
Courtage à 1/3 p. o/o. 136 40			

	54,824 80
Notre commission à 2 p. o/o.	1,076 50
	55,901 30

(fo du journal 57.)

(Les frais dans cette facture ont été mis avec la marchandise pour laquelle ils ont été faits, attendu que si le capitaine en arrivant voulait vendre sur facture, il fût fixé sur ce qu'il pourrait demander de la marchandise qu'on lui traiterait ; il n'aurait que la commission à répartir.)

10

Note d'assurance faite de sortie de Livourne à Marseille sur 300 balles poivre à bord du navire *la Sapho*, capitaine Jourdan.

Sur 70,000, à 3/4 p. o/o, et police.	543 »	}	893 »
Notre commission à 1/2 p. o/o.	350 »		

(j. fo 59.)

11

Note de l'assurance faite sur le corps du navire *Annette*, cap. Florent, de sortie de Smyrne à Marseille.

Sur 25,000 à 1 1/2 p. o/o, et police.	389 »
Notre commission à 1/2 p. o/o.	125 »
	514 »

(j. fo 59.)

18

Compte de vente et net produit de 300 balles poivre noir, du compte du 2e voyage du navire *Annette* à Livourne, et d'envoi de Leontini, de ladite ville, par le navire *la Sapho*, capitaine Jourdan.

300 balles poivre noir pesant net kil. 30,000, à F. 225 les 100 kil.	67,500 »		

Frais à déduire :

Droits, nolis, poids public, portefaix, et autres frais, environ.	7,575 »		
Courtage à 1/3 p. o/o.	225 »		
	7,800 »	}	9,150 »
Commission à 2 p. o/o.	1,350 »		
			58,350 »

(j. fo 61.)

──────────── 14 *Juin* 18.. ────────────

Facture du coût et frais des marchandises ci-après chargées sur le navire *Victor-et-Caroline*, capitaine Drareg, en destination pour les îles françaises d'Amérique, à l'adresse de Bontems, à Saint-Pierre (Martinique).

200 bques. de 29 à 39 veltes, vin rouge, à F. 60 la barrique, ci.	12,000	»	
Frais (détaillés), environ.	260	»	12,260 »
60 bques. fromage de Hollande, net kil. 10,153 1, à F. 130 les 100 kil.	13,200	»	
Frais, environ	200	»	13,400 »
400 caisses savon recuit, pesant net kil. 26,315 8, à F. 95 les 100 kil.	25,000	»	
Frais, environ	413 72		25,413 72

	51,073 72
Commission à 2 p. o/o.	1,021 48
	52,095 20

(f° du journal 68.)

──────────── 17 ────────────

Note de l'assurance d'entrée à Saint-Pierre (Martinique) sur corps et cargaison du navire *Victor-et-Caroline*, capitaine Drareg.

Assureurs :

10,000	Borel.	300	»	
20,000	Negrel.	600	»	
30.000	Grimaud.	900	»	2,616 »
26,000	Jean.	780	»	
	Police et enregistrement.	36	»	
	Notre commission sur 86,000 à 1/2.			430 »

	3,046 »

(j. f° 69.)

──────────── 30 ────────────

Note de l'assurance faite de sortie des îles françaises d'Amérique sur corps et cargaison du navire *Victor-et-Caroline*, capitaine Drareg.

Sur F. 7,000 à 3 1/2, et police	2,480 »
Commission à 1/2 p. o/o.	350 »
	2,830 »

(j. f° 73.)

──────────── 1er *Juillet* 18.. ────────────

Note de l'assurance faite de sortie de Saint-Pierre (Martinique) sur facultés en café à bord du navire *le Prudent*, capitaine Martin.

Sur F. 30,000, à 3 1/2 p. o/o, et police.	1,100 »
Commission à 1/2 p. o/o.	150 »
	1,250 »

(j. f° 16.)

──────────── 25 ────────────

Note de l'assurance de sortie de Gênes à Agde faite sur facultés en huile à bord du brigantin *le Désiré*, capitaine Vian.

Sur F. 20,000, à 1 p. o/o, et police.	210 »
Notre commission à 1/2 p. o/o.	100 »
	310 »

(j. f° 80.)

———————— 8 *Juillet* 18.. ————————

Compte de vente et net produit des marchandises ci-après d'envoi de Bontems, de Saint-Pierre (Martinique), vendues pour compte des actionnaires du
navire *Victor-et-Caroline*, capitaine Drareg.

100 bques. sucres reçues par ledit navire, kil. 41,666 7, à F. 120 les 100 kil., ci.	50,000	»
100 bques. café reçues par le navire *le Prudent*, cap. Martin, kil. 40,000, à F. 150 les 100 kil.	60,000	»
	110,000	»

Frais à déduire :

Droits, poids public, portefaix, environ. . . 13,366 66	}	15,566	66
Notre commission à 2 p. o/o. . . 2,200 »			

Net produit. 94,433 34

(f⁰ du journal 75.)

Comptes du capitaine Drareg *.

N° 1.

Nolis exigé de divers à Saint-Pierre (Martinique) :

de Latil. . . . . (L. des îles).	454	15
de Lopès.	4,200	»
de Chanteduc	1,100	»
de Vicar.	911	18
	6,666	13

(j. f⁰ 75.)

* Le capitaine ordinairement ne remet jamais de compte bien détaillé; je ne les ai mis sur le livre de
factures que pour donner une idée à l'élève comment les capitaines devraient les présenter.

N° 2.

Salaires payés à l'équipage aux îles :

à Jean. . . . . (L. des îles).	600	»
à Turcas.	500	»
à Tomi.	650	»
à Garoute	1,000	»
à Garat	250	»
	3,000	»

(j. f⁰ 75.)

Frais faits au navire Victor-et-Caroline *pendant son séjour
à la Martinique.*

N° 3.

au calfat . . . . (L. des îles).	831	»
pour achat d'une voile.	500	»
pour avoir fait réparer le mât.	1,039	»
autres menus frais.	407	16
	2,777	16

(j. f⁰ 75.)

Achats divers pour le navire Victor-et-Caroline *à la Martinique.*

N° 4.

Légumes, volailles, biscuits (les détailler) . . . . D. 2,000 »

(j. f⁰ 75.)

*Frais divers faits par le capitaine **Drareg** dans sa traversée des îles à **Marseille**,
pour compte du navire* Victor-et-Caroline.

N° 5.

Voile qu'il a fait réparer à Gibraltar . . . . 350 »
Frais de séjour et réparations au navire dans ledit port . . . . 250 »

600 »

(j. f° 76.)

Salaires payés à Marseille à l'équipage.

N° 6.

à Garoute . . . . 800 »
à Jean . . . . 500 »
à Turcas. . . . . 600 »
à Garcin. . . . . 800 »
à Paul. . . . . 300 »

3,000 »

(j. f° 76.)

N° 7.

Nolis exigé à Marseille de divers :
de Peyronet. . . . . 1,500 »
de Nicolas . . . . 2,000 »
de Melis. . . . . 1,000 »

4,500 »

(j. f° 76.)

LIVRE DE MAGASIN.

Ce livre est très nécessaire chez un négociant, malgré qu'il soit tenu comme le livre d'achats et ventes, c'est-à-dire par entrée et sortie de la marchandise.

On doit y inscrire toutes les marchandises que l'on reçoit pour comptes d'amis, ainsi que celles sur lesquelles on a un intérêt et dont on est chargé de la vente, et celles que l'on achète par spéculation; enfin, toutes celles que l'on est obligé de mettre en magasin et qui sont censées n'être pas vendues de suite.

Du moment qu'on a reçu une facture ou un connaissement qui détaille la quantité de marchandises que l'on doit recevoir et mettre en magasin, on l'inscrira sur ce livre de magasin en copiant la facture telle quelle si on en reçoit une; et du moment qu'on paiera quelques frais concernant cette marchandise, on les écrira à la suite jusqu'à la vente totale de cette marchandise; on y ajoutera le courtage, le magasinage et la commission, avant d'en dresser le compte de vente qui doit être pris sur ce livre.

Quand on aura vendu cette marchandise, ou en totalité ou en partie, après avoir passé cette vente dans le livre d'achats et ventes en détail, on le passe en sortie dans ce livre de magasin sous la même date du livre d'achats et ventes.

On aura le soin d'avoir un répertoire par lettre alphabétique, dans lequel on inscrira le nom des marchandises que l'on a en magasin pour pouvoir les trouver plus tôt au besoin.

HUILE *du compte de Carri , de Gênes , et de son*

(Si on reçoit une facture , on la copiera telle quelle on la recevra ; si l'on ne reçoit qu'une note de quantité, on la copiera également telle quelle, ainsi que les marques, contremarques et numéros.

V C.

Nº 1 à 5.

5 fut. huile surfine d'olive.

Nº	1	miller.	9	2
	2		9	2
	3		10	1
	4		10	»
	5		10	3
		miller.	50	»

Il n'y a que la contenance de barriques ; il est censé qu'on n'a point envoyé de prix, comme c'est l'usage.

NOTE. Du moment qu'on aura payé quelques frais relatifs à cette marchandise , le commis chargé du livre de magasin aura attention de les passer de suite comme ci-après , parce que quand il dressera le compte de vente de cette marchandise , il copiera les frais sur le compte de vente.

Frais :

Nolis, chapeau	150	»
Droits de douane, octroi, etc.	750	»
Jauge à la réception et à la vente.	8	75
Permis, portefaix, tonnelier, et autres.	18	60
Magasinage	10	»
Courtage à 1/3 p. o/o.	18	33
	955	68
Commission à 2 o/o.	110	»
	1,065	68

(Cette colonne qu'on tiendra un peu large sert à mettre la date du jour qu'on aura loué un magasin, le numéro du magasin et l'emplacement où se trouve ce magasin, ainsi que la date du jour qu'on aura rendu la clé de ce magasin ; cela étant nécessaire pour fixer le montant du magasinage que l'on doit passer dans le compte de vente.)

HUILE *d'olive surfine du compte à demi avec Girondi, de Gênes ,*

G.

Nº 1 à 10.

10 fut. huile d'olive surfine.
    (Copier la facture reçue.)

Montant miller. 100.	P. 1,479	80
Notre demie. . . . . P. 739 90		
faisant au change de F. 4 77	F. 3,529	34

Frais :

Nolis, droits, jauge, et autres, environ. . . .	F. 1,666	67
Courtage à 1/3 p. o/o.	33	33
	F. 1,700	»

(On ne passe pas de commission, Girondi n'en ayant point passé dans sa facture d'achat.)

envoi par la tartane Sainte-Anne, *capitaine Bardino.*

Quand on aura vendu la marchandise ci-contre en totalité ou en partie, après l'avoir passée en détail au livre d'achats et ventes, on la passera également dans ce livre et en regard jusqu'à ce qu'elle soit toute vendue.

18..	Vendu à Roman, pour payer fin février,
Janv. 12	5 fut. huile d'olive surfine, miller. 50, à F. 110 la miller. . 5,500 »

(On peut se dispenser de détailler barrique par barrique quand on vend à une seule personne, ce détail se trouvant passé sur le livre d'achats et ventes; l'usage du livre de magasin étant pour reconnaître la quantité de marchandises qui existe en nature.)

(Quand on aura dressé le compte de vente, on aura le soin de désigner le jour qu'on l'aura remis à son ami, pour n'être pas obligé de le refaire une seconde fois.)

Remis le compte de vente
le 13 janvier 18..

---

et de son envoi par la tartane l'Assomption, *capitaine Regy.*

18..	
Janv. 29	Vendu à Traner pour comptant.
	10 fut. huile d'olive, miller. 100, à F. 100 la miller. . . . . 10,000 »

Remis le compte de vente
le 30 janvier 18..

POIVRE *de compte à demi avec Wilson, de Londres,*

V **W.** **N° 1 à 50.**	50 sacs poivre (copier la facture que l'on a dû recevoir), pesant net kil. 4,183 05. . . . . St. 400 »
	Notre demie, St. 200 au change de 2,500 . . . F. 5,000 »
	Nolis, droits, portefaix, poids public, environ. . F. 1,658 15 Courtage à 1/3 p. o/o. . . . . · . . 41 85
	F. 1,700 »

COTON *de*

100 balles coton achetées de Romain, pesant net
   kil. 16,550 , à F. 290 les 100 kil. . . . . 48,285 »
                       Escompte convenu. . . . . . . 285 »

                                                      48,000 »

Frais :

On doit mettre ici tous les frais que ces cotons ont faits
   à l'achat et à la vente qui sont supposés être environ,
   ci. 152 80 ⎫
Courtage à 1/3 p. o/o à l'achat. . . . . 160 » ⎬   400 »
   Id.   à la vente sur 26,150.   87 » ⎭

                                                      48,400 »
                        Bénéfice. . . . . . . 3,760 »

                                                      52,160 »

HUILE *surfine d'olive du compte en*

Acheté de Favre :
20 bques. huile surfine d'olive (détailler les barriques).
   net miller. 200, à F. 120 la miller. . . . . 24,000 »
                       Frais :
Jauge, tonnelier, etc., courtage à l'achat et à la
   vente (les détailler). . . . . 230 »

                                                      24,230 »
                        Bénéfice. . . . . . .   770 »

                                                      25,000 »

et de son envoi par le navire l'Edmond, *capitaine Jones.*

18..			
Fév.	5	Expédié à Carrel, de Paris, pour N/C., 25 sacs poivre, kil. 2,100 » (cte. de vente du....)	6,300 »
	6	Vendu à Poiret pour comptant, 25 sacs poivre, kil. 2,083 05, à F. 3 le kil.	6,250 »
		50 sacs kil. 4,183 05	12,550 »

Remis le compte de vente
le 8 février 18..

notre compte.

18..			
Fév.	14	Vendu à Mezan, payable au 31 mars, 30 balles coton, kil. 5,200, à F. 300 les 100 kil.	15,600 »
	15	Expédié à Carrel, de Paris, 50 balles coton, kil. 8,666 7, à F. 300 les 100 kil.	26,000 »
	16	Vendu à Hilaire, payable comptant, 20 balles coton, kil. 3,462 3, à F. 305 les 100 kil.	10,560 »
		100	52,160 »

Quoique le poids ne corresponde pas à celui de la réception, cela arrive très souvent et ne doit pas surprendre.

participation avec Taurel en ville.

18..			
Fév.	24	Vendu à Niel pour comptant, 12 bques. huile surfine, miller. 120, à F. 125 la miller. . . .	15,000 »
	26	Vendu à Taurel pour comptant, 6 bques. huile surfine, miller. 60, à F. 125 la miller.	7,500 »
	27	Vendu à Giniès pour payer au 15 mai, 2 bques. huile d'olive, miller. 20, à F. 125 la miller.	2,500 »
		20 bques.	25,000 »

BLÉ *d'Odessa du compte du premier voyage du navire* Annette,

2,000 charges blé d'Odessa.	P. 70,000	»
lesquelles P. 70,000, évaluées à 75 c. l'une, font.	52,500	»

Frais :

Droits de douane, frais divers, environ 1,800		
Courtage à 1/3 p. o/o sur 60,000 . . 200	2,000	»
	F. 54,500	»

POIVRE NOIR *du compte du deuxième voyage du navire* Annette, *d'envoi*

300 sacs poivre noir (les détailler d'après la facture), pesant net kil. 30,000	P. 11,000	»
lesquelles P. 11,000 au change de F. 5 font. . . .	55,000	»

Frais :

Droit, nolis, portefaix, etc., environ. . 7,575		
Courtage 1/3 p. o/o 225	9,150	»
Notre commission à 2 p. o/o. . . 1,350		
	64,150	»

On passe la commission lorsqu'il y a un intéressé sur la marchandise.

CAFÉ *de* N/c. *d'envoi de Bontems, de Saint-Pierre*

100 bques. café (détailler d'après la facture de Bontems), montant à . . . . (L. des îles).	33,333 6 6	
qui font, argent de France	F. 20,000	»

Frais :

Poids public, portefaix, tonnelier, courtage et autres frais, environ.	15,566 66

SUCRES *de* N/c. *d'envoi de Bontems, de Saint-Pierre* (Marti

100 bques. sucre brut (détaillées d'après la facture de Bontems), montant. . . . . (L. des îles).	53,333 6	
qui font, argent de France.	32,000	»

Les frais sont compris dans l'article des cafés ci-dessus.

capitaine Florent, de Coste et Compagnie, de Constantinople.

18.. Avril 19	Vendu à Mille pour payer 1/3 comptant, 1/3 fin avril, 2,000 ch. blé d'Odessa à F. 30 la charge . . . . 60,000 »

Dressé le compte de vente le 21 avril.

de Leontini, de Livourne, par le navire la Sapho, *capitaine Jourdan.*

18.. Mai 19	Vendu à Nègre pour payer au 15 juillet, 300 sacs poivre noir, pesant kil. 30,000, à F. 225 les 100 kil. . . . . 67,500 »

Dressé le compte de vente le 18 mai.

(Martinique), *par le navire* le Prudent, *cap. Martin.*

18.. Juill. 5	Vendu à Roche pour payer 1/2 fin juillet, 1/2 fin août, 100 bques. café M/que., kil. 40,000, à F. 150 les 100 kil. . . 60,000 »

Dressé le compte de vente du café et du sucre le 7 juillet.

nique), *par le navire* Victor-et-Caroline, *capitaine Drareg.*

18.. Juill. 5	Vendu à Roche pour payer 1/2 fin juillet, 1/2 fin août, 100 bques. sucre brut, kil. 41,666 7, à F. 120 les 100 kil. . . 50,000 »

NÉGOCIATIONS.

Les négociations se font ordinairement sur une feuille de papier séparée, il n'est pas nécessaire d'en avoir un livre; cependant ce serait bien de les copier sur un livre du moment qu'on en ferait une, ainsi que le paiement, dans la crainte que quelqu'une ne s'égarât.

Quand on prend un effet d'un agent de change, on y ajoute son courtage; et, par contraire, quand on lui négocie un effet, on le déduit.

Pour en faire écriture sur le journal, on doit passer le net de la note de négociation.

—————————— 3 *Janvier* 18.. ——————————

N/s. Ceton a négocié à **P. Vinal et Comp.** un effet sur Gênes à **F. 4 75**, valeur en
à compte de sa mise de fonds.

    P. 1,000, du 1er janvier, à 50 jours de date, à F. 4 75 la piastre. . . 4,750 »

(fᵒ du journal 7.)

—————————— 15 ——————————

Vergny a négocié à **Vinal et Comp.** un effet sur Gênes à **F. 4 75**, valeur comptant.
    P. 900, du 15 janvier, à 30 jours de date, sur Gênes, à F. 4 75. . . 4,275 »
        Courtage à 1 p. mille. 4 27
                          4,279 27

        (j. fᵒ 14.)
Le courtage d'un agent de change se paie 1 p. mille.

—————————— 31 ——————————

Lantara a négocié à **Vinal et Comp.** un effet sur Gênes, à **F. 4 75**, valeur fin février.
    P. 696 35, du 31 janvier, à 30 jours, à F. 4 75 . . . . 3,304 34
        Courtage à 1 p. mille. 3 30
                          3,307 64

        (j. fᵒ 25.)
                Paiement.
5,500   »   Billet de Roman fin février.
2,192 36   Reçu son billet fin février pour excédant.

3,307 64

—————————— 11 *Février* 18.. ——————————

Calmet a négocié à **Vinal et Comp.** un effet sur Londres, à **F. 25 30**, valeur sur
Gênes.
    St. 200, du 11 février, à 30 jours de vue, à F. 25 30 . . . . 5,060 »

                Paiement.
    P. 1,000, du 1er janvier, à 50 jours, sur Gênes, à F. 4 77 1/2. . . 4,775 »
        Solde comptant. . . . . 285 »
                         5,060 »

        (j. fᵒ 20.)

—————————— 26 *Avril* 18.. ——————————

Barrièle a négocié à **Vinal et Comp.** 3 effets sur place, valeur comptant.
                                (10,000 »
Leurs billets au 30 avril ordre Plauche . . . . { 12,000 »
                                (11,000 »
                              33,000 »
        Agio convenu. . . . . 66 »
                            32,934 »

        (j. fᵒ 54.

—————————— 27 ——————————

Vinal et Comp. ont négocié à Vincent deux effets sur Paris à 1/4 perte contre des
valeurs sur la même place, à 2 p. o/o de perte.
    Du 17 février, à 90 jours. . . . . 26,000 »
    Du 24 mars, à 60 jours. . . . . 5,600 »
                            31,600 »
        Perte à 1/4. . . . . 79 »
                            31,521 »

Paiement.

14,000	»	
8,000	»	Du 24 avril, à 100 jours, sur Paris.
10,164	»	

32,164 »
643 »   Perte convenue à 2 p. o/o.

31,521 »

(f° du journal 55.)

———————— 31 *Mai* 18..' ————————

Vinal et Comp. ont négocié à Nègre un effet sur Paris à 5/8 perte, valeur comptant.
A 31 jours de vue sur Paris . . . . 4,635 »
       Perte à 5/8 . . . . 28 96 ⎱
       Courtage à 1 p. mille . . . . 4 64 ⎰   33 60

4,601 40

(j. f° 63.)

———————— 24 *Juillet* 18.. ————————

Maubert a négocié à Vinal et Comp. 3 effets sur la place à 1/2 p. o/o perte par mois, valeur comptant.

Billets de Nègre fin août. ⎧ 8,000 »
                                                  ⎨ 7,000 »
                                                  ⎩ 6,000 »

21,000 »
Perte convenue . . . . 105 »

20,895 »

(j. f° 79.)

———————— 31 *Août* 18.. ————————

Victor a négocié à Vinal et Comp. 3 effets sur Paris et 1 sur Livourne, valeur comptant.

Sur Paris, à 60 jours de date. . . . . ⎧ 5,000 »
                                                  ⎨ 7,300 »
                                                  ⎪ 4,000 »
                                                  ⎩ 3,950 »

20,250 »
Perte à 7/8 p. o/o. 177 20

20,072 80
P. 2,100, à 45 jours, sur Livourne, à 5 20 . . . . 10,920 »

30,992 80

Paiement.

8,000 »   Billet de Nègre fin août.
20,000 »   Billet de Roche   *id.*
6,766 68   Sur Pagès, à 31 jours de vue.

34,766 68
3,773 88   Reçu comptant pour excédant.

30,992 80

(j. f° 96.)

———————— 30 *Septembre* 18.. ————————

Théodore a négocié à Vinal et Comp. 2 effets sur Londres à F. 24, valeur comptant.

St. 300 ⎱
    250 ⎰   A 60 jours de date, à F. 24 . . . . 13,300 »

Paiement de l'article d'autre part.

7,300	»	Traite sur Paris du 31 août, à 60 jours, au pair.
6,000	»	Solde comptant.
13,300	»	

(f° du journal 98.)

———————————— 16 *Octobre* 18 . . ————————————

Vinal et Comp. ont négocié à Martin un effet sur Gênes, à F. 4 62, valeur comptant.
P. 3,000, du 22 août, à 45 jours, à F. 4 62 . . . . 13,860 »

Paiement.

8,000	»	} Billet de Colin au 30 novembre.
6,000	»	
14,000	»	
105	»	Agio de 1 mois 1/2 à 1/2 p. o/o par mois.
13,895	»	
35	»	Reçu comptant pour excédant.
13,860	»	

(j. f° 99.)

———————————— 17 ————————————

Vinal et Comp. ont négocié à Barbier un effet sur Paris, à 1/8 perte, payable en un effet sur la même place, à 1 1/2 perte.
Traite sur Paris au 15 octobre . . . . 9,900 »
Perte à 1/8 p. o/o 12 37
9,887 63

Paiement.

12,000	»	Du 17 octobre, à 90 jours, sur Paris.
180	»	Perte à 1 1/2.
11,820	»	
1,932 37		Rendu comptant pour excédant.
9,887 63		

(j. f° 99.)

———————————— 28 *Novembre* 18 . . ————————————

Magnan a négocié à Vinal et Comp. 3 effets sur Londres, à F. 25 50, valeur 15 décembre.

St. 200	}	
450	}	A 50 jours de date, à F. 25 50 . . . . 20,400 »
150	}	

Paiement.

7,500	»	Au 30 novembre, traite sur Aymon.
6,000	»	} Billet de Colin au 30 novembre.
8,000	»	
21,500	»	
53 75		Agio à 1/4.
21,553 75		
1,153 75	{ 1,150 85	Remis comptant pour solde.
	2 90	Agio bonifié.
20,400	»	

(j. f° 130.)

—————————————— 30 *Décembre* 18.. ——————————————

Gonel a négocié à Vinal et Comp. un effet sur Naples à F. 4 24, valeur sur Paris,
au pair.
    D. 2,300, à 60 jours de date, à F. 4 24. . . . . 9,752 »

Paiement.

8,250 » Du 30 décembre, à 30 jours, sur Paris.
1,502 » Solde comptant.
—————
9,752 »

(f° du journal 107.)

—————————————————— 30 ——————————————————

Noyane a négocié à Vinal et Comp. 4 effets sur Paris, à 1 3/4 p. cent perte, valeur
sur Livourne à F. 5 30, et Paris à 1/4 perte.
5,000 » ⎫
9,000 » ⎪
3,000 » ⎬ à 100 jours de date, à 1 3/4. . . . . 25,000 »
8,000 » ⎭   Perte à 1 3/4 . . . .   437 »
                                                    ———————
                                                 24,563 »

Paiement.

P. 2,000 Du 8 décembre, à 40 jours, sur Livourne, à F. 5 30. 10,600 »
————————
5,600 » Au 15 janvier, sur Paris. . ⎱ . . . . 5,586 »
   14 » Perte à 1/4 . . . . ⎰
————————
5,586 »   Solde comptant. . . . . 8,377 »
                                                    ———————
                                                 24,563 »

(j. f° 107.)

————————————— 2 *Février* 18.. —————————————

Roux a négocié à Vinal et Comp. un effet sur Gênes, à F. 475, payable comptant.
P. 2,000, du 2 février, à 40 jours . . . . 9,500 »
(j. f° 109.)

————————————— 1ᵉʳ *Avril* 18.. —————————————

Balthazard a négocié à Vinal et Comp. 2 effets sur Livourne, à F. 5 05, valeur sur
Londres, à F. 25 50.
P. 1,500 ⎱
   2,000 ⎰ du 18 mars, à 45 jours, à F. 5 05 . . . . 17,675 »

Paiement.

St. 750, du 23 février, à 50 jours, à F. 25 50. . . . . 19,125 »
          Reçu comptant pour excédant. . . . . 1,450 »
                                                    ———————
                                                 17,675 »

(j. f° 118.)

————————————— 31 *Mai* 18.. —————————————

Vinal et Comp. ont négocié à Rigaud 3 effets sur Paris à 1/8 perte, valeur sur
ladite ville, à 1/4 perte.
5,000 » ⎫
3,000 » ⎬ du 31 décembre, à 100 jours, sur Paris . . . . 16,000 »
8,000 » ⎭   Perte à 1/8 . . . .   20 »
                                                    ———————
                                                 15,980 »

Paiement de l'article d'autre part.

6,000	»	Du 14 mai, à 30 jours, sur Paris.
5,000	»	
3,000	»	Au 24 juin, sur Paris.
6,251	66	
20,251	66	
50	63	Perte à 1/4.
20,201	03	
4,221	03	Payé pour excédant.
15,980	»	

(fᵒ du journal 122.)

------------------------------ 9 *Juin* 18.. ------------------------------

Marcel a négocié à Vinal et Comp. 3 effets sur Paris, à 2 p. cent de perte, et 1 effet sur Gênes à F. 4 75, valeur sur Livourne à F. 5 25, et sur Paris au pair.

Du 9 juin, à 60 jours, sur Paris	3,000	»
	4,000	»
	5,000	»
	12,000	»
Perte à 2 p. cent.	240	»
	11,760	»
P. 1,500 / 1,000 } du 9 juin, à 30 jours, sur Gênes, à F. 4 75	11,875	»
	23,635	»

Paiement.

P. 2,500, du 19 avril, à 45 jours, sur Livourne, à F. 5 25. . . .	13,125	»
F. 8,000, du 7 dit, à 60 jours, sur Paris	8,000	»
Solde comptant.	2,510	»
	23,635	»

(j. fᵒ 124.)

------------------------------ 13 ------------------------------

Martin a négocié à Vinal et Comp. un effet sur Livourne, à F. 5 12 1/2, payable en un effet sur Paris, au pair.

P. 2,500, du 19 mai, à 45 jours, à F. 5 12 1/2 . . . . 12,812 50

Paiement.

4,590	33	Au 30 juin, sur Paris.
8,222	17	Solde comptant.
12,812	50	

(j. fᵒ 126.)

------------------------------ 23 ------------------------------

Maurel a négocié à Vinal et Comp. un effet sur Gênes, à F. 4 72 1/2, valeur comptant.

P. 2,000, à 30 jours de date, sur Gênes, à F. 4 72 1/2. . . . . 9,450 »

(j. fᵒ 127.)

------------------------------ 1ᵉʳ *Juillet* 18.. ------------------------------

Marcel a négocié à Vinal et Comp. un effet sur Gênes, à F. 4 75, et un sur Londres à F. 26, valeur comptant.

P. 1,000, du 12 juin, à 30 jours, sur Gênes, à F. 4 75.	4,750	»
St. 272 64, du 10 mai, à 50 jours, sur Londres, à F. 26	7,088	64
	11,834	»

(j. fᵒ 129.)

15 *Juillet* 18..

Vinal et Comp. ont négocié à Placide un effet sur Gênes, à F. 4 75, valeur comptant.

    L/B° 3,983 2, au 31 juillet, sur Gênes, à F. 4 75 . . . . 3,290 30

(f° du journal 134.)

15

Vinal et Comp. ont négocié à Vial un effet sur Naples à F. 4 15, valeur comptant.

    D. 2,393 25, au 15 juillet, sur Naples, à F. 4 15 . . . . 9,932 »

    (j. f° 135.)

LIVRE D'ÉCHÉANCES.

Cᴇ livre est d'une nécessité indispensable et doit être tenu avec
la plus scrupuleuse attention; c'est la boussole du négociant pour
connaître si ce qu'il doit recevoir dans le mois est suffisant pour
payer ce qu'il doit dans ledit mois.

Si l'on accepte une traite, on aura attention de mettre à côté de
cette traite le nom de celui qui l'aura présentée pour l'acceptation.

Quand on aura encaissé ou remis un effet, payé une traite ou
un billet, on fera une † ou on passera un trait de plume sur la
somme reçue ou payée, ce qui désignera que cet effet n'est plus à
recevoir ou à payer.

L'élève mettra dans la première colonne du côté d'effets à recevoir, l'année; dans la petite qui suit, l'échéance fixe de l'effet; dans
l'autre, la somme à recevoir, celui qui doit payer et celui qui l'a
donnée; et dans la dernière, le jour qu'on l'a donnée ou encaissée,
ainsi que le nom de la personne à qui on l'a donnée.

Du côté d'effets à payer, la première colonne sert pour mettre le
nom de celui à qui on a accepté la traite; dans la seconde, le jour
qu'on doit la payer; dans la troisième, la somme que l'on doit
payer; et dans la dernière, le nom de celui qui a fait la traite, ou
de celui à l'ordre de qui on a fait son billet.

JANVIER   *A RECEVOIR.*

18..|31| † 7,000 »|Billet de Jean. . . .|pris de Ceton . .|22 janv. à Marcadier.

(Quand on aura donné ou encaissé un effet, on doit passer sur la somme un trait de plume ou faire une † à côté ; il serait beaucoup mieux de mettre dans une colonne particulière la date du jour et le nom de la personne à qui on donné cet effet sur la même ligne que l'effet, comme il est pratiqué ci-après.)

FÉVRIER   *A RECEVOIR*

18..	15	† 5,950	»	Traite sur Paulin. .	rem. de Lorenzo.	13 février à Romain.
	28	† 5,500	»	Billet de Roman. .	pris de Roman. .	31 janvier à Lantara.
	28	† 6,000	»	Traite sur Michel. .	rem. de Carrel. .	28 février encaissé.
	15	† 6,000	»	Billet de Josse. . .	pris de Traner. .	13 février à Romain.
	15	† 5,000	»			13 février à Romain.
	28	† 2,192 36		Billet de Lantara. .	pris de Lantara. .	16 février à Hilaire.

(Quand quelqu'un remet son billet, pour ne pas répéter le nom de la personne, on peut le supprimer et mettre à la place l'objet qui a occasionné le billet.)

MARS   *A RECEVOIR*

18..	10	† 4,000	»	Traite sur Heraud.	rem. de Mariani.	13 février à Romain.
	31	† 4,000	»			9 mars à Melchior.
	31	† 8,000	»	Billet de Mezan. .	pour cotons . . .	22 février à Favre.
	31	† 3,600	»			9 mars à Melchior.
	15	† 7,000	»	Traite sur Gas . . .	pris d'Hilaire . .	2 mars à Sauze.
	15	† 5,000	»			2 mars à Sauze.
	15	† 2,500	»	Billet de Giniès . .	pour huile. . . .	3 mars à Guibal.

AVRIL   *A RECEVOIR*

18..	10	† 5,400	»	Billet de Mezan . .	pour savon . . .	12 avril encaissé.
	15	† 6,657 12		Billet de Fabre. . .	pour savon. . . .	16 avril encaissé.
	30	† 10,000	»	Traite sur Gibert .	rem. de Monier .	1 mai à Beraud.
	10	† 6,000	»	Traite sur Marion.	rem. de Carrel .	12 avril encaissé.
	15	† 7,337	»	Billet de Garnier. .	pour savon. . . .	15 avril encaissé.
	30	† 15,000	»	Billet de Mille. . .	pour blé	1 mai à Berard.

JANVIER   *A PAYER*

FÉVRIER   *A PAYER*

Accepté à ***	28	†	6,000	»	Notre billet ordre Martin.
	28	†	3,547 87		Traite de Girondi à s/. ordre du.....

(Cette colonne sert à mettre le nom de la personne entre les mains de qui on a accepté la traite.)

(Quand on a payé l'effet, on doit passer dessus la somme un trait de plume ou faire une † à côté, comme aux effets à recevoir.)

MARS   *A PAYER*

Accepté à ***	10	†	6,000	»	Traite de Wilson à son ordre
	31	†	5,400	»	Notre billet ordre Melchior..

AVRIL   *A PAYER*

18..	30	†	8,000	»	
	30	†	9,000	»	Nos billets ordre Roman.
	30	†	7,000	»	
	30	†	8,000	»	Notre billet ordre Favre.
	30	†	10,000	»	
	30	†	12,000	»	
	30	†	11,000	»	Nos billets ordre Planche.
	30	†	15,000	»	

MAI   *A RECEVOIR*

JUIN   *A RECEVOIR*

18..	15	†	15,000	»				11 juin à Vincent.
	15	†	18,000	»	Billet de Négre. .	pour poivre . . .	12 juin à Moneri.
	15	†	20,000	»				13 juin à Monier.
	15	†	14,500	»				27 mai à Martin.
	15	†	2,517	42	Billet de Martin. .	pris de Martin. .	13 juin à Monier.

JUILLET   *A RECEVOIR*

| 18.. | 31 | † | 20,000 | » | Billet de Roche . . | pour sucre et café. | 31 juillet encaissé. |

AOUT   *A RECEVOIR*

18..	31	†	20,000	»	Billet de Roche. .	pour sucre et café.	31 août à Victor.
	31	†	6,566	68	Traite sur Pagès.	rem. de Bontems.	31 août à Victor.
	31	†	8,000	»			31 août à Victor.
	31	†	7,000	»	Billet de Négre. .	pris de Maubert. .	31 août encaissé.
	31	†	6,000	»			31 août encaissé.

SEPTEMBRE   *A RECEVOIR*

| 18.. | 25 | † | 8,500 | » | Traite sur Blanc. . | remise de Carrel. . | 29 sept. encaissé. |

OCTOBRE   *A RECEVOIR*

| 18.. | 31 | † | 8,200 | » | Traite sur Durand. | remise de Carrel. . | 31 octobre encaissé. |

NOVEMBRE   *A RECEVOIR*

18..	10	†	9,000	»	Traite sur Agnel.	remise de Carrel.	10 nov. encaissé.
	30	†	8,000	»	Billet de Colin. . .	pris de Martin. . .	18 nov. à Magnan.
	30	†	6,000	»			28 nov. à Magnan.
	30	†	7,500	»	Traite sur Aymon.	remise de Wilson.	28 nov. à Magnan.

MAI				*A PAYER*
	31	†	15,902 07	Notre billet ordre Beraud.

JUIN				*A PAYER*

JUILLET				*A PAYER*

AOUT				*A PAYER*

SEPTEMBRE				*A PAYER*

OCTOBRE				*A PAYER*
	10	†	100 05	Traite de Carri du....
	5	†	10,900 »	Traite de Carrel du....

NOVEMBRE				*A PAYER*
Accepté à ***	12	†	8,825 »	Traite de Carrel du 20 septembre.
	25	†	11,000 »	Traite de Wilson du 10 octobre.
	30	†	9,850 »	Traite dudit du 15 octobre.

21

DÉCEMBRE.   *A RECEVOIR*

18..	25	†	9,000	»	Traite sur Blanc . .	remise de Carrel.	30 déc. encaissé.

JANVIER   *A RECEVOIR*

18..	25	†	7,300	»	Traite sur Mozart. .	rem. de Martini.	1 février encaissé.

FÉVRIER   *A RECEVOIR*

MARS   *A RECEVOIR*

18..	25	†	10,000	»	Traite sur Petit. . .	rem. d'Erard . .	25 mars encaissé.
	31	†	15,000	»	Traite sur Mathieu.	rem. d'Erard . .	2 avril encaissé.
	25	†	11,000	»	Traite sur Renard. .	rem. de Lupton.	25 mars encaissé.

AVRIL   *A RECEVOIR*

18..	15	†	9,000	»	Traite sur Pacard. .	rem. de Lupton.	15 avril encaissé.
	30	†	5,000	»	Traite sur Pinel. . .	rem. de Sergi. .	1 mai encaissé.

MAI   *A RECEVOIR*

DÉCEMBRE *A PAYER*

Accepté *** . . . . . |31| † 4,000 » | Traite de Carrel du 20 novembre.

JANVIER *A PAYER*

|31| † 6,200 » | Traite de Martini du 16 décembre.
|3I| † 9,765 10 | Traite de Carrel du 20 décembre.

FÉVRIER *A PAYER*

|29| † 8,300 » | Traite d'Erard du 8 février.

MARS *A PAYER*

|31| † 7,000 » | Traite de Lupton du 10 février.

AVRIL *A PAYER*

|30| † 8,000 » | Traite de Sergi du 22 avril.

MAI *A PAYER*

ÉCHÉANCES.

JUIN

A RECEVOIR

18..	30	†	978	12	Traite sur Abert. . .	rem. de Wilson. .	30 juin encaissé.
	30	†	5,000	»	Traite sur Patat. . .	rem. de Mailli. .	30 juin encaissé.
	30	†	3,000	»	} Traite sur Nicolas. .	rem. de Darson. .	{ 30 juin encaissé.
	00	†	5,000	»			30 juin encaissé.
	30	†	3,500	»	Traite sur Vial. . .	rem. de Mailli. .	30 juin encaissé.

JUILLET

A RECEVOIR

18..	15	†	6,000	»	Traite sur Lecat . .	rem. de Mailli. . .	15 juin encaissé.
	5	†	6,000	»	Traite sur Petit. . .	rem. de Darson. .	5 juillet à Vinal.
	15	†	4,500	»	Traite sur Noel. . .	rem. de Darson. .	15 juillet à Ceton.
		†	2,000	»	Traite sur Niort. . .	rem. de Mailli. .	5 juillet à Vinal.
	10	†	5,000	»	Traite sur Niel . . .	rem. de Darson. .	5 juillet à Ceton.
	15	†	5,000	»	Traite sur Martin. .	rem. de Darson. .	15 juillet à Ceton.
	25	†	13,607	65	Traite sur David . .	rem. de Darson. .	15 juillet à Vinal.

JUIN   *A PAYER*

JUILLET   *A PAYER*

FRAIS DE COMMERCE.

Ce livre peut être supprimé en portant à droiture au crédit du
livre de caisse tous les articles de frais que l'on paie ; mais, comme
il y a des frais trop minutieux tels que port d'argent, etc., il est
mieux de porter sur un livre à part tous ces frais de commerce
que l'on additionnera à la fin de chaque mois, et que l'on passera
au crédit du livre de caisse avant de passer le solde.

Ce livre de frais de commerce, attendu la modicité des sommes,
est tenu ordinairement par une personne chargée par le caissier
de payer ces menus frais ; à la fin du mois, le caissier lui fait
rendre compte de la somme donnée, et en passe le total additionné
dans la caisse par un seul article, ainsi que je l'ai dressé ci-après.

Comme il serait pénible à l'élève de faire un relevé de ce que l'on a payé soit aux portefaix, caissier, droits de douane, peseurs et autres frais, et que dans la réalité le livre de frais serait tout dressé, il peut passer en bloc les frais facture par facture comme ci-après :

Janv.	5	Frais à la facture de ce jour.	92	»
	9	*Id.* *id.*	58	»
	13	*Id.* *id.*	955	»
	19	*Id.* *id.*	187	»
	30	*Id.* *id.*	1,700	»
		Port de lettres du mois	89 02	
Fév.	8	Frais à la facture de ce jour.	1,600	»
	15	*Id.* *id.*	350	»
	20	*Id.* *id.*	400	»

Passé au livre de caisse le 29 février.   5,431 02

On mettra devant l'addition le jour que ces frais auront été passés à la caisse.

Les frais à passer dans ce livre de frais de commerce doivent y être écrits au fur et à mesure qu'on les paie, comme je l'ai dit ci-dessus ; mais pour éviter un détail, on passera la totalité des frais depuis le 29 février jusqu'au 4 juin, que l'on supposera être. . . . . 11,000 »

Passé au livre de caisse le 4 juin.

Les frais faits depuis le 4 juin jusqu'au 23 juillet, supposés monter en totalité à la somme de 16,400, seront passés au crédit du livre de caisse le 23 juillet. . . . . 16,400 »

COMPTES-COURANS.

Ce livre de comptes-courans est très nécessaire; on y dresse tous les comptes-courans que l'on remet avec ou sans intérêts, pour pouvoir en faire une copie si par hasard celui que l'on avait envoyé s'était égaré.

Pour dresser un compte-courant, on l'extrait du grand-livre conformément à ceux dressés ci-après.

La première colonne est celle de l'échéance; vient ensuite celle des capitaux, suivie du raisonnement; ensuite la colonne du nombre de jours que donne l'échéance jusqu'à l'époque fixée du compte-courant, précède la colonne des nombres.

MANIÈRE D'OPÉRER.

Quand on a fixé l'époque et le taux de l'intérêt, on compte combien il y a de jours depuis celui de l'échéance jusqu'à celui fixé, que l'on porte dans la colonne avant celle des nombres, comme il est indiqué ci-après. Cela fait, on multiplie les capitaux par le nombre de jours que donne cette échéance, et l'on pose le nombre que donne cette multiplication dans la colonne destinée à ces nombres, qui est la dernière.

Quand tous les capitaux seront multipliés de cette manière, tant au débit qu'au crédit, on additionnera les colonnes des nombres, et la différence ou le solde qui en résultera se divisera par le taux de l'intérêt convenu, d'après le tableau que j'ai inséré page 141.

J'ai donné les deux manières de chiffrer les intérêts des comptes-courans de ce Cours, pour qu'un élève ne soit pas embarrassé si on lui en présentait à vérifier dans l'une ou dans l'autre.

Les banquiers principalement emploient plutôt la seconde manière. Ils peuvent calculer les intérêts le jour même qu'ils passent leur article, et ils peuvent arrêter leur compte-courant le jour qu'il leur plaît.

Pour bien faire comprendre la manière de l'employer, je me servirai du compte-courant de Wilson, de Londres, dressé dans ce Cours, n° 2 des comptes-courant, dont le solde est fixé le 1er août, à la suite duquel on verra de quelle manière on doit opérer.

En calculant les nombres de tous les comptes-courans de ce Cours, j'ai supprimé les deux derniers chiffres, ainsi que la division du solde de ces nombres, ce que l'on ne peut faire que lorsque le diviseur comporte deux zéros pour derniers chiffres : par exemple, on a une somme de 39,544 à diviser par 6,000; on peut retrancher 44 du dividende et les deux derniers zéros du diviseur, de sorte que l'on divisera 395 par 60.

Nº 1.

DOIT M. CARREL, de Paris, *son compte courant et d'intérêt, fixé au 31 octob. 18..,*

Échéances.	Capitaux.			Jours.	Nombres.
18..					
Août 1	251	23	Solde du précédent compte.	91	228
28	7,990	»	Notre remise sur Paris, F. 8,000	64	5,113
Oct. 5	10,900	»	Sa traite sur nous	26	2,834
Sept. 10	11,004	»	Notre remise sur Livourne, P. 2,100	51	5,612
15	7,890	40	Notre remise sur Paris, F. 7,950	46	3,629
Nov. 12	8,825	»	Sa traite sur nous	. .	. .
Oct. 2	282	75	Notre remise sur Naples, D. 66 53	29	81
			Somme du crédit dépassant l'échéance, F. 9,000, au 10 novembre	10	900
					18,397
			Balance des nombres.	. .	243
					18,640
	58	54	Courtage à 1 p. mille.		
	148	06	Provision de banque à 1/4 p. cent sur F. 59,225.		
	6	»	Port de lettres.		
	47,355	98			
	9,324	57	Solde créditeur à nouveau.		
	56,680	55			

Les frais à passer dans un compte courant sont :

1° Le solde des intérêts;

2° Le courtage à 1 p. mille qui se prend :

    1° Sur les remises que l'on fait,

    2° Sur les traites que nous faisons,

    3° Sur les remises que l'on nous fait et que nous négocions;

3° La provision de banque à 1/4, 1/3, 1/2 p. cent, suivant les accords :

    1° Sur les remises que l'ami nous fait;

    2° Sur les traites que l'ami fait sur nous;

4° Les ports de lettres d'après la note que l'on a dû tenir.

On voit par le compte courant de Carrel ci-dessus que le solde des intérêts provenant de la balance des nombres passé à la colonne des capitaux au crédit est à l'opposé de cette balance des nombres, qui est au débit. Cela doit être ainsi, attendu que l'addition des nombres se trouve plus forte au crédit, ce qui est en faveur de l'ami.

Quand l'échéance d'une somme dépasse celle fixée par le compte-courant, comme dans le débit du compte courant ci-dessus, ce qui est au débit passe au crédit, et ce qui est au crédit passe au débit, afin de réduire tout à la même échéance, et pour que le solde des capitaux n'en ait qu'une. C'est ce que l'on désigne par *nombre rouge.*

Dans le compte-courant ci-dessus les nombres ont été divisés seulement par 60 au lieu de 6,000, parce qu'ils ont été calculés séparément en en retranchant les deux

à raison de 6 p. cent l'an , chez Vinal et Comp., de Marseille. **AVOIR**

Échéances.	Capitaux.			Jours.	Nombres.
18..					
Sept. 25	8,500	»	Sa remise sur place	36	3,060
3	9,850	50	Notre traite de F. 9,900.	58	5,713
20	13,800	»	Sa remise sur Gênes, P. 3,000	41	5,658
18	7,326	»	Notre traite de F. 7,400.	43	3,150
Oct. 31	8,200	»	Sa remise sur la place.	. .	. . . .
Nov. 10	9,000	»	*Id.*	. .	. . . .
			Somme du débit dépassant l'échéance,		
			F. 8,825 au 12 novembre.	12	1,059
	4	05	Solde des intérêts en nombres 243, divisés par 60 . .	. .	. . . .
					18,640
56,680	55		Quand on a passé sur le journal le compte courant, on en met le folio comme dessus.		
			(f^o du journal 99.)		

derniers chiffres, ce qui ne peut se faire que lorsque le diviseur a deux zéros pour derniers chiffres.

Quand pour fixer l'échéance dans un compte-courant il n'y a pas eu de valeur donnée particulièrement à l'article, voici comme on doit la prendre.

La valeur compte :

1° Du jour que l'on fait une remise ;
2° Du jour que l'on fait une traite ;
3° Du jour que l'on paie une traite que l'ami fait sur nous ;
4° Du jour que l'on encaisse une remise que l'ami nous fait.

Ces fixations ne doivent être qu'autant qu'on ne donne pas d'autre valeur par la correspondance.

Exemple pour les courtage et provision à prendre sur ce premier compte-courant de Carrel.

Courtage sur			Provision sur		
8,000 »	Notre remise sur Paris . . .		10,900 »	Traite sur nous.	Débit.
11,004 »	*Id.* sur Livourne.	Débit.	8,825 »	*Id.*	
7,950 »	*Id.* sur Paris . . .		8,500 »	Sa remise.	
282 75	*Id.* sur Naples . .		13,800 »	*Id.*	Crédit.
9,900 »	Notre traite.		8,200 »	*Id.*	
13,800 »	Remise sur Gênes	Crédit.	9,000 »	*Id.*	
7,400 »	Notre traite.				
58,336 75	A 1 p. mille , F. 58 35.		59,225 »	Le 1/4 supposé d'accord, F. 148 06	

N° 2.

DOIT		M. WILSON, de Londres, *son compte-courant et d'intérêt, fixé au*		
18..				
Oct. 23	6,125 »	Notre remise sur Londres, St. 250	84	5,145
Nov. 25	11,000 »	Sa traite sur nous	117	12,870
30	9,850 »	*Id.*	122	12,017
Oct. 31	7,500 »	Notre remise sur Londres, St. 300	92	6,900
				36,932
	32 72	Courtage.		
	96 12	Provision de banque.		
	8 »	Port de lettres.		
34,612 84		(f° du journal 101.)		
Nov. 30	6,810 05	Solde du précédent compte		. . . .

Manière d'opérer pour fixer les jours dans un compte-courant sans connaître l'époque de la clôture.

Le point de départ doit être la première échéance ; de sorte que dans le compte ci-dessus la première échéance se trouvant au crédit le 1er août, on part de là pour établir la quantité de jours que chaque échéance doit donner, et cette première échéance ne se compte pas.

On passe à la seconde échéance du crédit, qui est fixée au 30 novembre ; on compte le nombre de jours qu'il y a du 1er août au 30 novembre, qui est 122 jours, que l'on pose dans la colonne des jours.

La troisième échéance est le 28 octobre, ce qui donne 89 jours à partir toujours du 1er août, ainsi de suite pour les autres, tant au débit qu'au crédit. De cette manière, tous les jours on peut arrêter le jour de son échéance et le calculer dans la colonne

N° 3.

DOIVENT		MM. VINAL ET COMP., de Marseille, *leur compte-courant et d'intérêt,*		
18..				
Août 1	876 »	Solde du précédent compte	152	4,331
Nov. 12	8,955 »	Ma remise sur Marseille, F. 9,000	49	4,388
Déc. 30	8,250 »	Leur traite du 30 novembre, à 30 jours.	1	82
18..				
Janv. 15	5,600 »	Leur traite sur moi au 15 janvier	. . .	. . . .
Oct. 31	9,324 57	Solde de mon compte	61	5,687
Déc. 10	10,200 »	Ma remise sur Livourne, P. 2,000.	21	2,142
	94 91	Solde des intérêts en nombres 5,696, divisés par 60.		
	49 »	Courtage.		13,630
	109 12	Provision de banque.		
	8 »	Port de lettres.		
43,466 60				

Les frais que l'ami passe sur ce compte sont les mêmes que ceux que nous passons sur son compte, c'est-à-dire qu'il prend la *provision de banque* sur les remises que nous lui faisons, ainsi que sur nos traites, le *courtage* sur nos remises qu'il a négociées, sur les traites qu'il a faites sur nous et sur les remises qu'il nous a faites, et les *ports de lettres* qu'il a payés.

30 novembre 18.., à raison de 5 p. cent l'an, chez Vinal et Comp.   *AVOIR*

18..					
Août 1	300	29	Solde du précédent compte.	. . .	. . .
Nov. 30	7,500	»	Ses remises sur place.	122	9,150
Oct. 28	9,900	»	Notre traite de St. 400.	89	8,811
Nov. 12	10,098	»	Sa remise sur Paris, F. 10,200.	104	10,502
			6,676 71 différence du crédit au débit	122	8,145
					36,608
	4	50	Balance des nombres divisés par 72		324
					36,932
Nov. 30	6,810	05	Solde débiteur à nouveau, valeur 30 novembre.		
	34,612	84			

des nombres jusqu'au jour que l'on aura fixé pour arrêter le compte-courant, qui se trouve le 30 novembre dans le compte ci-dessus. Ce jour-là on additionne le débit et le crédit des capitaux, qui donnent un solde de F. 6,676 71 (toujours le compte ci-dessus pour modèle), qui se porte à côté de la colonne des capitaux, dans la colonne du crédit qui se trouve plus faible que le débit, et on pose dans la colonne des jours (122), qui sont ceux écoulés depuis le 1er août, première échéance du compte.

Tous les jours ayant été fixés, on multipliera les capitaux par le nombre de jours, comme au premier compte-courant, en y comprenant le solde de F. 6,676 71, posé en dedans, et dont les nombres seront portés en dehors.

Les nombres calculés, la différence qui résultera du débit au crédit (324) sera portée dans la colonne des capitaux et sur la même ligne (F. 4 50).

On ajoutera dans la colonne des capitaux les frais de courtage, provision, port de lettres, et le solde des capitaux (F. 6,810 95) sera celui qui existera au 30 novembre, époque de la clôture du compte-courant.

fixé au 31 décemb. 18.., à raison de 6 p. cent l'an, chez Carrel, de Paris.   *AVOIR*

18..					
Nov. 26	11,920	»	Leur remise sur Paris, F. 12,000	35	4,172
Déc. 31	4,000	»	Ma traite sur eux.	. . .	. . .
10	10,400	»	Leur remise sur Londres, St. 400.	21	2,184
21	7,381	50	*Id.* de F. 7,400 sur Paris.	10	738
			Somme du débit dépassant l'échéance,		
			5,600 au 15 janvier.	15	840
					7,934
			Balance des nombres.	. . .	5,696
					13,630
Déc. 31	9,765	10	Ma traite sur eux pour solde.		
	43,466	60	(fo du journal 106.)		

On fera attention que c'est Carrel, de Paris, qui nous remet notre compte, et que le débit de notre compte chez lui est son crédit chez nous, et que le crédit de notre compte chez lui est son débit chez nous.

Nᵒ 4.

DOIVENT   MM. VINAL ET COMP., de Marseille, *leur compte courant et d'intérêt*

18..

Fév. 9	2,000	»	Leur traite du 28 décembre à 40 jours	1	20
Déc. 18	1,758	»	Ma remise sur Marseille, F. 7,300.	54	949
	5	60	Courtage à 1 p. mille sur 5,616.		969
	16	75	Provision à 1/4 sur 4,700.		1,084
			Balance des nombres. . .	. . .	2,053
	3	»	Port de lettres.		
	2,393	25	Solde créditeur à nouveau.		
	6,176	60			

Naples, le   18..

Signé MARTINI.

Nᵒ 5.

DOIVENT   MM. VINAL ET COMP., de Marseille, *ma colonne du cte. à demi en bque.*

18..

Mars 25	9,900	»	Ma remise sur Marseille, F. 10,000.	5	495
5	6,000	»	Leur traite sur moi.	25	1,500
1	14,900	»	Ma remise sur Marseille, F. 15,000.	30	4,470
					6,465
			Balance des nombres. . .	. . .	4,170
	60	44	Courtage à 1 p. mille sur 60,440.		10,635
	4,584	06	Solde créditeur à nouveau.		
	35,444	50			

Paris, le   18..

Signé ERARD.

(fᵒ du journal 112.)

Nᵒ 6.

DOIT   M. ERARD, de Paris, *notre colonne soldée du compte à demi en banque*

18..

Fév. 3	9,500	»	Notre remise sur Gênes, P. 2,000.	57	5,415
4	8,910	»	*Id.* sur Paris, F. 9,000	56	4,989
29	8,300	»	Sa traite sur nous	30	2,490
11	8,600	»	Notre remise sur Naples, D. 2,000	50	4,300
	223	50	Solde des intérêts en nombres 13,411, divisés par 60.		17,194
	33	10	Courtage à 1 p. mille sur 33,100.		
	35,566	60			
Mars 31	4,584	06	Solde du précédent compte.		
	6	27	La 1/2 de perte.		
	4,590	33	(j. fᵒ 112.)		

fixé au **10** *février* **18..**, *à raison de* **6** *p. cent l'an*, *chez Martini*, de Naples.   *AVOIR*

18..					
Déc. 31	2,400	»	Leur remise sur Paris, F. 10,200	41	984
16	1,458	60	Ma traite sur eux au 31 janvier	56	816
Janv. 30	2,300	»	Leur remise sur Naples	11	253
	18	»	Solde des intérêts en nombres 1,082, divisés par 60.		
					2,053
	6,176	60			

(fº du journal 108.)

fixé au **31** *mars* **18..**, *à raison de* **6** *p. cent l'an*, *chez Erard*, de Paris.   *AVOIR*

18..					
Mars 20	9,600	»	Leur remise sur Gênes de P. 2,000	10	960
10	8,955	»	Leur remise sur Paris, F. 9,000.	20	1,791
5	8,280	»	Ma traite sur eux, F. 8,300	55	4,554
20	8,540	»	Leur remise sur Naples, D. 2,000	39	3,330
					10,635
	69	50	Solde des intérêts en nombres 4,170, divisés par 60.		
	35,444	50			

Dans les comptes à demi on ne doit passer ni provision ni port de lettres, à moins qu'on ne soit d'accord d'en passer.

fixé au **31** *mars* **18..**, *à raison de* **6** *p. cent l'an*, *chez Vinal* et Comp.   *AVOIR*

18..					
Mars 25	10,000	»	Sa remise sur Marseille	5	500
Fév. 5	5,970	»	Notre traite sur lui	55	3,283
Mars 31	15,000	»	Sa remise sur Marseille	. . .	. . .
			Balance des nombres	. . .	13,411
					17,194
	4,584	06	Solde de sa colonne.		
	12	54	{ 6 27 La 1/2 de perte. { 6 27 Notre 1/2.		
	35,566	60			

N° 7.

DOIT M. LUPTON, de Londres, *notre colonne du compte à demi en*

18..					
Fév. 22	5,985	»	Notre remise sur Paris, F. 6,000.	52	3,112
24	20,800	»	*Id.* sur Londres, St. 800.	50	10,400
Mars 31	7,000	»	Sa traite sur nous au 31 mars	15	1,050
	43	25	Solde des intérêts en nombres 2,595, divisés par 60.		14,562
	45	73	Courtage à 1 p. mille sur 45,737.		
	5,063	52	Solde débiteur à nouveau.		
38,937	50		(fº du journal 115.)		

N° 8.

DOIVENT MM. VINAL et Comp., de Marseille, *ma colonne soldée du cte. à tiers*

18..					
Fév. 5	400	»	Ma remise sur Marseille, F. 9,000.	69	276
Avril 13	750	»	Leur traite à 50 jours du 23 février	2	15
Fév. 25	431	37	Ma remise sur Marseille, F. 11,000.	49	211
	1	34	Pour courtage.		
			Balance des nombres.		62
					564
1,582	71		(j. fº 116.)		

N° 9.

DOIT M. SERGY, de Livourne, s/c. *à demi en banque, fixé au 30 mai 18..,*

18..			Jours.	Nombres.		18..			Jours.	Nombres.
Mai 3	1,500	»	27	405	Rem. sur Livourne. . . .	Av. 10	7,575	»	50	3,877
»	2,000	»	27	540	*Id.*	18	10,175	»	42	4,273
Avril 12	1,584	75	48	760	Sa traite sur nous	30	8,000	»	30	2,400
					Somme du crédit dépassant l'échéance.					
			4	100	P. 2,500 au 4 juin.					
				1,805						10,460
	5	38			Solde des int. en nombres 323, divisés par 60.					
					Solde des int. en nombres 427, divisés par 60.		7	11		
					Courtage sur 38,874		38	87		
	5,090	13			Notre ½ de bén.		131	61		
	15	48			Solde créd. à nouv. à F. 5, ...		77	41		
5,105	61				(j. fº 122.)		26,005	»		

banque ; fixé au 15 avril 18.., à 6 p. cent l'an, chez Vinal et Comp.   AVOIR

18..					
Avril 15	9,000	»	Sa remise sur Marseille		
Févr. 23	18,937	50	Notre traite sur lui à 50 jours.	51	9,657
Mars 25	11,000	»	Sa remise sur Marseille	21	2,310
			Balance des nombres.		2,595
	38,937	50			14,562
	5,937	39	{ 5,063 87 Solde du précédent compte.		
			{ 873 87 La 1/2 de perte sur le compte en St. 34 95.		

banque, fixé au 15 avril 18.., à raison de 6 p. cent l'an, chez Lupton, de Londres.   AVOIR

18..					
Févr. 22	240	»	Leur remise sur Paris, F. 6,000.	52	124
24	800	»	Leur remise sur Londres	50	400
Mars 31	269	23	Ma traite sur eux au 31 mars, F. 7,000.	15	40
	202	54	Solde de leur colonne en F. 5,063 52, à F. 25.		
	1	03	Solde des intérêts en nombres 62, divisés par 60.		
	69	91	{ 34 96 Leur 1/2 de perte.		564
			{ 34 96 Ma 1/2.		
	1,582	71			

à raison de 6 p. cent l'an, chez Vinal et Comp.   AVOIR

18..		Jours.	Nombres.		18..			Jours.	Nombres.
Mars 25	990	10	65	643	Sa remise sur Marseille . .	Av. 30	5,000	» 30	1,500
Avril 7	1,584	12	53	839	Sa rem. s. Paris, F. 8,000.	20	7,880	» 40	3,152
Juin 4	2,500	»		. . . .	N/. traite sur lui à 45 j. .	19	13,125	» 41	5,381
					Balance des nombres.				427
			323		Balance des nombres				
			1,805						10,460
	5	07		. . . . .	Courtage sur 5,074.				
	26	32		. . . . .	Sa 1/2 de bénéfice.				
	5,105	61					26,005	»	
	15	48		. . . . .	Solde du préc. compte			77	41

22

N° 10.

DOIT M. DARSON, de Paris, *à* MAILLI, de Gênes, *sa colonne du compte à tiers*

18..							
Juin	1	8,385	8	4	Remise sur Paris, F. 7,000	60	5,031
	8	5,846	1	11	*Id.* *id.* F. 4,000	52	3,040
	15	8,385	8	4	*Id.* *id.* F. 7,000	45	3,773
	22	3,593	15	»	*Id.* *id.* F. 3,000	38	1,365
	31	111	11	6	Solde des intérêts en nombre 6,700, divisés par 60		
		26	4	2	Pour courtage.		
		10,969	»	9	Solde créditeur à nouveau.		
					(journal du f° 130.)		
L/B°		37,317	10	»			13,209

Signé **MAILLI**.

N° 11.

DOIT M. MAILLI, de Gênes, *à* DARSON, de Paris, *ma colonne soldée du compte*

18..							
Juin	1	4,775	»	»	Ma remise sur Gênes, P. 1,000	59	2,817
	10	9,500	»	»	*Id.* *id.* P. 2,000	50	5,985
	15	9,475	»	»	*Id.* *id.* P. 2,000	45	4,264
	25	7,125	»	»	*Id.* *id.* P. 1,500	35	2,494
	31	137	80	»	Solde des intérêts en nombres 8,269, divisés par 60		
		35	10	»	Pour courtage.		
							15,560
		31,047	90	»	(j. f° 130.)		

N° 12.

DOIVENT MM. VINAL et Comp. , de Marseille, *ma colonne du cte. à tiers en*

18..							
Mai	24	7,187	10	»	Ma remise sur Marseille, F. 6,000	66	4,743
Juin	2	6,021	7	6	*Id.* *id.* F. 5,000	58	3,492
	12	4,132	16	9	*Id.* *id.* F. 3,500	48	1,983
	16	2,420	15	»	*Id.* *id.* F. 2,000	44	1,065
	20	6,989	11	8	*Id.* *id.* F. 5,000	40	2,796
Juill.	31	191	1	»	Solde des intérêts en nombres 11,463, divisés par 60		
		26	15	»	Pour courtage.		
L/B°		26,969	16	11			14,079

Signé **MAILLI**.

en banque, *fixé fin juillet 18.., à raison de 6 p. cent l'an, chez Mailli.*   AVOIR

18..

Juin 27	5,750	»	»	Remise sur Gênes, P, 1,000.	33	1,897
Juill. 25	11,500	»	»	*Id.* *id.* P. 2,000.	5	575
Juin 30	11,442	10	»	*Id.* *id.* P. 2,000.	30	3,433
Juill. 23	8,625	»	»	*Id.* *id.* P. 1,500.	7	604
				Balance des nombres.		6,700
L/B°	37,317	10	»			13,209

à tiers en banque, fixé fin juillet 18.., à raison de 6 p. cent l'an, chez Darson.   AVOIR

18..

Juin 10	6,895	»	»	Remise sur Paris, F. 7,000.	50	3,447
8	3,920	»	»	*Id.* *id.* F. 4,000.	52	2,038
Juill. 15	7,000	»	»	*Id.* *id.* F. 7,000.	15	1,050
5	2,985	»	»	*Id.* *id.* F. 3,000.	25	746
31	9,061	34	»	Solde de sa colonne en L/B° 10 969 » 9, à F. 4 75		
				Balance des nombres.		8,279
						15,560

1,186	56	»	395 52 le 1/3 de bénéfice de Vinal, etc.
			395 52 *id.* de Mailli.
			395 52 mon 1/3.
31,047	90	»	Signé DARSON.

bque., fixé au 31 juil. 18.., à raison de 6 p. cent l'an, chez Mailli, de Gênes.   AVOIR

18..

Juill. 9	8,625	»	6	Remise sur Gênes, P. 1,500.	21	1,811
23	11,500	»	»	*Id.* *id.* P. 2,000.	7	805
				Balance des nombres.		11,463
31	6,844	16	11	Solde débiteur à nouveau.		
L/B°	26,969	16	11	(journal du f° 131.)		14,079

N° 13.

DOIT　M. MAILLI, de Gênes, *notre colonne soldée du compte à tiers en banque,*

18..

Juin	10	7,125	»	N/. remise sur Gênes, P. 1,500.	50	3,562
	23	9,450	»	Id. 　　id. 　　P. 2,000.	36	3,402
Juill.	31	5,713	95	Solde de sa colonne en L/B° 6,844 16 11, à F. 4 80.		
		3	57	Solde des intérêts en nombres 214, divisés par 6,000.		
		16	57	Pour courtage.		
						6,964
		22,309	09	(f° du journal 132.)		

N° 14.

DOIVENT　MM. VINAL et Comp., de Marseille, *ma colonne du compte à tiers en*

18..

Juin	3	7,960	»	Ma remise sur Marseille, F. 8,000.	57	4,537
	10	5,970	»	Id. 　　id. 　　F. 6,000.	50	2,985
	12	4,728	15	Id. 　sur Gênes, P. 1,000	48	2,269
	14	4,472	50	Id. 　sur Marseille, F. 4,500	46	2,057
	20	4,975	»	Id. 　　id. 　　F. 5,000	40	1,990
				Balance des nombres.	. . .	2,913
Juill.	31	45	78	Pour courtage.		
	»	21,596	28	Solde créditeur à nouveau.		
		49,747	71	(j. f° 132.)		16,751

N° 15.

DOIT　　M. DARSON, de Paris, *ma colonne soldée du compte à tiers en banque,*

Juin	3	5,985	»	Notre remise sur Paris, F. 6,000.	57	3,411
	4	4,975	»	Id. 　　id. 　　F. 5,000.	56	2,786
	5	6,220	40	Id. 　　id. 　　F. 6,251 66	55	3,421
	11	4,750	»	Id. 　sur Gênes, P. 1,000	49	2,327
	12	2,988	75	Id. 　sur Paris, F. 3,000.	48	1,434
	13	12,812	50	Id. 　sur Livourne, P. 2,500.	47	6,022
	25	6,895	»	Id. 　sur Paris, F. 7,000	35	2,413
	30	4,950		Id. 　　id. 　　F. 5,000	30	1,485
Juill.	31	267	84	Solde des intérêts en nombres 16,070, divisés par 60.		23,299
		49	81	Pour courtage.		
		49,894	30	(j. f° 132.)		

fixé au 31 juillet 18.., à raison de 6 p. cent l'an, chez Vinal et C., de Mlle.   AVOIR

18..						
Juin 15	6,000	»	Remise sur Marseille	45	2,700
30	5,000	»	*Id.* *id.*	30	1,500
30	3,500	»	*Id.* *id.*	30	1,050
Juill. 5	2,000	»	*Id.* *id.*	25	500
10	5,000	»	*Id.* *id.*	20	1,000
			Balance des nombres.	..	214
					6,964
	809 09		269 70 le 1/3 de perte de Mailli, en L/Bᵒ 323 ♃, à F. 4 80. 269 70 le 1/3 de Darson. 269 70 notre 1/3.		
	22,309 09				

bque., fixé au 31 juil. 18.., à raison de 6 p. cent l'an, chez Darson, de Paris.   AVOIR

18..						
Juin 14	6,000	»	Leur remise sur Paris.	46	2,760
24	5,000	»	*Id.* *id.*	36	1,800
»	6,251 66		*Id.* *id.*	36	2,250
18	4,775	»	*Id.* sur Gênes, P. 1,000.	42	2,005
24	3,000	»	*Id.* sur Paris.	36	1,080
25	12,812 50		*Id.* sur Livourne, P. 2,500	35	4,484
Juill. 10	6,903 75		*Id.* sur Paris, F. 7,000	20	1,381
»	4,956 25		*Id.* *id.* F. 5,000	20	991
31	48 55		Solde des intérêts en nombres 2,913, divisés par 60.		
	49,747 71				16,751

fixé fin juillet 18.., à raison de 6 p. cent l'an, chez Vinal et Comp.   AVOIR

18..						
Juin 30	8,000	»	Sa remise sur Marseille.	0	2,400
Juill. 5	6,000	»	*Id.* *id.*	25	1,500
Juin 20	4,762 10		*Id.* sur Gênes, P. 1,000	40	1,904
Juill. 15	4,500	»	*Id.* sur Marseille	15	675
»	5,000	»	*Id.* *id.*	15	750
31	21,596 28		Solde de sa colonne.		
			Balance des nombres.	..	16,070
					23,299
	32 92		11 97 le 1/3 de perte de Darson. 11 97 le 1/3 de perte de Mailli. 11 98 notre 1/3 de perte.		
	49,894 30				

TABLE

DES ARTICLES CONTENUS DANS CE COURS.

	Page
Dédicace.	V
Livres qui doivent être employés dans ce cours.	VII
Avant-propos.	IX
Explication des mots	XV

	Page
Cahier de notes.	1
Manière de se servir de ce cahier.	3

	Page
Journal	1
Fonds capital	3

PREMIÈRE OPÉRATION.

	Page
Marchandises achetées pour compte d'amis.	7

DEUXIÈME OPÉRATION.

	Page
Marchandises vendues pour compte d'amis.	12

TROISIÈME OPÉRATION.

	Page
Marchandises de notre compte chez divers.	15
Tableaux pour trouver facilement les débiteurs et les créd. 16, 20, 23, 25	31
Marchandises de notre compte chez divers en participation	19

QUATRIÈME OPÉRATION.

	Page
Intérêt à diverses marchandises.	22
Marchandises par spéculation.	29
Marchandises en participation sur la place	33
Fabrique à savon	38
Manière de solder une fabrique à savon.	44
Armement de navires.	46
Premier armement par un seul armateur.	id.
Deuxième armement par intéressés sur le corps et intéressés sur la cargaison	55
Troisième armement par actions	65
Assurance isolée.	80
Pacotille remise à un cap. de navire.	81
Marchandise expédiée à un ami pour son compte et laissée par lui pour notre compte.	id.
Marchandise du compte d'un ami qui a donné une perte à la vente.	82
Marchandise vendue par un ami pour notre compte, et dont l'acheteur a fait faillite.	83
Manière d'opérer pour arrêter les écritures et faire un bilan	id.
Bilan préparatoire, autrement dit d'additions.	id.
Compte de profits et pertes.	90
Bilan de sortie du grand-livre n° 1.	id.

SECONDE PARTIE.

Page

Bilan d'entrée au grand-livre n° 2. 92

BANQUE.

Compte-courant des amis chez nous, soit leur compte. 95
Compte-courant chez nos amis, soit notre compte 101
Manière de solder un notre-compte, ci. 105 108
Comptes à demi en banque 109
Première manière de solder un cte. à demi en banque. . . . . *id.*
Tableau de la première manière d'un compte à demi en banque. . . . 111
Preuve du solde de la première manière d'un compte à demi en bque. par la deuxième manière. 112
Preuve du solde de la première manière d'un compte à demi en bque. par la troisième manière 113
Explication et manière de dresser le tableau de la troisième manière d'un compte à demi en banque. . 114
Deuxième manière. . . . . *id.*
Tableau de la deuxième manière d'un compte à demi en banque. . . . 116
Preuve du solde de la deuxième manière d'un compte à demi en bque. par la première manière. 117
Preuve du solde de la deuxième manière d'un compte à demi en bque. par la troisième manière . . . . . *id.*
Troisième manière 118
Tableau de la troisième manière d'un compte à demi en banque. 120
Preuve du solde de la troisième manière d'un compte à demi en bque. par la première manière. . . . . . *id.*
Preuve du solde de la troisième manière d'un compte à demi en bque. par la deuxième manière 121
Comptes à tiers en banque 123

Page

Résumé de la manière de solder un compte à tiers en banque. 133
Tableau ou manière de dresser un bilan d'une personne en faillite. . 138
Méthode pour trouver une époque commune 140
Tableau pour calculer les intérêts à tant pour cent l'an 141
Manière de trouver le nombre correspondant à l'agio auquel sont fixés les intérêts d'une année. . . . . . *id.*
Méthode infaillible pour trouver un bilan juste sans avoir besoin d'employer personne pour pointer les articles du journal sur le grand-livre. 143
Opération des mois de janvier et fév. 145
Balance d'addition des mois de janvier et février. 148
Opération des mois de mars et avril. 150
Balance d'addition des mois de mars et avril 153
Opération des mois de mai, juin et juillet. 155
Balance d'addition des mois de mai, juin et juillet 158
Grand-livre 159
Répertoire du grand-livre n° 1 . . . 168
Répertoire du grand-livre n° 2. . . 198
Tableau général d'un compte à tiers en banque. 216

LIVRES AUXILIAIRES.

Livre de caisse 218
Livre d'achats et ventes. 225
Livre de factures 241
Livre de magasin 251
Livre de négociation. 259
Livre d'échéances. 267
Livre de frais de commerce. 277
Livre de comptes-courans. 279

FIN DE LA TABLE.